全国建设行业职业教育规划推荐教材

房地产开发企业会计

（房地产类专业适用）

刘　胜　主编

中国建筑工业出版社

图书在版编目（CIP）数据

房地产开发企业会计/刘胜主编. —北京：中国建筑工业出版社，2008

全国建设行业职业教育规划推荐教材. 房地产类专业适用

ISBN 978-7-112-09813-2

Ⅰ. 房… Ⅱ. 刘… Ⅲ. 房地产业-会计-专业学校-教材 Ⅳ. F293.33

中国版本图书馆 CIP 数据核字（2008）第 004879 号

本书根据职业学校房地产经营管理专业的教育标准、培养方案和课程教学大纲编写。

全书共分十二章，包括总论、会计基础知识、货币资金核算、应收与应付款项核算、存货核算、对外投资核算、固定资产核算、无形资产及其他资产核算、负债及所有者权益核算、成本费用核算、营业收入和利润核算、企业财务会计报告。本书以会计基本理论为基础，突出房地产开发企业业务特点，全面系统地阐述了财务会计各相关方面的核算及财务报告，体现了最新财政政策、法规。全书体系完整、结构合理、内容全面、语言通顺、举例翔实，各章附有作业、书末配有综合习题。

本书适用于职业院校教材，也可作为房地产行业、工程管理及其他相关人员的参考书。

* * *

责任编辑：张　晶　刘平平
责任设计：董建平
责任校对：兰曼利　关　健

全国建设行业职业教育规划推荐教材

房地产开发企业会计

（房地产类专业适用）

刘　胜　主编

*

中国建筑工业出版社出版、发行（北京西郊百万庄）
各地新华书店、建筑书店经销
北京密云红光制版公司制版
廊坊市海涛印刷有限公司印刷

*

开本：787×1092毫米　1/16　印张：22¼　字数：536千字
2008 年 4 月第一版　2014 年 6 月第三次印刷
定价：**35.00** 元
ISBN 978-7-112-09813-2
（16477）

教材编审委员会名单

（按姓氏笔画为序）

王立霞　叶庶骏　刘　力　刘　胜　刘景辉
汤　斌　何汉强　吴　刚　张怡朋　张　鸣
苏铁岳　张翠菊　邵怀宇　周建华　黄晨光
温小明　游建宁　彭后生

前　言

本教材是根据职业院校房地产经营管理专业的"教育标准"、"培养方案"和本课程的教学大纲编写的。

本教材共分十二章，包括总论、会计基础知识、货币资金核算、应收与预付款项核算、存货核算、对外投资核算、固定资产核算、无形资产及其他资产核算、负债及所有者权益核算、成本费用核算、营业收入和利润核算、企业财务会计报告。编写中，以会计基本理论为基础，以财政部门最新颁发的会计准则和有关财经法规为依据，紧密结合房地产开发企业的业务特点，力求体系完整、内容全面、结构合理、语言通俗、理论浅显、举例翔实，各章后附有作业，全书配有综合习题，适合职业院校学生使用。

本教材由四川建筑职业技术学院副教授刘胜主编，仁恒置地（成都）有限公司高级会计师段光勋、四川建筑职业技术学院副教授许丽萍参编。第一、第二、第三、第四、第五章由刘胜编写，第六、第七、第八、第九章及综合习题由许丽萍编写，第十、第十一、第十二章由段光勋编写。

本教材由北京城建学校张翠菊主审，她对书稿提出了许多宝贵意见，在此致以衷心的感谢。

由于编者学识水平有限，教材中难免有疏漏之处，恳请读者批评指正。

目　录

第一章 总 论

第一节 房地产开发企业会计的内容

房地产开发企业主要从事房地产综合开发业务，它根据国民经济计划、土地利用计划和城市建设总体规划，对一个开发区域内的基础设施、民用住宅、工业厂房、办公楼、学校、幼儿园等，实行统一规划与设计、统一征地与拆迁、统一建设与销售，以期实现房地产开发的经济效益、社会效益和环境效益的最优组合。

房地产是人类生存和社会发展不可或缺的物质资源。建国以来到 1978 年的 30 年间，我国城市房屋的建设，都由国家把投资分配给企业单位或由企业单位自行筹建，征地、设计和施工均由各企业单位分散进行。这种方式，不仅浪费了大量的人力、物力和财力，而且由于缺乏科学统一的城市规划，使得城市建设规划不合理，配套设施不齐全，社会综合效益较差。20 世纪 80 年代以来，随着我国住房制度和土地使用制度的不断改革，改变了原来分散自建的状况，强调城市建设综合开发，房地产的开发建设要在符合城市总体规划和经济、社会发展要求的前提下，根据市场的需求，以房屋建筑为对象，选择一定区域作为建设用地，按照统一规划、统一管理的原则，有计划、有步骤地进行开发建设，这种方式是城市建设发展的要求，也是市场经济发展的需要。

在国家政策的大力扶植下，房地产业开始在我国蓬勃发展。目前我国的房地产业已经形成了一个不同于建筑业的独立行业，它是集房地产开发建设、经营、管理和服务于一体的，以第三产业为主的产业部门，它不仅为各行业提供以房地产为主的生产和生活资料，而且带动了建筑业、商品流通业、通信行业以及市政、园林等行业的快速发展，加速了住宅现代化和商品化的发展步伐。

在社会主义市场经济条件下，每一个房地产开发企业都是一个独立的经济实体，实行独立核算，自负盈亏，都应在国家计划指导下，独立地进行房地产开发经营业务。既要在较短的开发期内为社会提供优质开发产品，又要加强对开发经营过程的经济管理，提高经济效益，实现尽可能多的盈余，为国家和企业积累资金，不断扩大社会主义再生产。

经济管理离不开会计。马克思曾指出："过程越是按社会的规模进行，越是失去纯粹个人的性质，作为对过程的控制和观念总结的簿记就越是必要……"（《马克思恩格斯全集》第 24 卷，1972 年人民出版社，第 152 页）。这就是说，经济越发展，会计越重要。房地产开发涉及的业务十分繁杂，风险极大，房地产开发企业正向着集团化、专业化方向发展，会计在房地产开发企业中的作用便显得尤为重要。

会计的内容即会计所要核算和监督的对象。在市场经济条件下，会计的具体对象是社会再生产过程中的资金及其运动。

设立企业，必须有法定的资本金。按其投资主体的不同，可以分为国家资本金、法人资本金、外商资本金、个人资本金四类。它们是投资者对企业的投资，体现了投资者对企业资产的要求权，因而称之为所有者权益，是企业经营资金的主要来源。同时，企业资金不足时，可以向银行、金融机构等举借债务，它们需要到期偿还，体现了债权人对企业资产的要求权，因而称之为债权人权益，也是企业经营资金的重要来源。

房地产开发企业从不同渠道取得的资金，都必然表现为各种不同形态的资产。这些资产按其在开发经营过程中所起的作用，可分为流动资产、长期资产、固定资产、无形资产、递延资产和其他资产等。它们是企业进行开发经营活动的物质基础。

资金投入企业，标志着资金运动的开始。随着企业开发经营活动的进行，资金将顺次通过供应、开发建设、销售过程而不断地改变其形态，周而复始地循环和周转。

供应过程是开发建设的准备阶段，企业用货币资金购买各种材料、设备等物资，为开发建设进行必要的储备，这时，货币资金就转化为储备资金形态。

开发建设过程，是指从材料、设备投入开发建设到开发产品完工的过程，是房地产企业开发经营活动的中心环节。在这一过程中，劳动者运用机械设备，对各种材料、库存设备进行加工，逐渐形成开发产品。因而，开发建设过程既是开发产品的形成过程，又是物化劳动和活劳动的消耗过程。在资金形态上，领用各种材料、库存设备等物资进行开发建设，储备资金转化为生产资金。利用机器设备进行开发建设而计提的折旧，使用有关摊销性资产而计提的摊销价值也转化为生产资金。用货币资金的一部分支付职工工资和其他费用，这部分货币资金直接转化为生产资金。当开发建设完成时，生产资金形态就转化为成品资金形态。

销售过程，是指企业将开发产品出售给购买单位或个人、收回销售价款的过程。这是房地产企业补偿开发成本和费用并取得经营成果的过程。这时成品资金形态又转化为货币资金形态。在正常情况下，企业收回的货币资金数额总是大于开发建设过程所耗费的资金数额，增加的这部分数额就是企业取得的利润。房地产企业取得的利润，应按规定向国家上交税金、向投资者分派利润，剩余部分留归企业，形成企业的盈余公积金和公益金。公积金可以用来转增资本，帮助企业发展开发经营业务；公益金用于职工集体福利设施的建设。

房地产企业除向国家交纳税金和向投资者分派利润而使资金退出企业外，还会因其他原因而退出企业的开发经营活动，如清偿欠款、归还借款、减少投资者投入资金等。

由上可见，房地产企业的资金运动表现为以下两种形式：

第一，从资金的形态变化来看，表现为资金的循环和周转。资金投入企业后，一般是从货币形态开始，顺次通过供应过程、开发建设过程、销售过程，分别转化为储备资金、生产资金、成品资金等形态，然后又回到货币资金形态，形成房地产企业的资金循环，资金循环周而复始地进行形成资金的周转。

第二，从资金的价值量变化来看，表现为资金的耗费和回收。投入企业的资金，随着企业开发经营活动的进行，将作为成本费用垫支出去。然后，经过销售过程，取得销售收入，用以补偿开发经营中所垫支的资金，同时产生资金的增值。

资金运动的上述两种表现形式，将涉及企业的资产、负债、所有者权益、收入、费用、利润六个方面，这便是会计的六要素，它们是房地产开发企业会计的具体内容。

第二节 房地产开发企业会计的任务

会计的任务是指会计在企业生产经营管理中应承担的责任和应达到的要求。房地产开发企业会计的任务是由其核算的内容和管理的要求所决定的。其基本任务有以下几个方面：

一、核算和监督企业财务成本计划的执行情况，促进企业全面完成生产经营计划

房地产开发企业会计的内容是其开发经营活动中的资金及其运动，为了掌握企业资金运动状况，调整资金运动的轨迹，充分发挥资金的运用效果，企业应制定各期财务成本计划，并检查、监督财务成本计划的执行过程及结果。这就需要运用会计的专门方法，对企业材料物资及各项资产的购入和使用，开发成本、费用的发生、汇集和分配，销售收入的实现，利润的形成和分配，以及资金的增减变化等经济业务进行核算和监督，并据以分析企业的经济活动情况，考核资金的周转效果，从中发现存在的问题，提出改进措施，促使企业圆满完成财务成本计划，并带动其他计划的完成，从而全面完成企业的开发经营计划。

二、核算和监督企业财务状况、经营成果的形成和分配情况，为企业管理者、投资者和有关外界人士提供有用的会计信息

企业所拥有的资产是否合理使用，负债和所有者权益的结构是否适当，经营成果实现的多寡，既能反映管理者的工作业绩，也能暴露企业管理工作的不足。正确核算和监督企业的财务状况和经营成果，可以帮助管理者认清企业的经济形势，作出正确的经营判断和决策。同时企业的投资者和债权人对自己投资的报酬率和安全性也甚为关注，也需要了解企业的财务状况和经营成果。房地产开发企业会计对企业资产的增减变动情况、负债和所有者权益的变化、经营成果的取得和分配，应及时进行核算和监督，以保证各项财产的安全完整，帮助管理当局作出正确的经营决策，保障投资者投资的合法权益，增加债权人投资的安全感。

三、核算和监督企业的开发经营过程，也是贯彻国家财经纪律和财务制度的过程

国家制定的财经纪律和财务制度，是企业处理各种财务关系的依据，企业在开发经营过程中必须认真执行。企业所有的财务变化和各项经营活动，都要在会计核算过程中反映出来。通过对凭证的审查和对账表资料的分析和考核，就可以了解企业的各项经济业务是否遵守国家有关财经纪律和财务制度。例如，通过对固定资产、材料等财产的核算，可以发现有无将资本性支出作为收益性支出计入当期损益，有无前后各期采用不同的折旧方法或资产计价方法等。通过对开发成本的核算，可以发现在征地、拆迁过程中，有无人为提高征用土地和拆迁补偿费的标准的情况；在发包建筑安装工程的过程中，有无收取回扣，提高工程造价的情况；有无任意扩大成本开支范围，虚增开发成本，调节前后各期利润水平的情况。通过对利润分配的核算，可以发现有无不按有关规定，不提或少提法定盈余公积金和公益金，对投资人多分利润的情况。通过对往来款项的核算，可以了解企业是否遵

3

守国家结算纪律，故意拖欠国家税款，占用外单位资金，违反银行结算办法等情况。认真做好会计核算工作，就能促使企业在开发经营活动中，自觉执行国家财经纪律和财务制度，同一切违法乱纪的行为作斗争，坚持社会主义经营方向。

第三节 房地产开发企业会计的特点

一、房地产开发企业的经营特点

房地产开发企业的经营活动主要包括：土地的开发与建设、房屋的开发与经营、城市基础设施和公共配套设施的开发和建设、代建工程的开发、商品房的售后服务等。其经营方式主要有：

（1）定向开发。即事先与购买方签订合同，按照合同进行开发建设。

（2）投标开发。即参加招投标项目进行投标，获得开发项目，开发建成后定向销售或自行销售。

（3）自行开发。即经当地政府批准，在总体规划指定的区域内自行开发、自行销售。

由上可见，房地产开发企业是从事房地产开发、经营和管理服务的行业，其经营特点主要体现在以下几个方面：

（1）开发经营的计划性。房地产企业开发的产品具有固定性、建设周期长、投资数额大等特点，对市容市貌、环境卫生、群众生活影响极大，房地产经营必须根据城市总体规划进行。土地的征用、房屋和基础设施的建设都必须严格控制在国家的计划范围之内，按照相关规定的建设计划和销售计划进行开发经营。

（2）开发产品的商品性。房地产企业的开发产品一般要通过各种营销手段，遵循市场经济的规律，销售给客户。开发产品既有一般商品的属性，又有其特殊性，是一种特殊商品。

（3）开发经营业务的复杂性。房地产开发经营业务的复杂性，首先表现为业务内容的繁杂。在开发房地产的过程中除了土地开发和房屋建设以外，还包括相应的基础设施建设，如供水、供电、供气、道路交通、通信以及排污工程等，同时还需要一些公共配套设施，如幼儿园、学校、商店、医院、居委会等。这就包括了从征地、拆迁、勘察、设计、施工、销售到售后服务等一系列复杂的业务内容。其次是业务涉及的范围较广。它所涉及的工作对象主要包括城镇居民、农民、规划、设计、国土、供水、供电、城建、工商、税务、施工单位、质检、公安消防、购买单位或个人等诸多单位、部门和个人。

（4）开发建设的多样性。首先表现为建筑产品的多样性。房地产的开发，要根据购买者的不同需求，开发建设不同的产品，如房屋的结构、面积、式样、层高、装修以及设施等都不尽相同。其次表现为经营方式的多样性。企业开发的房地产，有的是为了销售，有的是为了出租，有的是为了作为周转房使用等，经营方式各不相同。

（5）开发建设周期长、投资大。房地产企业的开发产品是一种特殊商品，开发产品的建设周期长，有的需要几年甚至十几年才能完成，在建设过程中资金的周转速度较慢，加之开发产品的造价较高，少则几百万元、多则几千万元甚至上亿元的资金。这就需要企业在开发建设中投入大量的资金。

（6）开发经营的风险大。由于开发经营投资巨大，房地产企业一般都是高额负债经营。一旦企业开发选址、产品风格、营销策略等决策失误，导致企业销路不畅，将会造成大量开发产品积压，资金周转不灵，从而使企业陷入危机。但若决策得当，把握好机会，也会给企业带来可观的利润。

二、房地产开发企业会计的特点

1. 前期工程费和财务费用发生较大

房地产开发是一项十分复杂且耗资巨大的工作，稍有不慎，便可能使企业陷入困境。因而在项目开发前，企业必须做好开发项目的可行性论证工作，包括机会寻找、机会筛选和可行性研究等工作，这就要发生大量的相关研究费用。投资项目选定后，开发前期尚需完成与开发有关的招投标，各种合同、条件的谈判和签约工作，包括取得土地使用权、规划设计和方案报批、签署土地使用权出让或转让合同等，也要发生相关的费用。企业还可能通过向银行等金融机构借款、向社会发行公司债券等方式，筹集开发项目所需资金，这就要发生大量的财务费用。

2. 开发产品有其独特的结算价格和结算方式

每一开发项目包括的若干独立施工的单位工程，可能会有不同的外观和结构，不同的地形、地质和水文条件，不同的材料和材质等，需要单独的施工图纸，采用不同的施工组织和施工方法。房地产开发企业在与施工单位办理工程款结算时，必须按照施工图纸计算的工程量，以及双方确定的价格，办理工程价款的结算。同时，由于开发产品一般造价较高、施工周期长、施工企业垫支资金多，工程价款的结算方式可以灵活确定。除工期较短、造价较低的工程采用竣工后一次结算工程款外，大多采用按月结算、分段结算等方法。有的工程，还需要向施工企业预付备料款和工程款。

3. 库存商品占用资金额度大

开发产品价值较高，开发完成到成功销售一般需要经过较长的时间，因而房地产开发企业的库存商品占用资金的额度较大。房地产开发企业应注重营销策略，控制库存商品积压，降低资金占用。

第四节　房地产开发企业会计工作的组织

合理地、科学地组织会计工作，是充分发挥会计职能作用、保证完成会计任务的必要条件。房地产开发企业会计工作的组织，包括建立和健全会计机构、加强会计队伍建设、制定和执行科学的会计法规等几个方面。

一、建立和健全会计机构

会计机构是企业负责组织领导和从事会计工作的职能部门。每一个房地产开发企业，一般都应单独设置会计机构，配备必要的会计人员。由于会计工作与财务管理两项工作联系密切，一般把两者并在一起作为一个部门，统一开展财务会计工作。

在会计机构内部，要根据业务的繁简程度和企业管理需要，进行合理分工，建立岗位责任制。会计工作岗位可以一人一岗、一人多岗、一岗多人，但应符合内部牵制制度的要求。企业一般应划分以下会计岗位：

（1）出纳。主要负责办理现金、银行存款以及各种有价证券的保管、收付结算业务，并负责登记现金日记账和银行存款日记账。

（2）材料核算。主要负责审查材料采购、材料加工、材料储备等计划的执行情况，监督材料收、发和结存情况，考核储备资金定额的执行情况，参与材料的清查盘点等工作。

（3）固定资产核算。主要负责固定资产增、减的核算，固定资产折旧和修理的核算，监督固定资产的使用和保管情况，编制固定资产更新改造计划，考核固定资产的使用效果。

（4）工资核算。主要负责应付工资的计算、审核，工资结算和分配的核算，计提职工福利费、工会经费的核算，监督工资基金的合理使用，考核工资的使用效果。

（5）成本核算。主要负责编制开发经营成本计划、费用计划，进行开发经营成本归集和分配的核算，考核开发经营成本、费用的升降情况。

（6）销售及利润核算。主要负责参与销售计划、利润计划的编制，办理销售价款的结算，进行销售、税金、利润等业务的账务处理，考核、分析销售计划、利润计划的执行情况。

（7）其他工作。主要包括往来业务的核算，其他业务的核算，会计报表的编制，会计资料的整理、归档保管等工作。

大中型房地产开发企业应设立总会计师，建立总会计师经济责任制。总会计师是公司一级领导成员，是企业经济工作的负责人，领导企业财务会计工作，编制和执行财务收支预算、信贷计划，拟定资金筹措和使用方案；对企业开发项目进行成本预测、核算、控制、分析和考核，促进企业降低消耗，提高经济效益；建立健全经济核算制，运用会计核算资料进行经济活动分析。

二、加强会计队伍的建设

为了做好会计工作，企业必须根据工作需要，配备具有一定政治素养和业务水平的会计人员。

为了保障会计人员依法行使职权，国家颁发了《会计法》和《会计人员职权条例》，明确规定了会计人员的职责是进行会计核算和实施会计监督。会计人员在工作中应坚持原则，按照国家有关会计制度的规定，真实、准确、完整、及时地进行会计核算；严格审查各项财务收支，监督企业经济活动的合理性、合法性和有效性，拒绝办理违反国家财务会计制度的收支业务。

会计工作具有很强的专业性，会计人员必须具备必要的专业知识和业务技能。会计法规定，从事会计工作的人员，必须按规定取得会计从业资格证书。为了调动会计人员的工作积极性，提高会计人员的业务水平，会计人员可以根据国家有关规定，评定并授予技术职称。会计专业技术职称分为会计员、助理会计师、会计师、高级会计师四种。

会计工作岗位特殊，会计从业人员不仅要有较高的业务素质，还应具有良好的职业道德。会计人员的职业道德主要包括以下几方面内容：

（1）敬业爱岗。会计人员应当热爱本职工作，努力钻研业务，使自己的知识和业务技能适应会计工作的要求。

（2）熟悉法规。会计工作应以有关法规为基本准绳，会计人员应当熟悉财经法律、法规和国家统一会计制度，以便正确地办理各项经济业务。

（3）依法办事。会计人员应当按照会计法律、法规、规章等规定的程序和要求进行会计工作。同一切违法乱纪的行为作斗争，保证所提供的会计信息合法、真实、准确、及时、完整。

（4）客观公正。会计人员办理会计业务时，应当实事求是，如实核算经济业务的本来情况。

（5）搞好服务。会计人员应当熟悉本单位的生产经营和业务管理情况，运用掌握的会计信息和会计方法，为改善单位的内部管理、提高经济效益服务。

（6）保守秘密。会计人员掌握的本企业生产经营和财务活动方面的商业秘密，不能私自向外界提供，也不能私自泄露单位的会计信息。

三、制定和执行科学的会计制度

会计制度是组织和从事会计工作应遵循的基本规范。制定科学、合理的会计制度，是做好企业会计工作的重要前提。

制定会计制度，应遵循统一领导、分级管理的基本原则。全国性的会计制度，应由国家统一制定。如会计的基本原则、会计核算的指标体系和核算方法，都应在全国范围内统一起来。我国统一的会计制度一般由财政部门制定颁发。

除了国家规定的会计制度外，企业为了加强内部管理，还可以根据自身生产经营的特点，在不违背统一会计制度规定的前提下，可以制定一些必要的核算办法。如材料物资核算办法、出租房及周转房核算办法、工资核算办法、财产清查办法、成本核算办法、财务收支审核制度等。

在会计科目的设置上，房地产开发企业除了设置企业会计制度中的通用会计科目以外，还应该根据房地产开发企业开发经营活动的特点，设置一些专用的会计科目，以满足房地产开发企业会计核算的需要。

房地产开发企业应设置的会计科目见表1-1。

会 计 科 目 表

表 1-1

顺序号	编号	科目名称	顺序号	编号	科目名称	顺序号	编号	科目名称
		一、资产类	12	1151	预付账款	24	1261	存货跌价准备
1	1001	现金	13	1161	应收补贴款	25	1301	待摊费用
2	1002	银行存款	14	1201	物资采购	26	1401	长期股权投资
3	1009	其他货币资金	15	1211	原材料	27	1402	长期债权投资
4	1101	短期投资	16	1221	库存设备	28	1421	长期投资减值准备
5	1102	短期投资跌价准备	17	1231	低值易耗品	29	1431	委托贷款
6	1111	应收票据	18	1232	材料成本差异	30	1501	固定资产
7	1121	应收股利	19	1241	开发产品	31	1502	累计折旧
8	1122	应收利息	20	1242	分期收款发出商品	32	1505	固定资产减值准备
9	1131	应收账款	21	1243	出租库存商品	33	1601	工程物资
10	1133	其他应收款	22	1244	周转房	34	1603	在建工程
11	1141	坏账准备	23	1251	委托加工物资	35	1605	在建工程减值准备

顺序号	编号	科目名称	顺序号	编号	科目名称	顺序号	编号	科目名称
36	1701	固定资产清理	52	2191	预提费用	67	4105	开发间接费用
37	1801	无形资产	53	2201	待转资产价值	68	4107	劳务成本
38	1805	无形资产减值准备	54	2211	预计负债			五、损益类
39	1815	未确认融资费用	55	2301	长期借款	69	5101	主营业务收入
40	1901	长期待摊费用	56	2311	应付债券	70	5102	其他业务收入
41	1911	待处理财产损溢	57	2321	长期应付款	71	5201	投资收益
		二、负债类	58	2331	专项应付款	72	5203	补贴收入
42	2101	短期借款	59	2341	递延税款	73	5301	营业外收入
43	2111	应付票据			三、所有者权益类	74	5401	主营业务成本
44	2121	应付账款	60	3101	实收资本（股本）	75	5402	主营业务税金及附加
45	2131	预收账款	61	3103	已归还投资	76	5405	其他业务支出
46	2141	应付工资	62	3111	资本公积	77	5501	营业费用
47	2143	应付福利费	63	3121	盈余公积	78	5502	管理费用
48	2151	应付股利	64	3131	本年利润	79	5503	财务费用
49	2161	应交税金	65	3141	利润分配	80	5601	营业外支出
50	2176	其他应交款			四、成本类	81	5701	所得税
51	2181	其他应付款	66	4101	开发成本	82	5801	以前年度损益调整

思 考 题

1. 房地产开发企业会计的内容有哪些？
2. 房地产开发企业的资金是如何循环和周转的？
3. 房地产开发企业会计的任务有哪些？
4. 房地产开发企业在开发经营上有何特点？
5. 房地产开发企业会计有何特点？
6. 在会计机构中应设置哪些主要岗位？
7. 会计人员应具备哪些职业道德？

第二章 会计基础知识

第一节 会计核算的基本前提和一般原则

一、会计核算的基本前提

会计核算的基本前提，是对会计所处的时间阶段、空间环境所作的合理假设，又称会计的基本假设。会计核算对象的确定，会计方法的选择，会计数据的搜集等，都要以会计核算的基本前提为依据。主要包括会计主体假设、持续经营假设、会计期间假设、货币计量假设和权责发生制基础。

（一）会计主体假设

会计主体假设又称会计个体假设。其基本含义是，会计确认、计量和报告是用来说明特定企业个体所发生的交易或事项的，对该特定个体的各项生产经营活动的记录和反映应当与其所有者的活动、债权人的活动以及交易对方的活动相分离。会计主体假设要求会计人员只能核算和监督其所在主体的经济活动，其意义在于：

（1）明确会计主体假设，才能规定会计所要处理的各项交易或事项的范围，在会计核算工作中，只有那些影响企业本身经济利益的各项交易或事项才能确认和计量，反之则不能确认和计量。会计核算工作中通常所讲的资产、负债的确认，收入的取得，费用的发生等，都是针对特定会计主体而言的。

（2）明确会计主体假设，才能把握会计处理的立场。

（3）明确会计主体假设，才能将会计主体的经济活动与会计主体所有者及职工个人的经济活动区分开来。

要注意的是，会计主体不同于法律主体。一般来说，一个法律主体必然是会计主体，但一个会计主体不一定是法律主体。例如，在企业集团的情况下，母子公司虽然是不同的法律主体，但是，为了全面反映企业集团的财务状况、经营成果和现金流量，就有必要将这个企业集团作为一个会计主体，编制合并会计报表。

（二）持续经营假设

持续经营假设，是指会计主体的经营活动将按照现在的形式和既定目标无限期地继续下去，在可以预见的将来，会计主体不会进行清算，它所持有的资产将按照预定的目的在正常的经营过程中被耗用、出售或转让，它所承担的债务也将如期偿还。明确持续经营假设的主要意义在于：会计核算应当以企业持续、正常的生产经营活动为前提，它可以使会计原则建立在非清算基础之上，从而为解决很多常见的资产计价和收益确认提供了基础。但是，任何企业存在破产、清算的风险，一旦企业进入破产清算，持续经营基础就将为清算基础所取代，从而使持续经营这一前提不复存在。

（三）会计期间假设

会计期间假设，是指将一个企业持续经营的生产经营活动，划分为相等的时间单位，以便对企业的经营状况进行及时、连续的反映。会计期间的确定便于确认各个会计期间的收入、费用和利润，确认各会计期末的资产、负债和所有者权益，并据以编制财务会计报表。会计期间分为年度、半年度、季度和月度，均按公历起讫日期确定。半年度、季度和月度均称为会计中期。由于会计分期，从而出现权责发生制和收付实现制的区别，使不同类型的会计主体有了记账的基准，进而出现了应收、应付、递延、预提、待摊等会计处理方法。

（四）货币计量假设

货币计量假设，是指在会计核算中采用货币作为统一计量单位。企业的会计核算以人民币为计账本位币。业务收支以人民币以外的货币为主的企业，也可以选定其中一种货币作为记账本位币，但编制的财务会计报告应当折算为人民币反映。在境外设立的中国企业向国内报送的财务会计报告，应当折算为人民币。明确货币计量前提的主要意义在于：使会计信息具有可比性，同其他三项基本前提一起，为各项会计核算原则的确定奠定了基础。

（五）权责发生制基础

权责发生制基础，是指企业应当以权责发生制为基础进行会计确认、计量和报告，即凡是当期已经实现的收入和已经发生或应当负担的费用，不论款项是否收付，都应当作为当期的收入和费用；凡是不属于当期的收入和费用，即使款项已在当期收付，也不应当作为当期的收入和费用。

二、会计核算的一般原则

为了规范企业的会计核算行为，提高会计信息质量，企业在会计核算工作中，应当遵循一定的准则。具体包括以下几个方面：

（1）客观性原则。要求会计核算应当以实际发生的交易或事项为依据，如实反映企业的财务状况、经营成果和现金流量。

（2）相关性原则。要求企业提供的会计信息应当与财务会计使用者的经济决策需要相关，有助于财务会计报告使用者对过去、现在或者未来的情况作出评价或者预测。

（3）明晰性原则。要求企业的会计核算和编制的财务会计报告应当清晰明了，便于理解和使用。

（4）可比性原则。要求同一企业不同时期的相同或者相似的交易或者事项，应当采用一致的会计政策，不得随意变更；不同企业发生的相同或者相似的交易或者事项，应当采用规定的会计政策，确保会计信息口径一致、相互可比。

（5）实质重于形式原则。要求企业应当按照交易或事项的经济实质进行会计核算，而不应当仅仅按照它们的法律形式作为会计核算的依据。

（6）重要性原则。要求企业的会计核算，应当遵循重要性原则的要求，在会计核算中对交易或事项应当区别其重要程度，采用不同的核算方式。对资产、负债、损益等有较大影响，并进而影响对财务会计报告使用者据以作出合理判断的重要会计事项必须按照规定的会计方法和程序进行处理，并在财务会计报告中予以充分准确地披露；对于次要的会计事项，在不影响会计信息真实性和不致误导财务会计报告使用者作出正确判断的前提下，可适当简化处理。

（7）谨慎性原则。要求企业在进行会计核算时，保持应有的谨慎，不应高估资产或收益、低估负债或费用。

（8）及时性原则。要求企业的会计核算应当及时进行，不得提前或延后。

三、会计计量

企业在将各会计要素登记入账或编制财务报表时，应当按照规定的会计计量属性进行计量，确定其金额。会计计量的属性主要有：

（一）历史成本

在历史成本计量下，资产按照购置时支付的现金或者现金等价物，或者按照购置资产时所付出的对价的公允价值计量。负债按照因承担现时义务而实际收到的款项或者资产的金额，或者承担现实义务的合同金额，或者按照日常活动中为偿还负债预期需要支付的现金或者现金等价物的金额计量。

（二）重置成本

在重置成本计量下，资产按照现在购买相同或者相似资产所需支付的现金或者现金等价物的金额计量。负债按照现在偿付该项债务所需支付的现金或者现金等价物的金额计量。

（三）可变现净值

在可变现净值计量下，资产按照其正常对外销售所能收到现金或者现金等价物的金额扣减该资产至完工时估计将要发生的成本、估计的销售费用以及相关税费后的金额计量。

（四）现值

在现值计量下，资产按照预计从其持续使用和最终处置中所产生的未来净现金流入量的折现金额计量。负债按照预计期限内需要偿还的未来净现金流出量的折现金额计量。

（五）公允价值

在公允价值计量下，资产和负债按照在公平交易中，熟悉情况的交易双方自愿进行资产交换或者债务清偿的金额计量。

企业在对会计要素进行计量时，一般应当采用历史成本；采用重置成本、可变现净值、现值、公允价值计量的，应当保证所确定的会计要素金额能够取得并可靠计量。

第二节　会计要素与会计等式

一、会计要素

会计要素是指构成会计对象的必要因素，也是对会计对象进行的基本分类。会计要素的划分，是科学设计会计报表结构和内容的依据，也是对经济业务事项进行确认和计量的依据。会计要素包括资产、负债、所有者权益、收入、费用和利润六大要素。

（一）资产

资产是指企业过去的交易或者事项形成的，由企业拥有或者控制的，预期会给企业带来经济利益的资源。资产具有以下特征：

（1）资产是由过去的交易或事项所形成的。也就是说，资产必须是现实的资产，而不是预期的资产，是企业在过去一个时期里，通过交易或事项所形成的，是过去已经发生的交易或事项所产生的结果。至于未来交易或事项以及未发生的交易或事项可能产生的结果，则不属于现在的资产，不得作为资产确认。

（2）资产是企业拥有或控制的。一般来说，一项资产要作为企业的资产来确认，应该拥有该项资产的所有权，可以按照自己的意愿使用或处置资产，其他企业或个人，未经许可，不能擅自使用本企业的资产。但在某些情况下，对于一些特殊方式下形成的资产，企业虽然对其不拥有所有权，但企业能实际控制，也应当确认为企业的资产。

（3）资产预期会给企业带来经济利益。所谓带来经济利益，是指直接或间接地增加流入企业的现金或现金等价物的潜力，这种潜力在某些情况下可以单独产生净现金流入，而某些情况下则需与其他资产结合起来才能在将来直接或间接地产生净现金流入。预期不能带来经济利益的，就不能确认为企业的资产。

企业拥有的资产，形态多样，在生产经营活动中的作用和特点也各不相同，按其流动性，可划分为流动资产、长期投资、固定资产、无形资产和其他资产等类别。

流动资产，是指可以在一年内或者超过一年的一个营业周期内变现或者耗用的资产，主要包括现金、银行存款、短期投资、应收及预付款项、待摊费用、存货等。

长期投资，是指除短期投资以外的投资，包括持有时间准备超过一年（不含一年）的各种股权性质的投资，不能变现或不准备随时变现的债券、其他债权投资和其他长期投资。

固定资产，是指企业使用期限超过一年的房屋、建筑物、机器、机械、运输工具等。

无形资产，是指企业为生产商品或者提供劳务，出租给他人，或为管理目的而持有的，没有实物形态的非货币性长期资产。

其他资产，是指除流动资产、长期投资、固定资产、无形资产以外的其他资产，如长期待摊费用等。

（二）负债

负债是指企业过去的交易或者事项形成的，预期会导致经济利益流出企业的现时义务。负债按其流动性不同，可以分为流动负债和长期负债。流动负债是指将在一年或者超过一年的一个营业周期内偿还的债务，包括短期借款、应交税金、其他应付款、预提费用和将在一年内到期的长期借款等。长期负债是指偿还期在一年或者超过一年的一个营业周期以上的债务，包括长期借款、应付债券、长期应付款等。

（三）所有者权益

所有者权益是指企业资产扣除负债后由所有者享有的剩余权益。所有者权益包括实收资本、资本公积、盈余公积和未分配利润。一般而言，实收资本和资本公积是由所有者直接投入的，如所有者投入的资本（或股本）、资本溢价等。而盈余公积和未分配利润则是由企业在生产经营过程中所实现的利润留存在企业所形成的，因此，盈余公积和未分配利润又被称为留存收益。

资产、负债和所有者权益是反映企业财务状况的会计要素，即反映企业在一定日期的资产及权益情况，是资金运动相对静止时的表现。

（四）收入

收入是指企业在日常活动中形成的，会导致所有者权益增加的，与所有者投入资本无关的经济利益的总流入，包括开发产品收入、劳务收入、利息收入、使用费收入、租金收入、股利收入等。

（五）费用

费用是指企业在日常活动中发生的，会导致所有者权益减少的，与向所有者分配利润无关的经济利益的总流出。

费用通常由物化劳动转移的价值和活劳动转移的价值两部分构成。企业发生的费用按其经济用途不同，划分为计入产品成本、劳务成本的费用和不计入产品成本、劳务成本的费用两大类。

计入产品成本、劳务成本的费用又划分为直接费用和间接费用。直接费用包括直接材料费、直接人工费和其他直接费用；间接费用指制造费用。

不计入产品成本、劳务成本的费用，指企业当期发生的必须从当期收入中得到补偿的费用。由于它仅与当期实现的收入相关，必须计入当期损益，所以称其为期间费用。主要包括：企业的行政管理部门为组织和管理生产经营活动而发生的管理费用；为筹集和使用资金而发生的财务费用；为销售产品而发生的营业费用。

（六）利润

利润是指企业在一定会计期间的经营成果。它是企业在一定会计期间内实现的收入减去费用后的净额。

利润包括营业利润、投资收益、补贴收入、营业外收入和支出、所得税等组成部分。其中，营业利润加上投资收益、补贴收入、营业外收入，减去营业外支出后的数额称为利润总额；利润总额减去所得税后的数额即为企业的净利润。

收入、费用和利润是反映企业在一定会计期间经营成果的会计要素，即反映企业在一定会计期间经济利益的流入、流出和经营成果情况，是资金运动的动态表现。

二、会计等式

会计等式是表明各会计要素之间基本关系的恒等式，是复式记账、编制会计报表的理论依据。

上述会计六要素反映了资金运动的静态和动态两个方面，构成了两个会计等式，这两个会计等式紧密相关。

（1）会计的静态等式：

$$资产＝负债＋所有者权益$$

资产是投入资本和借入资金的表现形态，企业资产来源于所有者的投入资本和债权人的借入资金及企业在其生产经营过程中所产生的收益。资产归属于所有者的部分，形成所有者权益；归属于债权人的部分，形成债权人权益（企业负债）。因而，企业的资产总额与债权人权益、所有者权益之和必然相等，即资产＝负债＋所有者权益。

（2）会计的动态等式：

$$收入－费用＝利润$$

企业在一定会计期间所取得的收入扣除所发生的各项费用后的余额，即为利润。

（3）会计静态等式与动态等式之间的关系

会计在生产经营活动中实现的利润，在未分配之前属于所有者权益的组成部分，此时的会计等式表现为：

$$资产＝负债＋所有者权益＋（收入－费用）$$

经过利润分配之后，又表现为：

$$资产＝负债＋所有者权益$$

第三节　会计科目与会计账户

一、会计科目

会计科目是对会计对象具体内容进行分类的项目，是企业进行分类核算的依据。会计科目是由国家财政部门统一设置的，设置会计科目既是一项会计制度，又是会计方法体系中的一种重要方法。

会计科目按其反映经济内容的详细程度不同，可以分为总分类科目和明细分类科目两大类。总分类科目，也称总账科目、一级科目，是对会计对象具体内容进行总括分类的科目，是企业进行总分类核算的依据（如表1-1中所列会计科目均为总分类科目）。明细分类科目，也称明细科目、细目，是对总分类科目进一步分类的科目，是企业进行明细分类核算的依据。如果某一总分类科目所属的明细分类科目较多，还可以增设二级科目，也称子目，它是介于总分类科目与明细分类科目之间的科目。

会计科目的设置，应结合会计对象的特点，并符合国家经济管理的要求。总分类科目一般由国家财政部门统一制定，二级科目和明细分类科目，除国家有规定者外，企业主管部门和企业可以根据实际需要自行补充设置。

会计科目按反映经济内容的不同性质划分，可以分为资产类科目、负债类科目、所有者权益类科目、成本类科目、损益类科目（见表1-1）。

资产类科目，用以反映企业拥有或控制的经济资源，如，"现金"、"银行存款"、"原材料"等会计科目。

负债类科目，用以反映企业所承担的需以资产或劳务偿付的债务，如"短期借款"、"应付账款"等会计科目。

所有者权益类科目，用以反映投资人在企业资产中享有的经济利益，如"实收资本"、"资本公积"等会计科目。

成本类科目，用以反映企业在生产商品和提供劳务过程中发生的各项耗费，如"开发成本"、"生产成本"等会计科目。

损益类科目，用以反映企业在一定时期的经营成果，如"主营业务收入"、"主营业务成本"等会计科目。

会计科目按反映的经济内容，可以分为资产类科目和负债权益类科目。资产类科目，反映各类资产的存在形态，包括按反映经济内容的不同性质划分的资产类科目、成本类科目和损益类科目中的成本、费用、支出性质的科目。

负债权益类科目，反映资金形成的渠道，包括按反映经济内容的不同性质划分的负债类科目、权益类科目和损益类科目中的收入性质的科目。

二、会计账户

会计科目的设置，为组织会计核算提供了依据。为了提供经济管理所需要的各种资料，必须根据规定的会计科目在账簿中开设账户，对各项经济业务分门别类地进行连续、系统、全面地记录。每一会计账户，都要反映某一特定的经济内容，会计科目就是会计账户的名称。要正确地使用账户，必须明确账户的经济性质，了解账户所反映的经济内容，并掌握账户的基本结构。

在企业的生产经营活动中，各项经济业务所引起的资金变化是多种多样的，但从数量方面看，不外增加或减少两种情况。作为反映资金变动情况的账户，主要是记录各项资金运动中的增加或减少。因此，账户就要相应地划分为两个部分，一部分用来登记增加金额，另一部分用来登记减少金额。这就要把账户划分为左右两方，分别登记其增加金额和减少金额。其基本结构如表 2-1 所示。

账 户 基 本 结 构 表 2-1

（左方）	账户名称	（右方）

账户的左右两方根据实际需要分为若干栏目，用以登记有关资料。账户的格式是多种多样的，基本格式如表 2-2 所示。

账 户 基 本 格 式 表 2-2

账户名称：_____

年		凭证号数	摘要	金额	年		凭证号数	摘要	金额
月	日				月	日			

从上列账户的基本格式可以看出，任何账户不管采用什么格式，都必须具备下列几方面的基本因素：

（1）账户的名称（即会计科目）；

（2）经济业务发生的日期及摘要；

（3）增加和减少的金额；

（4）凭证号数（说明账户记录的依据）；

（5）账户左右两方的金额栏，分别记录增加金额和减少金额。增减相抵后的差额，称为账户的余额。账户的左右两方，哪一方登记增加，哪一方登记减少，取决于采用的记账方法和各账户记录的经济内容。这个问题，将在后面介绍复式记账法时阐述。

第四节 复式记账

一、记账方法

设置会计账户,是为了记录发生的经济业务。但是,如何记录,必须采用一定的记账方法。在会计的发展过程中,有单式记账和复式记账两种方法。

(一)单式记账

单式记账的技术特征是,一项经济业务的发生,一般只在一个账户上进行登记。如,用现金购买物品,一般只在现金账上记一笔付出现金,有时也可能记实物账,但各账户间的记录没有直接联系,账户的记录可以不平衡。因此,单式记账虽然较为简单,但是不能完整、全面地记录经济业务各方面相互联系的情况,也不便于检查账簿记录的正确性和完整性。

(二)复式记账

根据会计方程式所表达的内容,每项经济业务的发生,必然会引起各会计要素至少两个项目发生等额的增加或减少的变动。因此,记录经济业务时,必须以相等的金额在该项经济业务涉及的至少两个账户中进行登记,才能反映经济业务的全貌。例如,用现金100元支付某种生产费用,记账时,既要在现金账户减记100元,又要在相互联系的生产成本账户增记100元;又如,购买材料一批,价值10 000元,材料已收到,用银行存款支付6 000元,其余4 000元未付,记账时,既要增记原材料账户10 000元,又要减记银行存款账户6 000元和增记应付账款账户4 000元。这种对每项经济业务的发生,必须以相等的金额同时在两个(或两个以上)相互联系的账户中进行登记的方法,叫做复式记账。

复式记账法具有以下两个基本特点:

(1)记录每笔经济业务,至少要运用两个账户。

采用复式记账,每笔经济业务至少涉及两个会计账户,这些账户之间具有一定的联系,在会计上,叫做账户的对应关系,具有对应关系的账户称为对应账户。

(2)在对应账户中记录的金额相等。

由于复式记账具有上述基本特点,因此,比单式记账更能全面地反映每笔经济业务的来龙去脉。而且可以利用每笔经济业务记录的平衡关系来检查各账户的记录是否正确。复式记账是一种科学的记账方法。

我国采用的复式记账,主要有借贷记账法和增减记账法,此外,还有不同形式的收付记账法。后两种方法已基本被弃用,本书只讲述借贷记账法。

二、借贷记账法

借贷记账法是以"借"和"贷"作为记账符号,以"有借必有贷,借贷必相等"作为记账规则的一种复式记账法。

借贷记账法是历史上第一种复式记账法,最初产生于20世纪欧洲的意大利。复式记账法本来就是借贷记账法,只是由于我国根据借贷记账法的基本原理,创造了增减记账法和收付记账法,为了能相互区别,才将借贷记账法作为复式记账法的一种单独列出。

借贷记账法具有以下特点：

（一）账户的结构

（1）账户统一分为借方和贷方两个基本部分。

借方一律在左方，贷方一律在右方，其格式有简化结构和正规结构两种。

"T"字形简化结构见表2-3。

"T"字形简化结构   表 2-3

借方	账户名称	贷方

正规结构可将账户的借方和贷方有关栏目合并为三栏式（借方、贷方和余额三栏）账户，其格式见表2-4。

三栏式账户结构   表 2-4

账户名称：_____

年		凭证号数	摘要	借方	贷方	借或贷	余额
月	日						

（2）借方和贷方记录的内容

在借贷记账法下，哪一方登记增加的金额，哪一方登记减少的金额，这要根据账户的性质来确定。

前面我们已经知道了"资产＝负债＋所有者权益"这一会计方程式，在记账中，为了保持平衡关系，在两类不同性质的账户中，就应当用相反的方向来记录它们的增加金额和减少金额。按照人们的长期习惯，对于资产类账户，借方记录增加金额，贷方记录减少金额；对于负债权益类账户，则作相反的记录，贷方记录增加金额，借方记录减少金额。

（二）记账符号

记账符号是反映经济业务变化的标志，即用什么来表示增加和减少。借贷记账法是以"借"和"贷"作为记账符号的。

应该指出的是，"借"和"贷"纯粹是记账符号，没有任何字面上的涵义。它们在账户中处于相互对立的部位，规定了借方表示资产类业务的增加和负债权益类业务的减少；贷方表示负债权益类业务的增加和资产类业务的减少。

（三）记账规则

根据经济业务发生引起的资金变化以及借贷记账法下的账户结构，借贷记账法的记账规则应该是："有借必有贷，借贷必相等"。说明如下：

（1）引起资产类项目发生有增有减变动的经济业务，增加金额记入借方，减少金额记入贷方，记入借方和记入贷方的金额应相等。

（2）引起负债权益类项目发生有增有减变动的经济业务，增加金额记入贷方，减少金额记入借方，记入贷方和记入借方的金额应相等。

（3）引起资产类项目和负债权益类项目同时增加的经济业务，资产类项目的增加记入借方，负债权益类项目的增加记入贷方，记入借方和记入贷方的金额应相等。

（4）引起资产类项目和负债权益类项目同时减少的经济业务，资产类项目的减少记入贷方，负债权益类项目的减少记入借方，记入贷方和记入借方的金额应相等。

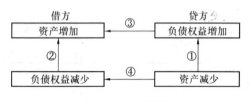

图 2-1　记账规则

上述"有借必有贷，借贷必相等"的记账规则，可用图 2-1 表示。

（四）试算平衡

试算平衡是检查总分类账户的记录是否正确的验算工作。如果试算后平衡，一般说来账户的记录是正确的。试算平衡是通过编制试算表（或称试算平衡表）来进行的。

在借贷记账法下，根据"有借必有贷，借贷必相等"的记账规则，各对应账户借方和贷方的金额应自然平衡，其基本平衡公式是"借方金额＝贷方金额"，利用这种平衡关系，可以检查全部账户发生额的记录和余额的计算是否正确。

（1）检查全部账户发生额的平衡公式

全部账户借方发生额合计＝全部账户贷方发生额合计

（2）检查全部账户余额的平衡公式

全部账户借方余额合计＝全部账户贷方余额合计

如果以上试算结果不平衡，说明记账或算账有错误，应予查找。

三、经济业务举例

利用借贷记账法的记账规则，我们例举 10 笔经济业务，用账户记录如下（有期初余额者为假设）：

【例 2-1】　购买材料一批，价值 10 000 元，材料已收到，款未付。

这笔经济业务，使资产类的原材料增加了 10 000 元，应记入"原材料"账户的借方；同时应付账款也增加了 10 000 元，形成企业的负债，应记入"应付账款"账户的贷方。

用账户反映如下：

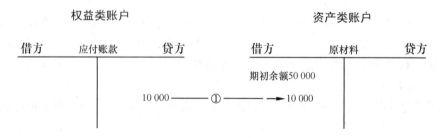

【例 2-2】　向银行借款 10 000 元，偿还应付购货款。

这笔经济业务，企业对银行的负债增加了 10 000 元，应记入"短期借款"账户的贷方；同时，对供货商的负债减少了 10 000 元，应记入"应付账款"账户的借方。

用账户反映如下：

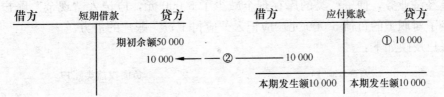

借方	短期借款	贷方
	期初余额50 000	
10 000 ◄——②——10 000		

借方	应付账款	贷方
		① 10 000
本期发生额10 000	本期发生额10 000	

【例 2-3】 从银行取回现金 5 000 元，准备发放工资。

这笔经济业务，使资产的库存现金增加了 5 000 元，应记入"现金"账户的借方；同时减少了另一项资产，即银行存款减少 5 000 元，应记入"银行存款"账户的贷方。

用账户反映如下：

资产类账户　　　　　　　　　　　　　资产类账户

借方	银行存款	贷方
期初余额19 500		
	5 000 ——③——	5 000

借方	现金	贷方
期初余额1 500		

【例 2-4】 用银行存款 10 000 元归还银行借款。

这笔经济业务，使资产的银行存款减少了 10 000 元，应记入"银行存款"账户的贷方；同时也减少了对银行的负债 10 000 元，应记入"短期借款"账户的借方。

用账户反映如下：

资产类账户　　　　　　　　　　　　负债权益类账户

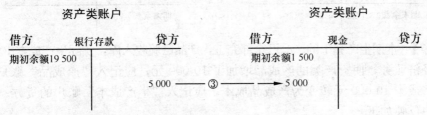

借方	银行存款	贷方
期初余额19 500	③ 5 000	
	10 000 ——④——►10 000	

借方	短期借款	贷方
	期初余额 50 000	
	② 10 000	
本期发生额 10 000	本期发生额 10 000	
	期末余额 50 000	

【例 2-5】 生产中领用材料一批，价值 10 000 元。

这笔经济业务，使资产类的材料减少了 10 000 元，应记入"原材料"账户的贷方；同时增加了生产成本 10 000 元，应记入"生产成本"账户的借方。

用账户反映如下：

资产类账户　　　　　　　　　　　　资产类账户

借方	原材料	贷方
期初余额 50 000	10 000 ——⑤——►10 000	
① 10 000		
本期发生额 10 000	本期发生额 10 000	
期末余额 50 000		

借方	生产成本	贷方

【例 2-6】 用现金 5 000 元支付职工工资。

这笔经济业务，使资产类的库存现金减少了 5 000 元，应记入"现金"账户的贷方；同时减少了对职工的负债 5 000 元，应记入"应付工资"账户的借方。

用账户反映如下：

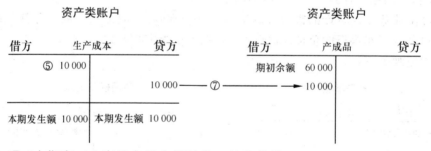

资产类账户　　　　　　　　　　　　　　负债权益类账户

【例 2-7】 本期生产完工的产品已全部完工，产品已验收入库，实际生产成本 10 000 元。

这笔经济业务，使资产类的产成品增加了 10 000 元，应记入"产成品"账户的借方；同时将生产成本 10 000 元转变为产成品成本，应记入"生产成本"账户的货方。

用账户反映如下：

资产类账户　　　　　　　　　　　　　　资产类账户

借方	生产成本	贷方
⑤ 10 000		
	10 000 ——⑦	
本期发生额 10 000	本期发生额 10 000	

借方	产成品	贷方
期初余额 60 000		
→10 000		

【例 2-8】 本期完工入库的产品全部销售，销售价款 18 000 元，已收款 10 000 元存入银行，另 8 000 元暂欠。这笔经济业务，使企业获得销售收入 18 000 元，应记入"主营业务收入"账户的贷方；同时资产类的银行存款也增加了 10 000 元，应记入"银行存款"账户的借方；另 8 000 元形成企业的债权，应记入"应收账款"账户的借方。

用账户反映如下：

负债权益类账户　　　　　　　　　　　　资产类账户

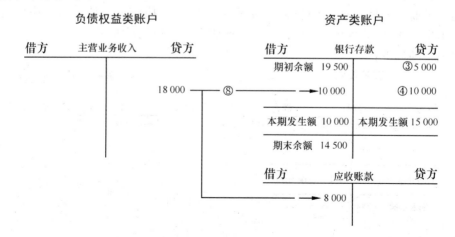

【例2-9】 已销售的产成品生产成本10 000元，应由销售收入补偿。

这笔经济业务，使资产类的库存产成品减少了10 000元，应记入"产成品"账户的贷方，同时形成企业的营业成本，应计入"主营业务成本"账户的借方。

用账户反映如下：

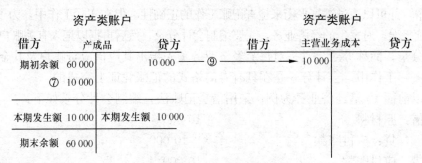

【例2-10】 企业职工王成武因公出差，预支差旅费1 000元。

这笔经济业务，使企业库存现金减少1 000元，应记入"现金"账户的贷方，同时形成对职工王成武的债权，应记入"其他应收款"账户的借方。

用账户反映如下：

```
              资产类账户                          资产类账户
   借方      现金        贷方           借方    其他应收款     贷方
 期初余额   1 500                      期初余额   9 000
 ③  5 000         ⑩  1 000 ——⑩——→ ⑩  1 000

 本期发生额 5 000  本期发生额 1 000      本期发生额 1 000

 期末余额  5 500                       期末余额 10 000
```

为了检查上述10笔经济业务的记录和各账户余额的计算是否正确，应编制试算平衡表进行验算，见表2-5。

试 算 平 衡 表   表2-5

_____年_____月_____日

账户名称	期初余额		本期发生额		期末余额	
	借方	贷方	借方	贷方	借方	贷方
固定资产	110 000				110 000	
原材料	50 000		10 000	10 000	50 000	
产成品	60 000		10 000	10 000	60 000	
现金	1 500		5 000	6 000	500	
银行存款	19 500		10 000	15 000	14 500	
应收账款			8 000		8 000	
其他应收款	9 000		1 000		10 000	
实收资本		200 000				200 000
应付工资				5 000	5 000	50 000
短期借款		50 000	10 000	10 000		
应付账款			10 000	10 000		
生产成本			10 000	10 000		
主营业务收入				18 000		18 000
主营业务成本			10 000		10 000	
合计	250 000	250 000	89 000	89 000	268 000	268 000

表中有关数字平衡，一般说明发生额的记录和余额的计算正确。

四、会计分录

如上所述，采用复式记账法，可以把企业发生的各项经济业务，完整地、相互联系地反映在各账户中，并可以通过试算平衡来检查记账工作的正确性。但在实际工作中，为了保证账户记录的正确无误，对发生的经济业务，先要编制会计分录，然后再据以记入有关账户。

会计分录，简称分录，它是对每笔经济业务预先指出其应借应贷账户及其金额的一种记录。在实际工作中，会计分录是在具有专门格式的记账凭证上完成的。

现仍以前面10笔经济业务为例，采用借贷记账法，编制会计分录如下：

(1) 借：原材料　　　　　　　　　　10 000
　　　贷：应付账款　　　　　　　　　　　10 000
(2) 借：应付账款　　　　　　　　　　10 000
　　　贷：短期借款　　　　　　　　　　　10 000
(3) 借：现金　　　　　　　　　　　　5 000
　　　贷：银行存款　　　　　　　　　　　5 000
(4) 借：短期借款　　　　　　　　　　10 000
　　　贷：银行存款　　　　　　　　　　　10 000
(5) 借：生产成本　　　　　　　　　　10 000
　　　贷：原材料　　　　　　　　　　　　10 000
(6) 借：应付工资　　　　　　　　　　5 000
　　　贷：现金　　　　　　　　　　　　　5 000
(7) 借：产成品　　　　　　　　　　　10 000
　　　贷：生产成本　　　　　　　　　　　10 000
(8) 借：银行存款　　　　　　　　　　10 000
　　　　应收账款　　　　　　　　　　8 000
　　　贷：主营业务收入　　　　　　　　　18 000
(9) 借：主营业务成本　　　　　　　　10 000
　　　贷：产成品　　　　　　　　　　　　10 000
(10) 借：其他应收款　　　　　　　　　1 000
　　　　贷：现金　　　　　　　　　　　　　1 000

根据经济业务的繁简，会计分录有简单会计分录和复合会计分录之分。简单会计分录是指只涉及两个会计账户的分录；复合会计分录是指涉及两个以上会计账户的分录。上述10个分录中，除例2-8是复合会计分录外，其余都是简单会计分录。复合会计分录是若干简单会计分录的联合，如例2-8，可以分解成如下两个简单会计分录：

(1) 借：银行存款 10 000
　　　贷：主营业务收入 10 000
(2) 借：应收账款 8 000
　　　贷：主营业务收入 8 000

在采用借贷记账法编制会计分录时，要注意以下几点：

（1）不是在具有专门格式的记账凭证上编制会计分录时（如上述各分录），借方的会计科目偏左，前面冠以"借"字，借方金额也偏左；贷方的会计科目偏右，前面冠以"贷"字，金额也偏右，以使借贷两方的对应关系一目了然。在记账凭证上编制会计分录时，按要求填写。

（2）不能编制多借多贷的复合会计分录。即编制复合会计分录只能是一借多贷或多借一贷。多借多贷的会计分录虽然符合记账原则，但会使账户的对应关系模糊不清。

（3）按照习惯，一般应先记借方科目，后记贷方科目。

第五节　分类核算和序时核算

一、分类核算

分类核算就是通过有关账户，对各种经济业务进行分门别类的核算。根据经济管理的要求，会计核算既要提供总括性的核算指标，又要提供明细核算指标。因此，分类核算既要进行总分类核算，又要进行明细分类核算。

（一）总分类核算

总分类核算是运用货币单位，按照总分类科目设置总分类账户进行的核算。通过总分类核算，可以提供总括性的核算资料，对于概括了解企业的生产经营情况十分必要。

（二）明细分类核算

在经济管理中，仅有总括性的核算资料是不够的。例如，各种材料物资，如果只有总括性的货币指标，没有详细的货币和实物数量指标，就不便于合理组织各种材料物资的采购、供应和管理；各种应收应付账款，如果只有总括性的核算资料，没有应收应付对象的详细资料，就不便于应收款的及时催收和应付款的支付。因此，在总分类核算的基础上，还必须同时进行明细分类核算。

明细分类核算是根据明细分类科目设置明细分类账户来进行的。它既可以提供详细的货币指标，还可以提供实物数量指标。

（三）总分类核算和明细分类核算的关系

如上所述，总分类核算可以提供总括性的核算资料。明细分类核算可以提供详细的核算资料。因此，总分类核算是明细分类核算的综合反映，明细分类核算是总分类核算的具体反映：总分类账户是主体账户，明细分类账户是从属账户，二者之间是前者统驭，后者被统驭，即统驭与被统驭的关系。

根据总分类核算和明细分类核算的关系，在登记总分类账户和明细分类账户时，必须遵循平行登记的原则。其要点如下：

（1）依据一致。即必须根据同一记账凭证登记总分类账户和明细分类账户，如果明细账要根据原始凭证（如发票等）登记，该原始凭证必须是该记账凭证的附件。

（2）同时登记。即对每笔经济业务，一方面要记入有关总分类账户，同时又要记入它所属的明细分类账户。

（3）方向相同。就是将经济业务记入某一总分类账户及其所属明细分类账户时，要记在相同的方向，是借方都要记借方，是贷方都要记贷方。

（4）金额相等。即记入某一总分类账户的金额与记入它所属明细分类账户的金额合计数要相等。

下面举例说明"应付账款"总分类账户及所属明细分类账户平行登记的基本方法。

假设×国营企业××年×月月初"应付购货款"账户的贷方余额为21 000元，其中：应付312日杂店1 000元，应付403水泥厂20 000元。另外，假设该国营企业当月发生了如下经济业务：

（1）用银行存款付312日杂店欠款1 000元。

（2）向403水泥厂购入水泥，价值10 000元，款未付。

（3）向银行借款20 000元，付403水泥厂水泥款。

将以上经济业务，按照平行登记的原则，登记"应付账款"总分类账户及所属明细分类账户，见表2-6。

总分类账户与明细分类核算的关系　　　　　　　　　表 2-6

账户名称：应付账款　　　　　　　　　总分类账户

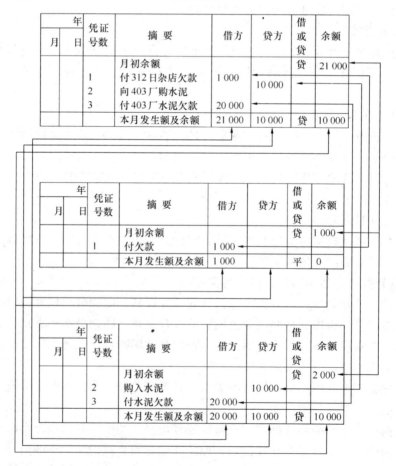

二、序时核算

分类核算能够使各种繁杂的经济业务得以归类反映，但是，它将一笔经济业务分散地

24

记录在有关账户的借方和贷方，不能集中地反映经济业务的完整内容和每笔经济业务发生的先后顺序。因此，分类核算和序时核算有必要同时并用。

序时核算，就是对各项经济业务按其发生或完成的先后顺序进行登记的核算。序时核算通过设置序时账（又称日记账、流水账）来登记。为登记全部经济业务而设置的日记账称为普通日记账（或称分录簿）；为只登记某一类经济业务而设置的日记账称为特种日记账，如现金日记账、银行存款日记账等。

在设置了普通日记账进行序时核算的情况下，首先根据事先编制的会计分录逐笔登记普通日记账，然后，再根据普通日记账中每笔会计分录的先后顺序逐一过账，登记到有关分类账中去。其基本的记账程序是：

原始依据→会计分录→序时核算→分类核算

为了便于普通日记账和分类账的相互核对，应分别在各自的账页中设"账页"栏，登记对方的账页数。

下面将前面所举10笔经济业务，根据其会计分录登记普通日记账，见表2-7。

普 通 日 记 账   表 2-7
第 页

年 月	年 日	凭证号数	摘 要	总分类账户	明细分类账户	借方金额（元）		贷方金额（元）		总账页数
		1	购入材料，货款未付	原材料		10 000	00			
				应付账款				10 000	00	
		2	向银行借款，付购货款	应付账款		10 000	00			
				短期借款				10 000	00	
		3	向银行提取现金，准备发放工资	现金		5 000	00			
				银行存款				5 000	00	
		4	用银行存款归还银行借款	短期借款		10 000	00			
				银行存款				10 000	00	
		5	生产领用材料	生产成本		10 000	00			
				原材料				10 000	00	
		6	发放工资	应付工资		5 000	00			
				现金				5 000	00	
		7	产品完工交库	产成品		10 000	00			
				生产成本				10 000	00	
		8	收到产品销售价款	银行存款		10 000	00			
				应收账款		8 000	00			
				主营业务收入				18 000	00	
		9	结转销售成本及税金	主营业务成本		10 000	00			
				产成品				10 000	00	
		10	结转销售利润	其他应收款		1 000	00			
				现金				1 000	00	
			合计			89 000	00	89 000	00	

第六节 会 计 凭 证

为了保证会计记录的真实性和明确经济责任，使账簿记录有可靠的依据，企业必须取得或填制各种书面证明。在会计上，我们把用来记载经济业务发生情况，作为记账依据的书面证明，叫做会计凭证。

会计凭证，按其填制的程序和用途不同，可以分为原始凭证和记账凭证两大类。

一、原始凭证

原始凭证是经济业务发生时取得或填制的，用来记录经济业务的具体内容、明确经济责任的书面证明。原始凭证具有法律效力，是填制记账凭证的依据。

（一）原始凭证的种类

原始凭证可以按不同的方式分类。

1. 原始凭证按来源分类

原始凭证按其来源不同，可以分为自制原始凭证和外来原始凭证两类。

（1）自制原始凭证。是指在经济业务发生时，由本企业经办业务的有关人员填制的书面证明。例如，材料业务人员在材料入库时填制的"收料单"，车间生产班组向仓库领取材料时填制的"领料单"，发放职工工资时，由劳动人事部门编制的"工资结算单"等等。

（2）外来原始凭证。是指企业与外单位或个人发生经济业务时，向外单位或个人取得的书面证明。例如，购买材料物资时供货单位开来的发票，银行存款的收款通知，收款单位或个人开出的收据等等。

2. 原始凭证按反映经济业务的时间和内容分类

原始凭证按其反映经济业务的时间和内容不同，可分为一次凭证和累计凭证两类。

（1）一次凭证。是指一次只反映一项经济业务或若干项同类经济业务的原始凭证。一次凭证是一次填写完成的。一切外来的原始凭证都是一次凭证。

（2）累计凭证。是指在一定时期内连续反映若干项同类经济业务的原始凭证。累计凭证不是一次填写完成的，而是在规定时期内，对同类经济业务在一张凭证上进行连续反映，直到期末求出累计总数后，才作为会计核算的依据。例如限额领料单就属于累计凭证。

（二）原始凭证的基本内容

企业在生产经营过程中发生的经济业务，按规定，都必须在发生时取得或填制合法的原始凭证，以作为经济业务发生和记账的依据。所谓合法的原始凭证，就是指企业取得或填制的原始凭证，必须具备规定的内容。

由于企业的经济业务复杂多样，因而，各种原始凭证所反映的经济内容是互不相同的，其格式也有所区别。但是，各种原始凭证应具备一些基本要素，一般应当包括下列内容：

（1）凭证的名称；

（2）填制凭证的日期；

（3）填制凭证单位名称、填制人姓名及单位公章；

（4）接受凭证单位名称和经办人姓名；

（5）经济业务内容；

（6）数量、单价和金额。

（三）填制原始凭证的基本要求

原始凭证是具有法律效力的证明文件，因此，必须按规定的格式正确反映原始凭证的各项内容，保证做到真实可靠、内容完整、填制及时、书写清楚。

真实可靠，就是要如实地反映经济业务的真实情况，做到数字计算准确、内容真实可靠，不得伪造经济业务，虚报冒领。这是填制原始凭证的起码要求。

内容完整，就是要按照原始凭证的格式和内容，逐项填明经济业务的完成情况；同时，必须由经办业务的部门和有关人员签章，以明确经济责任，不能只填主要项目，而不填一般项目。

填制及时，就是要求在经济业务发生的当时填制原始凭证，这是原始凭证真实可靠的重要保证，也是会计核算及时性的要求。

书写清楚，就是原始凭证上的文字和数字都必须填写清楚。有关财产物资和款项收付的凭证，其数字除了用阿拉伯数字书写外，一般还应用汉字正楷大写；如果原始凭证填写有错误，应当按照规定的方法更正；有关货币资金收付的凭证如果填写错误，应予作废，重新填写，防止错收、错付的现象。

（四）原始凭证的审核和汇总

为了保证原始凭证的合理性、合法性和真实性，会计人员必须对各种原始凭证进行严格的审核，这是实行会计监督的重要手段。

原始凭证的审核，一般应该从以下几方面进行：

（1）审核原始凭证所反映的经济业务是否合理合法。即审查原始凭证中的经济内容，是否符合党和国家的有关方针、政策、财经制度和纪律，有无不按计划和经济管理原则办事以及超过费用开支标准的情况。

（2）审核原始凭证的真实性。就是审核原始凭证所反映的内容是否符合实际情况，有无伪造、涂改、虚报、冒领等情况；审核原始凭证的数字是否正确，看其实物数量、单价、单价与数量的乘积以及小计、合计等数字资料的计算是否正确无误。

（3）审核原始凭证的完整性。就是看原始凭证的填写是否符合规定的格式，填写的项目是否齐全。

经过审核无误的原始凭证，即可作为填制记账凭证的依据。在实际工作中，为了简化核算手续，对业务性质相同的原始凭证，可以先行汇总，编制各种原始凭证汇总表，然后直接根据原始凭证汇总表填制记账凭证。例如，收入材料汇总表、发出材料汇总表、工资结算汇总表，等等。

二、记账凭证

记账凭证是根据审核无误的原始凭证编制的，主要用来确定会计分录，是登记会计账簿的依据。

（一）记账凭证的作用

1. 草稿作用

企业的经济业务是纷纭复杂的，如果将发生的经济业务根据原始凭证直接登记到账簿中，容易发生错误。这些错误如果没有及时发现，就会成为错账；被发现了的，即使马上进行更正，也会在账页上留下污点。通过填制记账凭证，事先编制出会计分录，并经过有关人员的审核，然后登入账簿，就可以减少错误，保证账簿记录的正确性，并能保持账页的整洁、美观。

2. 档案作用

记账凭证扼要地记录经济业务的内容。填制完成后，将有关原始凭证随附其后，经过编号，装订成册，以便存档查考；另外，各种原始凭证面积大小不一，有时一项经济业务有多张原始凭证，将它们附在具有统一规格的记账凭证后面，也有利于会计档案的保管。

3. 简化作用

对于经济业务发生频繁，业务量较大的企业，按一定方式将填好的记账凭证汇总编制成汇总记账凭证或科目汇总表，然后再根据汇总记账凭证或科目汇总表登记账簿，就可以大大节约登账时间，起到简化核算工作的作用。

（二）记账凭证的种类

记账凭证可以采用一种通用的格式，不分类别；也可以从核算和管理的要求出发，根据经济业务的内容，采用专用的记账凭证。

由于企业的经济业务包括涉及货币资金的收款、付款业务，也包括不涉及货币资金的转账业务，为了加强对货币资金的管理和监督，专用记账凭证可以相应地划分为收款凭证、付款凭证和转账凭证三种。

1. 收款凭证和付款凭证

收款凭证和付款凭证是根据货币资金的收付业务填制的，是登记现金日记账、银行存款日记账及有关分类账的依据。凡涉及货币资金增加的经济业务，填制收款凭证；凡涉及货币资金减少的经济业务，填制付款凭证。若一笔经济业务同时涉及一种货币资金减少，而另一种货币资金增加，为了防止重复编制凭证的现象，一般只填制付款凭证，不填制收款凭证。例如，从银行取回现金，这笔经济业务涉及的两个账户都是货币资金账户，一方是现金的增加，另一方是银行存款的减少，在这种情况下，便可只填制银行存款的付款凭证，不填现金的收款凭证。

在借贷记账法下，收款凭证和付款凭证的一般格式分别见表 2-8 和表 2-9。

收 款 凭 证 表 2-8
年　月　日

收字第　　号

借方科目：_____

附　件　张

摘　　要	一级科目	二级或明细账	账页	金额
	合计			

会计主管：　　　记账：　　　出纳：　　　审核：　　　制单：

付　款　凭　证

表 2-9

年　　月　　日

付字第　　号

贷方科目：_____　　　　　　　　　　　　　　　　　　　附件　张

摘　　要	一级科目	二级或明细账	账页	金额
	合计			

会计主管：　　　记账：　　　出纳：　　　审核：　　　制单：

2. 转账凭证

转账凭证是根据非货币资金收支的原始凭证填制的。有些转账凭证没有或不必要填制原始凭证时（如账户之间的转账、调整、更正错账等），可以直接根据有关账簿资料编制，但在转账凭证的摘要栏中应注明其内容或出处。

借贷记账法的转账凭证格式见表 2-10。

转　账　凭　证

表 2-10

年　　月　　日

转字第　　号

附件　张

摘　　要	一级科目	二级或明细账	账页	金额	
				借方	贷方

会计主管：　　　记账：　　　审核：　　　制单：

上述收、付款凭证，会计分录对应科目的方向固定，便于编制汇总记账凭证或科目汇总表，也便于记账。如收款凭证中货币资金科目为借方科目，对方科目则固定为贷方科目；付款凭证中货币资金科目为贷方科目，对方科目则固定为借方科目。

另外，收、付、转三种凭证具有不同用途，可以用不同的颜色加以区分，便于识别、传递、汇总和分类登账。一般地，收款凭证用红色，付款凭证用蓝色，转账凭证用黑色。

如上所述，各种记账凭证是登记各种序时账和分类账的依据。如果企业的经济业务太多，为了简化登记总分类账的工作，可以把若干记账凭证，按照一定的形式和方法，汇总编制成各种汇总记账凭证或科目汇总表，然后直接根据汇总记账凭证或科目汇总表登记总分类账。

（三）记账凭证的内容

在不同的记账方法下，记账凭证的格式是不同的，即使在同一记账方法下，不同企业、不同类别的记账凭证，其格式也不完全一样。但是，各种记账凭证也具备一些共同的要素。一般地，每张记账凭证应具备以下基本要素：

（1）企业名称；

（2）凭证的名称、编号及填制日期；

（3）经济业务内容摘要及所附原始凭证张数；

（4）会计分录；

（5）记入账户页数；

（6）制单、审核、出纳、记账、会计主管等有关人员的签字。

（四）记账凭证填制的要求

各种记账凭证的填制，除了应严格做到前述填制原始凭证的各项要求外，还必须做到以下几个方面：

（1）"摘要"栏，要简明扼要地填写经济业务内容的要点，文字既不宜冗长，也不可简单得让人看不明白。

（2）要按记账方法的要求填制记账凭证。在借贷记账法下，不能填制多借多贷的会计分录的记账凭证。只能填制一借一贷，一借多贷或一贷多借的记账凭证。

（3）要按会计制度的要求，正确填写会计账户的名称。这是保证会计核算资料准确、可靠的基本环节，因此，会计人员必须熟练掌握每个会计账户核算的内容，做到正确使用会计账户的名称。

（4）必须注明所附原始凭证的张数，以便于复核"摘要"栏所说明的经济内容和所编制的会计分录是否正确，也便于以后查阅原始凭证，防止发生不法行为。

（5）每张记账凭证填制完毕，应加计合计，检查借贷双方的金额是否平衡，合计金额的第一位数码字前应加上人民币符号，防止不法人员加添数字。

（6）每张记账凭证填制完成，应由有关人员签字，以便加强岗位责任制，保证记账凭证填制的正确性。

（7）各种记账凭证应连续编号。收、付、转三种记账凭证一般应分别编号，编至月终止，次月的记账凭证应从头另行编号。如果一笔经济业务需要分填几张记账凭证，可采用分数编号法。例如，前例第八笔经济业务需要填制三张记账凭证，则这三张记账凭证的编号分别应为 $8\frac{1}{3}$、$8\frac{2}{3}$ 和 $8\frac{3}{3}$。每月末最后一张记账凭证的编号旁边，最好加注"全"字，以免凭证散失。

（8）登了账的记账凭证，应在"账页"栏填明各账户金额记入账簿的页数，便于检查凭证是否记账和日后查账。

（五）记账凭证的审核

为了保证记账凭证的正确性，必须加强对记账凭证的审核，只有经过严格审核确认无误的记账凭证，才能作为登记账簿的依据。各单位必须建立凭证审核制度，配备业务熟练、经验丰富的会计人员，做好记账凭证的审核工作。

记账凭证的审核，一般应从以下几方面进行：

（1）审核记账凭证所要求填写的项目是否齐全，有关人员是否都已签名盖章，责任是否分明。

（2）审核记账凭证所附原始凭证是否齐全，是否同所附原始凭证的内容相同。

（3）审核记账凭证所编制的会计分录中，账户的名称是否正确，对应账户的金额是否平衡。

记账凭证以上三方面的内容必须严格审核，在审核中，如果发现有差错，一般应交由制证人员另行填制。

第七节 会计账簿

一、会计账簿的作用

取得和填制会计凭证，是会计核算工作的初步，由于会计凭证是分散的、互不联系的，即使是将一定会计期间的全部会计凭证统统翻阅一遍，也只能给人以零星的、大体的印象。因此，有必要进一步将会计凭证所记录的经济业务，按照一定的程序和方法，登记到具有专门格式的账页中去，以便为经济管理提供系统的核算资料。

账页是由账户名称及专门的格式组成的，把若干账页连接在一起形成簿籍。在会计上，我们把用来分类地或序时地记录各项经济业务的账簿叫作会计账簿。根据会计凭证在会计账簿中记录经济业务的过程，在会计上叫作登记账簿，简称登账。

会计账簿可以全面地、完整地反映经济活动的全过程及其结果，为企业提供系统的核算资料；它是编制会计报表的主要依据，同时又是重要的经济档案。因此，正确、及时地登记会计账簿是做好会计核算工作的重要环节。

二、会计账簿的分类

会计账簿可以按照不同的方式进行分类。

（一）会计账簿按用途的分类

会计账簿按其用途，可以分为序时账簿、分类账簿和备查账簿三类。

1. 序时账簿

序时账簿简称序时账，是为适应序时核算的需要而开设的。登账时按照经济业务发生时间的先后顺序逐笔登记。因此，序时账又叫日记账、流水账。

企业一般应设置现金日记账和银行存款日记账，有条件的企业也可以设置转账日记账（即除货币资金以外的普通日记账）。

2. 分类账簿

分类账簿简称分类账，是为了适应分类核算的需要而开设的，登记时按照各项经济业务归属的账户分类登记。

分类账是账簿体系的主体，按其概括的程度不同，可以分为总分类账和明细分类账。总分类账简称总账，是按照总分类账户的名称设置和登记的账簿，用于进行总分类核算；明细分类账简称明细账，是按照明细分类账户的名称设置和登记的账簿，用于进行明细分类核算。明细分类账按其反映经济业务的内容，一般有反映各种财产物资的实物数量和金额的账物结合明细账，反映各种应收、应付款项结算情况的往来结算明细账，反映各种生产费用的支出和结转的费用成本明细账等。

3. 备查账簿

备查账簿简称备查簿，是指对某些在序时账和分类账等主要账簿中未能登记的业务进行补充登记的账簿。例如，租入固定资产登记簿、受托加工物资登记簿、合同执行情况登记簿，等等。

（二）会计账簿按外表形式分类

会计账簿按其外表形式可以分为订本式账簿、活页式账簿和卡片式账簿三类。

1. 订本式账簿

订本式账簿简称订本账，是在使用前就将若干账页装订成册的账簿。其优点是不易散失和抽换，因此适用于现金日记账、银行存款日记账和起统驭作用的总分类账。订本账的缺点是，在同一时间内，一本订本账只能由一个人登记，不便于记账人员分工；账簿在装订前要为各账户预留账页，留多了则造成账页的浪费，留少了又会影响账户的连续登记。

2. 活页式和卡片式账簿

活页式和卡片式账簿，在使用前不用将活页和卡片装订成册，在使用过程中，账页和卡片可以随时从账夹和卡片箱中取出或放入，有的还可以转入下年继续使用。因此，它们的优点是，使用方便灵活、便于记账人员分工，便于机械登账，可以避免账页的浪费。但为了防止账页和卡片的散失，使用前应在账页和卡片上编号，并由有关人员签章；使用时应将活页式账页用账夹、卡片式账簿的卡片用卡片箱妥善保管；更换新账时，应将登记完毕的账页或卡片装订成册，以便保管。

（三）会计账簿按账页格式分类

会计账簿按其账页格式可以分为三栏式、数量金额式、多栏式和集合式等会计账簿。

1. 三栏式账簿

三栏式账簿的账页，用来记录经济业务数量的栏目设"借方"、"贷方"和"余额"三栏，主要用于登记总账、往来结算明细账和序时账，是最基本的会计账簿。其格式见本章表2-4。

2. 数量金额式账簿

这种账簿的特点是，在一张账页上既要登记金额，又要登记实物数量，是账物结合明细账所采用的格式。如材料明细分类账采用的就是数量金额式账簿，其一般格式见表2-11。

材料明细分类账　　　　　　　　　　　　　　　　　　　　表2-11

材料类别：　　　　　　　材料名称：　　　　　　　单位：

年		凭证号数	摘要	收入（借方）			发出（贷方）			结存（借方余额）		
月	日			数量	单价	金额	数量	单价	金额	数量	单价	金额

3. 多栏式账簿

这种账簿的格式是根据某些明细账的特殊要求而设置的。如费用成本明细账要求反映各成本项目的支出数，明细账的格式就必须按照其要求设置。如"生产成本"账户一级明细账采用的就是多栏式账簿，其一般格式见表2-12。

生产成本一级明细账　　　　　　　　　　　　　　　　　　表2-12

年		凭证编号	摘要	材料费	动力费	人工费	管理费	合计
月	日							

4. 集合式账簿

这种账簿的基本特点是将两个或两个以上相联系的账户结合在一张账页上一起反映其

增减变动情况。如固定资产及折旧明细账、在用低值易耗品及摊销明细账等。固定资产及折旧明细账的一般格式见表2-13。

固定资产及折旧明细账   表 2-13

类别：   名称：

年		凭证编号	摘要	原价			折旧			净值
月	日			借方	贷方	余额	借方	贷方	余额	

三、会计账簿的登记

登记会计账簿的基本依据是审核无误的会计凭证，也可以根据会计凭证的汇总资料登记，视其所采用的记账程序而定。为了保证账簿登记的真实、准确、美观和便于查阅，必须采用一定的技术方法和遵循必要的记账规则。

（一）启用和交接账簿的规则

1. 会计账簿的启用

会计人员在启用会计账簿时，应在封面上写明单位名称和账簿名称。为了保证账簿记录的合法性，明确经济责任，保证账簿资料的完整性，防止舞弊行为，在启用账簿时，应在账簿扉页附"启用表"，内容包括：启用日期、账簿页数、记账人员和会计主管人员姓名，并加盖私章和单位公章。账簿启用表的一般格式见表2-14。

表 2-14

账簿启用表	
账簿名称：	账簿编号：
账簿册数：	账簿页数：
启用日期：	
会计主管（签章）	记账人（签章）

启用订本式账簿，还应从第一页至最后一页顺次编定页数，不得跳页、缺号；使用活页式账页，应按账户名称顺次编号，并要定期装订成册，装订成册后再按实际使用账页顺序编定页数。

另外，在启用账簿时，应在账簿的首页附"总账目录"或"明细账目录"，载明各账户所在页次，以便登账或翻阅时查找。

2. 会计账簿的交接

会计账簿在使用过程中，由于种种原因，可能会调换记账人员或会计主管人员，为了明确经济责任，应办理交接手续。一般可在账簿的扉页"账簿启用表"下再设"经管账簿人员一览表"，注明交接日期、接办和监交人姓名，并由交接双方人员签名或盖章。"经管账簿人员一览表"的一般格式见表2-15。

经管账簿人员一览表   表 2-15

移交日期			移交人		接管日期			接管人		会计主管	
年	月	日	姓名	盖章	年	月	日	姓名	盖章	姓名	盖章

上述"账簿启用表"和"经管账簿人员一览表"可以合并设置"账簿启用和经管人员一览表"。

（二）登记账簿的规则

登记账簿的手段有手录登记和机械登记，手录登记账簿时，应遵循下列规则：

1. 登记账簿要用蓝黑墨水书写，不得使用圆珠笔或铅笔书写，只有在下列情况下，才能用红色墨水记账：

（1）按照红字冲账的记账凭证冲销错误记录；

（2）在不设记账方向（如借、贷）的多栏式账页中登记减少数；

（3）在账户的余额栏前，如未印明余额方向（如借、贷），在余额栏内登记负数余额；

（4）会计制度中规定用红字的其他记录。

2. 登记账簿时，应将会计凭证上的日期、编号、摘要、金额和其他有关资料逐项登记入账，每登记完一张凭证，要在记账凭证上签名盖章，并注明表示已经登账的符号"√"和登入账簿的页数。

3. 账簿中书写的文字和数字上面要留适当的空距，不要写满格，一般应占格宽的二分之一，以便于写错时更正。

4. 各种账簿要按页次顺序登记，不得跳行、隔页。如发生跳行、隔页，应将空行、空页划线注销，或注明"此行空白"、"此页空白"字样，并由记账人员签名或盖章。

5. 凡需要结出余额的账户，结出余额后，应在"借或贷"栏写明"借"或"贷"，没有余额的账户，应在"借或贷"栏内写"平"字，并在余额栏内用"-0-"符号表示无余额。

6. 每一张账页登记完毕转结下页时，应结出本页合计数（如有前页结转数应包括在内）及余额，写在本页最后一行和下页第一行有关栏内，并在摘要栏注明"过次页"和"承前页"字样；也可以只写在下页第一行有关栏内，并在摘要栏内注明"承前页"字样。

（三）更正错账的规则

账簿记录发生错误，不准涂改、挖补、刮擦或用药水消除，而应按规定的方法予以更正。更正错账的方法一般有以下几种：

1. 划线更正法

记账后，发现记账凭证或账簿上的数字或文字有笔误，可以采用划线更正法。更正时，应把错误的数字或文字全部划掉，表示注销，并由更正人盖章，然后将正确的数字或文字写在被注销的数字或文字上方，划线应用单红线。如将数字 423 误记为 324，正确的更正是：$\overline{324}^{423}$，不能更正为$3\overline{24}^{43}$。

2. 红字更正法

记账后，发现记账凭证中会计科目或金额错误，可用红字更正法。更正时，先用红字填制一张内容与错误的记账凭证完全相同的记账凭证，据以入账，冲销原错误记录，然后再用蓝字填制一张正确的记账凭证，据以重新入账。

【例 2-11】 将领用材料 1 000 元记入"管理费用"账户，记账后发现有错，领用材料应为 1 200 元，应记入"生产成本"账户。

原错误记录为：借：管理费用　　　　1 000

　　　　　　　　　贷：原材料　　　　　　1 000

更正：

（1）用红字编制记账凭证，据以入账，冲销原错误记录，红字用 [　　] 表示：

借：管理费用 　　[1 000]

　　贷：原材料 　　[1 000]

（2）用蓝字编制正确的记账凭证，据以入账：

借：生产成本　　　1 200

　　贷：原材料　　　1 200

【例2-12】 购入材料一批，价款5 000元已付，凭证误记为50 000元，并已入账。

原错误记录为：

借：原材料　　　50 000

　　贷：银行存款　　　50 000

这笔经济业务科目使用正确，但所记金额大于实际数，只要用红字冲销多记的金额即可，即将多记金额用红字编制记账凭证并据以入账：

借：原材料 　　[45 000]

　　贷：银行存款 　　[45 000]

3. 补充登记法

记账后，记账凭证中科目没有用错，但所填金额小于应填金额，可用补充登记法更正。更正时，将正确数与错误数的差额，用蓝字填制一张记账凭证据以入账即可。

【例2-13】 车间领用材料5 000元，误记为500元。

原错误记录为：

借：生产成本　　　　　　　　　　　　500

　　贷：原材料　　　　　　　　　　　　500

更正时将少记的4 500元补填记账凭证，并据以入账：

借：生产成本　　　　　　　　　　　4 500

　　贷：原材料　　　　　　　　　　　4 500

4. 科目对转更正法

记账后，发现记账凭证科目用错，金额没错，可用科目对转更正法。更正时，填制记账凭证，将错误的会计科目所反映的金额转入正确的会计科目，并据以入账。

【例2-14】 生产领用材料1 000元，应记入"生产成本"账户，误记入"管理费用"账户。

原错误记录为：

借：管理费用　　　　　　　　　1 000

　　贷：原材料　　　　　　　　　　1 000

更正时，增编记账凭证据以入账：

借：生产成本　　　　　　　　　1 000

　　贷：管理费用　　　　　　　　　1 000

（四）对账和结账

1. 对账

对账就是核对账目，它是保证账簿记录真实可靠，保持账证相符、账账相符、账实相符的重要手段。

（1）对账的主要内容

1）账证核对。是指会计凭证与账簿记录相核对，目的是要保证账证相符，它是保证账账相符、账实相符的重要条件。

2）账账核对。是指账簿之间有关数字的核对，目的是要保证账账相符，主要内容包括以下三方面：

①核对全部总分类账户的借方发生额合计与贷方发生额合计、借方余额合计与贷方余额合计是否都平衡。

②核对明细分类账、日记账的本期发生额和期末余额有关总分类账的数字是否相符。

③核对财会部门有关财产物资明细分类账的余额同财产物资保管部门和使用部门账簿记录的余额是否相符。

3）账实核对。是指将账簿记录与各项财产物资、现金和银行存款相核对，将应收、应付账款本单位的记录与外单位或个人相核对。目的是要保证账实相符。

（2）错账的查找

在实际工作中，账证和账账的核对工作一般是先编制试算表来进行的，如果试算表平衡，表明账簿的记录一般无误，反之说明记账肯定有错误，应予查找。错账的查找有两种基本方法，一种是顺查法，另一种是逆查法。顺查法是根据会计工作从编制记账凭证起至编制试算表止，按其先后程序顺序查找；逆查法是按记账程序相反的方向查找。前者一般工作量较大，因为试算不平衡往往是结账和试算汇总时加计错误，因此，查错时最好是按照与记账程序相反的方向，先检查试算表的汇总是否正确，再检查试算表中各账户的数字抄录有无错误，依次查找，便会找到错误的地方。

另外，有些错账是有规律可循的，可按其特征，有针对性地查找，方法有：

1）检查方向记错。记账记错方向，如将借方数误记入贷方，或将贷方数误记入借方，这样，就会使借贷方总额的差额是错记数的二倍。比如，将应记入借方的 100 元误记入贷方，这样，必然会使贷方的金额合计大于借方 200 元。属于这种错误，首先要看借贷方总额的差额是否能被 2 除尽，然后将差额除以 2 后的数字与凭证或账簿记录核对即可查到错数。

2）检查邻位数字倒置。邻位数字倒置，如将 87 误记为 78，或将 870 误记为 780，这种差额一定可以被 9 除尽，如 $87-78=9$，$9 \div 9=1$。又如 $870-780=90$，$90 \div 9=10$。因此，借贷方差额若是 9 的倍数，则可能是数字倒置的错误，而且如上述两例，其倍数为个位数（1～9），倒置数是个位与十位数的倒置，其倍数为十位数（10～90），倒置数是十位数与百位数的倒置，以此类推。

邻位数字的倒置，可以根据其规律，例示出各种倒置情况，便于工作中查阅。见表 2-16。

3）检查漏账。这种情况可以直接根据借贷总额的差额到凭证或账簿中去查找。另外，借贷总额的差如果比较特殊，如整万位、十万位或只差角位、分位，则查找时，可只查有万位、十万位或只有角位、分位的数字，其余数字不予查找。

邻位数字倒置便查表　　　　　　　　　　　　　　　　　　　　　表 2-16

大数颠倒为小数									差　数	小数颠倒为大数								
89	78	67	56	45	34	23	12	01	9	10	21	32	43	54	65	76	87	98
	79	68	57	46	35	24	13	02	18	20	31	42	53	64	75	86	97	
		69	58	47	36	25	14	03	27	30	41	52	63	74	85	96		
			59	48	37	26	15	04	36	40	51	62	73	84	95			
				49	38	27	16	05	45	50	61	72	83	94				
					39	28	17	06	54	60	71	82	93					
						29	18	07	63	70	81	92						
							19	08	72	80	91							
								09	81	90								

应该说明的是，在试算表平衡的表面现象下，也会掩盖一些不易发现的错误。如，漏记某一笔错误经济业务，重复记录某一笔经济业务，按同等的金额记错账户，一项错误记录恰好抵消了另一笔错误记录，等等，这些错误只能依靠平时工作的认真、仔细来杜绝，或通过总账与所属明细账的核对来查找。

错账找到后，应按规定的方法更正，已如前述。

2. 结账

结账就是在一定时期内的经济业务全部登记入账的基础上，将各种账簿的发生额和余额结算清楚，以便据以编制会计报表。

各单位在一定会计期间结束时（如月末、季末或年末），都应按规定的方法结账。办理月结时，应将各账户全月的借方和贷方发生额合计及余额计算出来，填写在当月最后一笔账项的次行，并在"摘要"栏注明"本月发生额及余额"字样，然后在下面划一条单红线；需要结本年累计发生额的，应在"摘要"栏注明"本年累计"字样，并在下面划一条单红线；12月末的"本年累计"就是全年累计发生额，全年累计下面应划双红线表示封账。在会计上，结账时划的单红线称为计算线，划的两条平行红线称为结束线。

结账方法见表 2-17。

总　账　　　　　　　　　　　　　　　　　　　　　　　　　　表 2-17

账户名称：　　　　　　　　　　　　　　　　　　　　　　　　　　第　页

×　年		凭证号数	摘　　要	借　方	贷　方	借或贷	余　额
月	日						
	1		上年结转	⋮	⋮		×××
1	⋮			⋮	⋮		⋮
	31		一月份发生额及余额	×××	×××		×××
	1			⋮	⋮		⋮
2	⋮			⋮	⋮		⋮
	28		二月份发生额及余额	×××	×××		×××

× 年		凭证号数	摘　　　要	借　方	贷　方	借或贷	余　额
月	日						
			本年累计	×××	×××		×××
⋮	⋮						
12	1						
	⋮						
	31		十二月份发生额及余额	×××	×××		×××
			全年累计	×××	×××		×××

年度终了，要把各账户的余额结转下年，并在"摘要"栏注明"结转下年"字样；在下年新账第一页第一行余额栏填上上年结转的余额，并在摘要栏注明"上年结转"字样。

第八节　会计核算形式

一、选择会计核算形式的原则和种类

会计核算形式，是指会计凭证、账簿组织、记账方法、记账程序和编制会计报表相互配合的方式。所谓凭证、账簿组织，是指记账凭证和账簿的种类、格式，凭证与账簿之间以及各种账簿之间的相互关系；记账方法和记账程序，是指采用一定的记账方法，根据一定的会计凭证，如何整理和传递凭证以及如何登记账簿等的一系列记账工作程序；编制会计报表，是指根据账簿记录的结账资料，编出会计报表。具体地说，会计核算形式，就是指如何设置和填制会计凭证，如何根据会计凭证登记各种账簿，怎样根据账簿记录编制各种会计报表这一整个会计处理过程的步骤和方法。

由于各经济组织的性质不同，规模大小不同，经济业务会有一定差异，因此，各会计单位需要设置的会计凭证、账簿的格式和种类，以及需要编制的会计报表等，都不可能完全相同。它们都应当根据各自的实际情况和具体条件，把凭证、账簿和会计报表合理地组织起来，设计出适应本单位经济业务的会计核算形式。

凡是科学的、适用的会计核算形式，都能够为本单位做好会计工作创造出良好的条件，能够提高会计核算工作的效率和质量，并能正确及时地编出会计报表。在设计与选择适用、合理的会计核算形式时应遵循以下原则：

1. 要与本单位的性质、规模和经济业务的繁简等相适应，并与本单位的经营特点相结合。

2. 要能够正确、及时和完整地提供本单位经济活动的核算资料，以满足经营管理和国家综合平衡工作的需要。

3. 要有利于提高会计工作质量和合理简化核算手续。

4. 要便于本单位会计工作人员的分工和协作。

我国各经济组织目前采用的会计核算形式，主要有以下几种：

1. 记账凭证核算形式。

2. 记账凭证汇总表（即科目汇总表）核算形式。

3. 多栏式日记账核算形式。

4. 汇总记账凭证核算形式。

5. 日记总账核算形式。

二、记账凭证核算形式

（一）记账凭证核算形式的特点

1. 直接根据记账凭证逐笔登记总分类账；

2. 账簿要分别设置现金、银行存款日记账、总分类账及必要的明细账；

3. 现金、银行存款日记账和总分类账簿的格式，均采用三栏式，明细账根据实际需要分别采用三栏式、数量金额式和多栏式；

4. 记账凭证一般采用收款凭证、付款凭证和转账凭证三种。

（二）记账凭证核算形式的记账程序

1. 根据原始凭证或原始凭证汇总表，填制收款凭证、付款凭证和转账凭证；

2. 根据收款凭证和付款凭证及所附的原始凭证（如银行结算凭证、收款收据），逐日逐笔登记现金日记账和银行存款日记账；

3. 根据原始凭证、原始凭证汇总表或收款凭证、付款凭证和转账凭证，逐笔登记各种明细账；

4. 根据收款凭证、付款凭证和转账凭证逐笔登记总分类账；

5. 现金日记账、银行存款日记账和明细分类账分别与总分类账定期核对相符；

6. 根据总分类账和明细分类账的结账资料编制会计报表。

记账凭证总分类核算程序见图 2-2。

（三）记账凭证核算形式的优缺点

1. 优点：能具体反映经济业务的发生情况，便于用账、查账；

2. 缺点：登记总分类账的工作量大，一般只适用于经济业务简单、规模较小的小型企业。

三、记账凭证汇总表核算形式

记账凭证汇总表核算形式又称科目汇总表核算形式。由于它是根据一定时期内的记账凭证，按会计

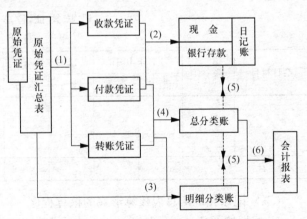

图 2-2　记账凭证总分类核算程序

科目汇总编制的记账凭证汇总表，作为登记总分类账的依据，所以这种核算形式被称为记账凭证汇总表核算形式或科目汇总表核算形式。

（一）记账凭证汇总表核算形式的特点

1. 根据记账凭证定期按会计科目编制记账凭证汇总表，然后据以登记总分类账；

2. 分别设置现金日记账、银行存款日记账和总分类账以及必要的明细分类账；总分类账及日记账的格式采用三栏式，明细分类账根据核算需要分别采用三栏式、数量金额式或多栏式；

3. 会计凭证除设置收款凭证、付款凭证和转账凭证外，还必须设置记账凭证汇总表。

（二）记账凭证汇总表的编制方法

编制记账凭证汇总表，是记账凭证汇总表核算形式的主要特点。其编制方法是：将一定时期（五天、十天或半月）内填制的全部记账凭证，按照会计科目进行归类，汇总计算出每一会计科目的借方发生额和贷方发生额，填写在科目汇总表的有关栏内，并要保持全部会计科目借方和贷方总额的平衡。

记账凭证汇总表的编制方法：可以将全部记账凭证汇总一次编制，也可以按收款、付款和转账三类凭证分别编制；可以每汇总一次编制一张，也可以按旬汇总一次，到每月末编制一张。登记总分类账时，可以根据每次汇总的数字按期登记，也可以在月末一次进行登记。

汇总一次编制的记账凭证汇总表的一般格式见表2-18。

记 账 凭 证 汇 总 表　　　　　　　　　　　表 2-18

年　月　日　至　日

会 计 科 目	账　　页	本 期 发 生 额		记账凭证起讫号数
		借　方	贷　方	
合　　计				

按旬汇总一次，至月末编制一张记账凭证汇总表的一般格式见表2-19。

记 账 凭 证 汇 总 表　　　　　　　　　　　表 2-19

年　　　月份

会计科目	账　页	1 日至 10 日		11 日至 20 日		21 日至 30 日		本月合计	
		借方	贷方	借方	贷方	借方	贷方	借方	贷方
合　计									

（三）记账凭证汇总表核算形式的核算程序

1. 根据原始凭证或原始凭证汇总表，编制收款凭证、付款凭证和转账凭证；

2. 根据收款凭证、付款凭证按日逐笔登记现金日记账和银行存款日记账；

3. 根据收款凭证、付款凭证和转账凭证，定期编制记账凭证汇总表，并据以登记总分类账；

4. 根据收款凭证、付款凭证和转账凭证并参考所附原始凭证登记各种明细分类账；

5. 按期将现金日记账、银行存款日记账和有关明细分类账分别与总分类账核对相符；

6. 根据总分类账和明细分类账的结账资料，编制会计报表。

记账凭证汇总表核算程序见图2-3。

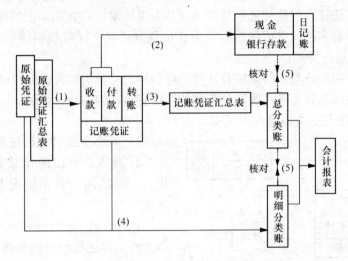

图 2-3 记账凭证汇总表核算程序

（四）记账凭证汇总表核算形式的优缺点

1. 优点：这种核算形式由于采用记账凭证汇总表登记总分类账，可以大大减少登记总分类账的工作量；其次，这种汇总表的编制方法比较简单易行，适用于经济业务多，核算比较复杂的大型企业。

2. 缺点：由于这种核算形式根据科目汇总资料登记总账，因此，在科目汇总表和账簿记录中不能明确看出经济业务的内容和账户的对应关系，因而不便于对经济活动进行检查和分析。

四、多栏式日记账核算形式

（一）多栏式日记账核算形式的特点

多栏式日记账核算形式的主要特点是，根据收款凭证和付款凭证登记多栏式现金日记账和多栏式银行存款日记账；月末，根据多栏式现金日记账和多栏式银行存款日记账登记总分类账。对于转账业务，则根据转账凭证或编制转账凭证科目汇总表登记总分类账。

在多栏式日记账核算形式下的账簿，要分别设置"现金收入日记账"、"现金支出日记账"，及"银行存款收入日记账"和"银行存款支出日记账"等四种多栏式日记账。由于这四种多栏式日记账都按其收支对应账户设置了专栏，从而具备了现金、银行存款的收、付款凭证科目汇总表的作用，因此在月末就可以直接根据这些多栏式日记账中本月收付款的发生额及各对应账户的发生额登记总分类账。对于转账业务，则根据转账凭证科目汇总表登记总分类账。如果转账业务不多的企业，也可以根据每一转账凭证，逐笔登记分类账。

多栏式日记账核算形式的会计凭证，仍分别设置收款凭证、付款凭证和转账凭证三种，对于转账业务较多的企业，也可以设置转账凭证科目汇总表。

（二）多栏式日记账核算形式的核算程序

1. 根据原始凭证或原始凭证汇总表，编制收款凭证、付款凭证和转账凭证；

2. 根据收款凭证和付款凭证按日逐笔登记多栏式现金日记账、多栏式银行存款日记账；

3. 根据收款凭证、付款凭证和转账凭证并参考所附原始凭证登记各种明细分类账；

4. 月末，根据多栏式日记账的发生额登记总分类账，同时根据转账凭证或转账凭证科目汇总表登记总分类账；

5. 月末，各明细分类账的余额合计数，应分别与总分类账有关账户的余额核对相符；

6. 月末，根据总分类账和明细分类账的结账资料，编制会计报表。

多栏式日记账总分类核算程序见图2-4。

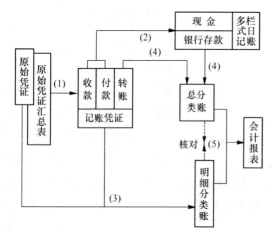

图2-4 多栏式日记账总分类核算程序

（三）多栏式日记账核算形式的优缺点

1. 优点：可以简化总分类账的记账工作，一般适用于货币资金业务收支较多的企业。

2. 缺点：对经济业务较繁杂的企业，各多栏式日记账的专栏必然增多，账页幅面大，不便于登账，并大大增加了日记账的登账工作。

五、汇总记账凭证核算形式

（一）汇总记账凭证核算形式的特点

汇总记账凭证核算形式的主要特点是，先定期（如五天或十天）将全部记账凭证汇总编制成汇总记账凭证，然后根据汇总记账凭证直接登记总分类账。

（二）汇总记账凭证的编制方法

汇总记账凭证与科目汇总表的编制方法基本相同，一般是按照收款凭证、付款凭证和转账凭证分别进行汇总编制。

汇总收款凭证，是按照货币资金（如现金）各会计科目的借方设置。根据一定核算期内该科目的全部收款凭证，按货币资金相对应的贷方科目加以归类，定期汇总填列一次。一般每月编制一次，月末结算出汇总收款凭证的合计数，并据以登记总分类账。

按"现金"科目编制的汇总收款凭证的一般格式见表2-20。

汇 总 收 款 凭 证 表2-20

借方科目：现金 　　　　　　　　　　年　　　月份 　　　　　　　　　　第　　号

贷方科目	金 额				总账页数	
	1日～10日收款凭证 号至 号	11日～20日收款凭证 号至 号	21日～30日收款凭证 号至 号	合 计	借 方	贷 方
合 计						

汇总付款凭证，是按货币资金的贷方分别设置，根据一定核算期内该会计科目的全部付款凭证，分别按货币资金相对应的借方科目归类，定期汇总填列一次，一般每月编制一张。月末，结算出汇总付款凭证的合计数，并据以登记总分类账。

按"现金"科目编制的汇总付款凭证的一般格式见表 2-21。

汇 总 付 款 凭 证 　　　　　　　　表 2-21

贷方科目：现金　　　　　　　　年　　月份　　　　　　　　第　　号

借方科目	金　　额			合　计	总账页数	
	1 日～10 日 付收款凭证　号至　号	11 日～20 日 付款凭证　号至　号	21 日～30 日 付款凭证　号至　号		借　方	贷　方

汇总转账凭证，一般是按非货币资金的每一会计科目的贷方设置。它的编制方法与汇总付款凭证相同。应说明的是，为了便于编制汇总转账凭证，转账凭证应采用一贷一借或一贷多借的形式编制，借以明确看出账户的对应关系。如果某一贷方科目的转账凭证不多，也可以根据每一转账凭证直接登记总分类账。

汇总转账凭证的格式与汇总付款凭证的一般格式相同。

（三）汇总记账凭证核算形式的记账程序

1. 根据原始凭证或原始凭证汇总表，编制收款凭证、付款凭证和转账凭证；

2. 根据各种记账凭证，分别编制规定的各种汇总记账凭证；

3. 根据收款、付款凭证按日逐笔登记现金日记账和银行存款日记账；

4. 月末，根据汇总记账凭证的合计数登记总分类账；

5. 根据记账凭证并参考所附原始凭证，登入有关明细账；

6. 定期将现金日记账和银行存款日记账及有关明细账与总分类账核对相符；

7. 根据总分类账和明细分类账的结账资料，编制会计报表。

汇总记账凭证总分类核算程序见图 2-5。

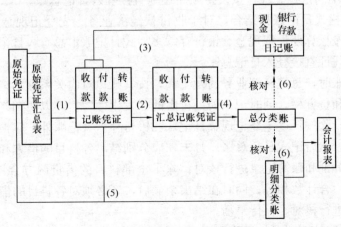

图 2-5　汇总记账凭证总分类核算程序

（四）汇总记账凭证核算形式的优缺点

1. 优点：便于了解有关账户之间的对应关系，减少登记总分类账的工作量，适用于规模较大，经济业务较多的企业。

2. 缺点：汇总编制记账凭证的工作量很大，程序比较繁琐，且不利于核算工作的合理分工。

六、日记总账核算形式

（一）日记总账核算形式的特点

日记总账核算形式，是将序时核算和总分类核算相结合的一种核算形式。这种核算形式的主要特点是：将日记账和总分类账结合起来设置一本联合账簿，即日记总账。日常发生的各项经济业务，都要根据有关记账凭证直接登入日记总账。

（二）日记总账的登记方法

在采用日记总账核算形式的条件下，关键的问题是要掌握日记总账的登账方法。由于日记总账把全部总账科目都集中在一张账页上，对所有经济业务要按其发生时间的先后顺序逐笔登入日记总账，并要按每一项经济业务所涉及的会计科目分别登入在同一行次的有关科目借方栏或贷方栏中。所以日记总账的记录既具有序时核算作用，同时又具有总分类核算作用。日记总账的一般格式见表 2-22。

日 记 总 账   表 2-22

年		凭证号数	摘要	发生额	固定资产		原材料		银行存款		固定基金	
月	日				借方	贷方	借方	贷方	借方	贷方		

日记总账的登记有以下两种基本方法：

1. 根据各种不同记账凭证，按发生顺序逐笔直接登入日记总账。

2. 如果与多栏式日记账相结合，对于收付款经济业务，先登记现金和银行存款多栏式日记账，然后按核算期根据现金、银行存款多栏式日记账汇总登入日记总账。至于转账业务则根据转账凭证直接登入日记总账。

登记日记总账时，每笔经济业务的发生额，按其账户对应关系分别记入同一行次的有关科目的借方栏和贷方栏，同时记入同一行次的"发生额"栏，以便期终汇总核对。对于收款、付款业务，除按日逐笔登记现金日记账和银行存款日记账外，应根据当时的收、付款凭证分别汇总，然后记入日记总账；月末，应分别结出各科目的借方和贷方的发生额合计数及余额，并分别和账簿记录进行核对；除了全部科目的借贷两方合计数必然相等外，还必须与发生额栏合计数相等；同时在结出余额后，还必须对各科目的借方余额合计数和贷方余额合计数进行核对，保持平衡。

（三）日记总账核算形式的记账程序

1. 根据原始凭证或原始凭证汇总表，编制收款凭证、付款凭证和转账凭证；

2. 根据收款凭证和付款凭证登记现金日记账和银行存款日记账；

3. 根据各种记账凭证登记日记总账；

4. 根据各种记账凭证并参考所附原始凭证登入各种明细分类账；

5. 现金、银行存款日记账和各种明细分类账分别定期与日记总账进行核对相符；

6. 根据日记总账和各明细分类账的结算资料编制会计报表。

日记总账总分类核算程序如图2-6所示。

（四）日记总账核算程序的优缺点

1. 优点：记账方法简便，易懂易行；由于全部会计科目都集中在一张日记总账上，能全面反映各账户之间的关系，便于分析经济活动情况。

2. 缺点：由于全部会计科目都集中在一张日记总账上，不便于会计人员分工；同时，如果企业经济业务频繁、会计科目设置较多，也无法运用日记总账。因此，这种核算形式只适用于经济业务简单的小型企业。

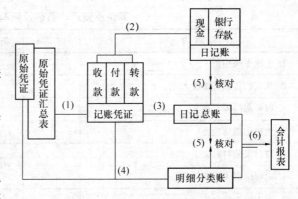

图2-6　日记总账总分类核算程序

根据以上五种会计核算形式的简要概述，这里应该指出的是，在实际工作中往往是将各种会计核算形式结合应用的。某种会计核算形式的账簿可以为另一种核算形式所采用；或者某一种会计核算形式的某一部分账务处理程序，可以用于另一种会计核算形式。如在采用记账凭证汇总表核算形式下，如果转账业务不多的企业，可以按每一转账凭证逐笔登记总分类账，将记账凭证核算形式和记账凭证汇总表核算形式结合起来使用。又如，在采用多栏式日记账核算形式的情况下，转账业务应根据转账凭证直接逐笔登记总分类账，但如果转账业务较多的企业，也可以将转账凭证编制成转账凭证科目汇总表然后据以登入总分类账，将多栏式日记账核算形式与科目汇总表核算形式结合起来运用。

总的来说，各经济组织在选用会计核算形式时，应按照设计会计核算形式的原则与要求，根据各自经济业务的特点，将各种会计核算形式择优组合运用。

思 考 题 与 习 题

思考题

1. 什么是会计的基本假设，包括哪些基本假设？

2. 会计核算应遵循哪些原则？

3. 会计要素包括哪六类，存在哪些会计等式？

4. 什么是会计科目，什么是会计账户，两者有何联系和区别？

5. 什么是复式记账，有何基本特点？

6. 借贷记账法有何特点？

7. 总账与明细账平行登记的要点有哪些？

8. 什么是会计凭证，如何分类？

9. 什么是会计账簿，如何分类？

10. 我国采用的会计核算形式主要有哪些？

习题一

一、目的

练习资产、负债及所有者权益的内容划分。

二、资料

某企业资产、负债及所有者权益的资料如表 2-23 所示。

某企业资产、负债及所有者权益资料 表 2-23

资 料 内 容	资　产	负　债	所有者权益	账户名称
1. 生产车间用房				
2. 国家的货币资金投入				
3. 财务部门库存现金				
4. 生产用机器设备				
5. 应付采购材料款				
6. 向银行借入短期借款				
7. 存入银行的存款				
8. 运输用货车				
9. 车间尚未生产完工的产品				
10. 出差人员预借的差旅费				
11. 库存钢材				
12. 已验收入库的完工产品				
13. 应付代扣职工水电费				
14. 应收取的销货款				
15. 采购材料开出的商业汇票				
16. 销售产品收到的商业汇票				
17. 支付预订下年度报刊费				
18. 提取的机器设备折旧				
19. 欠交国家税金				
20. 已实现的利润				

三、要求

1. 根据表中资料，列示其应归属的会计要素，用"√"记入相应的空格栏内

2. 指出表中每一资料应在哪个会计账户中反映。

习题二

一、目的

练习各账户的期末余额与期初余额、本期发生额之间的关系。

二、资料

某企业××年 5 月份部分账户资料如表 2-24 所示。

账户名称	期初余额	本期借方发生额	本期贷方发生额	借或贷	期末余额
银行存款	30 000	25 000	45 000		
原材料	2 000	70 000			20 000
固定资产	100 000	20 000			95 000
短期借款	50 000		60 000		15 000
应付账款	50 000	6 000	4 000		
实收资本	300 000		45 000		345 000
资本公积	6 000		10 000		12 000

三、要求

计算有关账户的借方发生额、贷方发生额和期末余额。

习题三

一、目的

练习借贷记账法及试算平衡表的编制。

二、资料

1. 某企业××年 5 月账户月初余额如表 2-25 所示。

某企业 5 月账户月初余额　　　　　　　　　　表 2-25

账户名称	期初余额（借方）	账户名称	期初余额（贷方）
银行存款	39 000	短期借款	50 000
现　金	2 200	应付账款	100 000
原材料	15 000	应交税金	10 000
固定资产	1 000 000	本年利润	51 200
生产成本	102 200	实收资本	1 050 000
产成品	52 800		
应收账款	50 000		
合　计	1 261 200	合　计	1 261 200

2. 5 月份发生下列经济业务

(1) 从银行提取现金 1 000 元，备作零星开支。

(2) 向银行借款 50 000 元，偿还前欠货款 50 000 元。

(3) 从某单位购进材料一批，货款 30 000 元，材料验收入库，货款未付。

(4) 用银行存款归还银行借款 20 000 元。

(5) 从某单位购进材料，货款 40 000 元，其中 25 000 元已通过银行转账支付，另外 15 000 元尚未支付。

(6) 采购员出差预借差旅费 1 000 元，用现金支付。

(7) 仓库发出材料一批，金额 15 000 元，其中生产用 14 000 元，行政管理部门用 1 000 元。

(8) 结算本月应付职工工资 50 000 元，其中生产工人工资 40 000 元，管理人员工资 10 000 元。

(9) 销售产品一批，货款 100 000 元已收到。

(10) 开出现金支票从银行提取现金 50 000 元备发工资。

（11）用现金发放工资 50 000 元。

（12）用现金购买办公用品 500 元。

（13）生产车间领用材料 50 000 元。

（14）本月生产的产品部分完工入库，实际成本 100 000 元。

（15）结转已销售产品的生产成本 80 000 元。

（16）将本月发生的管理费用 11 500 元转入"本年利润"账户。

（17）将本月发生的产品销售成本 80 000 元转入"本年利润"账户。

（18）将本月取得的产品销售收入 100 000 元转入"本年利润"账户。

三、要求

1. 根据 5 月份发生的经济业务填制记账凭证。

2. 根据会计凭证登记总分类账户。

3. 结算每一总分类账户的本期发生额及期末余额。

4. 编制试算平衡表。

第三章 货币资金核算

房地产开发企业的货币资金，是指企业在房地产开发经营活动中，表现为货币形态的那部分资金。货币资金主要用于企业的物资采购、工资支付、工程价款的结算、税款交纳、往来款项结算等经济活动。货币资金收支是一项涉及面很广的工作，体现着企业与国家、企业与外部单位、企业与内部单位和职工个人等的经济往来关系。加强货币资金核算，对于促进企业严格遵守国家有关货币资金管理制度，正确处理企业与各方面的经济关系，合理地节约使用资金，促进社会主义市场经济的发展等，具有十分重要的意义。

货币资金按其存放地点和用途不同，可以分为现金、银行存款和其他货币资金。在企业所有资产中，货币资金的流动性最强，企业必须加强管理和核算。货币资金的收支业务和日常管理，应由专职的出纳员经办。出纳人员应根据审核无误的收付款凭证，办理货币资金的收支，并负责登记现金和银行存款日记账，负责保管空白支票和有价证券。但不得兼管收入、费用、债权、债务等账簿的登记工作、稽核工作和会计档案的保管工作。

第一节 现 金 核 算

一、现金的管理

我国会计上所指的现金，是指存放在企业，由出纳人员保管的那部分货币资金，包括库存的人民币和外币。它主要用于企业日常零星开支，可以随时用于购买所需物资、支付有关费用、偿还债务，也可以随时存入银行，与现金流量表和西方会计中所称的现金概念不同。现金流量表和西方会计中所称的现金，包括库存现金、银行存款和其他符合现金定义的票证（如未结付支票、汇票等）。

在经济活动中，为了保证现金的安全使用，企业必须加强现金管理，按照国家《现金管理暂行条例》的相关规定，使用和收支现金，主动接受开户行的检查和监督。

企业与其他单位或个人之间的经济往来，用现金直接支付的，称为现金结算；由银行划拨转账的，称为非现金结算或转账结算。现金结算主要用于企业与职工之间或企业与不能转账的集体与个人之间的款项结算。根据现金管理条例的规定，企业可以在以下范围内使用现金：

1. 职工工资、津贴；
2. 个人劳务报酬，包括稿费、讲课费和其他专门工作报酬；
3. 根据国家规定颁发给个人的科学技术、文化艺术、体育等各种奖金；
4. 各种劳保、福利费用以及国家规定对个人的其他支出；
5. 向个人收购农副产品和其他物资的价款；
6. 出差人员必须随身携带的差旅费；

7. 结算起点以下的零星开支（国家规定的结算起点）；

8. 中国人民银行确定需要支付现金的其他支出。

除上述开支范围外，其他款项的支付，不得使用现金，必须通过银行办理转账支付。

企业日常零星开支所需要的现金，可以由企业提出计划，报开户银行核定库存现金限额，一般为 3~5 天的日常零星开支所需要的数量。边远地区和交通不便地区的企业，可以适当放宽，但最高不得超过 15 天的日常零星开支。企业每天的现金结存数，不得超过核定的限额，超过部分应及时送存银行，以保证现金的安全性。企业因业务需要，增加或减少库存现金限额的，也应向开户银行申请，由开户银行重新核定。

企业在办理日常业务中收入的现金，也应及时送存银行，不得直接支付自身的开支（即坐支现金）。需要坐支现金的，应事先报开户银行审查批准，由开户银行核定坐支范围和限额，企业应定期向银行报送坐支金额和使用情况。

企业向银行送存现金时，应在送款单上注明款项的来源；支取现金时，应在现金支票上注明款项的用途。对违反现金管理制度的款项，银行有权拒绝支付。

二、现金的核算

企业的一切现金收支，都必须取得或填制原始凭证，作为收付现金的书面证明和核算依据。财会部门对现金收付的原始凭证应认真审核，经审核无误后才能作为收付款的合法依据，并据以填制收、付款记账凭证。出纳人员在收付现金后，应在收、付款原始凭证上加盖"现金收讫"或"现付付讫"的戳记，以表示款项已经收付。经审核无误的现金收、付记账凭证，即可据以登记有关账簿。

为了总括核算和监督库存现金的收入、支出和结存情况，企业应设置"现金"账户。借方登记现金的增加数，贷方登记现金的减少数，借方余额反映库存现金的数额。

有外币现金的企业，应当分别人民币和各种外币设置"现金日记账"进行明细核算。

现举例说明现金收支业务的账务处理。

【例 3-1】 企业填制现金支票，从开户银行提取现金 1 000 元。

会计分录如下：

借：现金   1 000

    贷：银行存款   1 000

【例 3-2】 企业行政办公室购买办公用品 200 元，用现金支付。

会计分录如下：

借：管理费用   200

    贷：现金   200

【例 3-3】 将超过库存限额的现金 800 元送存银行。

会计分录如下：

借：银行存款   800

    贷：现金   800

为了详细反映库存现金收入、支出和结存情况，企业还应设置"现金日记账"，进行现金序时核算。"现金日记账"通常采用收入、支出和结存三栏式，由出纳员根据现金的收款凭证和付款凭证逐笔序时登记。

"现金日记账"的格式如表 3-1 所示。

现 金 日 记 账   **表 3-1**

××年		凭证		摘　要	对方科目	收　入	支　出	结　　存
月	日	种类	号数					
×	1			月初余额				500
	1	现收	1	从银行提取现金	银行存款	1 000		1 500
	1	现付	1	购办公用品	管理费用		200	1 300
	1	现付	2	送存银行	银行存款		800	500
	1			本日合计		1 000	1 000	500

出纳员每天将"现金日记账"登记完毕，结出余额，应及时与库存现金核对，做到日清月结，账款相符。

三、现金的清查

为了加强对库存现金的管理，防止贪污盗窃和挪用现金，保证库存现金的安全完整，企业应采用实地盘点方式，对库存现金进行定期或不定期的清查。清查时，出纳员应在场并主动配合。清查中若发现有违反现金管理制度的行为，应报经领导处理。对清查结果要编制"现金盘点报告单"，调整现金账目，待查明原因后进行处理。

【例 3-4】 企业在库存现金清查中，发现现金短缺 200 元。

作会计分录如下：

借：待处理财产损溢——待处理流动资产损溢   200

    贷：现金   200

【例 3-5】 上项短缺现金应由出纳员赔付，收到赔付款 200 元。

作会计分录如下：

借：现金   200

    贷：待处理财产损溢——待处理流动资产损溢   200

第二节　银 行 存 款 核 算

一、银行存款的管理

银行存款是企业存入银行或其他金融机构的货币资金。按照国家有关规定，凡是独立核算的单位，都必须在当地银行或其他金融机构开设账户。企业与其他单位的经济往来，除现金的使用范围外，都应通过银行办理转账结算。

银行存款账户分为基本存款账户、一般存款账户、临时存款账户和专用存款账户。

基本存款账户是企业办理日常转账结算和现金收付的账户，企业的工资、奖金等现金的支取必须通过基本存款账户办理。一个企业只能选择一家银行的营业机构开立一个基本存款账户。

一般存款账户是企业在基本存款账户以外开立的账户，该账户可办理转账结算和存入现金的业务，但不能支取现金。与企业不在同一地点的附属非独立核算单位可以开立一般存款账户。

临时存款账户是企业因临时经营活动需要开立的账户，企业可以通过该账户办理转账结算和符合现金管理规定的现金收付业务。

专用存款账户是企业因特定用途需开立的账户，如基本建设项目的专项资金存款账户等。

企业在办理银行转账结算过程中，必须严格遵守国家规定的结算原则和结算纪律。不准签发没有资金保证的票据和远期支票，套取银行信用；不准签发、取得和转让没有真实交易和债权债务的票据，套取银行和他人资金；不准违反规定开立和使用银行存款账户。

二、银行结算方式

为了适应不同结算业务的需要，银行转账结算方式有多种，主要有银行汇票、商业汇票、银行本票、支票、汇兑、委托收款、托收承付、信用卡等结算方式。

（一）银行汇票结算

是指汇款人将款项交存当地银行，由银行签发汇票给汇款人持往异地，办理转账结算或支取现金的一种结算方式。适用于单位、个体经济户、个人支付各种款项的结算。

银行汇票一律记名，汇款金额起点为 500 元。付款期限为一个月，逾期的汇票，兑付银行不予受理。其结算程序如下：

（1）汇款人填写"银行汇票委托书"，委托银行签发银行汇票。

（2）银行受理委托，在收妥款项或办理转账后，签发"银行汇票"。银行汇票一式四联：第一联卡片、第二联汇票、第三联解讫通知、第四联多余款收账通知。

（3）汇款人持"汇票"和"解讫通知"向收款人办理结算。收款人为个人的，可以持转账的银行汇票经背书后向兑付地的单位或个体经济户办理结算。

（4）收款单位受理银行汇票时，应将实际结算金额和多余金额填写在"汇票"和"解讫通知"联的有关栏内，并在银行汇票背面加盖预留银行印鉴，连同进账单一并送交开户银行转账。

银行汇票结算具有以下优点：

（1）票随人到，有利于单位或个人急需用款和及时采购；

（2）使用灵活，既可持票取款、购货，也可通过银行办理分次支付或转汇；

（3）兑现性强，避免了长途携带现金的不便；

（4）凭票购货，余款自动退回，防止了不合理预付货款和交易尾数的发生；

（5）可以背书转让，有利于加速资金周转。

（二）商业汇票结算

是指收款人或付款人签发，由承兑人承兑，并于到期日无条件支付确定的金额给收款人或者持票人的结算方式。在银行开立存款账户的法人以及其他经济组织之间，须有真实的交易关系或债权债务关系，才能使用商业汇票办理结算，同城结算和异地结算均可使用。

商业汇票一律记名，允许背书转让。其付款期限由交易双方商定，但最长不得超过 6 个月。如属分期付款，应一次签发若干张不同期限的汇票。商业汇票承兑后，承兑人有到期无条件支付票款的责任。

商业汇票按承兑人不同，分为商业承兑汇票和银行承兑汇票两种。

1. 商业承兑汇票

商业承兑汇票由收款人或付款人签发，但由银行以外的付款人承兑。其结算程序如下：

（1）收款人或付款人签发"商业承兑汇票"，交付款人承兑。汇票一式三联：第一联卡片，第二联承兑汇票，第三联存根。

（2）付款人在第二联承兑汇票上签署"承兑"字样，加盖预留银行印章后，交给收款人。

（3）收款人或被背书人将要到期的商业承兑汇票，连同进账单送交开户银行转账。

（4）付款人应于商业承兑汇票到期前将票款足额交存开户银行，以便汇票到期将款项划转给收款人或被背书人。

（5）商业承兑汇票到期日，若付款人账户不足支付，开户银行应将商业承兑汇票退给收款人或被背书人，由其自行处理。但银行应按规定对付款人处以罚款。

采用商业承兑汇票结算，反映的债务关系明确。但汇票到期，若付款人无力支付票款，则不能保证款项的收回。

2. 银行承兑汇票

银行承兑汇票由收款人或承兑申请人签发，由银行承兑。其结算程序如下：

（1）收款人或承兑申请人签发"银行承兑汇票"，随同购销合同向开户银行申请承兑。银行承兑汇票一式四联：第一联卡片、第二联承兑汇票、第三联解讫通知、第四联存根。

（2）银行审查有关承兑申请资料，符合承兑条件的，与承兑人签订承兑协议，并在银行承兑汇票上盖章，用压数机压印汇票金额后，将银行承兑汇票和解讫通知交给承兑申请人。

（3）承兑申请人将银行承兑汇票和解讫通知交收款单位。

（4）收款人或被背书人在银行承兑汇票到期时，将银行承兑汇票、解讫通知，连同进账单，送开户银行转账。

（5）承兑申请人在银行承兑汇票到期前，应将票款足额交存银行，便于承兑银行在汇票到期时付款。承兑申请人在到期日未能足额交存票款时，承兑银行负有无条件支付票款的责任。但银行要对承兑申请人执行扣款，对尚未扣回的承兑金额转作逾期贷款，按每日万分之五计收罚息。

采用银行承兑汇票结算，由商业信用转变为银行信用，兑现有完全的保证。但承兑银行要承担一定风险，因而承兑银行应严格审查承兑申请人的信用条件，保证承兑票款的安全性。

（三）银行本票结算

是指申请人将款项交存银行，由银行签发本票给其凭以办理转账或支取现金的一种结算方式。它适用于同城范围内的商品交易、劳务供应以及其他款项的结算。

银行本票分为定额本票和不定额本票两种。定额本票的面额有 1 000 元、5 000 元、10 000 元、50 000 元等几种。

银行本票由付款人申请办理，其结算程序是：

（1）申请人向银行填写"银行本票申请书"，并将款项交存银行。

（2）银行受理申请，办妥转账或收妥现金后，签发银行本票给申请人。

（3）申请人持银行本票向填明的收款单位或个体经济户办理结算，具有"现金"字样的银行本票可以向银行支取现金。

（4）收款人受理银行本票，经审查无误后，在银行本票背面加盖预留银行印章，连同进账单送交开户银行办理转账。

银行本票的付款期为两个月，见票即付。遗失的现金银行本票可以到银行办理挂失，遗失转账银行本票不予挂失。

（四）支票结算

是指银行的存款人签发支票给收款人办理结算，或给开户银行委托其将款项支付给收款人的一种结算方式。凡同城各单位之间的商品交易、劳务供应和其他款项的结算，均可采用支票结算方式。

支票由银行统一印制，分为现金支票、转账支票和普通支票。印有"现金"字样的支票为现金支票，只能用于支取现金。印有"转账"字样的支票为转账支票，只能用于转账。未印有"现金"或"转账"字样的支票为普通支票，可以用于支取现金，也可以用于转账。但在普通支票左上角划有两条平行线的，称为划线支票，只能用于转账，不得支取现金。

支票的提示付款期限为自出票日起10日（中国人民银行另有规定的除外）。超过提示付款期限的，持票人开户银行不予受理，付款人不予付款。转账支票在票据交换区域内可以背书转让。

企业签发支票前，应查明银行存款的结余数额，不得签发空头支票。签发支票应使用碳素墨水或墨汁填写，大小写金额、日期和收款人不得更改，其他内容如有更改，必须加盖预留银行印鉴。作废的支票应注明"作废"字样，连同存根保存备查。

（五）汇兑结算

是指汇款人委托银行将款项汇给外地收款人的一种结算方式。它适用于异地单位、个人之间的各种款项结算。

汇兑分为信汇和电汇两种，由汇款人选择使用。委托银行办理汇兑，应向汇出银行填写汇兑凭证，详细填明汇入地点、汇入银行名称、收款人名称、汇款用途等内容。

汇兑结算可以"留行待取"、"分次支付"和"转汇"。汇款人派人到汇入行领取汇款，应在汇兑凭证上注明"留行待取"字样。分次支取的，应以收款人的姓名开立临时存款户，临时存款户只付不收，付完清户，不计利息。办理转汇的，应委托汇入行重新办理汇兑结算。

（六）委托收款结算

是指收款人委托银行向付款人收取款项的一种结算方式。单位和个人之间的商品交易、劳务供应及其他款项的结算，无论同城还是异地，均可采用委托收款结算方式，不受金额起点限制。

委托收款结算的付款期限为3天，付款人在付款期限内未向银行提出异议，银行视作同意付款，并在付款期满的次日将款项主动转账给收款单位。若付款人对付款有异议，可以在付款期内办理拒绝付款。

采用委托收款结算方式，银行只承担代为收款的义务，不承担审查拒付理由的责任，一旦结算双方发生争议，由双方自行处理。

（七）托收承付结算

是指收款单位根据购销合同发货后，委托银行向异地付款人收取款项，付款人向银行承认付款的一种结算方式。它适用于异地单位之间签订有购销合同的商品交易，以及因商品交易而产生的劳务供应的结算，购销合同既是双方进行交易的依据，也是银行监督和维护双方权益的依据，没有购销合同，不能办理托收承付结算。

托收承付结算款项的划回分邮划和电划两种，由收款人根据需要选择使用。每笔结算金额起点为 10 000 元。货款的承付分为验单付款和验货付款，应在购销合同中予以明确，验单付款期限为 3 天（从付款单位开户银行发出承付通知的次日算起），验货付款期限为 10 天（从运输部门向付款单位发出提货通知的次日算起）。

付款单位在承付期内，未向银行表示拒付的，即视同承付，银行在承付期满的次日，将款项主动从付款单位账户内付出。若付款单位无足够资金支付货款，其不足部分，作为延期付款处理。在承付期内，付款单位验单或验货后，如发现货物品种、规格、质量、数量、金额等与合同规定不符，或款项已付过、计算有错误等，可根据不同情况提出全部或部分拒付。

（八）信用卡结算

信用卡是指商业银行向个人和单位发行的，凭以向特约单位购物、消费和向银行存取现金，具有消费信用的特制载体卡片。按其使用对象分为单位卡和个人卡，按其信用等级分为金卡和普通卡。

凡在中国境内金融机构开立基本账户的单位，可申领单位卡。单位卡账户的资金一律从其基本存款账户转账存入。在使用过程中，需要向卡中续存资金的，也一律从其基本存款账户转账存入，不得交存现金，不得将销售收入取得的现金直接存入其账户。单位卡不得用于 10 万元以上的商品交易、劳务供应款项的结算，不得支取现金。

信用卡在规定的限额和期限内允许善意透支，金卡的最高透支额不得超过 10 000 元，普通卡不得超过 5 000 元，透支期限最长为 60 天。透支利息，自签单或银行记账日起 15 日内，按每日万分之五计算；超过 15 日，按每日万分之十计算；超过 30 日或透支金额超过限额的，按每日万分之十五计算。

三、银行存款的核算

银行存款的核算也分为总分类核算和序时核算。

为了总括核算和监督企业存入银行或其他金融机构的各种存款，企业应设置"银行存款"账户，其借方登记企业存入银行的存款，贷方登记提取现金和支付的款项，期末借方余额，表示银行存款的账面余额。有外币存款业务的企业，可在"银行存款"账户下设置"人民币存款"和"外币存款"两个明细账户。

"银行存款"账户，可以根据银行存款的收款凭证和付款凭证直接登记。收付业务较多的企业，也可以根据汇总的银行存款收款凭证和付款凭证定期汇总登记。

【例 3-6】 开出转账支票，支付购买办公用品费用 1 800 元。

作会计分录如下：

借：管理费用   1 800

     贷：银行存款   1 800

【例 3-7】 企业处理库存积压材料一批，获得销售价款 15 000 元存入银行。

作会计分录如下：

借：银行存款   15 000

     贷：其他业务收入   15 000

为了及时、详细地反映银行存款的收入来源、支出用途和结存情况，企业应设置和登记"银行存款日记账"，进行银行存款的序时核算。"银行存款日记账"由出纳人员根据银行存款的收款凭证和付款凭证，按照业务发生的时间先后，逐日逐笔依次登记，以便随时掌握银行存款的收支和结存情况，为企业合理组织和安排资金提供依据。

"银行存款日记账"的格式如表 3-2 所示。

银行存款日记账   表 3-2

××年		凭证		银行结算凭证		摘要	对方科目	收入	支出	结存
月	日	种类	号数	种类	号数					
×	1					月初余额				180 000
	1		2-1			提取现金			1 000	
	1		2-3			交存现金		800		
	1		2-6			购办公用品			1 800	
	1		2-7			销售积压材料		15 000		
						本日合计		15 800	2 800	193 000

四、银行存款的核对

为了防止记账中发生差错，正确掌握银行存款的实际金额，企业应定期与银行核对账目。

企业对账前，应认真检查自己所记的账目有无差错，然后再同银行填制的对账单逐笔核对，以查明双方账目有无错误或遗漏，并及时进行更正。

企业银行存款账上的余额与银行对账单上的存款余额如不一致，除了记账差错外，还可能由于未达账项造成差异。所谓未达账项，是指银行结算凭证在企业和银行之间流转时，存在着彼此进账时间先后的差别，造成一方已经入账，而另一方尚未收到有关凭证以致尚未入账的情况。

形成未达账项的原因有：

银行已收款入账，企业尚未入账；

银行已付款入账，企业尚未入账；

企业已收款入账，银行尚未入账；

企业已付款入账，银行尚未入账。

在对账中查出的未达账项，可编制"银行余额调节表"，看调整后的银行存款余额是否相符。

【例 3-8】 企业某月 31 日银行存款的账面余额是 90 000 元，银行对账单上的企业银行存款余额为 86 000 元，对账后，发现有以下未达账项：

1. 企业从购货单位收到的转账支票 15 000 元交存银行，银行尚未入账。

2. 企业购砂、石开出的转账支票 5 000 元，银行尚未入账。

3. 委托银行收取的出租房租金 8 000 元，银行已收款入账，但企业尚未收到转账通知，没有入账。

4. 应付短期借款利息 2 000 元，银行已入账，但企业尚未收到银行的付款通知，没有入账。

根据以上未达账项，编制"银行存款余额调节表"，见表 3-3。

银行存款余额调节表

表 3-3

××年×月 31 日

项　　目	金　额	项　　目	金　额
企业账面的存款余额	90 000	银行对账单的存款余额	86 000
加：银行已收，企业未收租金	8 000	加：企业已收，银行未收货款	15 000
减：银行已付，企业未付利息	2 000	减：企业已付，银行未付货款	5 000
调整后的存款余额	96 000	调整后的存款余额	96 000

银行存款余额调节表不能作为调整账簿记录的依据，只起核对账目的作用。收到未达账项的有关凭证后，未达账项成为已达账项，方能据以登记入账。调整后的存款余额如果相等，一般表明双方记账没有差错。如果不相等，表明记账有差错，应进一步查明原因，加以更正。

第三节　其他货币资金核算

其他货币资金是指除现金、银行存款以外的其他各种货币资金，其性质与现金、银行存款一样，都属于货币资金，但由于存放地点和用途不同于现金、银行存款，因而将其作为其他货币资金单独核算。其他货币资金主要包括外埠存款、银行汇票存款、银行本票存款、在途货币资金、信用卡存款、信用证保证金存款、存出投资款等。企业应设置"其他货币资金"账户，借方登记各种其他货币资金的增加额，贷方登记其他货币资金的减少额，期末借方余额表示其他货币资金的结存额。在"其他货币资金"账户下，应设置"外埠存款"、"银行汇票存款"、"银行本票存款"、"在途货币资金"、"信用卡存款"、"信用证保证金存款"、"存出投资款"等二级账户，再按外埠存款的开户银行、银行汇票、银行本票及信用证的收款单位等进行明细核算。有信用卡业务的，应在"信用卡"二级账户下，按开出信用卡的银行和信用卡种类进行明细核算。

一、外埠存款的核算

外埠存款是指企业到外地进行临时或零星采购时，汇往采购地银行开立临时采购专户的款项。

【例 3-9】　某房地产开发企业委托开户银行汇款 100 000 元到异地银行开立采购专户。作会计分录如下：

借：其他货币资金——外埠存款　　　　　100 000

贷：银行存款   100 000

【例3-10】 采购员完成采购任务，凭供应单位发票账单等报销凭证，支付货款95 000元，将多余的5 000元转回开户银行。

作会计分录如下：

借：物资采购   95 000

  银行存款   5 000

  贷：其他货币资金——外埠存款   100 000

二、银行汇票存款的核算

银行汇票存款是指企业为了取得银行汇票，按照规定存入银行的存款。

【例3-11】 某房地产开发企业向银行填送"银行汇票委托书"，委托银行从其存款户上划转10 000元，办理银行汇票，交由出差人到异地开会使用。

作会计分录如下：

借：其他货币资金——银行汇票存款 10 000

  贷：银行存款   10 000

【例3-12】 出差人出差归来，凭据报销会务费等费用9 000元，余额1 000元退回开户银行。

作会计分录如下：

借：管理费用   9 000

  银行存款   1 000

  贷：其他货币资金——银行汇票存款 10 000

三、银行本票存款的核算

银行本票存款是指企业为了取得银行本票，按照规定存入银行的款项。

【例3-13】 某房地产开发企业向银行申请办理银行本票，金额15 000元，款项从企业存款户划转，本票已办妥。

作会计分录如下：

借：其他货币资金——银行本票存款 15 000

  贷：银行存款   15 000

【例3-14】 采购员持银行本票采购材料13 000元，凭据报销，余额2 000元退回开户银行。

作会计分录如下：

借：物资采购   13 000

  银行存款   2 000

  贷：其他货币资金——银行本票存款 15 000

四、在途货币资金的核算

在途货币资金是指企业同所属单位之间或上下级之间的汇解款项，在月终时尚未到达的资金。

企业收到汇出单位的汇款通知，但月终尚未到达时，应作如下会计分录：

借：其他货币资金——在途货币资金

　　贷：有关账户

企业收到款项时，应根据银行收款通知，作如下会计分录：

借：银行存款

　　贷：其他货币资金——在途货币资金

五、保函押金的核算

保函押金是指企业按规定办理保函押金业务，为了从银行取得保函（如投标保函、履约保函等），而向银行交纳的一定数额的押金。

企业向银行交纳保函押金时，应作如下会计分录：

借：其他货币资金——保函押金

　　贷：银行存款

六、信用卡存款的核算

信用卡存款是指企业为了取得信用卡，按照规定存入银行的款项。

企业委托银行办理好信用卡时，应作如下会计分录：

借：其他货币资金——信用卡存款

　　贷：银行存款

七、信用证存款的核算

信用证存款是指委托银行开具信用证，而存入银行保证金专户的款项。

企业将款项存入信用保证金专户时，应作如下会计分录：

借：其他货币资金——信用证存款

　　贷：银行存款

第四节　外币业务核算

外币业务是指企业用本国货币以外的货币进行的款项收付、往来结算等业务。随着我国市场经济的不断发展，房地产开发经营业务越来越国际化，开发项目的工程款结算、劳务结算、商品交易结算、接受投资或对外投资等，都可能涉及外币业务。

一、外币业务的相关概念

（一）外币与外汇

外币又称外钞，是指本国货币以外的其他国家或地区的货币。对我国而言，除人民币以外的其他各种货币均为外币。目前，我国可以收兑的外币有 20 多种，主要有美元、英镑、加拿大元、德国马克、欧元、日元等。

外汇是国际汇兑的简称，是指以外币表示的用于国际结算的支付手段。具体包括：

（1）外国货币，包括纸币和铸币；

（2）外国有价证券，包括政府公债、国库券、股票、息票等；

（3）外币支付凭证，包括票据、银行存款凭证、邮政储蓄凭证等；

（4）其他外汇资金，包括外币汇款、外币性进出口贸易货款等。

（二）记账本位币与汇率

记账本位币是指企业在会计核算中统一使用的记账货币，在财会工作中，把记账本位币以外的货币都称为外币或非记账本位币。我国规定，企业一般应以人民币为记账本位币。若有外币业务，除用外币记账外，还应折合为人民币记账。其业务收支以外币为主的企业，也可以外币作为记账本位币，但编制的财务报告应当折算为人民币。

记账本位币确定后，其他货币都要折合为记账本位币记账。这种一国货币兑换为他国货币的比率，称为外汇汇率。汇率的表示方法有直接标价法和间接标价法两种。

1. 直接标价法。是以 1 单位或 100 单位的外国货币为标准，折算为一定数量的本国货币的一种外汇折算方法。如 1 美元折算为人民币 8.30 元。目前世界上大多数国家，均采用直接标价法。

2. 间接标价法。是以 1 单位或 100 单位的本国货币为标准，折算为一定数量的外国货币的一种外汇折算方法。如 1 元人民币折算为 0.12 美元。

（三）记账汇率与账面汇率

在外币业务的核算中，通常涉及到两种汇率，一种叫作记账汇率，另一种称为账面汇率。

记账汇率是企业在记录某项外币业务收入（增加）时所采用的汇率。记账汇率可以采用"固定汇率"，如当月 1 日汇率、上月末汇率、上季末汇率、上年末汇率等，也可以采用"浮动汇率"，如当天汇率。我国通常采用当月 1 日汇率或当天汇率。

账面汇率是企业在记录某项外币业务支出（减少）时所采用的汇率，它是由记账汇率入账后在出账时转化而来的。账面汇率可以采用先进先出法、后进先出法、移动平均法、加权平均法等方法计算确定。记账汇率采用固定汇率的，也可以该固定汇率作为账面汇率。

二、外币业务的折算

外币汇率是根据国家公布的外汇牌价来确定的，但不同日期的外汇牌价一般是有变化的。在外币折算时，必须确定按什么时间的汇率折算。一般有汇率平时折算法和汇率月终折算法两种。

1. 汇率平时折算法。指平时发生的外币业务，增加时按记账汇率折合为人民币记账，减少时按账面汇率折合为人民币记账，因汇率不同而产生的折合人民币差额，作为汇兑损益。

2. 汇率月终折算法，又称按当天汇率或当月 1 日汇率折算法。采用该种方法，日常外币业务的增加、减少，都用业务发生时或业务发生当月初的汇率折合人民币记账，月终时将外币业务账户的外币余额按月末汇率折合为人民币，作为外币账户的期末人民币余额。调整后的各种外币业务账户人民币余额与原账面余额的差额，作为汇兑损益。

上面所指汇兑损益，是指发生的外币业务折合成人民币记账时，由于业务发生的时间不同，所采用的折合率不同而产生的账面人民币差额。

企业发生的汇兑损益，应区别以下情况加以处理：

（1）属于筹建期间发生的汇兑损益，作为开办费，记入"长期待摊费用"账户。

（2）属于企业日常经营开发业务发生的汇兑损益，记入"财务费用"账户。

（3）与购建固定资产直接有关的汇兑损益，在资产尚未交付使用，或者虽已交付使用但尚未办理竣工决算之前，记入"在建工程"账户。资产交付使用后发生的汇兑损益，记入"财务费用"账户。

三、外币业务的核算

外币业务的核算一般采用汇率月终折算法，其基本原则是：

1. 企业发生外币业务时，将有关外币金额折合为记账本位币记账，折合率一律采用国家外汇牌价，可以是当天汇率，也可以是月初汇率，由企业自行选择。

2. 期末，各外币账户的外币期末余额，应按期末外汇牌价折合为记账本位币金额，与账面记账本位币金额之间的差额作为汇兑损益。

（一）采用当天汇率的核算方法

即增加的外币按增加日的外汇牌价折算为人民币，减少的外币按减少日的外汇牌价折算为人民币。

【例 3-15】 房地产开发企业某年 7 月 31 日各有关外币账户的余额如下：

外币账户名称	美 元	汇 率	折合人民币
银行存款	10 000	8.20	82 000
应收账款（甲公司）	200 000	8.20	1 640 000
应收账款（乙公司）	50 000	8.20	410 000
应收账款（丙公司）	10 000	8.20	82 000

8月份发生下列外币收支业务：

（1）3 月，用人民币存款 41 200 元向银行兑换美元，当日美元外汇牌价为 8.24，换得美元 5 000 元存入银行。

（2）6 日，收回上月甲公司欠款 100 000 美元存入银行，当日美元外汇牌价 8.26。

（3）10 日，向乙公司赊购材料一批，买价及运杂费 40 000 美元，当日美元外汇牌价为 8.18。

（4）21 日，用美元 60 000 元支付欠乙公司料款，当日美元外汇牌价 8.15。

（5）24 日，向丁公司购买材料一批，买价及运杂费 20 000 美元，已通过银行支付，当日美元外汇牌价为 8.15。

（6）31 日，同甲公司结算营业收入 80 000 美元，款未收到，当日美元外汇牌价为 8.25。

根据上述经济业务，编制会计分录如下：

（1）借：银行存款——美元户　　　　41 200

　　　贷：银行存款——人民币户　　　41 200

（2）借：银行存款——美元户　　　　826·000

　　　贷：应收账款——甲公司（美元户）

　　　　　　　　　　　　　　　826 000

（3）借：物资采购　　　　　　　　　　　　327 200

　　　　贷：应收账款——乙公司（美元户）

　　　　　　　　　　　　　　　　　　　327 200

（4）借：应收账款——乙公司（美元户）489 000

　　　　贷：银行存款——美元户　　　　489 000

（5）借：物资采购　　　　　　　　　　　163 000

　　　　贷：银行存款——美元户　　　　163 000

（6）借：应收账款——甲公司（美元户）660 000

　　　　贷：主营业务收入　　　　　　　660 000

　　将上述经济业务登记各美元业务账户如下（见表3-4、表3-5、表3-6、表3-7）：

银 行 存 款（美元户）

表3-4

| ××年 | | 凭证号数 | 摘　要 | 美 元 | | | | | 折合人民币 | | | |
月	日			汇率	借方	贷方	借或贷	余额	借方	贷方	借或贷	余额
7	31		月末余额	8.20			借	10 000			借	82 000
8	3		用人民币兑换美元	8.24	5 000				41 200			
8	6		收甲公司欠款	8.26	100 000				826 000			
8	21		支付欠乙公司料款	8.15		60 000				489 000		
8	24		购买材料	8.15		20 000				163 000		
8	31		结转汇兑损益							8 450		
8	31		本月合计	8.25	105 000	80 000	借	35 000	867 200	660 450	借	288 750

应收账款——甲公司（美元户）

表3-5

| ××年 | | 凭证号数 | 摘　要 | 美 元 | | | | | 折合人民币 | | | |
月	日			汇率	借方	贷方	借或贷	余额	借方	贷方	借或贷	余额
7	31		月末余额	8.20			借	200 000			借	1 640 000
8	6		收欠款	8.26		100 000				826 000		
8	31		结算营业额	8.25	80 000				660 000			
8	31		结转汇兑损益						11 000			
8	31		本月合计	8.25	80 000	100 000	借	180 000	671 000	826 000	借	1 485 000

应付账款——乙公司（美元户）

表3-6

| ××年 | | 凭证号数 | 摘　要 | 美 元 | | | | | 折合人民币 | | | |
月	日			汇率	借方	贷方	借或贷	余额	借方	贷方	借或贷	余额
7	31		月末余额	8.20			贷	50 000			贷	410 000
8	10		赊购材料	8.18		40 000				327 200		
8	21		支付欠款	8.15	60 000				489 000			
8	31		结转汇兑损益						700			
8	31		本月合计	8.25	60 000	40 000	贷	30 000	489 700	327 200	贷	247 500

应付账款——丙公司（美元户） 表3-7

××年		凭证号数	摘　要	美　元					折合人民币			
月	日			汇率	借方	贷方	借或贷	余额	借方	贷方	借或贷	余额
7	31		月末余额	8.20			贷	10 000			贷	82 000
8	31		结转汇兑损益							500		
8	31		本月合计	8.25			贷	10 000		500	贷	82 500

根据上述各账户的记录，月末计算汇兑损益如下（见表3-8）：

汇 兑 损 益 表3-8

美元业务账户	期 末 余 额				
	美　元	汇率	折 合 人 民 币		
			账面余额	调整后余额	汇兑损益
银行存款	35 000	8.25	297 200	288 750	−8 450
应收账款——甲公司	180 000	8.25	1 474 000	1 485 000	11 000
应付账款——乙公司	30 000	8.25	248 200	247 500	700
应付账款——丙公司	10 000	8.25	82 000	82 500	−500
合　计					2 750

根据上表，编制结转汇兑损益的会计分录如下：

借：应收账款——甲公司（美元户）　　　　11 000
　　应付账款——乙公司（美元户）　　　　　　700
　　贷：银行存款——美元户　　　　　　　8 450
　　　　应付账款——丙公司　　　　　　　　500
　　　　财务费用——汇兑损益　　　　　　2 750

（二）采用当月一日汇率的核算方法

即增加或减少的外币均按当月一日的汇率折合为人民币记账。仍如上述各例，假设8月1日美元汇率为8.20，各项经济业务的会计分录如下：

1. 借：银行存款——美元户　　　　　　　41 000
　　贷：银行存款——人民币户　　　　　　41 000

2. 借：银行存款——美元户　　　　　　820 000
　　贷：应收账款——甲公司（美元户）　820 000

3. 借：物资采购　　　　　　　　　　　328 000
　　贷：应付账款——乙公司（美元户）　328 000

4. 借：应付账款——乙公司（美元户）　492 000
　　贷：银行存款——美元户　　　　　　492 000

5. 借：物资采购　　　　　　　　　　　164 000
　　贷：银行存款——美元户　　　　　　164 000

6. 借：应收账款——甲公司（美元户）　656 000

贷：主营业务收入　　　　　　　　　　　　　　　656 000

将上述经济业务登记各美元业务账户如下（见表 3-9、表 3-10、表 3-11、表 3-12）：

银 行 存 款（美元户）　　　　　　　　　　　　　表 3-9

××年		凭证号数	摘　要	美元					折合人民币			
月	日			汇率	借方	贷方	借或贷	余额	借方	贷方	借或贷	余额
7	31		月末余额	8.20			借	10 000			借	82 000
8	3		兑换美元	8.20	5 000				41 000			
8	6		收甲公司欠款	8.20	100 000				820 000			
8	21		支付欠乙公司料款	8.20		60 000				492 000		
8	24		购买材料	8.20		20 000				164 000		
8	31		结转汇兑损益									
8	31		本月合计	8.25	105 000	80 000	借	35 000			借	288 750

应 收 账 款——甲公司（美元户）　　　　　　　表 3-10

××年		凭证号数	摘　要	美元					折合人民币			
月	日			汇率	借方	贷方	借或贷	余额	借方	贷方	借或贷	余额
7	31		月末余额	8.20			借	200 000			借	1 640 000
8	6		收欠款	8.20		100 000				820 000		
8	31		结算营业额	8.20	80 000				656 000			
8	31		结转汇兑损益									
8	31		本月合计	8.25	80 000	100 000	借	180 000			借	1 485 000

应 付 账 款——乙公司（美元户）　　　　　　　表 3-11

××年		凭证号数	摘　要	美元					折合人民币			
月	日			汇率	借方	贷方	借或贷	余额	借方	贷方	借或贷	余额
7	31		月末余额	8.20			贷	50 000			贷	410 000
8	10		赊购材料	8.20		40 000				328 000		
8	21		支付欠款	8.20	60 000				492 000			
8	31		结转汇兑损益									
8	31		本月合计	8.25	60 000	40 000	贷	30 000			贷	247 500

应付账款——丙公司（美元户）　　　　　　　表 3-12

××年		凭证号数	摘　要	美元					折合人民币			
月	日			汇率	借方	贷方	借或贷	余额	借方	贷方	借或贷	余额
7	31		月末余额	8.20			贷	10 000			贷	82 000
8	31		结转汇兑损益							500		
8	31		本月合计	8.25			贷	10 000		500	贷	82 500

根据上述各账户的记录，月末计算汇兑损益如下（见表3-13）：

汇 兑 损 益 表3-13

| 美元业务账户 | 期 末 余 额 | | | | |
| | 美 元 | 汇 率 | 折 合 人 民 币 | | |
			账面余额	调整后余额	汇兑损益
银行存款	35 000	8.25	282 000	288 750	6 750
应收账款——甲公司	180 000	8.25	1 476 000	1 485 000	9 000
应付账款——乙公司	30 000	8.25	246 000	247 500	－1 500
应付账款——丙公司	10 000	8.25	82 000	82 500	－500
合　计					13 750

根据上表，编制结转汇兑损益的会计分录如下：

借：银行存款——美元户　　　　　　6 750

　　应收账款——甲公司（美元户）　9 000

　　贷：应付账款——乙公司（美元户）　　1 500

　　　　应付账款——丙公司（美元户）　　　500

　　　　财务费用——汇兑损益　　　　　　13 750

思 考 题 与 习 题

思考题

1. 什么是货币资金？它由哪些内容组成？

2. 现金的开支范围有哪些？

3. 为什么要进行现金清查？

4. 银行转账结算方式有哪些？各适用于哪些结算业务？

5. 出纳人员的职责有哪些？

6. 什么是其他货币资金？它可以分为几类？

7. 什么是未达账项？未达账项是在哪几种情况下发生的？

8. 如何进行外币业务的核算？

习题一

一、目的

练习货币资金的核算。

二、资料

（一）某房地产开发公司××年7月31日"现金"账户余额为1 200元，"银行存款"账户余额为85 000元。

（二）8月份发生的有关经济业务如下：

1. 1日张同出差预借差旅费600元，用现金支付。

2. 2日开出现金支票从银行提取现金600元，补充库存现金。

3. 5日，开出转账支票，支付购买材料款5 000元。

4. 8日，接到银行转来的委托收款通知，支付自来水公司上月水费2 000元。

5. 10日，开出银行汇兑结算凭证，将款项5 000元汇往异地某城市开立采购资金专户，并派采购员李强到该城市作零星采购。

6. 12日，向开户银行提交银行汇票委托书，办理银行汇票手续，将取得的面额20 000元的银行汇票交采购员李丹结付设备款。

7. 14日，张同出差归来报销差旅费650元，冲销原预借款600元，补付现金50元。

8. 16日，采购员李强采购归来，凭据报销采购材料款4 500元，并转回采购专户余额500元。

9. 20日，收到银行转来的银行汇票及有关账单，结付采购员李丹采购设备价款19 500元，收回余额500元。

10. 28日，向税务部门办理纳税申报，开出转账支票，支付本月应交营业税8 000元。

三、要求

1. 根据资料（一）设置现金、银行存款总账，登记其8月初的余额。

2. 根据资料（二）编制会计分录，并据以登记现金、银行存款总账。

3. 根据有关会计分录，登记其他货币资金明细账。

4. 结出现金、银行存款总账和其他货币资金各明细账的发生额和余额。

习题二

一、目的

练习银行存款对账单的编制。

二、资料

银行对账单上企业银行存款余额90 000元。

企业银行存款日记账上银行存款余额80 300元。

查明的未达账项资料：

(1) 企业将现金500元送存银行，企业已经入账，银行尚未入账。

(2) 市供电局委托银行收取电费1 100元，银行已经入账，企业尚未入账。

(3) 企业开出转账支票1 200元，支付日杂公司货款，企业已经入账，银行尚未入账。

(4) 委托银行代收房租款10 100元，对方已承付，银行已收款入账，企业尚未入账。

三、要求

根据有关资料，编制"银行存款余额调节表"。

习题三

一、目的

练习外币业务的核算。

二、资料

（一）某房地产开发公司××年7月31日有关外币业务账户的余额见表3-14：

××年7月31日有关外币业务账户的余额 表3-14

账 户 名 称	汇 率	美元余额		折合人民币余额	
		借 方	贷 方	借 方	贷 方
银行存款—美元户	8.40	10 000		84 000	
应收账款—甲公司（美元）	8.40	2 000		16 800	
应收账款—乙公司（美元）	8.40	3 000		25 200	
应付账款—丙公司（美元）	8.40		6 000		50 400

（二）8月份发生下列外币业务：

1. 5日，用人民币存款兑换美元，当日银行买价为8.50，换得40 000美元，存入银行。

2. 8 日，收回甲公司所欠 2 000 美元存入银行，当日银行公布的美元牌价为 8.60 元。

3. 12 日，向丙公司赊购材料一批，价值 5 000 美元，当日汇率 8.50。

4. 15 日，购买办公用品，通过银行付款 300 美元，当日汇率 8.40。

5. 18 日，归还丙公司料款 6 000 美元，已通过银行转账支付，当日汇率 8.60。

6. 22 日，向乙公司销售商品房一套，销售款 30 000 美元暂欠，当日汇率 8.60。

7. 8 月 31 日，银行公布的美元汇率为 8.70，结转各外币账户的汇兑损益。

三、要求

1. 设置外币业务明细账，登记其月初余额。

2. 根据资料（二），采用外币业务发生时的汇率，编制会计分录。

3. 登记外币业务明细账，结出其当月发生额及月末余额。

第四章 应收与预付款项核算

房地产开发企业在其开发经营活动中，必然要发生一些应收及预付款项业务。如赊销商品房、转让开发产品尚未收到的转让款、预付购货款、预支差旅费等。应收及预付款项属于企业的短期债权，该类业务的发生，既要适应企业资金周转的需要，又要符合国家结算纪律和财经法规的要求。在应收及预付款项的核算中，要及时反映应收及预付款项的发生和收回情况，监督企业遵守结算纪律，积极催收应收款，结算预付款，加速企业资金周转。同时，要经常与对方单位核对账目，避免发生错账、呆账，防止发生坏账，为企业减少资金损失。

房地产开发企业的应收及预付款项，主要包括与销售开发产品等开发经营活动有关的应收账款、应收票据、预付账款，以及与销售开发产品等开发经营活动无直接关系的其他应收款。

第一节 应收账款的核算

房地产开发企业的应收账款，是指企业因销售、转让开发产品、提供出租房屋和劳务等业务，应向购买、承租的单位或个人收取的款项，不包括与企业经营业务无关的应收款项。

一、应收账款的确认和计价

应收账款通常是在将商品、产品的所有权或控制权转移时，或提供劳务时予以确认。

在一般情况下，应收账款的入账金额，按交易双方在成交时的实际发生额记账。但在销售含有折扣条件时，应收账款的日常工作计价还要考虑折扣因素。

销售折扣是指销售单位在销售商品的过程中，为鼓励购货人多购买商品或早日支付款项，从价款总额中扣除的一定数额。销售折扣有商业折扣和现金折扣两种类型。

商业折扣是企业在销售商品时，直接从商品价目单上规定的价格中扣除的一定数额。商业折扣的目的是为了鼓励购买人多购商品，通过增加销售量来提高企业的盈利水平。有了商业折扣，只要提高或降低折扣，便可调整商品的销售价格，企业可以用折扣后的较低价格，促进商品的大批销售。商业折扣的扣减数额一般用百分数来表示，如5%（九五折）、10%（九折）等。折扣后的净额便是实际销售价格，也是应收账款的入账金额。

现金折扣是指企业为了鼓励客户在一定期限内早日支付货款而从售价中扣除的一定数额。这种折扣形式表示为：折扣率/付款期，如折扣条件为"2/10、1/20、N/30"，表示10天内付款可折扣2%，20天内付款可折扣1%，30天内付款按照全额支付。采用现金折扣，应收账款入账金额的确认有总价法和净价法两种方式。

采用总价法计价，应收账款应按全部销售额计价入账。采用净价法计价，应收账款应按全部销售额扣除现金折扣后的净额计价入账。我国会计实务中一般采用总价法计价核算。

二、应收账款的核算

为了核算和监督应收账款的增减变动及余额情况，企业应设置"应收账款"账户，主要核算以下内容：

1. 销售、转让开发产品应收取的款项；
2. 提供出租房屋、提供劳务等业务应收取的款项。

企业为购货单位代垫的包装费、运杂费也通过"应收账款"账户核算。

"应收账款"账户的借方登记应收账款的增加数，贷方登记应收账款的收回数及确认的坏账损失数，期末借方余额，表示尚未收回的应收账款数。本账户应按债务人设置明细账。

【例 4-1】 向 A 公司销售写字间 1 000m²，售价 5 000 元/m²，共计价款 5 000 000 元，收到 A 公司转账支付的房款 1 000 000 元，其余 4 000 000 元按约定分期付款。

作会计分录如下：

借：银行存款　　　　　　　　　　　1 000 000
　　应收账款——A 公司　　　　　　4 000 000
　　贷：主营业务收入　　　　　　　　　　　5 000 000

【例 4-2】 本月应向 B 公司收取出租房租金 100 000 元，对方尚未付款。

作会计分录如下：

借：应收账款——B 公司　　　　　　100 000
　　贷：主营业务收入　　　　　　　　　　　100 000

三、坏账损失的核算

坏账是指企业无法收回的应收账款，由于发生坏账而给企业造成的损失称为坏账损失。确认坏账损失应符合下列条件：

1. 因债务人破产，对其破产财产进行清偿后，仍然无法收回的应收账款。
2. 因债务人死亡，既无遗产可供清偿，又无义务承担人，确实无法收回的应收账款。
3. 因债务人逾期未履行偿债义务，并有足够证据表明无法收回或收回的可能性很小的应收账款。

坏账损失的核算方法有两种，即直接转销法和备抵法。

（一）直接转销法

直接转销法又称一次转销法，是指企业发生坏账损失时，将实际发生的损失直接从应收账款中转销，计入当期的管理费用。这种方法的优点是账务处理简单、实用、易于理解；核算结果比较客观、真实。其缺点是不符合权责发生制及收入与费用相互配比的会计原则；在坏账已经发生但没有确认时，虚增了利润，资产负债表中的应收账款也不真实。

（二）备抵法

备抵法是指根据应收账款的可变现情况，按期估计坏账损失，按一定比例计提坏账准备金，并计入当期管理费用，实际发生坏账损失时，冲减坏账准备金，并转销相应的应收账款。采用备抵法的主要优点在于：

（1）预计坏账损失计入管理费用，遵循了权责发生制原则及收入与费用相互配比的原则，使企业盈亏核算更为真实。

（2）使应收账款实际占用的资金数更加接近实际情况，有利于加快企业资金周转，提高资金的使用效益。

（3）资产负债表中列示应收账款净额，有利于报表使用者了解企业真实的财务状况，分析企业实际的偿债能力，以便作出正确的决策。

采用备抵法核算坏账损失时，首先应按期估计坏账损失。估计坏账损失的方法主要有三种，即销货百分比法、账龄分析法和应收账款余额百分比法。

1. 销货百分比法。是指按赊销金额的一定百分比估计坏账损失的方法。它一般是根据以往的经验和有关资料，按赊销金额中估计可能会发生的坏账数额除以赊销金额来确定的。

【例 4-3】 某房地产开发公司根据以往的经验和有关资料，估计坏账损失率为 5%，本期发生的商品房赊销金额为 600 万元。

本期应估计的坏账损失额＝600×5%＝30 万元

采用这种方法，能够把坏账损失确认在发生赊销行为的会计期间，符合收入与费用的配比原则。但由于企业生产经营情况的不断变化，原来估计的坏账损失率与企业的实际情况可能会变得不相符合，企业应根据实际情况对其作相应调整。

2. 账龄分析法。是指以应收账款入账时间的长短估计坏账损失的方法。一般说来，应收账款被拖欠的时间越长，发生坏账的可能性就越大。采用这种方法时，首先根据应收账款被拖欠的时间分别确定坏账损失率，时间越长，损失率越大；然后据以计算各个不同期限应收账款应计提的坏账准备，并相加计。

【例 4-4】 某房地产开发公司应收账款金额为 600 万元，其入账时间在一年以内的 200 万元，两年以内的 150 万元，三年以内的 150 万元，超过三年的 100 万元，估计的坏账损失率分别为 2%、4%、6%、10%。

本期估计的坏账损失额＝200×2%＋150×4%＋150×6%＋100×10%
＝4＋6＋9＋10＝29 万元

3. 应收账款余额百分比法。是指根据期末应收账款余额的一定百分比估计坏账损失的方法。一般地讲，应收账款的余额越大，产生坏账的风险应越高。这种方法与账龄分析法的原理基本相同，所不同的是，账龄分析法是根据应收账款拖欠时间的长短分别确定坏账损失率，而余额百分比法是根据期末应收账款的余额确定一个综合坏账损失率，比账龄分析法更简便适用。

根据现行《企业会计制度》的要求，企业只能采用备抵法核算坏账损失，估计坏账损失时，只能采用应收账款余额百分比法，其百分比由财政部根据各行业的实际情况分别确定。

在备抵法下，企业应设置"坏账准备"账户，总括核算和监督坏账准备金的提取及转销情况。本账户是"应收账款"和"其他应收款"账户的备抵调整账户，其贷方登记企业提取的坏账准备金，以及本期重新收回的过去已确认并转销的坏账损失；借方登记企业已确认并转销的坏账损失，以及因提取数小于账面数额而冲销的坏账准备金；期末贷方余额反映企业已经提取但尚未冲销的坏账准备金。

企业首次计提坏账准备金时，直接按年末应收账款余额的一定比例提取。但对有预收账款的债务人，应根据应收账款扣除其预收账款后的年末余额提取，以后各年计提坏账准备金时，应根据"坏账准备"账户的账面余额，按调整数计提入账。即按应收账款余额和规定比例计算应提取的坏账准备金大于"坏账准备"账面余额的，按其差额提取；反之，则按其差额冲减坏账准备金。各年计提坏账准备金之后，使"坏账准备"账户的贷方余额与当年估计的坏账数额一致。

【例4-5】 某房地产开发公司首年计提坏账准备金时，年末应收账款余额为800 000元，其中A公司500 000元、B公司300 000元，对A公司有预收账款100 000元，计提坏账准备金的百分比为1%，第二年发生的坏账损失10 000元，其中A公司6 000元、B公司4 000元；年末应收账款余额为900 000元（预收A公司账款94 000元）；第三年，对A公司又发生坏账损失100 000元，已转销的上年B公司应收账款4 000元又收回，年末应收账款余额850 000元。

企业应作如下会计分录：

（1）第一年应计提坏账准备金7 000元〔（800 000－100 000）×1%〕：

借：管理费用   7 000

    贷：坏账准备   7 000

（2）第二年转销坏账损失10 000元：

对A公司：

借：预收账款——A公司   6 000

    贷：应收账款——A公司   6 000

对B公司：

借：坏账准备   4 000

    贷：应收账款——B公司   4 000

（3）第二年末应提取坏账准备金

按应收账款年末余额计算应计提的坏账准备金：

$$（900 000－94 000）×1\%=8 060 元$$

"坏账准备"账户贷方余额＝7 000－4 000＝3 000元

第二年末实际应提取的坏账准备金＝8 060－3 000＝5 060元

借：管理费用   5 060

    贷：坏账准备   5 060

（4）第三年转销坏账损失100 000元：

首先，用预收A公司的款项94 000元抵债：

借：预收账款——A公司   94 000

    贷：应收账款——A公司   94 000

然后，转销剩余坏账损失6 000元：

借：坏账准备   6 000

    贷：应收账款——A公司   6 000

（5）第三年，上年转销的B公司应收账款4 000元又收回：

借：应收账款——B公司　　　　　　　　4 000

　　贷：坏账准备　　　　　　　　　　　　4 000

同时：借：银行存款　　　　　　　　　　4 000

　　　　贷：应收账款——B公司　　　　　　4 000

（6）第三年末应提取坏账准备金

按应收账款年末余额计算应计提的坏账准备金：

$$850\ 000 \times 1\% = 8\ 500\ 元$$

"坏账准备"账户贷方余额＝8 060－6 000＋4 000＝6 060 元

第三年末实际应提取的坏账准备金：8 500－6 060＝2 440 元

借：管理费用　　　　　　　　　　　　2 440

　　贷：坏账准备　　　　　　　　　　　　2 440

若实际应提取的坏账准备金为负数，则作相反的会计分录。

第二节　应收票据的核算

在市场经济条件下，商业票据在商品交易中得到广泛应用。商业票据是一种载有一定付款日期、付款地点、付款金额和付款人的无条件支付的流通证券，也是一种可以由持票人自由转让给他人的债权凭证。商业票据有汇票、本票和支票之分，其中汇票又分为银行汇票和商业汇票。商业汇票按时间划分，可分为即期票据和定期票据两种，前者为见票付款，后者则在约定的日期付款。银行汇票、银行本票和支票，均为即期票据；只有商业汇票属于定期票据。会计上作为应收票据处理的是指商业汇票，在房地产开发企业，是指其因转让、销售开发产品等而收到的商业汇票，包括商业承兑汇票和银行承兑汇票。

在我国，商业汇票的使用还不是很普遍，其使用范围和期限都有一定限制。商业汇票一般为不带息票据，在银行开立存款账户的法人及其他组织之间，必须具有真实的交易关系或债权债务关系，才能使用商业汇票。商业汇票的付款期限最长不得超过六个月。

应收票据入账价值的确定，主要有两种方法，一种是按汇票的票面价值入账，另一种是按汇票票面价值的现值入账。按后者，考虑了货币时间价值对票据面值的影响，较为科学合理。但由于我国商业汇票的期限一般较短，利息金额相对较小，为简化核算手续，应收票据一般按其面值入账。

企业应设置"应收票据"账户，用以核算企业因转让、销售开发产品而收到的商业汇票。借方登记企业收到的商业汇票；贷方登记到期收回的商业汇票款项、到期承兑人无力支付而被银行退回的商业承兑汇票，未到期时向银行申请办理贴现的商业汇票；期末借方余额表示企业收到的尚未到期的商业汇票的价款。

【例4-6】　企业收到 A 公司签发的 4 个月到期的商业承兑汇票一张，票面金额500 000 元，抵作原欠购房款。

（1）收到商业承兑汇票时，会计分录如下：

借：应收票据　　　　　　　　　　　　500 000

　　贷：应收账款——A公司　　　　　　　500 000

（2）汇票到期时，A 公司无款支付，会计分录如下：

借：应收账款——A 公司　　　　　　　　　500 000
　　贷：应收票据　　　　　　　　　　　　　　500 000

【例 4-7】　企业向 B 公司出租写字楼，收到 B 公司开出的 60 天到期的商业承兑汇票，面值 50 000 元，用以抵付租金。

（1）收到商业承兑汇票时，会计分录如下：

借：应收票据　　　　　　　　　　　　　　50 000
　　贷：主营业务收入　　　　　　　　　　　　50 000

（2）票据到期，收到 B 公司支付的票据，会计分录如下：

借：银行存款　　　　　　　　　　　　　　50 000
　　贷：应收票据　　　　　　　　　　　　　　50 000

若票据到期，B 公司无力支付票据，会计分录如下：

借：应收账款——B 公司　　　　　　　　　50 000
　　贷：应收票据　　　　　　　　　　　　　　50 000

企业所持商业汇票在未到期前，如果出现资金短缺，可向其开户银行申请贴现。贴现是指企业在急需资金时，以未到期的票据向银行融通资金的一种经济行为。一般由汇票持有人将未到期的商业汇票经过背书后交给银行，向银行贴付一定利息后收取剩余票款。通过贴现，贴现人取得了急需的资金，同时将商业汇票的债权转让给了银行。银行计算贴现利息的利率称为贴现率，企业从银行获得的票据到期值扣除贴现利息后的货币收入，称为贴现收入或贴现净额。

商业汇票的贴现相当于汇票持有人向银行取得的短期借款，贴现人背书的票据是取得这项借款的担保物。但商业汇票的贴现与一般的银行借款又有明显的区别。它是以转让票据所代表的合法有效的债权关系为取得资金的前提，随着贴现人的债权转移为银行对票据付款人的债权，资金由银行交结给了贴现人，从而贴现人获得了资金的使用权和所有权，贴现人并不直接负有一般借款人的还本付息责任，只有在贴现票据到期时付款人无款支付的情况下，贴现人才负有代付款人向银行兑付的连带责任，其"借款"的期限也只限于从贴现之日起至票据到期日止，付给银行的利息也是预先支付的。因而，商业汇票的贴现，反而是贴现人债权的减少，并不增加贴现人对银行的实际负债。

商业汇票贴现的有关计算公式如下：

　　　　贴现净额＝票据到期值－贴现利息

　　　　贴现利息＝票据到期值×贴现率×贴现期

　　　　　　　　＝票据到期值×年贴现率÷360×贴现天数

　　　　　　　　＝票据到期值×月贴现率÷30×贴现天数

　　　　贴现天数＝贴现日至票据到期日实际天数－1

【例 4-8】　某房地产开发公司销售商品房给 A 公司，收到不带息商业承兑汇票一张，面额 100 000 元，出票日期为 4 月 10 日，期限为 150 天，到期日为 9 月 7 日，企业因急需资金，于 5 月 10 日持汇票向开户银行申请贴现，银行的年贴现率为 12％，已办妥贴现手续。

　　贴现天数＝120 天（5 月 10 日至 9 月 7 日）

　　　　票据到期值＝100 000 元

$$贴现利息＝100\ 000×12\%÷360×120＝4\ 000\ 元$$
$$贴现净额＝100\ 000－4\ 000＝96\ 000\ 元$$

会计分录如下：

借：银行存款   96 000

  财务费用   4 000

  贷：应收票据   100 000

若上项商业承兑汇票到期时，因 A 公司无力支付票款而被银行退回，银行从本企业存款户中扣收票款 60 000 元，对不足的 40 000 元转作本企业对银行的逾期贷款。

会计分录如下：

借：应收账款——A 公司   100 000

  贷：银行存款   60 000

    短期借款   40 000

为了详细核算和监督应收票据的增减变动情况，企业应设置"应收票据登记簿"，逐笔登记每一应收票据的种类、号数和出票日期、票面金额、交易合同和付款人、承兑人、背书人的姓名或单位名称、到期日和利率、贴现日期、贴现率和贴现净额，以及收款日期和收回金额等资料。应收票据到期结清票款后，应在"应收票据登记簿"内逐笔注销。"应收票据登记簿"的格式见表 4-1。

应收票据登记簿表   表 4-1

票据种类	票据号数	出票日期			票面金额	付款人或承兑人	到期日			贴现日			贴现率	贴现金额	收款日			收回金额	备注
		年	月	日			年	月	日	年	月	日			年	月	日		
商业承兑汇票					500 000	A公司													（其他内容略）
商业承兑汇票					50 000	B公司													（其他内容略）
商业承兑汇票		4	10		100 000	A公司	9	7		5	10		12%	96 000					已贴现

第三节　预付账款及其他应收款的核算

一、预付账款的核算

房地产开发企业的预付账款是指企业按照工程合同的约定，预付给承包单位的款项（包括预付工程款和预付备料款），以及按照购货合同的约定预付给供应单位的购货款。

预付账款和应收账款都是企业的短期债权，但两者有着明显的区别。应收账款是企业销售商品或提供劳务引起的，而预付账款则是企业出包工程或向供应单位购货引起的。应收账款是等待购买单位付款，而预付账款则是房地产开发企业主动向承包单位或供应单位付款形成的。应收账款体现的是房地产开发企业向购货单位收取款项的权利，而预付账款体现的是企业向承包单位或供应单位取得非货币性资产的权利，即企业在未来收回的是完工开发产品或材料物资。

预付账款应按实际发生额记账。企业必须加强对预付账款的管理和核算，严格遵守国家的有关结算制度，控制预付账款的范围、比例和期限，定期与对方核对账目，及时进行清算，减少资金占用，加速资金周转，提高资金的使用效果。

已入账的预付账款，如有确凿证据表明其不符合预付账款性质，或者因供货单位破产、撤销等原因已无望再收到所购货物的，应将计入"预付账款"的金额转入"其他应收款"。除转入"其他应收款"的预付账款外，其他预付账款不得计提坏账准备。

为了核算和监督预付账款的增减变化情况，企业应设置"预付账款"账户。借方用来登记企业预付给承包单位的款项、拨付承包单位抵作备料款的材料，以及预付给供应单位的货款；贷方登记企业与承包单位结算工程价款时，从应收的工程款中扣回预付的工程款和备料款，以及用预付购货款抵作应付供应单位购货款的数额。期末借方余额，反映企业已经预付但尚未结算的款项；如为贷方余额，反映企业尚未补付的款项。本账户应分别设置"预付承包单位款"和"预付供应单位款"两个明细账户，分别按工程承包单位和物资供应单位名称设置明细账进行明细核算。

预付账款不多的企业，可以将预付的款项直接计入"应付账款"账户的借方，不单独设置"预付账款"账户。但在期末编制资产负债表时，应将"预付账款"和"应付账款"的金额分别列示。

（一）预付承包单位款的核算

【例 4-9】 某房地产开发企业按照工程合同的规定，用银行存款预付承包工程的 B 公司工程款 500 000 元，备料款 200 000 元。

会计分录如下：

借：预付账款——预付承包单位款——B公司　　　　　　　700 000
　　贷：银行存款　　　　　　　　　　　　　　　　　　　　　　700 000

【例 4-10】 企业按照工程合同的规定，以库存钢材等物资拨付给承包工程的 B 公司，抵作备料款，物资作价 200 000 元。

会计分录如下：

借：预付账款——预付承包单位款——B公司　　　　　　　200000
　　贷：原材料　　　　　　　　　　　　　　　　　　　　　　　200 000

【例 4-11】 承包工程的 B 公司转来"工程价款结算账单"，结算已完工程价款 1 000 000 元，扣除原预付的工程款和备料款共 900 000 元，余额 100 000 元开出转账支票支付。

（1）将应支付的工程款列入开发成本，会计分录如下：

借：开发成本　　　　　　　　1 000 000
　　贷：应付账款——B公司　　　1 000 000

（2）冲转原预付账款，会计分录如下：

借：应收账款——B公司　　　　900 000
　　贷：预付账款——B公司　　　900 000

（3）补付工程款，会计分录如下：

借：应付账款——B公司　　　　　　　100 000

　　贷：银行存款　　　　　　　　　　　　100 000

（二）预付供应单位款的核算

【例4-12】　某房地产开发企业按照供应合同的规定，用银行存款60 000元预付C公司物资采购定金。

会计分录如下：

借：预付账款——C公司　　　　　　　60 000

　　贷：银行存款　　　　　　　　　　　　60 000

【例4-13】　向C公司采购的物资已运到验收入库，根据发票账单，应付物资采购款及运费共计100 000元，扣除预付定金60 000元，余额40 000元已通过银行转账支付。

（1）将应支付的物资采购款计入物资采购成本，会计分录如下：

借：物资采购　　　　　　　　　　　　100 000

　　贷：应收账款——C公司　　　　　　　100 000

（2）结转已预付的物资采购定金，会计分录如下：

借：应付账款——C公司　　　　　　　60 000

　　贷：预付账款——C公司　　　　　　　60 000

（3）补付余额，会计分录如下：

借：应付账款——C公司　　　　　　　40 000

　　贷：银行存款　　　　　　　　　　　　40 000

二、其他应收款的核算

其他应收款是指企业与其他单位或个人发生的除应收账款、应收票据、预付账款等以外的其他各种应收、暂付款项。其主要内容包括：

1. 应收的各种赔款。包括因职工失职造成一定损失应向其收取的赔款，以及因企业财产等遭受损失而应向供应单位、运输机构、保险公司等收取的赔款。

2. 应收的各种罚款。

3. 应收出租包装物的租金。

4. 应向职工收取的各种代垫款项。

5. 预付给职能部门或职工个人的款项。

6. 存出保证金，如租入包装物支付的押金。

7. 预付账款转入，指以不符合预付账款性质而按规定转入的预付账款。

8. 其他各种应收、暂付款项。

企业应加强对其他应收款的检查，对预计可能发生的坏账损失，应计提坏账准备；对于不能收回的其他应收款，应当查明原因，追究责任，并按规定的审批程序确认坏账损失，冲销提取的坏账准备。

为了总括地核算和监督其他应收款的增减变动和结余情况，企业应设置"其他应收款"账户。借方登记企业实际发生的各种其他应收款；贷方登记企业收回或转销的各种其他应收款；期末借方余额反映企业尚未收回的各种其他应收款项。本账户应按其他应收款的项目分类，并按不同的债务人设置明细账。如果企业备用金数额收支业务频繁，也可不在本账户核算，单独设置"备用金"账户进行核算。

【例 4-14】 某房地产开发企业因自然灾害造成部分材料物资毁损，损失金额 120 000元，应由保险公司理赔 50 000 元，其余由企业自行负担。

会计分录如下：

借：其他应收款——保险公司　　　　　　50 000
　　营业外支出　　　　　　　　　　　　70 000
　　贷：待处理财产损溢　　　　　　　　　　120 000

【例 4-15】 收到保险公司转账支付企业因自然灾害造成的材料物资毁损的理赔款50 000元。

会计分录如下：

借：银行存款　　　　　　　　　　　　　50 000
　　贷：其他应收款——××保险公司　　　　50 000

【例 4-16】 企业向职工张义收取的损坏财产赔偿款 1 000 元，因其已自动离开企业 3年，无法与其联系催收，经批准作为坏账处理。

会计分录如下：

借：坏账准备　　　　　　　　　　　　　1 000
　　贷：其他应收款——张义　　　　　　　　1 000

【例 4-17】 职工王德昌出差，开出现金支票 2 000 元预支其差旅费。

会计分录如下：

借：其他应收款——王德昌　　　　　　　2 000
　　贷：银行存款　　　　　　　　　　　　　2 000

【例 4-18】 职工王德昌出差归来，凭据报销差旅费 1 800 元，原预支的 2 000 元尚余款 200 元退回。

会计分录如下：

借：管理费用　　　　　　　　　　　　　1 800
　　现金　　　　　　　　　　　　　　　200
　　贷：其他应收款——王德昌　　　　　　　2 000

思 考 题 与 习 题

思考题

1. 房地产开发企业的应收及预付款项包括哪些内容？
2. 什么是应收账款？如何确认和计价？
3. 什么是坏账损失？确认坏账损失的条件有哪些？
4. 预计坏账损失有哪些方法？房地产开发企业一般采用什么方法？
5. 如何计算票据的贴现利息和贴现净额？
6. 房地产开发企业的预付账款包括哪些内容？
7. 其他应收款包括哪些内容？

习题一

一、目的

练习应收账款、应收票据、预付账款及其他应收款的核算。

二、资料

某房地产开发企业 20×× 年 5 月发生的有关经济业务如下:

1. 3 日,按工程合同规定预付给 A 建筑公司工程款 200 000 元,开出转账支票支付。

2. 5 日,出售商品房给甲公司,价款 600 000 元,收到房款 400 000 元,其余房款暂欠。

3. 8 日,按工程合同规定拨付库存原材料一批给 A 建筑公司,价款 100 000 元,抵作备料款。

4. 15 日,收到甲公司签发的商业承兑汇票一张,面额 200 000 元,作为其购买商品房的剩余房款,付款期为 8 月 15 日。

5. 16 日,将开发完成的写字楼出租给乙公司使用,本年应收租金 100 000 元,已收到 40 000 元,其余 60 000 元按合同规定于年末支付。

6. 17 日,职工李强出差预借差旅费 1 000 元,用现金支付。

7. 19 日,向红星钢铁厂采购钢材,通过银行转账支付定金 50 000 元。

8. 24 日,李强出差归来,凭据报销差旅费 1 200 元,除冲销原预借 1 000 元外,补付现金 200 元。

9. 25 日,因企业急需资金使用,将 15 日收到的甲公司商业汇票到银行申请贴现,贴现年利率为 12%。

10. 30 日,与 A 建筑公司结算工程款 300 000 元,抵扣原预付工程款 200 000 元,预付备料款 50 000 元,余额 50 000 开出转账支票支付。

三、要求

根据上述资料,编制会计分录。

习题二

一、目的

练习坏账损失的核算。

二、资料

某房地产开发公司采用应收账款余额百分比法计提坏账准备,提取比例为 1%,有关资料如下:

第一年,年末"应收账款"余额为 500 000 元,其中 A 公司 400 000 元,B 公司 100 000 元;对 A 公司有预收账款 200 000 元。

第二年,发生坏账损失 5 000 元,其中 A 公司 3 000 元、B 公司 2 000 元;年末应收账款余额 600 000 元,其中 A 公司 400 000 元、B 公司 200 000 元;对 B 公司有预收账款 50 000 元。

第三年,对 A 公司发生坏账损失 5 000 元;已转销的 B 公司上年应收账款 2 000 元又收回;年末应收账款余额 650 000;无预收账款。

三、要求

根据上述资料,编制会计分录。

第五章 存货核算

第一节 存货核算概述

一、存货的概念

存货是指企业在日常活动中持有以备出售的产成品、处在生产过程中的在产品、在生产过程中或提供劳务过程中耗用的材料和物料等。企业为了保证其生产经营过程连续不断地进行，必须不断购入、耗用或销售存货，因而存货总是处于不断地销售和重置、消耗和重置之中，种类繁多，流动性大，是企业流动资产的重要组成部分。

判断一项资产是否属于存货，关键看其拥有的目的和用途。作为劳动手段使用的资产，只要达到规定的标准，应作为固定资产。但作为劳动对象来使用的资产，或企业的产成品资产，应作为企业的存货。例如，房屋建筑物在一般企业通常是作为固定资产进行管理，但对于房地产开发企业而言，它所开发完成、等待出售的房屋建筑物，属于企业开发的产品，因而是企业的存货。

确认存货范围的标准，是看企业对货物是否具有法定所有权。即在一定日期，法定所有权属于企业的物品，不论其存放地点如何，均应作为企业的存货；反之，法定所有权不属于企业的物品，即使存放于企业，也不应确认为企业的存货。具体界限划分如下：

1. 凡按销售合同已经售出的物品，其法定所有权已不属于企业，无论这些物品是否已运离企业，均不包括在本企业的存货中。

2. 如果销售物品的所有权尚未转移给对方，即使物品已经运离本企业，也应作为本企业的存货。

3. 购入物品，其所有权已转归本企业的，无论物品是否已到达企业，均应作为本企业的存货。

4. 委托其他单位加工的材料、代销的物资，其所有权仍属于企业，应作为本企业的存货。

5. 为其他单位加工的材料、代销的物资，其所有权不属于本企业，故不能作为本企业的存货。

二、存货的分类

房地产开发企业的存货品种、规格繁多，用途各不相同，为便于加强对存货的管理，有效地组织存货核算，计算开发产品成本及销售成本，企业必须对存货进行科学的分类。

（一）按存货所处的不同生产过程和阶段分类

可分为以下三类存货：

1. 在正常生产经营过程中储存的备作销售的存货，如各种开发产品、库存商品等。

2. 为了销售而正处于开发生产过程中的存货，如在建开发产品、在产品等。

3. 为开发生产或管理服务耗用而储存的存货，如库存材料，低值易耗品等。

需要注意的是，企业为建造固定资产等各项专项工程而储备的各种物资，虽然也具备存货的某些特征，但他们耗用后最终形成企业的固定资产，在会计上作为工程物资，不列入存货范畴。

（二）按存货的经济用途不同分类

按经济用途不同，房地产开发企业的存货可以分为以下几种：

1. 库存材料。指企业库存储备的用于房地产开发经营的各种材料，包括主要材料、结构件、机械配件、其他材料等。

2. 库存设备。指企业在开发产品过程中作为劳动对象使用的，构成开发产品实体的各种通用设备，如给排水设备、电器设备、消防设备、通讯设备、安全监控设备、电梯等。

3. 低值易耗品。指企业储备的，单位价值较低，容易损坏，未达到固定资产标准的各种用具、物品等劳动资料。

4. 委托加工物资。指企业委托外单位代为加工的各种物资。

5. 在建开发产品。指企业在开发建设过程中的土地和房屋。

6. 开发产品。指企业在已经开发完成并验收合格，可以按照合同规定的条件销售给客户的产品。

7. 分期收款开发产品。指企业以分期收款方式销售的开发产品。

8. 出租开发产品。指企业已开发完成用于出租经营的房屋和土地。

9. 周转房。指企业已开发完成用于安置拆迁居民周转使用的房屋。

第二节　存货的计价

一、存货的入账价值

存货的入账价值，是指存货成本所包括的内容。存货成本的计算正确与否，对企业的财务状况和经营成果都会产生重大的影响。按照历史成本计价原则，存货成本包括存货形成时发生的与之相关的全部支出，一般应包括采购成本、加工成本和其他成本。存货的采购成本是指在采购过程中所发生的支出，主要包括购买价款、相关税费、运输费、装卸费、保险费以及其他可归属于存货采购成本的费用；存货的加工成本是指产品的加工成本，包括直接加工费用和间接加工费用。存货的其他成本是指除采购成本、加工成本以外的，使存货达到目前场所和状态所发生的其他支出。房地产开发企业可以通过多种渠道取得存货，存货的取得渠道不同，其成本的组成内容也不同。

1. 外购存货的成本。一般指存货的采购成本，主要包括：

（1）买价。指购入存货的发票价格，包括原价和供销部门手续费，进口成套设备和材料的清算标价和进口加成费用等。

（2）运杂费。指存货运抵工地仓库前发生的运输费、装卸费、保险费以及合理的运输损耗等。

（3）采购保管费。指物资供应部门和仓库为组织物资采购、验收、保管和收发过程中所发生的各种费用。

2. 自制存货的成本。主要由采购成本和加工成本构成。加工成本包括直接人工费以及按照一定方法分配的制造费用。

3. 委托加工存货的成本。主要由采购成本，加工成本和其他成本构成。加工成本是指按照规定支付给加工单位的加工费；其他成本主要包括加工存货而发生的运输费、装卸费、保险费以及按规定计入成本的税金等。

4. 投资者投入存货的实际成本。按照评估确认或者合同、协议约定的价值计价。

5. 接受捐赠的存货的实际成本。按照下列规定计价：

（1）捐赠方提供了有关凭证（如发票、报关单、有关协议）的，按凭据上标明的金额加上支付的相关税费，作为实际成本。

（2）捐赠方没有提供有关凭据的，参照同类或类似存货的市场价值估计的金额，加上应支付的相关税费作为实际成本。

6. 接受的债务人以非现金资产抵偿债务方式取得的存货，按照应收债权的账面价值加上应支付的税费，作为实际成本。涉及补价的，按以下规定确定受让存货实际成本：

（1）收到补价的，按应收债权的账面价值减去补价，加上支付的相关税费，作为实际成本。

（2）支付补价的，按应收债权账面价值加上支付的补价和应支付的相关税费，作为实际成本。

7. 以非货币性交易换入的存货，按换出资产的账面价值加上应支付的相关税费，作为实际成本。涉及补价的，按以下规定确定换入存货的实际成本：

（1）收到补价的，按换出资产的账面价值加上应确认的收益和应支付的相关税费，减去收到补价后的余额，作为实际成本。其中，应确认的收益计算方法如下：

$$应确认的收益=补价-\frac{补价}{换出资产公允价值}\times换出资产账面价值$$

（2）支付补价的，按换出资产的账面价值加上应支付的相关税费和应支付的补价，作为实际成本。

8. 盘盈存货的实际成本。按照同类或类似存货的市场价格计价。

二、存货的计价方法

为了正确核算和监督存货的增减变动和结存情况，准确计算房地产开发产品成本和产品销售成本，存货应按其实际成本计价核算。但由于各种存货是分项购入或分批生产形成的，同种存货往往是以不同的单位成本购入或生产出来的，要确定发出存货的价值，就需要选择一定的计算方法。一般有按实际成本计价和按计划成本计价两种方法。

（一）存货按实际成本计价

按实际成本计价，是指企业在存货的日常核算中，对存货的收入、发出和结存按其取得的实际成本计价。按现行会计制度规定，房地产开发企业存货收发按实际成本计价的，可以采用先进先出法、加权平均法、个别计价法等方法。

1. 先进先出法。是指以先进库的存货先发出为假定前提，来确定发出存货实际成本的一种方法。日常发出存货实际成本，先按首批进库存货的实际成本计价，首批进库存货用完后，再按第二批进库存货的实际成本计算，以此类推。采用这种方法，存货的成本流动与存货的实物流动较为接近，期末存货成本比较接近现行市场价值；发出存货时即可确定发出存货的实际成本，核算及时；核算工作分散在平时，减少了月末的核算工作量。但这种方法日常核算工作较为烦琐，且当物价上涨时，会高估当期存货价值，反之则会低估当期存货价值。

2. 加权平均法。是指以存货期初结存数量加上本期收入存货数量计算出平均单价，作为本期发出存货的实际单价，来确定发出存货实际成本的一种方法。其计算公式如下：

$$某种存货平均单价=\frac{期初结存该种存货实际成本＋本期收入该种存货实际成本}{期初结存该种存货数量＋本期收入该种存货数量}$$

发出存货实际成本＝发出数量×该种存货平均单价

采用加权平均法，只在月末计算一次加权平均单价，工作量较小，计算比较简单；以平均单价计算发出存货的实际成本，计算较为合理。但计价工作在月末进行，核算工作过于集中，容易影响核算的及时性；同时，日常发出存货及结存存货的金额在账面上得不到反映，不便了解存货资金的占用和使用情况。如果各期存货的实际平均单价变化不大，可以按上期平均单价作为本期平均单价。

3. 个别计价法。是指发出存货的成本，直接根据收入该存货时的实际单价作为计算依据的方法。采用这种方法一般应具备两个条件：

一是各次收入存货单独保管，以便能区分辨认；

二是各次收入存货要有详细记录，以便了解其实际单价情况。

采用个别计价法，能随时结转发出存货的实际成本，计算结果符合实际，但需要对各项存货进行分别保管和记录，实务操作的工作量和难度较大，只适用于容易识别、存货品种数量不多、单位成本较高的存货的计价。

上述三种方法各有利弊，房地产开发企业可根据自身生产经营活动的特点，以及存货的市场情况，合理选择使用。但计价方法一经确定，不得随意更改。

存货按实际成本计价核算，能如实反映存货的实际成本和资金占用情况，有助于准确核算开发产品成本中的材料费和营业成本。但由于各批存货取得的渠道不同，时间不同等，使得同种存货会有不同的单位成本，发出存货时，需要先按上述方法来确定发出存货的实际成本，核算较为复杂，加大了存货日常核算的工作量，甚至影响核算工作的及时性。这种方法一般只适用于存货品种较少，收发业务不多的企业。

（二）存货按计划成本计价

按计划成本计价，是指企业在存货的日常核算中，对存货的收入、发出和结存，均按预先确定的计划单价进行计价核算，期末再将当期发出存货的计划成本调整为实际成本的方法，采用该种方法，在核算上应做好以下几方面工作：

1. 制定各种存货的计划价格目录。在计划价格目录中，确定各种存货的分类、名称、规格、编号、计量单位和计划单位成本。计划单位成本确定后，在年度内一般不作变动，如确需变动，应及时修订企业存货计划价格目录中的该种存货的计划价格，在编制会计报表时应在附注中加以说明。

2. 计算收入存货的计划成本。企业收入存货时应按收入数量及存货计划价格目录中的计划单价填制收货单，计算收入存货的计划成本，并对该存货实际成本与计划成本的差额，通过"材料成本差异"账户单独核算。

3. 发出存货分摊成本差异。发出的存货，先按计划成本核算，月终时再分摊其应负担的成本差异，将发出存货的计划成本调整为实际成本。发出存货应负担的成本差异计算公式如下：

发出某种存货应负担的成本差异＝发出该种存货的计划成本×该种存货成本差异率

存货的成本差异率，可以按本月的差异率计算，也可以按上月成本差异率计算。计算公式如下：

$$某种存货本月成本差异率=\frac{月初结存该种存货成本差异+本月收入该种存货成本差异}{月初结存该种存货计划成本+本月收入该种存货计划成本}\times100\%$$

$$某种存货上月成本差异率=\frac{月初结存该种存货成本差异}{本月收入该种存货成本差异}\times100\%$$

存货按计划成本计价核算，大大减化了存货在收入、发出或结存时的单价计算，减少了存货日常收发业务核算的工作量，保证了核算的及时性。同时，通过当期收入存货实际成本与计划成本的比较，可以检查存货采购计划的完成情况，考核采购工作的业务成果，便于分析存货成本变动的原因。

第三节 存货收发的凭证手续

房地产开发企业在收发存货时，应按规定填制存货收发凭证，办理必需的手续。经过审核无误的存货收发凭证，才能作为存货核算的依据。

一、收入存货的凭证手续

房地产开发企业收入存货的渠道主要有外购材料及设备、委托加工物资、自制材料以及开发建设中回收废旧材料、完工入库的产品等。企业应根据收入存货的不同渠道。填制相应的凭证，按规定办理验收入库手续。

（一）外购存货收入凭证

企业外购的材料、设备，应根据供应单位开出的发票、运输单位开出的运单、银行转来的结算凭证等，办理材料、设备验收入库和货款结算等手续。从外地采购，可以采用托收承付结算方式支付货款，也可以采用其他异地结算方式支付货款。企业在组织货物验收入库时，应由企业供应部门填制一式多联的"收货单"，其中一联由供应部门存查，一联交仓库收货后，据以登记明细卡，一联送财务部门进行收入存货的核算。"收货单"的一般格式见表5-1。

（二）委托加工物资收入凭证

委托加工物资加工完成，验收入库时，应填制入库凭证。入库凭证可以采用一般的收货单，但应加盖"委托加工"戳记，以示与外购存货相区别；也可以采用具有专门格式的"委托加工物资交库单"，其格式见表5-2。

表 5-1

收 货 单

供应单位：　　　　　　　　　　　　　　　　　　　　　　　　发票编号：

收货仓库：　　　　　　　　　　　　年　月　日　　　　　　　收货单编号：

货物编号	货物名称	规格	计量单位	数　量		实　际　成　本				计划成本	
				应收	实收	买价		运杂费	总计	单价	总计
						单价	合计				

表 5-2

委托加工物资交库单

加工单位：　　　　　　　　　　　　　　　　　　　　　　　　收货仓库：

合同编号：　　　　　　　　　　　　年　月　日　　　　　　　入库单编号：

编号	加工完成收回材料						耗用材料				运杂费	加工费	实际成本合计
	名称规格	单位	数量		计划单价	金额	名称规格	数量	计划单价	金额			
			应收	实收									

（三）自制材料、废旧材料入库凭证

自制加工完成验收入库的材料，以及开发建设中退回的多余材料和回收的废旧材料，入库时一般由交料部门填制一式三联的"材料交库单"，一联由交料部门留存，一联仓库据以登记材料明细卡，一联交财务部门进行账务处理。其格式见表5-3。

表 5-3

材 料 交 库 单

交料部门：　　　　　　　　　　　　　　　　　　　　　　　　收料仓库：

交料原因：　　　　　　　　　　　　年　月　日　　　　　　　交库单编号：

类别	编号	名称	规格	计量单位	数　量		实际成本		计划成本	
					交库	实收	单价	金额	单价	金额

（四）产成品入库单

房地产开发企业产成品收入的主要来源，是其附属企业完工交库的各种产成品（包括新产品、代制品等）以及购买单位退回的产成品等。

车间完工交库的产成品，应由车间根据交库的数量，填制"产成品入库单"，并由质量检查部门检查交库产成品的质量，检查合格后，送交仓库点收数量。产成品检验完成后，检验人员应在"产成品入库单"上签注检验结果；仓库点收产成品后，应在"产成品入库单"上填明实收数量，并由交库车间和仓库双方签章。

"产成品入库单"既是统计产成品产量、证明产成品入库的原始凭证，又是计算产成品成本、登记产成品明细账的原始凭证。因此，"产成品入库单"一般应填写三联，一联退回交库部门；一联仓库留作登记"产成品明细账"的依据，一联交财务部门作为账务处理的依据。"产成品入库单"的格式见表5-4。

产 成 品 入 库 单　　　　　　　　　　　　　表 5-4

交库车间：　　　　　　　　　　　年　月　日　　　　　　　　　　　编号：

产品名称	规格	单位	送检数量	检查结果		实收数量	备　注
				合格	不合格		

二、发出存货的凭证手续

房地产开发企业发出的存货，主要用于开发建设项目，另外还有委托加工、产成品销售或材料销售以及非生产用料等。存货的收发业务较为频繁、数量较大，必须填制必要的发出凭证，严密领发手续，以便按存货用途正确计算开发产品成本和产品销售成本，杜绝存货损失和发生贪污浪费现象。存货发出的凭证主要有以下几种：

1. 领料单

领料单是领用材料时一次使用的领发料凭证。领用材料时，由领料人员填制"领料单"，经负责人签字后据以向仓库领料，每领料一次填制一张。领料单可以分为一单一料制和一单多料制等形式，至少一式两联，一联存库据以登记材料卡，一联交财务部门作为发出材料核算的依据。领料单的格式见表5-5。

领 料 单　　　　　　　　　　　　　表 5-5

领料部门：　　　　　　　　　　　年　月　日　　　　　　　　仓库编号：

用　途								
材料类别	编号	名称	规格	计量单位	数　量		单价	金额
					请领	实发		

计划部门：　　　　　供应部门：　　　　　仓库：　　　　　领料单位：

2. 定额领料单

定额领料单又称限额领料单，是一种在一定时期内（通常为一个月）在规定的领料限额内可以多次使用的累计领发材料凭证。一般是在月份开始前，由施工计划部门和材料供应部门根据月度施工作业计划和材料消耗定额核定当月领用材料的限额，按使用部门签发限额领料单，详细填列材料的编号、名称、规格、用途以及月份内可以领用的材料限额，领料部门只要领用数不超过限额，就可以连续使用，月终结出实发数量和金额，据以记账。其格式见表 5-6。

限 额 料 单

表 5-6

领料单位：　　　　　　　　　　　　　年　月　日　　　　　　　　　　　仓库

用途：　　　　计划工程量：　　　实际工程量：　　　　　　　　　　　编号：

编　号	名称	规格	单位	领用限额	调整后限额	实际耗用		
						数量	单价	金额

领料日期	请领数量	实　发			退　料			限额结余
		数量	发料人	领料人	数量	发料人	领料人	

计划部门：　　　　供应部门：　　　仓库：　　　　　　　　　　　　　领料单位：

3. 领料登记表

领料登记表是一种可以多次使用的累计领发料凭证，按月份一单一料开设，一般一式三联，平时放仓库保管处，领料时由领料人在表内填写领用数量并签章，仓库据以发料。月末，仓库将领料登记表按领料单位和用途加以汇总后，一联留仓库作为登记材料明细账的依据，一联送交领料单位存查，一联转财务部门据以进行核算。采用领料登记表的形式，可以大量减少日常领料凭证的填制、审批手续，给领料部门提供了便利，而且便于对各部门耗用的经常性消耗材料加以汇总。领料登记表的格式见表 5-7。

领 料 登 记 表

表 5-7

领料单位：　　　　　　　　　　　　　　　　　　　　　　　　　　　仓库：

材料名称：　　　　　　　　　　年　月　日　　　　　　　　　　　　编号：

日　期	领用数量	用　途	领料人签章	备　注

4. 大堆材料耗用计算单

大堆材料是指施工现场存放的砖、瓦、灰、砂、石等材料的统称。其特点是：使用量大，占地广，笨重零散而不便搬运，一般在露天堆放；使用频繁，不易计点耗用数量。因此，大堆材料一般不必逐笔办理领料手续，而是根据期末盘点数量，通过"算两头，扎中间"的办法，计算当期实际耗用量，并按各个成本核算对象的定额耗用量为标准，分配计入各成本对象。这项工作，一般是通过编制"大堆材料耗用计算单"来完成的，其格式见表 5-8。

大堆材料耗用计算单　　　　　　　　　表 5-8

领用单位：　　　　　　　　　　　　　年　月　日　　　　　　　　　　编号：

材料名称	规格	计量单位	月初结存	本月收料	月末结存	本月耗用	计划成本	
							单价（元）	总价（元）
中砂		m³	30	500	26	504	50	25 200
石		m³	40	900	22	918	45	41 310

材料名称 分配率 受益 对象	中砂（%）			石（%）			（%）			合计 金额 （元）
	定额 用量 （m³）	实际 用量 （m³）	计划 成本 （元）	定额 用量 （m³）	实际 用量 （m³）	计划 成本 （元）	定额 用量	实际 用量	计划 成本	
A 工程	280	294	14 700	500	510	22 950				37 650
B 工程	200	210	10 500	400	408	18 360				28 860
C 工程	480	504	25 200	900	918	41 310				66 510

5. 集中配料耗用计算单

集中配料耗用计算单是指用料时虽能点清数量，但需集中配料或统一下料（如玻璃、油漆、砂浆、木料等）所使用的一种耗料凭证。凡是集中配料的，一般应在"领料单"上加盖"工程集中配料"戳记，月末由材料管理员或领料单位根据用料情况，按照材料消耗定额，编制"集中配料耗用计算单"，交财会部门据以分配计入各成本核算对象，其格式见表 5-9。

集中配料耗用计算单　　　　　　　　　表 5-9

编制单位：　　　　　　　　　　　　　年　月　日　　　　　　　　　　编号：

材料名称	计量单位	计划单价	硫磺砂浆		硫磺胶泥		计划成 本合计 （元）
			数量	计划成本 （元）	数量	计划成本 （元）	
硫磺	kg	1.50	6 654	9 981	5 112	7 668	17 649
石英粉	kg	0.30	2 310	693	3 372	1 011.60	1 704.60
石英沙	kg	0.25	3 922	993			993
聚硫橡胶	kg	20.00	336	6 720	128	2 560	9 280
制品合计	m³		6	18 387	4	11 239.60	29 626.60
单位成本				3 064.50		2 809.90	
受益 对象	A 工程		3.60	11 032.20	2.5	7 024.75	18 056.95
	B 工程		2.40	7 354.80	1.5	4 214.85	11 569.65
	合计		6	18 387.00	4	11 239.60	29 626.60

6. 其他出库凭证

企业委托其他单位加工材料、半成品或商品时，供应部门应与加工单位签订加工合同，按合同规定的品种、规格、数量发出材料、半成品或商品时，供应部门应填制委托加工存货出库单，仓库据以发货。企业外销的材料、半成品、产成品及商品，应由销售部门开出销售凭证，仓库据以发货。企业内部仓库之间的存货调拨，也应填制存货调拨单据以进行各项存货的收、发及核算工作。

第四节　库存材料与库存设备的核算

一、库存材料与库存设备按实际成本计价的核算

（一）应设置的会计账户

1. "原材料"账户。核算企业库存的各种原材料（包括主要材料、结构件、机械配件、外购半成品、修理用备件、辅助材料、燃料等）的实际成本。其借方核算企业从各种途径取得并已验收入库的原材料成本，贷方反映企业因各种原因减少的原材料成本。期末借方余额反映库存原材料的实际成本。本账户应按材料的类别、名称和规格，设置明细账进行库存材料的明细核算。

2. "库存设备"账户。核算企业各种库存设备的实际成本。借方核算企业从各种途径取得并已验收入库设备的实际成本，贷方核算出库交付安装设备的实际成本，期末借方余额表示库存未安装设备的实际成本。本账户应按设备的存放地点和类别等设置明细账进行明细核算。

3. "在途物资"账户。核算企业购入但尚未运到企业或尚未验收入库的各种存货（包括原材料、设备、低值易耗品等）的实际成本。其借方登记已支付货款或已开出承兑商业汇票而尚未验收入库的各种存货的实际成本，贷方登记已验收入库的各种存货的实际成本，期末借方余额反映已经付款或已开出承兑的商业汇票，但尚未验收入库的在途物资。

4. "采购保管费"账户。核算企业材料物资供应部门及仓库为采购、验收、保管和收发材料物资所发生的各项费用。一般包括采购和保管人员的工资、工资附加费、办公费、差旅费、固定资产使用费、劳动保护费、检验试验费（减检验试验收入），材料整理及零星运费、材料盘亏及毁损（减盘盈）等。借方核算企业发生的各项采购保管费用，贷方核算已分配计入物资采购成本的采购保管费。企业每月按实际发出数分配采购保管费时，本账户月末应无余额。本账户应按采购保管费用项目设置明细账进行明细核算。

采购保管费的分配方法有按实际分配率分配和按计划分配率分配两种。

（1）按实际分配率分配

将当月发生的采购保管费用按当月购入材料物资的直接成本（买价、运杂费）为分配标准，全部分配计入当月购入的各种材料物资的采购成本中，其计算公式为：

$$采购保管费实际分配率=\frac{本月发生的采购保管费}{本月购入材料物资的买价和运杂费之和}\times100\%$$

$$\begin{matrix}本月购入某类材料物资\\应分配的采购保管费\end{matrix}=\begin{matrix}本月购入该类材料物资\\的买价和运费之和\end{matrix}\times本月采购保管费实际分配率$$

【例 5-1】 某房地产开发公司本月购入各类材料的买价和运杂费合计为 200 万元，其中购入钢材 50 万元，本月共计发生采购保管费 4 万元，购入钢材应分配的采购保管费计算如下：

$$采购保管费实际分配率 = \frac{40\ 000}{2\ 000\ 000} \times 100\% = 2\%$$

$$购入钢材应分配的采购保管费 = 500\ 000 \times 2\% = 10\ 000（元）$$

（2）按计划分配率分配

为均衡年度各月材料物资的采购成本负担，采购保管费可以按预先确定的计划分配率进行分配。其计算公式为：

$$采购保管费计划分配率 = \frac{全年计划采购保管费总额}{全年计划采购材料物资的直接成本或计划成本} \times 100\%$$

$$\begin{matrix}本月购入某类材料物资 \\ 应分配的采购保管费\end{matrix} = \begin{matrix}本月购入该类材料物资的直接 \\ 成本或计划成本\end{matrix} \times 采购保管计划分配率$$

【例 5-2】 某房地产开发公司全年计划采购保管费为 50 万，全年计划采购材料的直接成本为 2 000 万元，本月采购钢材的买价及运杂费为 40 万元。

本月购入钢材应分配的采购保管费计算如下：

$$采购保管费计划分配率 = \frac{500\ 000}{20\ 000\ 000} \times 100\% = 2.5\%$$

$$本月购入钢材应分配率的采购保管费 = 400\ 000 \times 2.5\% = 10\ 000（元）$$

采购保管费也可以直接计入当月各项有关领用材料物资的收益对象中，不分配计入当月各类材料物资的采购成本。其计算公式如下：

$$\begin{matrix}本月采购保管 \\ 费分配率\end{matrix} = \frac{采购保管费月初余额 + 本月采购保管费发生额}{月初结存材料物资买价和运杂费 + 本月收入材料物资买价和运杂费} \times 100\%$$

$$\begin{matrix}某受益对象应 \\ 分配的采购保管费\end{matrix} = \begin{matrix}该受益对象本月领用材料 \\ 物资的买价和运杂费\end{matrix} \times 本月采购保管费分配率$$

通过以上的分配结转后，"采购保管费"账户的月末余额，即为库存材料物资应负担的采购保管费，编制资产负债表时，应列入"存货"项目反映。

（二）原材料收发业务的总分类核算

房地产开发企业取得原材料的渠道不同，账务处理会有一定差异。

1. 外购原材料

（1）货款已付，材料到达

企业在本地采购的材料，一般在付款后，随即可收到材料。从外地采购的材料，有时付款和收料的时间也很接近。货款、增值税及采购费用的支付及材料的验收工作可以在较短的时间完成的材料采购，应根据银行结算凭证、发票等付款单据和收料单等凭证，填制付款并收料的记账凭证。

【例 5-3】 某房地产开发公司从外地购买钢材一批，买价 20 万元，供货单位代垫运杂费 2 万元，增值税 3.40 万元。货款、运杂费及增值税已通过银行转账支付，钢材已验收入库。

账务处理如下：

借：原材料   254 000
  贷：银行存款   254 000

（2）货款已付，材料未到

企业外购材料时，若货款已付材料未到或尚未验收入库，为了核算和监督已经付款尚未入库的材料，应通过"在途物资"账户进行核算。

【例5-4】 接银行托收承付通知，红星建材公司按合同发来木料，应付货款2万元，增值税0.34万元，代垫运杂费0.1万元，经审核单证，同意支付款项，木料尚未到达。

账务处理如下：

借：在途物资   24 400
  贷：银行存款   24 400

（3）材料已到，款项未付

材料收到后，尚未支付款项，应分别两种情况进行账务处理。

1）材料已收到，结算凭证也收到，企业因存款不足尚未付款。

出现这种情况时，由于双方的购销关系已经确立，企业购入了材料，应承担支付供应单位货款的责任，因此，应通过"应付账款"账户核算。如果企业与供货单位未达成协议，采用商业汇票形式延期付款，则应通过"应付票据"账户核算。

【例5-5】 某房地产开发公司从外地购买水泥一批，货款10万元，增值税1.7万元，代垫运杂费3 000元，收到结算凭证，水泥已验收入库，企业存款不足尚未付款。

账务处理如下：

借：原材料   120 000
  贷：应付账款   120 000

以后支付款项时，作如下账务处理：

借：应付账款   120 000
  贷：银行存款   120 000

如果经协商对方同意延期付款，开出并承兑商业汇票时，应作如下账务处理：

借：应付账款   120 000
  贷：应付票据   120 000

2）材料已经收到，但结算凭证未收到

遇到这种情况时，通常几天之内即可收到结算凭证，因此可暂时不入账，先记入备查账簿，待账单发票到达，付款后再入账。若月末账单发票仍未到达，应对该批材料估价入账。估价方式有两种：一是按最近购入该种材料的实际成本估价，二是按该种材料的计划成本估价。对上月暂估入账的材料，下月初应用红字冲转，以便结算凭证到达付款时，能按正常购料业务进行账务处理。

【例5-6】 某房地产开发公司从外地购入预制构件一批，构件已收到并验收入库，月末结算凭证仍未到达，按其计划成本8万元暂估入账。

账务处理如下：

借：原材料   80 000
  贷：应付账款——暂估应付账款 80 000

下月初用红字金额冲销上述分录：

借：原材料　　　　　　　　　　　　　　　　　80 000（红字）

　　贷：应付账款——暂估应付账款　　　　　80 000（红字）

收到该批材料结算凭证时，按实际付款入账，假设实付款项为 82 000 元，应作如下账务处理：

借：原材料　　　　　　　　　　　　　　　　　82 000

　　贷：银行存款　　　　　　　　　　　　　　82 000

（4）先预付货款，后收料结算

企业按照供销合同的规定，预付一定比例的货款给供货单位，供货单位根据合同规定的时间发货，发货后双方再结算货款。

【例 5-7】 某房地产开发公司向某钢铁厂订购钢材一批，货款为 10 万元，按合同规定预付货款 4 万元，已通过银行转账支付。

账务处理如下：

借：预付账款　　　　　　　　　　　　　　　　40 000

　　贷：银行存款　　　　　　　　　　　　　　40 000

收到钢铁厂按合同规定发来的钢材，货款 10 万元，应付增值税 1.7 万元，代垫运杂费 0.3 万元，共计 12 万元，扣除已预付的 4 万元货款，余款 8 万元已通过银行转账支付。

账务处理如下：

借：原材料　　　　　　　　　　　　　　　　　120 000

　　贷：预付账款　　　　　　　　　　　　　　40 000

　　　　银行存款　　　　　　　　　　　　　　80 000

2. 自制材料

自制材料是企业根据自身开发业务的需要，将外购材料交由本企业辅助生产部门加工为另一种新的材料。

自制材料一般不签定加工合同，由企业内部自行管理。加工完成验收入库时，填制"材料交库单"，办理验收入库手续。

为了总括核算辅助生产单位自制材料的实际成本，房地产开发企业可以单独设置"辅助生产"账户。该账户借方核算自制材料在加工过程中发生的各项费用（包括被加工材料的成本和加工费用），贷方核算结转加工完成验收入库的自制材料的实际成本，借方余额表示尚未完工的在产品成本。

【例 5-8】 企业的预制构件队加工完成混凝土空心板一批，已验收入库，实际成本 6 万元。

账务处理如下：

借：原材料　　　　　　　　　　　　　　　　　60 000

　　贷：辅助生产　　　　　　　　　　　　　　60 000

3. 投资者投入材料

企业接受投资者投入的材料，应按双方确认的价值入账。

【例 5-9】 企业接受投资者投入的钢材和水泥，双方确认的价值为 20 万元。

账务处理如下：

借：原材料　　　　　　　　　　　　　　　　　200 000

　　　　　贷：实收资本　　　　　　　　　　　　　　　　　200 000

4. 接受捐赠材料

企业接受捐赠材料，应按实际成本计入"原材料"账户，按市场价格与现行税率计算的未来应交所得税计入"递延税款"账户，按市场价格减去未来应交所得税的余额，计入"资本公积"账户。

【例5-10】 某房地产开发企业接受捐赠钢材一批，根据同类资产的市场价格估计金额为50万元，用银行存款支付运输费1万元，所得税税率为33%。

账务处理如下：

借：原材料　　　　　　　　　　　　　　　　510 000
　　贷：递延税款　　　　　　　　　　　　　165 000
　　　　资本公积　　　　　　　　　　　　　335 000
　　　　银行存款　　　　　　　　　　　　　 10 000

5. 购入材料的短缺或毁损

购入材料的短缺或毁损，应及时查明原因，按不同情况分别处理，对于运输途中的合理损耗和无法收回的超定额损耗，应计入材料采购成本；属于供应单位责任，在付款前发现的，应拒付短缺部分的货款，在付款后发现的，应将短缺金额计入"应付账款"，向供货单位追索损失；属于运输部门或其他过失人造成的损失以及可以向保险公司索赔的损失，应将损失金额计入"其他应收款"，向运输部门、过失人或保险公司等追索损失；属于自然灾害造成的损失，应将扣除残料价值、保险公司赔偿后的净损失，作为非常损失计入"营业外支出"。

【例5-11】 某房地产开发公司购入材料一批，已验单付款，金额10万元，但收料时发现超定额损耗，金额5 000元。

账务处理如下：

借：原材料　　　　　　　　　　　　　　　　95 000
　　应付账款　　　　　　　　　　　　　　　 5 000
　　贷：在途物资　　　　　　　　　　　　　100 000

6. 材料的发出

企业发出材料的业务较为频繁，平时一般根据发出材料的凭证登记材料明细账，以便反映各种材料的发出数和结存数。为简化材料总分类账的核算工作，发出材料一般定期按领用材料的部门和用途归类和汇总，编制"发出材料汇总表"，据以进行发出材料的账务处理。

【例5-12】 根据本月发料凭证，编制"发出材料汇总表"见表5-10。

发出材料汇总表　　　　　　　　　　　　　　　　　　表5-10

年12月31日

材料类别 / 受益对象	主要材料	结构件	机械配件	其他材料	合　计
开发成本	200 000	150 000		10 000	360 000
开发间接费用	10 000		10 000	20 000	40 000
管理费用				10 000	10 000
合　计	210 000	150 000	10 000	40 000	410 000

根据"发出材料汇总表",账务处理如下:

借:开发成本   360 000

  开发间接费用   40 000

  管理费用   10 000

 贷:原材料   410 000

（三）原材料收发的明细分类核算

为了加强各种材料的管理，保护材料物资的安全完整，企业必须组织好材料的明细分类核算。

材料的明细分类核算一般采用"两套账"，即在仓库设置"材料卡片"，由仓库保管人员登记各种库存材料实物数量的增减变动和结存情况；另由财会部门设置一套数量金额式明细账，由财会人员进行登记。这样对各种材料的增减变化进行双重记录，账卡资料可以相互核对，便于对财会部门及时进行金额的核算。"材料卡片"和"原材料明细账"的格式分别见表5-11和表5-12。

材 料 卡 片   **表 5-11**

材料类别：   存放地点：

材料名称：   计量单位：

材料编号：   材料规格：

年		凭证编号	摘要	收入数量	发出数量	结存数量	稽 核	
月	日						日期	签章

原 材 料 明 细 账   **表 5-12**

材料类别：   存放地点：

材料名称：   计量单位：

材料编号：   材料规格：

年		凭证编号	摘要	收 入			发 出			结 存		
月	日			数量	单价	金额	数量	单价	金额	数量	单价	金额

企业若有在途物资，还应设置"在途物资明细账"，格式见表5-13。

在途物资明细账   **表 5-13**

付款日期		凭证编号	供应单位	材料名称	计量单位	发票数量	付款金额	收货日期		数 量	备 注
月	日							月	日		

（四）库存设备收发的核算

房地产开发企业的库存设备品种较为单一，收发业务也不频繁，一般按实际成本计价进行核算。

【例5-13】 房地产开发公司采购开发工程用电梯一台，买价、增值税及代垫运杂费45万元，已验单付款，但电梯尚未到达。

账务处理如下：

借：在途物资   450 000

  贷：银行存款   450 000

【例5-14】 采购的上述电梯收到并办完验收入库手续，采购保管费按预定分配率2%计算。

账务处理如下：

借：库存设备   459 000

  贷：在途物资   450 000

    采购保管费   9 000

【例5-15】 将上述电梯交付开发项目安装。

账务处理如下：

借：开发成本   459 000

  贷：库存设备   459 000

二、库存材料按计划成本计价的核算

（一）应设置的会计账户

材料按计划成本计价核算时，"原材料"账户核算各种材料收发和结存的计划成本，此外，还应设置"物资采购"和"材料成本差异"账户。

1. "物资采购"账户。用来核算企业购入的各种物资（包括库存原材料、库存设备、低值易耗品等）的采购成本。借方登记购入物资的买价、运杂费、流通环节交纳的税金和分配计入物资采购成本的采购保管费；贷方登记验收入库物资的计划成本。月末，将已验收入库物资实际成本大于计划成本的差额，由本账户贷方转入"材料成本差异"账户的借方；实际成本小于计划成本的差额，由本账户借方转入"材料成本差异"账户的贷方。本账户的借方余额为在途物资的实际成本。本账户应按物资类别、品种、规格设置明细账。

2. "材料成本差异"账户。用来核算企业各种外购、自制、委托加工入库的材料物资的实际成本与计划成本的差异额。是各种材料物资账户的调整账户。借方登记入库材料物资实际成本大于计划成本的超支差异额；贷方登记入库材料物资实际成本小于计划成本的节约差异额。月末分配发出材料物资应负担的差异额均在本账户的贷方登记，超支差异额用蓝字登记，节约差异额用红字登记。本账户月末余额可能在借方，也可能在贷方，借方余额表示月末库存材料物资应负担的超支差异额，贷方余额表示月末库存材料物资应负担的节约差异额。本账户应按材料物资的类别设置明细账。

采购保管费的核算内容及分配方法与按实际成本计价核算基本相同。

（二）原材料收发业务的总分类核算

1. 外购原材料

购入原材料，日常一般只核算材料的采购成本，月末汇总分配采购保管费、结转入库材料的计划成本和成本差异额。

（1）货款已付，材料到达

【例5-16】 某房地产开发公司从外地购入钢材一批，买价20万元，供货单位代垫运杂费2万元，增值税3.40万元，计划成本26万元。款项已通过银行转账支付，钢材已验收入库。

账务处理如下：

借：物资采购　　　　　　　　　　　　254 000

　　贷：银行存款　　　　　　　　　　　　254 000

（2）货款已付，材料未到

企业已付货款，材料尚未到达，也应通过"物资采购"账户核算。

【例5-17】 接银行托收承付通知，红星建材公司按合同发来木料一批，应付货款2万元，增值税0.34万元，代垫运杂费0.1万元，经审核单证，同意支付款项，木料尚未到达。

账务处理如下：

借：物资采购　　　　　　　　　　　　24 400

　　贷：银行存款　　　　　　　　　　　　24 400

（3）材料已到，款项未付

1）材料已收到，结算凭证也已收到，因企业存款不足尚未付款。

【例5-18】 某房地产开发公司从外地购入水泥一批，货款10万元，增值税1.70万元，代垫运杂费0.30万元，计划成本12.50万元，已收到结算凭证，水泥已验收入库，但企业存款不足尚未付款。

账务处理如下：

借：物资采购　　　　　　　　　　　　120 000

　　贷：应付账款　　　　　　　　　　　　120 000

以后支付款项时，作如下账务处理：

借：应付账款　　　　　　　　　　　　120 000

　　贷：银行存款　　　　　　　　　　　　120 000

2）材料已收到，但结算凭证未收到

这种情况与按实际成本计价核算方法一样，不再赘述。

（4）先预付款，后收料结算

【例5-19】 某房地产开发公司向钢铁厂订购钢材一批，货款10万元，按合同规定预付货款4万元，已通过银行转账支付。

账务处理如下：

借：预付账款　　　　　　　　　　　　40 000

　　贷：银行存款　　　　　　　　　　　　40 000

收到钢铁厂按合同规定发来的钢材，货款10万元，应付增值税1.70万元，代垫运杂费0.30万元，共计12万元，扣除企业已预付的4万元货款，余款8万元已通过银行转账支付，计划成本12.50万元。

账务处理如下：

借：物资采购   120 000

  贷：预付账款   40 000

    银行存款   80 000

（5）采购保管费的分配

【例 5-20】 假设采购保管费计划分配率为 2.50%，本月购入并验收入库的各种材料的买价、增值税、运杂费等共计 49.40 万元，应分配采购保管费 12 350（494 000×2.50%）。

账务处理如下：

借：物资采购   12 350

  贷：采购保管费   12 350

（6）结转本月验收入库材料的计划成本

【例 5-21】 本月验收入库材料的计划成本为 51 万元。

账务处理如下：

借：原材料   510 000

  贷：物资采购   510 000

（7）结转验收入库材料的成本差异额

【例 5-22】 本月验收入库的各类材料，实际成本比计划成本节约 3 650 元（510 000－494 000－12 350）。

账务处理如下：

借：物资采购   3 650

  贷：材料成本差异   3 650

2. 材料的发出

在按计划成本计价核算的情况下，发出材料的核算仍然定期按领用材料的部门和用途归类和汇总，编制"发出材料汇总表"，据以进行发出材料的账务处理。

【例 5-23】 根据本月发料凭证，编制"发出材料汇总表"如表 5-14。

发出材料汇总表   表 5-14

年 月 日   单位：元

材料类别 / 受益对象	主要材料	结构件	机械配件	其他材料	合计
开发成本	210 000	155 000		10 000	375 000
开发间接费用	12 000		10 000	20 000	42 000
管理费用				13 000	13 000
合计	232 000	155 000	10 000	43 000	430 000

根据"发出材料汇总表"，账务处理如下：

借：开发成本   375 000

  开发间接费用   42 000

  管理费用   13 000

  贷：原材料   430 000

上述发出材料的成本是按计划成本计价核算的，还应将领用材料应负担的成本差异分配计入领用材料的收益对象。计算公式如下：

$$领用材料应负担的材料成本差异额＝领用材料的计划成本×材料成本差异率$$

材料成本差异率是材料成本差异额占材料计划成本的比率，可根据各企业的具体情况和要求，按材料品种、类别等范围计算。材料成本差异率的计算公式如下：

$$本月材料成本差异率＝\frac{月初结存材料成本差异额＋本月收入材料成本差异额}{月初结存材料计划成本＋本月收入材料计划成本}×100\%$$

为了及时计算领用材料的实际成本，材料成本差异率也可以按照上月差异率计算。其计算公式如下：

$$上月材料成本差异率＝\frac{月初结存材料成本差异额}{月初结存材料计划成本}×100\%$$

【例 5-24】 假设本月发出材料应负担的材料成本差异额按上月材料成本差异率计算，上月材料成本差异率为－2.5％，编制"本月材料成本差异分配表"如表 5-15。

材料成本差异分配表 表 5-15

年 月 日

受益对象	领用材料计划成本	上月材料成本差异率（％）	应分配的材料成本差异额
开发成本	375 000	－2.50	－9 375
开发间接费用	42 000	－2.50	－1 050
管理费用	13 000	－2.50	－325
合　计	430 000		－10 750

根据"材料成本差异分配表"，账务处理如下：

借：开发成本 　9 375　 （表示红字，下同）

　　开发间接费用 　1 050　

　　管理费用 　325　

　贷：材料成本差异 　10 750　

（三）材料的明细分类核算

材料按计划成本计价核算，为了核算和监督各种材料物资的采购成本以及材料物资实际成本与计划成本的差异，企业还应进一步设置"原材料明细账"、"物资采购明细账"和"材料成本差异明细账"，进行材料物资明细核算。

1. 原材料明细账

材料收发按计划成本计价核算，每种材料的收入和发出都是按事先确定的计划单价计价，因而更便于采用"一套账"的核算方式。日常核算，由仓库保管人员在原材料明细账上登记材料收发结存的数量，财会部门定期到仓库稽核。月末按计划单价和结存的数量计算出结存金额。按计划成本计价核算的原材料明细账，材料的收入和发出平时可以只登记数量，根据需要乘以计划单价，即可求得材料收发的金额。月末，应计算登记结存金额，以便对账。原材料明细账的格式见表 5-16。

原 材 料 明 细 账 表 5-16

材料类别：　　　　　　　　　　　　　　存放地点：
材料名称：　　　　　　　　　　　　　　计量单位：
材料编号：　　　　　　　　　　　　　　计划单价：

年		凭证编号	摘要	收入数量	发出数量	结存数量	稽　核	
月	日						日期	签章

为了反映和控制各类库存材料的增减变动，财会部门还应按照材料的保管地点（仓库）和类别设置材料明细分类账，根据材料收发凭证定期归类汇总后登记，可以反映和控制各类库存材料的增减变化，还可以同仓库的材料明细账进行核对，起到统驭仓库材料明细账的作用。

2. 物资采购明细账

物资采购明细账用来记录企业外购的各种材料物资的实际采购成本，计算确定各种材料物资实际成本与计划成本的差异额。物资采购明细账的设置，应结合本企业的实际情况，可以按各材料物资总分类账户设置，也可以按材料物资的类别或品种设置。物资采购明细账的格式见表 5-17。

物资采购明细账 表 5-17

付款日期		凭证编号	摘要	借　方				收料日期		记账凭证号	摘要	贷方			
月	日			买价	运杂费	其他	合计	月	日			计划成本	成本差异	其他	合计

物资采购明细账采用横线登记法，借方按照经济业务发生的时间顺序，根据有关转账凭证逐笔登记外购材料物资的实际采购成本；贷方按照借方记录的顺序，根据收料单登记验收入库的各批外购材料物资的计划成本和成本差异；月末账内只有借方金额而无贷方金额的款项即为在途物资。为了下月记账方便，可将各项在途物资逐笔结转到下月账内。

3. 材料成本差异明细账

材料成本差异明细账的设置，应与物资采购明细账口径一致，用以反映各种或各类材料物资的成本差异额，并据以计算材料成本差异率，以便计算和调整发出材料应负担的材料成本差异额。材料成本差异明细账的格式见表 5-18。

明细账户：

年		凭证编号	摘 要	收入材料计划成本	发出材料计划成本	差异率	借方差额	贷方差额
月	日							

第五节 低值易耗品和委托加工物资的核算

一、低值易耗品的核算

在企业的劳动资料中，除了作为固定资产核算的以外，还有一部分使用期限较短、价值较低的工器具以及开发经营管理中使用的物品，包括工具、器具、仪器、管理用具、玻璃器皿、劳保用品等。这些物品和其他劳动资料一样，能在一段时期中发挥其作用，在使用中能保持自己的物质形态。但由于这些物品使用时间相对较短或单位价值较小，需要经常更新，因而在管理和核算上将其与固定资产分开，作为低值易耗品，并将其视同劳动对象，归入材料类中，在"低值易耗品"账户中单独核算。

按现行财务制度规定，凡是使用期限不满一年的劳动资料和开发经营用主要设备，以及单位价值在 2 000 元以下，使用期限不超过两年的非开发经营设备，都划为低值易耗品。为了便于管理和核算，通常应编制"低值易耗品目录"，用以规范列入低值易耗品核算的物品。

（一）低值易耗品的分类

房地产开发企业的低值易耗品，按其在开发经营中的用途，可以分为以下几类：

1. 生产用具。指在施工生产过程中使用的各种生产工具，如手推车、架子车、铁镐、灰桶等。

2. 管理用具。指在管理和服务过程中使用的各种家具用具，如办公桌、椅子、文件柜、打字机、灭火器等。

3. 劳保用品。指用于职工在施工生产过程中劳动安全保护的各种用品，如工作服、安全帽、工作鞋、手套、安全带等。

4. 其他用品。指不属于以上各类的各种器具，如医疗器械、炊事用具、试验用玻璃器皿等。

（二）低值易耗品的摊销方法

根据低值易耗品的不同情况，领用低值易耗品时，可采用不同的方法摊销其价值。

1. 一次摊销法。即在领用低值易耗品时，将其全部价值一次计入当期成本费用。这种方法一般适用于价值很低或使用期很短，一次领用数量不多的低值易耗品，以及容易破碎的低值易耗品。

2. 五五摊销法。即在领用低值易耗品时，先摊销其价值的一半，报废时，再摊销其余的一半（扣除残料价值），也称五成摊销法。这种方法一般适用于每月领用、报废数量比较均衡的低值易耗品。

3. 分期摊销法。可采用净值摊销和比例摊销两种方式。

（1）净值摊销法。即根据在用低值易耗品的账面净值和规定的月摊销率计算各月应分摊的摊销额。这种方法，只要根据各使用单位和部门在用低值易耗品的原值和已提摊销额，即可计算出各单位、部门负担的摊销价值，计算方法比较简便，成本负担也比较均衡。

（2）比例摊销法。即根据各类低值易耗品的原值和规定的低值易耗品分类摊销率计算各月应分摊的摊销额。由于摊销率按低值易耗品类别确定，这种方法也称为分类摊销法，一般适用于使用期限长，单位价值较高，且各月领用、报废数量比较均衡的低值易耗品。

（三）低值易耗品按计划成本计价的核算

为了总括核算企业在库和在用低值易耗品的计划成本、在用低值易耗品的价值损耗，应设置"低值易耗品"账户，并设"在库低值易耗品"、"在用低值易耗品"、"低值易耗品摊销"三个明细账户。

"在库低值易耗品"明细账的使用方法与"原材料"账户类似。借方登记验收入库低值易耗品的计划成本，贷方登记仓库发出低值易耗品的计划成本，借方余额表示库存低值易耗品的计划成本。

"在用低值易耗品"明细账户，核算存在于使用过程的低值易耗品的计划成本。借方登记采用五五摊销法或分期摊销法领用低值易耗品的计划成本；贷方登记上述低值易耗品报废时冲销的计划成本，借方余额表示在用低值易耗品的计划成本。

"低值易耗品摊销"明细账户，核算低值易耗品在使用中的损耗价值。贷方登记计提的在用低值易耗品的摊销额，借方登记结转报废低值易耗品的已提摊销额，贷方余额表示在用低值易耗品的累计摊销额。

1. 领用一次摊销低值易耗品的核算

【例 5-25】 某房地产开发公司本月各管理部门领用管理用具一批，计划成本 5 000元，均采用一次摊销法，月初材料成本差异率 2%。

账务处理如下：

借：管理费用   5 000

 贷：低值易耗品——在库管理用具   5 000

同时分配成本差异额 100 元（5 000×2%）：

借：管理费用   100

 贷：材料成本差异   100

2. 领用五五摊销低值易耗品的核算

【例 5-26】 本月领用生产工具一批，计划成本 10 000 元，采用五五摊销法。

（1）领用时的账务处理如下：

借：低值易耗品——在用生产工具   10 000

　　　　　贷：低值易耗品——在库生产工具　　　　　　　　　10 000
　　（2）领用月份应摊销其50％的价值：
　　　　借：开发成本　　　　　　　　　　　　　　　　　5 000
　　　　　贷：低值易耗品——生产工具摊销　　　　　　　5 000

【例5-27】　本月施工现场报废采用五五摊销法的生产工具一批，计划成本6 000元，回收残料价值500元，月初材料成本差异率2％。

　　（1）摊销报废生产工具的价值2 500元（6 000×50％－500）：
　　　　借：开发成本　　　　　　　　　　　　　　　　　2 500
　　　　　贷：低值易耗品——生产工具摊销　　　　　　　2 500
　　（2）冲销报废生产工具的账面价值：
　　　　借：原材料（回收残料）　　　　　　　　　　　　　500
　　　　　低值易耗品——生产工具摊销　　　　　　　5 500
　　　　　贷：低值易耗品——在用生产工具　　　　　　　6 000
　　（3）分配负担的成本差异120元（6 000×2％）：
　　　　借：开发成本　　　　　　　　　　　　　　　　　　120
　　　　　贷：材料成本差异　　　　　　　　　　　　　　　120

　　3. 领用比例摊销低值易耗品的核算

【例5-28】　某房地产开发公司领用生产工具一批，计划成本10 000元，按10个月平均摊销，到期报废时，回收残料价值800元，材料成本差异率2％。

　　（1）领用时的账务处理：
　　　　借：低值易耗品——在用生产工具　　　　　　　10 000
　　　　　贷：低值易耗品——在库生产工具　　　　　　10 000
　　（2）按月摊销其价值1 000元（10 000÷10）的账务处理：
　　　　借：开发成本　　　　　　　　　　　　　　　　　1 000
　　　　　贷：低值易耗品——生产工具摊销　　　　　　　1 000
　　（3）报废时的账务处理
　　1）冲销账面价值
　　　　借：原材料（回收残料）　　　　　　　　　　　　　800
　　　　　低值易耗品——生产工具摊销　　　　　　　9 200
　　　　　贷：低值易耗品——在用生产工具　　　　　　10 000
　　2）分配材料成本差异200元（10 000×2％）
　　　　借：开发成本　　　　　　　　　　　　　　　　　　200
　　　　　贷：材料成本差异　　　　　　　　　　　　　　　200

二、委托加工物资的核算

　　企业库存的材料物资，有些不能直接供开发项目使用，需要委托外单位加工成另一种材料物资，再投入使用。委托外单位加工的物资，所有权仍属于本企业，但其存放地点已有所改变，不能再在"原材料"账户中核算。经过加工后，物资的原有实物形态和用途都会发生变化，价值也相应增加。因而，会计上需要对委托加工物资进行单独核算。

委托加工物资一般能在当月加工完成入库，在材料日常收发按计划成本计价时，必须及时确定发出加工材料的实际成本，但这是难以做到的。因而对发出加工材料，一般都按计划成本计算，并不分摊材料成本差异。如需要分摊成本差异，可按上月材料成本差异率分摊。

为了总括核算企业委托外单位加工的各种材料物资的实际成本，企业应设置"委托加工物资"账户。借方记录发出加工物资的成本和结算的加工费、往返运杂费等；贷方记录结转加工完成验收入库材料物资的实际成本和退回材料物资的实际成本；借方余额表示委托外单位加工但尚未完成的材料实际成本以及支付的加工费和运杂费。本账户应按加工合同和受委托加工单位设置明细账，在明细账中应反映出加工物资的名称、数量、实际成本（或计划成本和成本差异）、发生的加工费和运杂费、退回材料物资的实际成本（或计划成本和成本差异）、以及收回加工完成物资的名称、数量、实际成本（或计划成本和成本差异）等详细资料。

【例 5-29】 发出扁钢 10t，计划单价 3 500 元，共计 35 000 元，委托某钢窗厂加工成钢窗，上月成本差异率为 -2%。

账务处理如下：

借：委托加工物资　　　　　　　　　　　　　　　34 300
　　贷：原材料　　　　　　　　　　　　　　　　　　35 000
　　　　材料成本差异　　　　　　　　　　　　　　　－700

【例 5-30】 开出转账支票，支付上项加工钢窗加工费 3 000 元。

账务处理如下：

借：委托加工物资　　　　　　　　　　　　　　　3 000
　　贷：银行存款　　　　　　　　　　　　　　　　　3 000

【例 5-31】 开出转账支票，支付上项加工钢窗往返运杂费 2 000 元。

账务处理如下：

借：委托加工物资　　　　　　　　　　　　　　　2 000
　　贷：银行存款　　　　　　　　　　　　　　　　　2 000

【例 5-32】 上项加工业务完成，钢窗已运回验收入库，并运回剩余扁钢 0.5t，入库钢窗计划成本 38 000 元。

退回扁钢验收如库：

借：原材料　　　　　　　　　　　　　　　　　　1 750
　　贷：委托加工物资　　　　　　　　　　　　　　　1 715
　　　　材料成本差异　　　　　　　　　　　　　　　35

钢窗验收入库：

$$实际成本＝34\ 300＋3\ 000＋2\ 000－1\ 715＝37\ 585（元）$$

$$成本差异＝37\ 585－38\ 000＝－415（元）$$

借：原材料　　　　　　　　　　　　　　　　　　38 000
　　贷：委托加工物资　　　　　　　　　　　　　　　37 585
　　　　材料成本差异　　　　　　　　　　　　　　　415

第六节 开发产品的核算

一、开发产品核算的内容

开发产品是指房地产开发企业已经完成全部开发过程，并已验收合格，合乎设计标准，可以按照合同规定的条件移交购买单位，或者可以作为商品对外销售的产品。包括已开发完成的土地、房屋、配套设施和代建工程等。

1. 土地。是指房地产开发企业为了出租或有效转让而开发的商品性建设场地。企业为建设商品房、出租房、周转房而开发的自用建设场地属于企业的中间产品，不能列入开发产品。但如果企业开发完工的自用建设场地近期不使用，可以暂时视为最终产品。

2. 房屋。按其用途可以划分为以下四种：

（1）为销售而开发建设的商品房；

（2）为出租而开发建设的出租房；

（3）为安置被拆迁居民周转使用而开发建设的周转房；

（4）受其他单位委托代为开发的房屋。

3. 配套设施。是指属于城市建设规划中的大型配套设施。具体包括：

（1）开发项目外为居民服务的给排水、供电、供暖、供气的增容及交通道路；

（2）开发项目内的营业性公共配套设施，如银行、商店、邮局等；

（3）开发项目内非营业性公共配套设施，如小学、医院、文化站等。

4. 代建工程。是指企业接受其他单位委托，代为开发建设的各种工程。包括建设场地、房屋及其他工程等。

房地产开发企业的开发产品，除了上述内容外，还有一些特殊开发产品，如分期收款开发产品、出租开发产品、周转房等，应单独设置账户进行核算。

二、开发产品的核算

为了核算企业已完开发产品的实际成本，企业应设置"开发产品"账户。该账户借方登记竣工验收开发产品的实际成本，贷方登记对外转让、销售和结算的开发产品的实际成本，借方余额表示尚未转让、销售和结算的开发产品的实际成本，本账户应按土地、房屋、配套设施和代建工程等设置明细账户，并在明细账户下按成本核算对象设置账页进行核算。

【例5-33】 某房地产开发企业开发的 A 小区住宅已竣工，验收合格，实际总成本60 000 000元。

账务处理如下：

借：开发产品——房屋　　　　　　　　　　60 000 000

　　贷：开发成本——房屋开发　　　　　　　60 000 000

【例5-34】 A 小区住宅已部分销售，结转销售成本20 000 000元。

账务处理如下：

借：主营业务成本——商品销售成本　　　　20 000 000

贷：开发产品——房屋	20 000 000

【例5-35】 企业开发的A小区配套工程已竣工，验收合格，实际成本为50 00 000元。

账务处理如下：

借：开发产品——配套设施	5 000 000
贷：开发成本—配套设施开发	5 000 000

【例5-36】 企业将开发的营业性配套设施——商铺，作为经营用房投入使用，实际成本2 000 000元。

账务处理如下：

借：固定资产	2 000 000
贷：开发产品——配套设施	200 000

三、分期收款开发产品的核算

分期收款开发产品，是指企业以分期收款方式销售的在全部款项收回之前其全部或部分产权仍归属企业的开发产品。

分期收款销售是一种赊销方式，采用这种方式销售开发产品，在将开发产品移交购买单位或办妥分期收款销售合同时，将开发产品按实际成本转入分期收款开发产品；按合同的约定确认当期销售收入，同时结转当期的销售成本。当期销售成本按开发产品全部销售成本占全部销售收入的比率和当期销售收入计算确定。其计算公式如下：

$$当期应结转成本数＝开发产品当期应收价款×\frac{开发产品全部销售成本}{全部销售收入}×100\%$$

为了核算分期收款开发产品的实际成本，企业应设置"分期收款开发产品"账户。该账户借方登记企业采用分期收款方式销售开发产品的实际成本；贷方登记确认销售收入实现时按比率计算的本期应结转的销售成本，期末借方余额反映尚未结转的分期收款开发产品的实际成本。本账户应按销售的对象设置明细账或设置"分期收款开发产品备查登记簿"，详细记录分期收款开发产品的面积、价格、成本、已收取价款和尚未收取价款等有关资料。

【例5-37】 某房地产开发公司将已开发完成的A小区3号楼以分期收款方式出售给华兴公司，总售价为1 000万元，实际成本800万元。合同规定全部价款分4次付清，每次支付250万元，每半年支付一次。

账务处理如下：

签好销售合同，将房屋交付给华兴公司时：

借：分期收款开发产品	10 000 000
贷：开发产品——房屋	10 000 000

每次收款时：

借：银行存款	2 500 000
贷：主营业务收入	2 500 000

同时结转成本：

借：主营业务成本	2 000 000

借：分期收款开发产品   2 000 000

四、出租开发产品的核算

出租开发产品是指房地产开发企业利用开发完成土地和房屋，进行商业性出租的开发产品。其特点是以盈利为目的，以收取租金为经营获利的手段。

出租开发产品在使用过程中，由于磨损，其价值逐渐减少。企业应根据出租开发产品的账面原值和使用年限计算价值损耗，并按月平均摊入开发产品的经营成本。摊销价值的计算公式如下：

$$出租开发产品年摊销率=\frac{1-预计净残值}{预计摊销年限}$$

$$月摊销率=年摊销率\div12$$

$$月摊销额=出租开发产品原值\times月摊销率$$

出租开发产品摊销足额后，在其连续使用期间不再计提摊销。未提足摊销额而提前报废的，不再补提摊销。

出租开发产品在使用过程中发生的维修费，如果数额较小可以直接计入出租产品当期的经营成本；如果数额较大，可以先列作待摊费用或长期待摊费用，然后分期计入经营成本。

出租开发产品如果改变用途，需要对外销售时，应于销售实现时，确认营业收入，同时将摊余价值转入经营成本，发生的相关费用，计入销售费用。

为了核算出租开发产品的成本变化，企业应设置"出租开发产品"账户。在本账户下设置"出租产品"和"出租产品摊销"两个明细账户，分别核算出租开发产品的实际成本和摊销价值。"出租开发产品——出租产品"借方反映出租开发产品的原值，贷方反映将出租开发产品转为销售时转销的原值。"出租开发产品——出租产品摊销"贷方反映出租产品摊销额，借方反映将出租开发产品转为销售时转销的摊销额。期末两者的差额即为"出租开发产品"账户的余额，反映出租开发产品摊销后的余额。

【例5-38】 企业将已开发完工的综合写字楼出租给乙公司，其实际成本为800万元。

会计分录如下：

借：出租开发产品——出租产品   8 000 000
　　贷：开发产品   8 000 000

【例5-39】 上项综合写字楼预计使用50年，预计净残值率为5％，按月计提其摊销额。

月摊销额=8 000 000×（1-5％）÷50÷12=12 667（元）

会计分录如下：

借：主营业务成本   12 667
　　贷：出租开发产品——出租产品摊销   12 667

【例5-40】 企业将原出租给丙公司的楼房一栋出租给丁公司，楼房原值100万元。摊销额40万元，合同售价65万元，款已收到并存入银行。

1. 累计收款的会计分录：

借：银行存款   650 000

　　　　　贷：主营业务收入　　　　　　　　　　　　　650 000
　　2. 结转出售房屋的成本
　　借：主营业务成本　　　　　　　　　　　　　　600 000
　　　　出租开发产品——出租产品推销　　　　　　400 000
　　　　贷：出租开发产品——出租产品　　　　　　　1 000 000

　　【例 5-41】　企业对使用中的出租房屋进行维修，共发生维修费用 1 万元，通过银行转账支付。

　　会计分录如下：
　　借：主营业务成本　　　　　　　　　　　　　　10 000
　　　　贷：银行存款　　　　　　　　　　　　　　　10 000

五、周转房的核算

　　周转房是指为安置被拆迁居民周转使用而开发建设的房屋。包括：

　　1. 在开发建设过程中即已明确为安置拆迁居民周转使用的房屋；

　　2. 企业开发完工的商品房，在尚未销售以前用于安置拆迁居民周转使用的房屋；

　　3. 企业搭建的用于安置拆迁居民周转使用的临时性简易房屋。

　　为了核算企业安置拆迁居民周转使用房屋的实际成本，企业应设置"周转房"账户。在本账户下设置"在用周转房"和"周转房摊销"两个明细账户，分别核算周转房的实际成本和损耗价值的摊销情况。借方登记用于安置拆迁居民周转房屋的实际成本以及改变用途对外销售周转房时应冲销的累计摊销额；贷方登记按月计提的周转房摊销额以及改变用途对外销售周转房的账面余额。期末借方余额反映在用周转房的摊余价值。企业应根据周转房的具体情况，按周转房栋号（或楼层，房间号）进行明细核算，并建立"周转房卡片"，详细记录周转房的坐落地点、结构、层次、面积、租金单价等情况。

　　【例 5-42】　企业建成用于安置拆迁居民周转使用的住宅楼，现已交付使用，其实际成本为 500 万元。

　　会计分录如下：
　　借：周转房——在用周转房　　　　　　　　　　5 000 000
　　　　贷：开发产品　　　　　　　　　　　　　　　5 000 000

　　【例 5-43】　企业将开发完工的商品房一批暂作周转房使用，其实际成本 300 万元。

　　会计分录如下：
　　借：周转房——在用周转房　　　　　　　　　　3 000 000
　　　　贷：开发产品　　　　　　　　　　　　　　　3 000 000

　　【例 5-44】　本月周转房应计提摊销额 2 万元。

　　会计分录如下：
　　借：生产成本　　　　　　　　　　　　　　　　20 000
　　　　贷：周转房——周转房摊销　　　　　　　　　20 000

　　【例 5-45】　七月委托某施工单位对周转房进行维修，通过银行转账支付维修费 6 万元，按 12 个月摊销。

　　付款的会计分录：

借：待摊费用   60 000
　　贷：银行存款   60 000
摊销的会计分录：
借：生产成本   5 000
　　贷：待摊费用   5 000

【例 5-46】 经研究将周转房一栋改作商品房销售，其原值 400 万元，累计摊销额 100 万元，销售价款 380 万元。

（1）收到销售款的会计分录：

借：银行存款   3 800 000
　　贷：主营业务收入   3 800 000

（2）结转周转房成本的会计分录：

借：主营业务成本   3 000 000
　　周转房——周转房摊销   1 000 000
　　贷：周转房——在用周转房   4 000 000

第七节　存货清查及减值准备的核算

一、存货清查的核算

存货清查是对各种存货通过实地盘点，与账簿记录进行核对，查证账实是否相符的一种专门方法，是财产清查的一个重要方面。

房地产开发企业的存货品种规格多、收发频繁，在日常的收发、保管过程中，由于计量错误、计算差错、检验疏忽、管理不善、自然损耗、贪污盗窃等原因，有时会出现存货数量上的溢缺或质量上的变化，从而造成存货的账实不符。此外，企业因计划不周、盲目采购、盲目开发等原因，还可能引发材料、设备超储积压，开发产品呆滞等现象。为了保证企业存货的安全和完整，做到账实相符，企业必须对存货进行定期或不定期的清查盘点。对于价值较高的存货，如开发产品、设备、贵重材料等，应按月盘点；其他存货在年终前必须进行一次全面的盘点清查。企业对存货进行清查盘点后，确定各种存货的实际库存数量，并与账面结存数量核对，从而查明存货盘盈、盘亏和毁损的数量及原因，以便调整账面数字，保证账实相符，并明确经济责任。对于清查过程中发现的多余、积压、呆滞物资，应迅速加以处理，以加速存货资金的周转。

企业盘盈、盘亏或毁损的存货，必须按规定报经有关部门批准后才能处理。在未批准之前，只能根据存货盘点报告表所列的盘点盈亏数调整存货的账面结存数，使其账实相符；待批准后，再根据批复意见，对盘点盈亏情况作进一步的账务处理。

为了核算企业在财产清查过程中查明的各种财产物资的盘盈、盘亏和毁损情况，企业应在"待处理财产损溢"账户下设置"待处理流动资产损溢"明细账户。其借方登记盘亏和毁损的存货和经批准后转销的存货盘盈数；贷方登记盘盈的存货和经批准后转销的存货盘亏及毁损数。本账户的借方余额，反映企业尚未处理的各种财产的净损失；贷方余额，反映尚未处理的各种财产的净溢余。处理后，本账户应无余额。

1. 存货盘盈的账务处理

企业盘盈的存货，经有关部门批准后，冲减管理费用。

【例5-47】 企业在财产清查中，盘盈钢材一批，价值6 000元，主要是由于收发计量差错造成的。

（1）上报待处理：

借：原材料　　　　　　　　　　　　　　　　　　　　6 000
　　贷：待处理财产损溢——待处理流动资产损溢　　　6 000

（2）经批准后冲销管理费：

借：待处理财产损溢——待处理流动资产损溢　　　　　6 000
　　贷：管理费用　　　　　　　　　　　　　　　　　　6 000

2. 存货盘亏和毁损的账务处理

企业盘亏或毁损存货所造成的损失，经批准后，应分别按以下情况进行账务处理：

（1）属于自然损耗产生的定额内合理损耗，经批准后，计入管理费用。

（2）属于由供应单位、运输机构、保险公司或其他过失人负责赔偿的损失，应向有关过失人索赔。

（3）属于自然灾害或非正常原因造成的损失，应将扣除残料价值、过失人和保险公司赔款后的净损失，计入营业外支出。

（4）属于无法收回的超定额损耗，报经批准，计入管理费用。

（5）属于计量收发差错和管理不善等原因造成的存货短缺，应将扣除残料价值，过失人和保险公司赔偿后的净损失，计入管理费用。

【例5-48】 某企业在财产清查中，发现盘亏材料一批，计划成本5 000元，材料成本差异率为借差2%。经查明，定额内损耗1 000元，超定额损耗1 400元，其中应由过失人赔偿1 000元，自然灾害造成的损失2 700元，其中应由保险公司赔偿2 000元。

（1）上报处理：

借：待处理财产损溢　　　　　　　　　　　　　　　　5 100
　　贷：原材料　　　　　　　　　　　　　　　　　　　5 000
　　　　材料成本差异　　　　　　　　　　　　　　　　　100

（2）经批准后：

借：管理费用　　　　　　　　　　　　　　　　　　　1 400
　　其他应收款——×过失人　　　　　　　　　　　　1 000
　　　　　　　　　×保险公司　　　　　　　　　　　2 000
　　营业外支出　　　　　　　　　　　　　　　　　　　700
　　贷：待处理财产损溢——待处理流动资产损溢　　　5 100

二、存货跌价准备的核算

企业在期末对存货进行的全面清查中，对由于存货变质，全部或部分陈旧过时或销售价格低于成本等原因，造成存货成本高于可变现净值的，应遵循"成本与可变现净值执低"的原则，可变现净值低于存货成本的差额，计提存货跌价准备。

（一）存货可变现净值的确定

存货的可变现净值，是指企业在正常生产经营过程中，以存货的估计售价减去至完工估计将要发生的成本、估计的销售费用以及相关税金后的金额。在确定可变现净值时，应合理估计售价、至完工将要发生的成本、销售费用和相关税金。同时，还要考虑以下几个问题：

1. 企业应当以处于正常生产经营过程作为确定存货可变现净值的前提。

2. 开发产品和用于出售的原材料等直接用于出售的存货，其可变现净值，是指在正常生产过程中，以存货的估计售价减去估计的销售费用和相关税金后的金额。

3. 用于在建开发、产品生产等需要经过加工的存货，其可变现净值是指在正常生产经营过程中，以存货的估计售价减去至完工估计将要发生的成本、估计的销售费用及相关税金后的余额。

4. 如果属于按定单生产，则应按协议价而不是估计售价确定可变现净值。

（二）存货跌价准备的计提条件

企业存在下列情况之一时，应当计提存货跌价准备：

（1）市价持续下跌，并且在可以预见的未来无回升的希望；

（2）企业使用该项原材料生产的产品，其成本大于产品的售价；

（3）企业因产品更新换代，原有库存材料已不适应新产品的需要，而该原材料的市场价格又低于其账面成本；

（4）因企业所提供的商品或劳务过时或销售者偏好改变而使市场的需求发生变化，导致市场价格逐渐下跌；

（5）其他足以证明该项存货实质上已经发生减值的情形。

企业存在以下一项或若干项情况时，应将存货账面价值全部转入当期损益：

（1）已霉烂变质的存货；

（2）已过期且无转让价值的存货；

（3）生产中已不再需要，并且已无使用价值和转让价值的存货；

（4）其他足以证明已无使用价值和转让价值的存货。

（三）存货跌价准备的计提方法

1. 单个比较法。即将每个存货项目的成本与可变现净值逐一进行比较，取其低者进行计量，按成本高于可变现净值的差额，计提存货跌价准备。

2. 分类比较法。对于数量繁多、单价较低的存货，按存货类别计量成本与可变现净值，计提存货跌价准备。

3. 总额比较法。如果某些存货具有类似的用途并与在同一地区生产和销售的产品系列相关，且实际上难以将其与该产品系列的其他项目区别开来进行估价，可以按全部存货的总成本与可变现净值总额合并计量。

（四）存货跌价准备的转回

企业每一会计期末，都应当重新确定存货的可变现净值。在对外提供财务会计报告时，也应当重新确定存货的可变现净值。

如果以前引起存货跌价的影响因素已经消失，应对已计提的跌价准备予以恢复。即在原已计提的存货跌价准备的金额内转回，减少计提的存货跌价准备。但转回的金额应以"存货跌价准备"账户的余额冲减至零为限。

为了核算企业提取的存货跌价准备，企业应设置"存货跌价准备"账户。其贷方登记期末存货可变现净值低于账面成本的差额；借方登记已计提跌价准备的存货价值以后又得以恢复的增加数以及减少存货时的冲销数。本账户的期末贷方余额，反映企业已提取的存货跌价准备。

【例5-49】 某企业按照"成本与可变现净值熟低"的原则对期末存货进行计价。某年末存货的账面成本为300万元，可变现净值为285万元，应计提的存货跌价准备为15万元。

账务处理如下：

借：管理费用   150 000

  货：存货跌价准备   150 000

假设第二年年末该企业存货的账面成本不变，可变现净值为282万元，"存货跌价准备"账户尚有余额10万元。

账面存货跌价＝300－282＝18（万元）

应计提跌价准备＝18－10＝8（万元）

借：管理费用   80 000

  货：存货跌价准备   80 000

假设第三年年末企业存货的账面价值仍不变，可变现净值为290万元，"存货跌价准备"账户尚有贷方余额12万元。则应冲减计提的存货跌价准备2万元。冲减后"存货跌价准备"账户贷方余额为10万元。即：

借：存货跌价准备   20 000

  货：管理费用   20 000

若第三年年末存货的可变现净值为310万元，则应冲减计提的存货跌价准备12万元，冲减后"存货跌价准备"账户的余额为零。即：

借：存货跌价准备   120 000

  货：管理费用   120 000

三、存货在财务会计报告中的披露

为了真实、完整地反映存货对企业财务状况、经营成果的影响，体现会计核算的相关性、重要性以及成本效益原则，房地产开发企业一般应在财务报告中披露下列与存货有关的信息：

1. 原材料、低值易耗品、开发产品等类存货的当期期初和期末账面价值及总额；

2. 当期计提的存货跌价准备和当期转回的存货跌价准备；

3. 存货取得的方式以及低值易耗品和周转材料的摊销方法；

4. 存货跌价准备的计提方法；

5. 确定存货可变现净值的依据；

6. 确定发出存货的成本所采用的方法；

7. 用于债务担保的存货的账面价值；

8. 当期确认为费用的存货成本，如主营业务成本等。

思 考 题 与 习 题

思考题

1. 什么叫存货？房地产开发企业的存货包括哪些内容？

2. 国内购入材料、设备的实际成本由哪些费用组成？

3. 按计划价格组织材料日常收发的核算工作有哪些优点？

4. 企业在收发材料时，要采用哪些材料收发凭证？

5. 什么叫采购保管费？通常采用什么方法将它计入材料、设备的成本？

6. 什么叫材料成本差异？对发出材料的成本差异是怎样进行调整的？

7. 什么叫委托加工物资？其实际成本是怎样确定的？

8. 什么叫低值易耗品？其摊销方法有哪些？

9. 什么叫周转材料？其摊销方法有哪些？

10. 房地产企业的开发产品包括哪些内容？

11. 如何计提存货跌价准备？

习题一

一、目的

练习材料采购的核算。

二、资料

（一）某房地产开发企业××年3月1日库存材料资料见表5-19。

某房地产开发企业××年3月1日库存材料资料　　　　　**表 5-19**

材料名称	计量单位	计划单价（元）	数量	金额（元）
钢　材	t	3 000	40	120 000
木　材	m³	1 000	40	40 000
水　泥	t	200	120	24 000
砂	t	80	150	12 000
石	t	80	150	12 000
砖	千块	200	60	12 000
合　计				220 000

（二）上述材料的实际成本为 218 900 元。

（三）3月份发生的材料采购业务如下：

1. 购入钢材 10t，每吨发票价格 2 980 元，运杂费共 2 200 元，款项已通过银行转账支付。

2. 购入水泥 20t，每吨发票价格 110 元，运杂费共 800 元，款项已通过银行转账支付。

3. 购入木材 10m³，每立方米发票价格 950 元，货款暂欠，运杂费 500 元，用现金支付。

4. 购入河砂 100t，每吨发票价格 60 元，运杂费 1 500 元，款项已通过银行转账支付。

5. 购入碎石 100t，每吨发票价格 60 元，运杂费 2 000 元，款项均暂欠。

6. 收到水泥 30t，发票账单未到，先按计划价格暂估入账。

7. 收到钢材 10t，每吨发票价格 2 850 元，运杂费 2 500 元，已通过银行转账支付。

8. 购入木料 10m³，采用验单结算，买价及运杂费 8 000 元，已通过银行转账支付，但木料尚未收到。

9. 本月各项暂欠料款，均用银行存款支付。

10. 材料采购保管费按采购材料计划成本的 2‰摊入材料采购成本。

三、要求

1. 根据本月发生的采购业务，编制会计分录。

2. 登记"物资采购——原材料"明细分类账。

习题二

一、目的

练习材料按计划成本计价的日常收发核算。

二、资料

某房地产开发企业××年3月，材料领用和退库业务如下：

1. 开发 A 工程领用钢材 5t，B 工程领用钢材 3t，C 工程领用钢材 2t。

2. 开发 A 工程领用木料 4m³，C 工程领用木料 2m³。

3. 开发 A 工程领用水泥 9t，B 工程领用水泥 9t，C 工程领用水泥 4t。

4. 发出木材 10m³，委托某木材加工厂加工门窗。

5. 开发 A 工程领用砖 10 千块，B 工程领用砖 5 千块，C 工程领用砖 5 千块。

6. 开发 A 工程领用钢材 3t，B 工程领用钢材 4t，C 工程领用钢材 3t。

7. 开发 B 工程领用木材 4m³，C 工程领用木材 2m³。

8. 开发 A 工程领用水泥 6t，B 工程领用水泥 9t，C 工程领用水泥 8t。

9. A 工程退回领用钢材 1t。

10. 盘点施工现场河砂、碎石，计算出各开发项目耗用河砂、碎石数量如下：

A 工程　河砂 70t，碎石 65t

B 工程　河砂 60t，碎石 60t

C 工程　河砂 65t，碎石 60t

三、要求

1. 根据习题一和习题二的有关资料，编制"发出材料汇总表"。

2. 根据"发出材料汇总表"，编制会计分录。

习题三

一、目的

练习委托加工物资的核算。

二、资料

某房地产开发企业××年3月委托某金属加工厂加工钢门窗，资料如下：

1. 发出钢材一批，计划成本 100 000 元，材料成本差异率 1%。

2. 通过银行转账支付上项发出钢材运杂费 1 000 元。

3. 收到金属加工厂钢门窗账单，共计加工费 6 500 元，已通过银行转账支付。

4. 将加工完成的钢门窗运回，通过银行转账支付运杂费 1 500 元。

5. 将加工完成的钢门窗验收入库，计划成本 112 000 元。

三、要求

1. 计算委托加工钢门窗的实际成本和材料成本差异。

2. 编制委托加工钢门窗的会计分录。

习题四

一、目的

练习设备采购和收发的核算。

二、某房地产开发企业预计××年全年采购设备的买价和运杂费为 6 000 万元，全年设备采购保管费为 10 万元，采购保管费按预定分配率进行分配。该年 3 月份，发生了下列设备采购和收发业务：

1. 3 月 5 日，采购设备一批，买价及运杂费 25 万元，通过银行转账支付。

2. 3 月 8 日，采购设备一批验收入库，发票账单尚未收到，按合同价格 10 万元暂估入账。

3. 3 月 10 日，采购设备采用验单付款方式，收到采购设备的有关账单，与合同核对相符，发票金额

15 万元通过银行转账支付，设备尚未收到。

4. 3 月 15 日，收到 3 月 8 日验收入库设备的发票账单，买价及运杂费共 105 000 元，通过银行转账支付。

5. 3 月 20 日，采购设备一批验收入库，买价及运杂费 5 万元，开出商业汇票进行结算。

6. 3 月 25 日，3 月 10 日付款的采购设备运到，验收入库。

7. 3 月 28 日，采购人员报销差旅交通费 1 000 元，用现金支付。

8. 3 月 31 日，将本月采购的设备全部交付安装公司安装。

三、要求

根据 3 月份发生的设备采购和收发业务，编制会计分录。

第六章 对外投资核算

第一节 对外投资概述

一、投资的概念

财务会计中的投资有广义和狭义之分，广义的投资包括权益性投资、债权性投资、期货投资、房地产投资、固定资产投资、存货投资等。广义的投资基本上可以分为两类：一类是对内投资，如固定资产投资、存货投资等；另一类是对外投资，如权益性投资等。狭义的投资一般仅包括对外投资，如权益性投资、债权性投资等。

投资是指企业为通过分配来增加财富，或为谋求其他利益，而将资产让渡给其他单位所获得的另一项资产。从此定义可以看出，投资主要包括两个方面：（1）将企业的部分资产转让给其他单位使用，通过其他单位使用投资者投入的资产创造效益后进行分配，或者通过投资改善贸易关系等达到获取利益的目的；（2）将企业的现金投资于一定的金融资产，通过金融资产的买卖使得资本增值。这两个方面的投资目的和增加财富的方式是不一样的。

二、投资的分类

对投资进行适当的分类，是确定投资会计核算方法和如何在会计报表中列示的前提。按照不同的标准，投资有各种不同的分类，主要有按投资性质、投资对象的变现能力和投资的目的分类等几种。

（一）按照投资性质分类

可以分为权益性投资、债权性投资、混合型投资等。

1. 权益性投资

权益性投资是指企业为了获取另一企业的权益或净资产所进行的投资。投资企业通过投资取得对被投资企业相应份额的所有权，从而形成投资企业与被投资企业之间的所有权关系。权益性投资主要是通过购买股票或采取合同、协议的方式进行，包括投资于普通股股票；签定合同或协议投资于合资、联营企业、单位等。企业作为投资者认购股票即成为股份有限公司的股东，并按所持股份比例享有权益或承担相应责任。

企业进行股票投资，有权参与企业的经营决策，并按所持股份的比例分享利润、承担风险和亏损。如果股份有限公司破产，股东不但分不到股利，而且还有可能失去入股的本金。因此，股票投资具有风险大、责任大，但可获取较多经济利益的特点。

2. 债权性投资

债权性投资是指企业通过投资获得被投资企业的债权，被投资企业承担债务，使得投资企业与被投资企业之间形成一种债权债务关系的投资。债权性投资的主要投资对象是债权性证券，包括国家债券、企业（公司）债券和国家重点建设债券等。债权性投资不仅可以按期收回投资的本金，而且还可以按期获得规定的利息，即债券持有人的收益权是无条件的，但不论被投资企业的经营状况好坏、是否盈利（破产除外），投资企业都无权参与被投资企业的经营管理。因此，债券投资具有投资风险小，一般不承担责任，获取经济利益有限等特点。

3. 混合型投资

混合性投资是指企业具有债权性和权益性双重性质的投资，投资形式主要是购买可转换公司债券、购买优先股股票等。

（二）按照投资对象的变现能力分类

可以分为易于变现和不易变现两类。

1. 易于变现的投资

易于变现的投资是指在证券市场上能随时变现的投资。这类投资必须是能够上市交易的股票、债券等。

2. 不易变现的投资

不易变现的投资是指不能在证券市场上变现的投资。这类投资通常不能上市交易，企业要将所持投资转换为现金并非易事。

（三）按照投资的目的分类

可以分为短期投资和长期投资两类。

1. 短期投资

短期投资是指能够随时变现并且持有时间不准备超过 1 年（含 1 年）的投资。短期投资按照投资性质可以分为短期股票投资、短期债券投资和短期其他投资。作为货币资金的一种转化形式，短期投资是企业在冒最低风险的前提下，利用暂时闲置的多余资金，为了获取比银行存款利息高的收益，以购买随时可抛售变现的有价证券为主的一种投资活动。

2. 长期投资

长期投资是指短期投资以外的投资。长期投资按照投资性质可以分为长期股权投资和长期债权投资。长期债权投资又可按照投资对象分为债券投资和其他债权投资。债券投资，是指企业购入并准备持有至到期的各种债券，如国债等；其他债权投资，是指除了长期债券投资以外属于债权性质的投资，如委托贷款等。长期投资的目的不仅仅是为了获取投资收益，更重要的是为了积累整笔资金以供企业特定用途的需要或为了获得另一家企业的控制权、对另一家企业实施重大影响，以配合企业本身的经营活动，从而实现企业的长期发展目标。

第二节　短期投资的核算

一、短期投资的概念

（一）短期投资的特点

短期投资通常是指能上市流通的各种股票、债券以及其他能随时变现的投资，其预计持有时间在 1 年（含 1 年）以内，容易变现，其流动性仅次于现金，随时能够通过资本市场变卖收回现金；在短期投资中，有价证券为主要对象；企业持有短期投资，一般是为了获得股利或利息；短期投资属于流动资产范畴。

《企业会计准则第 22 号——金融工具确认和计量（2006）》将短期投资改称为交易性金融资产和可供出售金融资产。

对于交易性金融资产，取得时以成本计量，期末按照公允价值对金融资产进行后续计量，公允价值的变动计入当期损益。

（二）短期投资的确认

作为短期投资，应当符合以下两个条件：

（1）能够在公开市场交易并且有明确市价；

（2）持有投资作为剩余资金的存放形式，并保持其流动性和获利性。

短期投资的持有期间通常不超过一年，如果短期投资的实际持有期间已经超过一年，但企业管理当局并没有改变投资的目的，则仍作为短期投资。

二、短期投资入账时间和初始投资成本的确定

短期投资入账时间，应以付款或投出资产的时间作为投资的入账时间，付款时尚未收到票券的，可在备查簿中进行登记。

短期投资的初始投资成本是指企业为获得一项投资而付出的代价，包括买价和税金、手续费等其他相关费用。

短期投资的取得应按照初始投资成本入账。但由于短期投资取得的方式不同，其入账价值也有所不同。

1. 以现金购入的短期投资，其取得时的初始投资成本是企业为取得短期投资时实际支付的全部价款，包括税金、手续费等相关费用，但不包括在取得一项短期投资时，实际支付的价款中包含的已宣告发放但尚未领取的现金股利和已到期尚未领取的债券利息。购入短期股票实际支付的价款中包含的已宣告发放但尚未领取的现金股利，作为应收股利处理。购入短期债券支付的价款中包含的已到期尚未领取的债券利息，作为应收利息处理；购入短期债券支付的价款中包含的未到期的债券利息包含在投资成本中。

2. 投资者投入的短期投资，按照投资各方确认的价值，作为短期投资的成本。

3. 企业接受的债务人以非现金资产抵偿债务方式取得的短期投资，或以应收债权换入的短期投资，按应收债权的账面价值加上应支付的相关税费，作为短期投资成本。收到补价的，按应收债权的账面价值减去补价，加上应支付的相关税费，作为短期投资的成本；支付补价的，则按应收债权的账面价值加上实际对外支付的补价和应支付的相关税费，作为短期投资成本。

4. 企业以非货币性交易换入的短期投资，按照换出资产的账面价值加上应支付的相关税费，作为短期投资成本。收到补价的，按换出资产的账面价值加上应确认的收益和应支付的相关税费再减去所收到的补价之后的余额，作为短期投资的取得成本；支付补价的，按换出资产的账面价值加上应支付的相关税费和补价后的余额，作为短期投资的取得成本。

三、短期投资损益及处置的确认

1. 短期投资购入时，实际支付的价款中包含的已宣告但尚未发放的现金股利，或已到期但尚未领取的债券利息，在实际收到时冲减"应收股利"或"应收利息"账户，不作投资收益处理。

2. 短期投资持有期间所获得的现金股利和利息，除取得时已计入应收项目外，在实际收到时作为投资成本的收回，冲减短期投资的账面价值。

3. 处置短期投资时，应将短期投资的账面价值与实际取得价款的差额，作为当期投资损益，并可同时结转已计提的短期投资跌价准备；当部分处置某项短期投资时，可按出售比例相应结转已提的跌价准备，或在期末时一并调整。若企业的短期投资跌价准备按投资类别或投资总体计提，当处置某项短期投资时，不同时结转已提的跌价准备，短期投资跌价准备待期末时再予以调整。

短期投资账面价值是指短期投资的账面余额与计提的跌价准备之间的差额。

4. 企业持有股票期间所获得的股票股利，不作账务处理，但应在备查簿中登记所增加的股份。

四、短期投资的期末计价

短期投资的期末计价，是指期末短期投资在资产负债表上反映的价值，也是指期末短期投资的账面价值。短期投资主要是企业从证券市场上购入的股票、债券、基金等有价证券，由于证券的市场价格总是处于波动之中，因此，对于购入证券的企业来说，其持有证券的成本与市场价格之间就会存在差异。如果市场价格高于其成本，两者之间的差额表现为未实现的收益；如果市场价格低于其成本，两者之间的差额表现为未实现的损失。如果证券的市场价格持续下跌，企业在资产负债表日仍以持有的证券成本反映证券的价值，就会造成虚增资产的情况，不符合谨慎性原则的要求。因此，我国企业会计制度规定，企业应当在期末对短期投资按成本与市价孰低计量，对市价低于成本的差额，应当计提短期投资跌价准备，列作当期损益。这是会计上谨慎性原则对短期投资期末计价的要求。这种方法只考虑市价下跌形成的投资损失，而不考虑市价升高带来的投资收益。

期末，企业应将股票、债券、基金等短期投资的市价与其成本进行比较，如市价低于成本的，按其差额，借记"投资收益——计提的短期投资跌价准备"账户，贷记"短期投资跌价准备"账户；如果已计提跌价准备的短期投资的市价以后又得以恢复，应在已计提的跌价准备的范围内转回，借记"短期投资跌价准备"账户，贷记"投资收益——计提的短期投资跌价准备"账户。

企业计提的短期投资跌价准备应当单独核算，在资产负债表中，短期投资项目按照减去其跌价准备后的净额反映。

企业可以根据其具体情况，分别采用按投资总体、投资类别或单项投资计提跌价准备。

（1）按投资总体计算的成本与市价孰低，是指按短期投资的总成本与总市价孰低计算提取跌价损失准备的方法。

（2）按投资类别计算的成本与市价孰低，是指按短期投资的类别总成本与相同类别总市价孰低计算提取跌价损失准备的方法。

（3）按单项投资计算的成本与市价孰低，是指按每一短期投资的成本与市价孰低计算提取跌价损失准备的方法。如果某项短期投资比较重大（如占整个短期投资 10％及以上），应按单项投资为基础计算并确定计提的跌价损失准备。

【例 6-1】 宏达房地产开发企业短期投资按成本与市价孰低计量，所有短期投资在 20××年 12 月 31 日前均未计提跌价准备，其 20××年 12 月 31 日短期投资成本与市价金额见表 6-1：

20××年 12 月 31 日短期投资成本与市价金额　　　　　表 6-1

项　　目	20××年 12 月 31 日		
	成本	市价	预计跌价（损）益
短期投资——股票			
股票甲	200 000	180 000	(20 000)
股票乙	300 000	305 000	5 000
小　计	500 000	485 000	(15 000)
短期投资——债券			
债券丙	150 000	149 000	(1 000)
债券丁	180 000	181 500	1 500
小　计	330 000	330 500	500
合　计	830 000	815 500	(14 500)

1）若宏达房地产开发企业按单项投资计提：

应提跌价准备＝20 000＋1 000＝21 000（元）

借：投资收益　　　　　　　　　　　　　　　21 000
　　贷：短期投资跌价准备——股票甲　　　　　　20 000
　　　　　　　　　　　　——债券丙　　　　　　 1 000

2）若宏达房地产开发企业按投资类别计提应提跌价准备 15 000 元：

借：投资收益　　　　　　　　　　　　　　　15 000
　　贷：短期投资跌价准备——股票　　　　　　　15 000

3）若宏达房地产开发企业按投资总体计提跌价准备：

借：投资收益　　　　　　　　　　　　　　　14 500
　　贷：短期投资跌价准备——股票　　　　　　　14 500

五、短期投资的核算

（一）短期投资核算应设置的账户

为了核算企业短期投资的增减变化及损益情况，房地产开发企业应设置下列有关会计账户：

1."短期投资"账户

"短期投资"账户核算企业购入能随时变现并且持有时间不准备超过 1 年（含 1 年）的投资。其借方登记企业取得的短期投资的实际成本；贷方登记企业已出售或处置的短期投资的实际成本，以及在短期投资持有期间内收到的现金股利和利息。期末借方余额反映企业持有的各种股票、债券、基金等短期投资的成本。本账户应按短期投资种类设置明细账户进行核算。

2. "应收股利"账户

"应收股利"账户核算企业因股权投资而应收取的现金股利以及企业应收其他单位的利润。其借方登记企业购入股票时实际支付价款中包含的已宣告发放但尚未领取的现金股利以及企业对外长期股权投资应分得的被投资单位宣告发放的现金股利或分派的利润；贷方登记企业收到的现金股利或利润。期末借方余额反映企业尚未收回的现金股利或利润。本账户应按被投资单位设置明细账户进行核算。

3. "应收利息"账户

"应收利息"账户核算企业因债权投资而应收取的利息，包括企业进行短期债权投资及长期债权投资中分期付息而应收取的利息。其借方登记企业购入债券实际支付的价款中包含已到期而尚未领取的债券利息；购入分期付息、到期还本的债券以及取得的分期付息的其他长期债权投资时，含有的已到付息期而应收未收的利息。贷方登记企业实际收到的利息。期末借方余额反映企业尚未收回的债权投资利息。本账户应按债券种类设置明细账户进行核算。

4. "投资收益"账户

"投资收益"账户核算企业对外投资所获得的收益或发生的损失。其贷方登记企业出售或收回短期和长期投资时，所获得的收益；长期股权投资采用成本法核算时，被投资单位宣告发放的现金股利或分派的利润；长期股权投资采用权益法核算时，被投资单位当年实现的净利润中企业应分享的份额；企业认购溢价发行债券时，每期应计利息与当期应分摊的溢价的差额。借方登记企业出售或收回短期和长期投资时，所发生的损失；长期股权投资采用权益法核算时，被投资单位当年发生的净亏损中企业应分担的份额；企业认购折价发行债券时，每期应计利息与当期应分担的折价的和；企业计提的投资减值准备。期末应将本账户的余额转入"本年利润"账户，结转后本账户应无余额。本账户应按投资收益种类设置明细账户进行核算。

5. "短期投资跌价准备"账户

"短期投资跌价准备"账户是短期投资的备抵账户，核算企业提取的短期投资跌价准备。其贷方登记企业提取的短期投资跌价准备；借方登记计提短期投资跌价准备后回升的短期投资市价以及企业出售、收回短期投资、涉及债务重组、非货币性交易等结转已计提的短期投资跌价准备。期末贷方余额反映企业已计提的短期投资跌价准备。

（二）短期投资核算的会计处理

1. 现金购入的短期投资

借：短期投资——股票、债券、基金（取得成本）
　　应收股利（已宣告但尚未领取的现金股利）
　　应收利息（已到付息期但尚未领取的债券利息）
　　贷：银行存款（实际支付的全部价款）

【例6-2】　企业于20××年2月以银行存款6 000元的买价购入短期债券，另付手续费、佣金等费用300元。

作如下会计分录：

借：短期投资——债券投资　　　　　　　　　　6 300
　　贷：银行存款　　　　　　　　　　　　　　6 300

【例 6-3】 企业因急需资金，于 20××年 6 月将上述短期债券出售，获得收入6 500 元。

作如下会计分录：

借：银行存款　　　　　　　　　　　　　　　　　　6 500
　　投资收益　　　　　　　　　　　　　　　　　　　200
　　贷：短期投资——债券投资　　　　　　　　　　　　6 300

【例 6-4】 如果持有上述短期债券到期，本利合计 7 000 元。

作如下会计分录：

借：银行存款　　　　　　　　　　　　　　　　　　7 000
　　贷：短期投资——债券投资　　　　　　　　　　　　6 300
　　　　投资收益　　　　　　　　　　　　　　　　　　700

【例 6-5】 20××年 4 月 1 日企业以每股 16 元购入甲股份有限公司所发行的普通股 5 000股，另支付手续费等 400 元，在支付的价款中含有已宣布分派每股 0.5 元的现金股利。

作如下会计分录：

借：短期投资——股票投资　　　　　　　　　　　　80 400
　　应收股利　　　　　　　　　　　　　　　　　　2 500
　　贷：银行存款　　　　　　　　　　　　　　　　　82 900

【例 6-6】 4 月 16 日收到上例现金股利 4 000 元。

作如下会计分录：

借：现金　　　　　　　　　　　　　　　　　　　　2 500
　　贷：应收股利　　　　　　　　　　　　　　　　　　2 500

【例 6-7】 2004 年 12 月 31 日，该股票的每股市价下跌至 12 元。

作如下会计分录：

借：投资收益　　　　　　　　　　　　　　　　　　20 400
　　贷：短期投资跌价准备　　　　　　　　　　　　　20 400

【例 6-8】 次年 3 月 2 日企业将持有的甲股票3 000股出售，实得价款53 730元。假定已售股票的跌价准备也同时结转。

作如下会计分录：

借：银行存款　　　　　　　　　　　　　　　　　　53 730
　　短期投资跌价准备　　　　　　　　　　　　　　12 240
　　贷：短期投资——股票投资　　　　　　　　　　　48 240
　　　　投资收益　　　　　　　　　　　　　　　　　17 730

【例 6-9】 次年 4 月 15 日，甲公司宣告分派现金股利，每股派发 0.2 元。

无分录。

【例 6-10】 次年 4 月 30 日，收到派发的现金股利。

作如下会计分录：

借：银行存款　　　　　　　　　　　　　　　　　　　400
　　贷：短期投资　　　　　　　　　　　　　　　　　　400

【例 6-11】 次年 12 月 31 日，甲公司的股票市价为每股 15 元。

作如下会计分录：

借：短期投资跌价准备   6 000

    贷：投资收益   6 000

注：调整前甲公司的股票的账面价值为 80 400－20 400＋12 240－48 240＝24 000 元，甲公司的股票市价为 2 000×15＝30 000 元。已计提跌价准备的短期投资的市价以后又得以恢复，应在已计提的跌价准备的范围内转回。

2. 投资者投入的短期投资

借：短期投资——股票、债券、基金

    贷：实收资本等

【例 6-12】 企业于 20××年接受长江公司投资转入的 A 公司股票 100 000 股，准备作为短期投资，双方确认的价值为 300 000 元。

作如下会计分录：

借：短期投资——股票投资（A 公司）   300 000

    贷：实收资本——长江公司   300 000

3. 接受抵债取得的短期投资

借：短期投资——股票、债券、基金（应收账款的账面价值加上支付的相关税费）

     应收股利

     应收利息

     坏账准备（已计提的坏账准备）

    贷：应收账款（应收账款的账面余额）

       银行存款（支付的相关税费）

涉及补价的：

（1）支付补价时：

借：短期投资——股票、债券、基金（应收账款的账面价值加上支付的补价和支付的

              相关税费）

     应收股利

     应收利息

     坏账准备（已计提的坏账准备）

    贷：应收账款（应收账款的账面余额）

       银行存款（支付的补价和相关税费）

（2）收到补价时：

借：短期投资——股票、债券、基金（应收账款的账面价值减去补价加上支付的相关

              税费）

     应收股利

     应收利息

借：坏账准备（已计提的坏账准备）

     银行存款（收到的补价）

    贷：应收账款（应收账款的账面余额）

银行存款（支付的相关税费）

4. 以非货币性交易换入的短期投资

房地产开发企业以非货币性交易换入的短期投资包括以短期投资、存货、固定资产、无形资产、长期股权投资、长期债权投资等形式换入的短期投资。下面仅以固定资产为例说明在不涉及补价情况下的会计处理：

借：短期投资——股票、债券、基金（固定资产的账面价值加上支付的相关税费）

固定资产清理

累计折旧（已计提折旧额）

固定资产减值准备（已计提固定资产减值准备）

贷：固定资产（固定资产原值）

银行存款（支付的相关费用）

应交税金（应交的相关税金）

第三节 长期股权投资的核算

一、长期股权投资的概念及特点

长期股权投资是指通过投资取得被投资单位的股权，投资单位成为被投资单位的股东，按所持股份比例享有权益并承担相应责任的投资。

企业对其他单位的股权投资，通常视为长期持有，以期通过股权投资达到控制被投资单位，或对被投资单位施加重大影响，或为了与被投资单位建立密切关系，以分散经营风险。股权投资通常具有投资大、投资期限长、风险大以及能为企业带来较大的利益等特点。

二、长期股权投资的初始计量

按投资企业与被投资企业的关系，长期股权投资的取得可分为两种情况，一是由于企业合并所形成的长期股权投资，二是除合并之外的其他方式所取得的长期股权投资。房地产开发企业长期股权投资在取得时，应当按照初始投资成本入账。初始投资成本的确定应分不同的情况分别加以考虑。

（一）企业合并所形成的长期股权投资初始投资成本的确定

1. 同一控制下的企业合并

同一控制下的企业合并，合并方以支付现金、转让非现金资产或承担债务方式作为合并对价的，应当在合并日按照取得被合并方所有者权益账面价值的份额作为长期股权投资的初始投资成本。长期股权投资初始投资成本与支付的现金、转让的非现金资产以及所承担债务账面价值之间的差额，应当调整资本公积；资本公积不足冲减的，调整留存收益。

【例6-13】 A、B两家公司同属C公司的子公司。A公司于20×6年3月1日以货币资金1 000万元取得B公司60％的股份。B公司20×6年3月1日所有者权益为2 000万元。

则A公司投资的初始投资成本为2 000×60％＝1 200（万元）。该成本与货币资金1 000万元的差额200万元应确认为资本公积的增加。其账务处理如下：

借：长期股权投资   12 000 000
 贷：银行存款   10 000 000
   资本公积   2 000 000

合并方以发行权益性证券作为合并对价的，应当在合并日按照取得被合并方所有者权益账面价值的份额作为长期股权投资的初始投资成本。按照发行股份的面值总额作为股本，长期股权投资初始投资成本与所发行股份面值总额之间的差额，应当调整资本公积；资本公积不足冲减的，调整留存收益。

【例 6-14】 A、B 两家公司同属 C 公司的子公司。A 公司于 20×6 年 3 月 1 日以发行股票的方式从 B 公司的股东手中取得 B 公司 60％的股份。A 公司发行 1 500 万股普通股股票，该股票每股面值为 1 元。B 公司 20×6 年 3 月 1 日所有者权益为 2 000 万元。A 公司在 20×6 年 3 月 1 日资本公积为 180 万元，盈余公积为 100 万元，未分配利润为 20 万元。

则 A 公司投资的初始投资成本为 2 000×60％＝1 200（万元）。该成本与所发行的股票的面值 1 500 万元的差额 300 万元应首先调减资本公积 180 万元，然后再调减盈余公积 100 万元，最后再调整未分配利润 20 万元。其账务处理如下：

借：长期股权投资   12 000 000
   资本公积   1 800 000
   盈余公积   1 000 000
   利润分配——未分配利润   200 000
 贷：股本   15 000 000

2. 非同一控制下的企业合并

非同一控制下的企业合并，购买方在购买日应当按照《企业会计准则第 20 号——企业合并》确定的合并成本作为长期股权投资的初始投资成本。按企业合并准则的规定，合并成本主要是指购买方在购买日对作为企业合并对价付出的资产、发生或承担的负债的公允价值。该公允价值与其付出的资产、发生或承担的负债的账面价值的差额，计入当期损益。

【例 6-15】 A、B 两家公司属非同一控制下的独立公司。A 公司于 20×6 年 3 月 1 日以本企业的固定资产对 B 公司投资，取得 B 公司 60％的股份。该固定资产的原值 1 500 万元，已计提折旧 400 万元，已提取减值 50 万元，在投资当日该设备的公允价值为 1 250 万元。B 公司 20×6 年 3 月 1 日所有者权益为 2 000 万元。

则 A 公司投资的初始投资成本为该固定资产的公允价值为 1 250 万元。该成本与该固定资产的账面价值 1 050 万元（＝1 500 万元－400 万元－50 万元）的差额为 200 万元，应作为营业外收入计入当期损益。其账务处理如下：

借：长期股权投资   12 500 000
   累计折旧   4 000 000
   固定资产减值准备   500 000
 贷：固定资产   15 000 000
   营业外收入   2 000 000

（二）除合并方式之外所形成的长期股权投资初始投资成本的确定

1. 以支付现金取得的长期股权投资

以支付现金取得的长期股权投资，应当按照实际支付的购买价款作为初始投资成本。初始投资成本包括与取得长期股权投资直接相关的费用、税金及其他必要支出。如果实际支付的价款中包含已宣告但尚未领取的现金股利，按实际支付的价款减去已宣告但尚未领取的现金股利后的差额，作为初始投资成本。此外，企业为取得长期股权投资所发生的评估、审计、咨询等费用，不构成初始投资成本。

2. 以发行权益性证券取得的长期股权投资

以发行权益性证券取得的长期股权投资，应当按照发行权益性证券的公允价值作为初始投资成本。

3. 投资者投入的长期股权投资

投资者投入的长期股权投资，应当按照投资合同或协议约定的价值作为初始投资成本，但合同或协议约定价值不公允的除外。

4. 通过非货币性资产交换取得的长期股权投资

通过非货币性资产交换取得的长期股权投资，其初始投资成本应当按照《企业会计准则第 7 号——非货币性资产交换》确定。

（1）在不涉及补价的条件下

若以公允价值计价，则以换出资产的公允价值加上应支付的相关税费，作为换入资产的入账价值，换出资产的公允价值与其账面价值的差额计入当期损益。相应的公式为：

换入资产的入账价值＝换出资产的公允价值＋应支付的相关税费

若以账面价值计价，则以换出资产的账面价值加上应支付的相关税费，作为换入资产的入账价值，不涉及损益。相应的公式为：

换入资产的入账价值＝换出资产的账面价值＋应支付的相关税费

（2）在涉及补价的条件下

1）支付补价的条件下

若以公允价值计价，则以换出资产的公允价值加上补价和应支付的相关税费，作为换入资产的入账价值，换出资产的公允价值与其账面价值的差额计入当期损益。相应的公式为：

换入资产的入账价值＝换出资产的公允价值＋补价＋应支付的相关税费

若以账面价值计价，则以换出资产的账面价值加上补价和应支付的相关税费，作为换入资产的入账价值，不涉及损益。相应的公式为：

换入资产的入账价值＝换出资产的账面价值＋补价＋应支付的相关税费

2）收到补价的条件下

若以公允价值计价，则以换出资产的公允价值减去补价和应支付的相关税费，作为换入资产的入账价值，换出资产的公允价值与其账面价值的差额计入当期损益。相应的公式为：

换入资产的入账价值＝换出资产的公允价值－补价＋应支付的相关税费

若以账面价值计价，则以换出资产的账面价值减去补价和应支付的相关税费，作为换入资产的入账价值，不涉及损益。相应的公式为：

换入资产的入账价值＝换出资产的账面价值－补价＋应支付的相关税费

5. 通过债务重组取得的长期股权投资

通过债务重组取得的长期股权投资，其初始投资成本应当按照《企业会计准则第12号——债务重组》确定。

对债权人而言，债权转股权的投资成本包括股权的公允价值与相关税费（如印花税），股权的公允价值与债权的账面价值的差额为债务重组损失，计入营业外支出。

三、长期股权投资的核算方法

房地产开发企业的长期股权投资应根据不同情况，分别采用成本法和权益法进行核算。

（一）成本法

1. 成本法的含义

成本法是指投资按投资成本计价的方法。在成本法下，长期股权投资以取得股权时的初始投资成本计价，其后，除了投资企业追加或收回投资应当调整长期股权投资的成本外，一般不再进行调整。被投资单位宣告分派的现金股利或利润，确认为当期投资收益。投资企业确认投资收益，仅限于被投资单位接受投资后产生的累积净利润的分配额，所获得的利润或现金股利超过上述数额的部分作为初始投资成本的收回，冲减投资的账面价值。

2. 成本法的适用范围

房地产开发企业持有的长期股权投资，在下列情况下应采用成本法核算：

（1）投资企业能够对被投资单位实施控制的长期股权投资。

控制，是指有权决定一个企业的财务和经营政策，并能据以从该企业的经营活动中获取利益。

（2）投资企业对被投资单位不具有共同控制或重大影响，并且在活跃市场中没有报价、公允价值不能可靠计量的长期股权投资。

共同控制，是指按照合同约定对某项经济活动所共有的控制，仅在与该项经济活动相关的重要财务和经营决策需要分享控制权的投资方一致同意时存在。投资企业与其他方对被投资单位实施共同控制的，被投资单位为其合营企业。

重大影响，是指对一个企业的财务和经营政策有参与决策的权力，但并不能够控制或者与其他方一起共同控制这些政策的制定。投资企业能够对被投资单位施加重大影响的，被投资单位为其联营企业。

（3）被投资单位在严格的限制条件下经营，其向投资企业转移资金的能力受到限制。在这种情况下，投资企业的控制和影响能力受到限制，不能按照自身的意愿调度和使用资金。例如，被投资单位在国外，外汇受所在国管制，其外汇汇出受到限制等。

3. 成本法核算的一般程序

房地产开发企业长期股权投资采用成本法核算的一般程序如下：

（1）初始投资或追加投资时，按照初始投资或追加投资时的投资成本增加长期股权投资的账面价值。除此之外，长期股权投资的账面价值一般应当保持不变。

（2）被投资单位宣告分派的利润或现金股利，投资企业按应享有的部分，确认为当期投资收益。

（3）企业确认的投资收益仅限于所获得的被投资单位在接受投资后产生的累计净利润的分配额，所获得的被投资单位宣告分派的利润或现金股利超过上述数额的部分，作为清算股利，冲减投资的账面价值。

1）投资年度的利润或现金股利的处理

通常投资企业获得投资年度的利润或现金股利时，确认为投资收益或冲减初始投资成本的金额，可按以下公式计算：

$$\frac{投资企业投资年度}{应享有的投资收益}=\frac{投资当年被投资}{单位每股盈余}\times\frac{投资企业所}{持有的股份}\times\frac{当年投资持有份}{全年月份（12）}$$

或：

$$\frac{投资企业投资年度}{应享有的投资收益}=\frac{投资当年被投资单}{位实现的净损益}\times\frac{投资企业所}{持有的股份}\times\frac{当年投资持有月份}{全年月份（12）}$$

$$\frac{应冲减投资}{成本的金额}=\frac{被投资单位分派的}{利润或现金股利}\times\frac{投资企业}{持股比例}-\frac{投资企业投资年度}{应享有的投资收益}$$

如果投资企业投资年度应享有的被投资单位分派的利润或现金股利大于投资企业投资年度应享有的投资收益，按上述公式计算应冲减的初始投资成本；如果投资企业投资年度应享有的被投资单位分派的利润或现金股利等于或小于投资企业投资年度应享有的投资收益，则不需要计算冲减初始投资成本的金额，应分得的利润或现金股利全部确认为当期投资收益。

2）投资年度以后的利润或现金股利的处理

投资以后年度，投资企业按所获得的利润或现金股利确认投资收益或冲减投资成本时，可按以下公式计算：

$$\frac{应冲减投资}{成本的金额}=\left(\frac{投资后至本年末止被投资单位}{累积分派的利润或现金股利}-\frac{投资后至上年末止被投资}{单位累积实现的净损益}\right)$$

$$\times\frac{投资企业的}{持股比例}-\frac{投资企业已冲}{减的投资成本}$$

$$\frac{应确认的}{投资收益}=\frac{投资企业当年获得}{的利润或现金股利}-\frac{应冲减投资}{成本的金额}$$

如果投资后至本年末止被投资单位累积分派的利润或现金股利，大于投资后至上年末止被投资单位累积实现的净损益，则按上述公式计算应冲减初始投资成本的金额；如果投资后至本年末止被投资单位累积分派的利润或现金股利，等于或小于投资后至上年末止被投资单位累积实现的净损益，则被投资单位当期分派的利润或现金股利中应由投资企业享有的部分，于当期确认为投资企业的投资收益。

4. 成本法下的会计核算

采用成本法进行长期股权投资，应设置"长期股权投资"账户。它属于资产类科目，核算企业投出的期限在一年以上的各种股权性质的投资，包括购入的股票和其他股权投资等。其借方登记长期股权投资的增加数，贷方登记长期股权投资的减少数，期末余额反映企业持有的长期股权投资的价值。本账户应设置"股票投资"和"其他股权投资"两个明细账户，进行明细核算。

核算举例：

【例 6-16】 企业 2004 年 3 月 1 日购入 A 公司发行的 50 000 股普通股股票，占 A 公司有表决权资本的 5%，并准备长期持有。每股售价 8 元，另外购买时发生相关税费 2 000 元，均已通过银行支付。

作如下会计分录：

借：长期股权投资——股票投资（A公司）　　　　 402 000

　　贷：银行存款　　　　　　　　　　　　　　　　　402 000

【例 6-17】　企业 2004 年 4 月 1 日购入 B 公司的普通股股票 4 000 股，并准备长期持有。每股价格 5 元，其中含有已宣告发放的每股现金股利 0.2 元，另外支付交易费用 100 元。

作如下会计分录：

借：长期股权投资——股票投资（B公司）　　　　　19 300

　　应收股利　　　　　　　　　　　　　　　　　　　800

　　贷：银行存款　　　　　　　　　　　　　　　　　20 100

【例 6-18】　A 公司 2003 年实现净利润 300 000 元，2004 年 4 月 1 日宣告按每股 0.15 元发放现金股利，企业应收股利 50 000×0.15＝7 500 元。

作如下会计分录：

借：应收股利——A公司　　　　　　　　　　　　　7 500

　　贷：长期股权投资——股票投资（A公司）　　　　 7 500

［注：在我国，当年实现的盈余均于下年度一次发放股利。本例中，企业 2004 年 2 月 1 日购入 A 公司股票，A 公司于 4 月 1 日宣告分派 2003 年度的现金股利，这部分股利实质上是由投资以前年度的盈余分配得来的，故不作为当期的投资收益，而应当冲减投资成本。］

【例 6-19】　2004 年 A 公司实现净利润 600 000 元，2005 年 3 月 20 日宣告按每股 0.20 元发放现金股利。

2005 年 3 月 20 日 A 公司宣告发放现金股利时：

$$2004 \text{ 年企业应享有的投资收益} = 600\ 000 \times 5\% \times \frac{10}{12} = 25\ 000\ （元）$$

2004 年企业应享有的 A 公司分派的现金股利＝0.20×50 000＝10 000（元）

即 2004 年企业应享有的 A 公司分派的现金股利 10 000 元小于 2004 年企业应享有的投资收益 25 000 元，则不需计算冲减初始投资成本的金额，应将分得的现金股利全部确认为当期投资收益。

作如下会计分录：

借：应收股利——A公司　　　　　　　　　　　　 10 000

　　贷：投资收益——股票投资收益（A公司）　　　　10 000

长期股权投资核算采用成本法，核算过程比较简单，且将投资企业与被投资单位作为独立法人来反映二者之间的经济关系，更符合法律规范。但在投资企业的账面上，却反映不出投资企业在被投资企业权益中所占的比重，投资企业的投资收益不能真正反映其应当获得的投资利益。

（二）权益法

1. 权益法的含义

权益法，是指投资最初以初始投资成本计价，以后根据投资企业享有被投资单位所有者权益份额的变动对投资的账面价值进行调整的方法。在权益法下，长期股权投资的账面价值随着被投资单位所有者权益的变动而变动，包括被投资单位实现的净利润或发生的净亏损以及其他所有者权益项目的变动。即投资企业长期股权投资的账面价值要随着被投资单位的盈利或亏损，按其投资额在被投资单位实收资本中所占比例（或份额）相应地予以增加或减少。

2. 权益法的适用范围

权益法，是指投资最初以投资成本计价，以后根据企业享有被投资单位所有者权益份额的变动对投资的账面价值进行调整的方法。

房地产开发企业对被投资单位具有共同控制或重大影响时，长期股权投资应采用权益法核算。

共同控制是指按合同约定对某项经济活动所共有的控制。共同控制仅指共同控制实体，不包括共同控制经营、共同控制财产等。共同控制实体，是指由两个或多个企业共同投资建立的实体，该被投资单位的财务和经营政策必须由投资双方或若干方共同决定。

重大影响，是指对一个企业的财务和经营政策有参与决策的权利，但并不决定这些政策。当投资企业直接拥有被投资单位20%或以上至50%的表决权资本时，一般认为对被投资单位具有重大影响。虽然投资企业直接拥有被投资单位20%以下的表决权资本，但符合下列情况之一的，也应确认为对被投资单位具有重大影响：

（1）在被投资单位的董事会或类似的权力机构中派有代表。

（2）参与被投资单位的政策制定过程。

（3）向被投资单位派出管理人员。

（4）依赖投资企业的技术资料。

（5）其他足以证明投资企业对被投资单位具有重大影响的情形。

3. 权益法核算的一般程序

房地产开发企业长期股权投资采用权益法核算的一般程序如下：

（1）初始投资或追加投资时，按照初始投资或追加投资时的投资成本增加长期股权投资的账面价值。

（2）投资后，随着被投资单位所有者权益的变动而相应调整增加或减少长期股权投资的账面价值，并分别按以下情况处理：

第一，被投资单位当年实现净利润而影响所有者权益变动时，投资企业应按所持表决权资本比例计算应享有的份额，增加长期股权投资的账面价值，并确认为当期投资收益。但投资企业按所持表决权资本比例计算确认被投资单位实现的净利润时，不包括法规或公司章程规定不属于投资企业的净利润，如按照我国有关法律、法规规定，某些企业实现的净利润可以提取一定比例的职工奖励及福利基金，这部分从净利润中提取的职工奖励及福利，投资企业不能享有。因此，在计算应享有被投资单位实现的净利润时，应扣除不能由投资企业享有的净利润的部分。

第二，被投资单位当年发生净亏损而影响所有者权益变动时，投资企业应按所持表决权资本比例计算应分担的份额，减少长期股权投资的账面价值，并确认为当期投资损失。

投资企业确认被投资单位发生的净亏损，应当以长期股权投资的账面价值以及其他实质上构成对被投资单位净投资的长期权益减记至零为限，投资企业负有承担额外损失义务的除外。其中，投资账面价值是指该项股权投资的账面余额减去该项投资已提的减值准备。如果以后各期被投资单位实现净利润，投资企业应在计算的收益分享额超过未确认的亏损分担额以后，按超过未确认的亏损分担额的金额，恢复投资的账面价值。

需要强调的是，投资企业按被投资单位实现的净利润或发生的净亏损，计算应享有或应分担的份额时，应以取得被投资单位股权后发生的净损益为基础，投资前被投资单位实现的净损益不包括在内。

第三，因被投资单位接受捐赠资产等原因所引起的所有者权益变动，投资企业应按所持股权比例计算应享有的份额，增加长期股权投资的账面价值，作为股权投资准备，在长期股权投资中单独核算，并作为资本公积准备项目。待原计入资本公积的准备项目实现后可按规定程序转增资本。

第四，因被投资单位外币资本折算所引起的所有者权益变动，投资企业应按所拥有的表决权资本的比例计算应享有或应分担的份额，调整长期股权投资的账面价值，并计入资本公积。

第五，被投资单位宣告分派利润或现金股利时，投资企业按表决权资本比例计算应分得的利润或现金股利，冲减长期股权投资的账面价值。

4. 权益法下的会计核算

采用权益法核算的企业，应在"长期股权投资"账户下分别设置"投资成本"、"损益调整"、"股权投资准备"等明细账户，对因权益法核算所产生的影响长期股权投资账面余额的增减变动因素分别核算和反映。本账户期末借方余额，反映企业持有的长期股权投资的价值。本账户应按被投资单位设置明细账进行核算。

具体来说，长期股权投资采用权益法核算，在会计核算上主要需要解决三个方面的问题。

（1）权益法下股权投资差额的确定

股权投资差额，是指采用权益法核算长期股权投资时，投资企业的初始投资成本与应享有被投资企业所有者权益份额之间的差额。其中，所有者权益是指属于有表决权资本所享有的部分。

长期股权投资的初始投资成本大于投资时应享有被投资单位可辨认净资产公允价值份额的，不调整长期股权投资的初始投资成本，直接确认为商誉，该商誉不进行摊销，但需要在会计期末进行减值测试；长期股权投资的初始投资成本小于投资时应享有被投资单位可辨认净资产公允价值份额的，其差额应当计入当期损益，同时调整长期股权投资的成本，即将初始投资成本调整为被投资单位可辨认净资产公允价值相对应的份额价值。

【例6-20】 某企业2004年1月1日以13 000 000元购入D公司25％的股份，购买日D公司可辨认净资产的公允价值为50 000 000元。

作如下会计分录：

借：长期股权投资——投资成本   12 500 000

     无形资产   500 000

    贷：银行存款   13 000 000

【例6-21】 假如上例中，企业购入的成本为12 000 000元。

企业当年应作如下会计分录：

借：长期股权投资——投资成本　　　　　　　　　12 000 000
　　贷：银行存款　　　　　　　　　　　　　　　　　12 000 000
同时：借：投资收益　　　　　　　　　　　　　　　　50 000
　　　　贷：长期股权投资——损益调整　　　　　　　　50 000

（2）接受投资单位实现净损益的处理

企业在取得长期股权投资后，按应享有或应分担的接受投资单位当年实现的净利润或发生的净亏损的份额，调整投资的账面价值，并作为当期投资收益。投资企业在确认接受投资单位净损益时，应注意以下几个问题：

1）投资企业在确认被投资单位净损益的份额时，应在"长期股权投资"账户下单独设置"损益调整"明细账户进行核算。

2）投资企业在确认被投资单位发生的净亏损时，只冲减"损益调整"明细账户，不冲减其他明细账户。

3）投资企业在确认被投资单位发生净亏损，应以投资账面价值减记为零为限，未分担的亏损额，在以后期间有净利润时，应将未分担的亏损额分担后，再恢复投资的账面价值。

【例6-22】　某房地产企业于2001年1月2日购买C公司普通股股票300 000股，占C公司普通股的30％，准备长期持有。每股售价10元，相关税费15 000元，均以银行存款支付。当年C公司实现净利润500 000元，将其中的60％用来发放股利，企业收到股利90 000元。

作如下会计分录：

（1）企业购入股票时：

借：长期股权投资——股票投资（C公司）　　　　3 015 000
　　贷：银行存款　　　　　　　　　　　　　　　　　3 015 000

（2）当年C公司实现净利润时：

借：长期股权投资——损益调整（500 000×30％）　150 000
　　贷：投资收益　　　　　　　　　　　　　　　　　150 000

（3）企业宣告发放股利时：

借：应收股利　　　　　　　　　　　　　　　　　90 000
　　贷：长期股权投资——损益调整　　　　　　　　　90 000

（4）企业收到股利时：

借：银行存款　　　　　　　　　　　　　　　　　80 000
　　贷：应收股利　　　　　　　　　　　　　　　　　80 000

【例6-23】　2002年C公司当年发生亏损150 000元。

作如下会计分录：

借：投资收益（150 000×30％）　　　　　　　　45 000
　　贷：长期股权投资——损益调整　　　　　　　　　45 000

（3）被投资单位除净损益外的其他所有者权益变动的处理

被投资单位所有者权益的变化除净利润的影响外，还包括增资扩股、接受捐赠等的影响。当被投资企业因增资扩股、接受捐赠而增加所有者权益时，企业应按持股比例计算应享有的份额。

【例6-24】 上述D公司于2005年接受捐赠设备一台，价值100 000元。

企业作如下会计分录：

借：长期股权投资——股权投资准备　　　　　　　　25 000

　　贷：资本公积——股权投资准备　　　　　　　　　　25 000

股权投资核算采用权益法，在企业的账面上能够充分地反映企业与接受投资单位之间的经济关系。随着我国市场经济的发展，房地产开发企业与其他单位之间相互参股和控股的情况会越来越多，成为企业的投资渠道，使投资主体多元化。在这种情况下，对企业投资占被投资单位资本较大，或实质上有控制权的长期股权投资均应采用权益法进行核算。

（三）长期股权投资处置的核算

处置长期股权投资，应按实际收到的价款与长期股权投资账面价值的差额，确认为当期损益。在采用权益法核算时，因被投资企业除净损益以外所有者权益的其他变动而计入本企业所有者权益的，处置该项投资时应当将原计入所有者权益的部分相应地转入当期损益，即将原计入资本公积准备的项目金额转入投资收益账户。部分处置某项长期股权投资时，应按该项投资的总平均成本确定其处置部分的成本，并按相应比例结转已计提的减值准备和资本公积准备项目。

企业处置股权投资时（成本法和权益法相同）：

借：银行存款等（实际取得的价款）

　　长期投资减值准备（已计提的减值准备）

　　投资收益（发生的处置损失）

　　贷：长期股权投资——股票投资（股权投资的账面余额）

　　　　应收股利（尚未领取的现金股利或利润）

　　　　投资收益（实现的处置净收益）

采用权益法时，还需原计入资本公积准备的项目金额转入投资收益。

借：资本公积——股权投资准备

　　贷：投资收益

【例6-25】 企业将所持有的F公司的股票出售，长期股权投资的账面余额120 000元，其中，投资成本为110 000元，损益调整为6 000元，股权投资准备为4 000元。已计提长期投资减值准备15 000元，实际取得的价款为180 000元。

作如下会计分录：

（1）借：银行存款　　　　　　　　　　　　　　180 000

　　　　长期投资减值准备　　　　　　　　　　　15 000

　　　　贷：投资收益　　　　　　　　　　　　　　75 000

　　　　　　长期股权投资——F公司（投资成本）　110 000

　　　　　　　　　　　　　　　　（损益调整）　　6 000

　　　　　　　　　　　　　　　　（股权投资准备）4 000

（2）借：资本公积——股权投资准备　　　　　　　4 000

　　　　贷：投资收益　　　　　　　　　　　　　　4 000

第四节　长期债权投资的核算

一、长期债权投资的概念及特点

长期债权投资，是指企业购入的在 1 年内（不含 1 年）不能变现或不准备随时变现的债券和其他债权投资，债券主要包括政府债券、公司债券和金融债券三类。其他长期债权投资是指除了长期债券投资以外的债权投资。

长期债权投资主要具有以下特点：

（1）债权投资的性质与股权投资不同。股权投资是为了获取被投资单位的所有者权益，而债权投资只能获取被投资单位的债权，企业进行债权投资自投资之日起即成为债务单位的债权人，并按约定的利率收取利息，到期收回本金。

（2）债权投资可以转让，但在债权、债务双方约定的期限内一般不能要求债务单位提前偿还本金。

（3）债权投资与其他债权一样，存在一定的风险。

二、长期债权投资初始投资成本的确定

长期债权投资在取得时，应按取得时的实际成本作为初始投资成本。长期债权投资取得时的初始投资成本，是指企业取得长期债权投资时实际支付的全部价款，包括税金、手续费等相关费用。但实际支付的价款中所包含的已到付息期但尚未领取的利息，则不能计入长期债权投资的初始投资成本，而应作为应收项目单独核算；如果实际支付的价款中含有尚未到期的利息，则应计入长期债权投资的初始投资成本，并在长期债权投资中单独核算。

我国的《企业会计准则——投资》和《企业会计制度》规定，企业购入长期债券时所支付的税金、手续费等相关费用一般应计入初始投资成本，但同时又采取了重要性原则，即如果相关费用的金额较小，也可于购入时一次计入当期损益；如果相关费用的金额较大，则应计入初始投资成本，并单独核算，于债券持有期间内，即从债券购入后至到期前的期间内，在确认相关债券利息收入时摊销，计入当期损益。

长期债权投资的初始投资成本，应按下列原则分别确定：

1. 企业以支付现金方式取得的长期债券投资，按实际支付的全部价款（包括税金、手续费等相关费用）减去已到付息期但尚未领取的债券利息，作为初始投资成本。如果所支付的税金、手续费等相关费用金额较小，可以直接计入当期财务费用，不计入初始投资成本；如果所支付的税金、手续费等相关费用金额较大，可采用分期摊销的方法，在债券购入后至到期前的期间内于每期计提利息、摊销溢折价时，计入投资收益。

2. 企业接受的债务人以非现金资产抵偿债务方式取得的长期债权投资，或以应收债权换入长期债权投资的，按应收债权的账面价值加上应支付的相关税费，作为初始投资成本。

（1）收到补价的，按应收债权的账面价值减去补价，加上应支付的相关税费，作为初

始投资成本；

（2）支付补价的，则按应收债权的账面价值加上实际对外支付的补价和应支付的相关税费，作为初始投资成本。

3. 企业以非货币性交易换入的长期债权投资，按照换出资产的账面价值加上应支付的相关税费，作为初始投资成本。

（1）收到补价的，按换出资产的账面价值加上应确认的收益和应支付的相关税费再减去所收到的补价之后的余额，作为初始投资成本；

（2）支付补价的，按换出资产的账面价值加上应支付的相关税费和补价后的余额，作为初始投资成本。

三、长期债券投资的利息及溢价或折价摊销方法

（一）长期债券投资利息处理

长期债券投资应当按期计提利息，计提的利息按债权面值以及适用的利率计算。

1. 企业持有的一次还本付息的债权投资，应计未收利息于确认投资收益时增加投资的账面价值；分期付息的债权投资，应计未收利息于确认投资收益时作为应收利息单独核算，不增加投资的账面价值。

2. 实际收到的分期付息长期债权利息，冲减已计提的应收利息；实际收到的一次还本付息利息，冲减长期债权投资的账面价值。

3. 企业计算的债券投资利息收入，经调整债券投资溢价或折价摊销额后的金额，确认为当期投资收益。

4. 其他债权投资按期计算的应收利息，确认为当期投资收益。

（二）长期债券投资溢价或折价摊销方法

房地产开发企业以购买债券的方式进行长期投资，其实际支付的债券价格可能与债券面值一致，也可能与债券面值不一致。如果债券的购入价格与债券面值一致，称为面值购入；如果债券的购入价格高于债券面值，称为溢价购入；如果债券的购入价格低于债券面值，称为折价购入。当企业溢价或折价购入债券时，就存在长期债券溢价或折价摊销问题。

债券投资溢价或折价，是指债券初始投资成本扣除相关费用及应收利息后的金额与债券面值之间的差额。其计算公式如下：

长期债券投资的溢价或折价＝（债券初始投资成本－相关费用－应收利息）－债券面值

其中，相关费用是指构成债券初始投资成本的费用；应收利息是指构成债券初始投资成本的债券利息，即实际支付价款中包含的尚未到期的债券利息。

债券的溢价或折价在债券存续期间内于确认相关债券利息时摊销，当期按债券面值和适用利率计算的应收利息扣除当期摊销的溢价，或当期按债券面值和适用利率计算的应收利息与摊销的折价的合计，确认为当期投资收益。房地产开发企业长期债券投资溢价或折价摊销方法一般有两种，即直线摊销法和实际利率法。

1. 直线摊销法，是将债券购入时发生的溢价或折价在债券存续期间内，按全部计息次数分期平均摊销。其计算公式如下：

每期溢价或折价摊销额＝债券溢价或折价额÷债券付息次数

根据各期的摊销额，可进一步计算确定各期构成债券投资收益的利息收入（即实得利息）和各期末债券投资的账面价值。溢价或折价购入的债券，每期实得利息的计算公式如下：

溢价购入债券每期实得利息＝债券票面利息－每期应摊销的溢价

折价购入债券每期实得利息＝债券票面利息－每期应摊销的折价

采用这种方法计算简单，企业每期溢价或折价摊销额相等，每期实得的利息收入相同。但企业进行长期债券投资每期应得的利息收入计算得并不准确。

现举例说明直线法下债券溢价或折价摊销额的计算方法。

【例6-26】 企业2001年1月2日以银行存款10 600元购入A公司同年1月1日发行的3年期、票面利率为10％的到期一次还本付息债券，面值10 000元，每半年计息一次。

债券的溢价额＝10 600－10 000＝600（元）

每半年计息时应摊销的溢价额＝600÷6＝100（元）

企业应编制"债券溢价摊销表"，于每次计息时计算应计利息并摊销债券的溢价。"债券溢价摊销表"的一般格式，如表6-2所示。

债券溢价摊销表
表6-2
（直线法）

计息日期	应收利息 （1）	溢价摊销额 （2）	实际利息收入 （3）	未摊销溢价额 （4）	面值和未摊销溢价之和 （5）
	（1）＝面值× 票面利率	（2）＝溢价÷ 摊销期限	（3）＝（1） －（2）	（4）＝上期 （4）－（2）	（5）＝上期 （5）－（2）
2001.1.2				600	10 600
2001.6.30	500	100	400	500	10 500
2001.12.31	500	100	400	400	10 400
2002.6.30	500	100	400	300	10 300
2002.12.31	500	100	400	200	10 200
2003.6.30	500	100	400	100	10 100
2003.12.31	500	100	400	0	10 000
合计	3 000	600	2 400	—	—

【例6-27】 假设企业购入上述A公司的债券时，实际支付的购买价格9 700元，其他资料不变。

债券的折价额＝10 000－9 700＝300（元）

每半年计息时应摊销的折价额＝300÷6＝50（元）

企业应编制"债券折价摊销表"，于每次计息时计算应计利息并摊销债券的折价。"债券折价摊销表"的一般格式，如表6-3所示。

债券折价摊销表 表 6-3

（直线法）

计息日期	应收利息 (1) (1)＝面值× 票面利率	折价摊销额 (2) (2)＝折价÷ 摊销期限	实际利息收入 (3) (3)＝(1) ＋(2)	未摊销折价额 (4) (4)＝上期 (4)－(2)	面值和未摊 销折价之差 (5) (5)＝面值 －(4)
2001.1.2				300	9 700
2001.6.30	500	50	550	250	9 750
2001.12.31	500	50	550	200	9 800
2002.6.30	500	50	550	150	9 850
2002.12.31	500	50	550	100	9 900
2003.6.30	500	50	550	50	9 950
2003.12.31	500	50	550	0	10 000
合计	3 000	300	3 300	—	—

由表 6-2 和表 6-3 可知，到债券的存续期满，该债券的溢折价全部摊销完毕，债券的面值和账面价值正好相等。

2. 实际利率法，是用购入债券时的实际利率（又称市场利率，在我国主要指银行利率）乘以各期债券投资的账面余额，求出各期的利息收入（或称实际利息）。再按债券票面利率（又称名义利率、息票利率等）乘以债券票面价值，求出各期的应计利息（或称名义利息）。各期利息收入与应计利息之间的差额，即为各期的溢价或折价摊销额。其计算公式如下：

每期溢价摊销额＝债券投资账面价值×市场利率－债券面值×票面利率

每期折价摊销额＝债券面值×票面利率－债券投资账面价值×市场利率

现举例说明实际利率法下债券溢价或折价摊销额的计算方法。

【例 6-28】 企业于 2001 年 1 月 2 日购入 B 公司同日发行的 5 年期、票面年利率为 12%、面额 60 000 元的债券，购入时的市场实际利率为 12%，企业以 64 548 元的价格溢价购入，另付有关税金和手续费 300 元（因数额较小，直接计入当期损益），以银行存款支付全部价款 64 848 元，该债券每年末计息一次，到期一次还本付息，企业采用实际利率法摊销债券的溢价。

每年的应收利息＝60 000×12%＝7 200（元）

2001 年的实得利息＝64 548×10%＝6 454.80（元）

2001 年应摊销的溢价额＝7 200－6 454.80＝745.20（元）

其余各年类推。企业应编制"债券溢价摊销表"，如表 6-4。

债券溢价摊销表 表 6-4

（实际利率法）

计息日期	应收利息 (1) (1)＝面值× 票面利率	实际利息收入 (2) (2)＝上期(5) ×实际利率	溢价摊销额 (3) (3)＝(1) －(2)	未摊销溢价额 (4) (4)＝上期 (4)－(3)	面值和未摊 销溢价之和 (5) (5)＝上期 (5)－(3)
2001.1.2				4 548	64 548
2001.12.31	7 200	6 454.80	745.20	3 802.80	63 802.80

计息日期	应收利息 （1）	实际利息收入 （2）	溢价摊销额 （3）	未摊销溢价额 （4）	面值和未摊 销溢价之和 （5）
	（1）＝面值× 票面利率	（2）＝上期（5） ×实际利率	（3）＝（1） －（2）	（4）＝上期 （4）－（3）	（5）＝上期 （5）－（3）
2002.12.31	7 200	6 380.28	819.72	2 983.08	62 983.08
2003.12.31	7 200	6 298.31	901.69	2 081.39	62 081.39
2004.12.31	7 200	6 208.14	991.86	1 089.53	61 089.53
2005.12.31	7 200	6 110.47*	1 089.53	0	60 000
合计	36 000	31 452	4 548	—	—

＊ 因保留小数点而发生的计算尾数，在最后一年调整。

【例6-29】 假设企业购入上述B公司债券时市场利率为13％，票面利率为12％，企业以57 888元的价格折价购入，其他资料不变，折价摊销采用实际利率法。

每年的应收利息＝60 000×12％＝7 200（元）

2001年的实得利息＝57 888×13％＝7 525.44（元）

2001年应摊销的折价额＝7 525.44－7 200＝325.44（元）

其余各年类推。企业应编制"债券折价摊销表"，如表6-5。

债券折价摊销表

表6-5

（实际利率法）

计息日期	应收利息 （1）	实际利息收入 （2）	折价摊销额 （3）	未摊销折价额 （4）	面值和未摊 销折价之差 （5）
	（1）＝面值× 票面利率	（2）＝上期（5） ×实际利率	（3）＝（2） －（1）	（4）＝上期 （4）－（3）	（5）＝面值 －（4）
2001.1.2				2 112	57 888
2001.12.31	7 200	7 525.44	325.44	1 786.56	58 213.44
2002.12.31	7 200	7 567.75	367.75	1 418.81	58 581.19
2003.12.31	7 200	7 615.55	415.55	1 003.26	58 996.74
2004.12.31	7 200	7 669.58	469.58	533.68	59 466.32
2005.12.31	7 200	7 733.68*	533.68	0	60 000
合计	36 000	38 112	2 112	—	—

＊ 因保留小数点而发生的计算尾数，在最后一年调整。

采用这种方法各期的溢价或折价摊销额不等，各期的利息收入也不相同。在债券存续期内，随着溢价的摊销，"长期债券投资——债券投资"账户的账面价值逐期减少，直到与债券面值相等；随着折价的摊销，"长期债券投资——债券投资"账户的账面价值逐期增加，直到与债券面值相等。实际利率法更科学合理，但计算过程相对复杂。同时，在一般情况下，债券的溢价或折价数额都不太大，为简化、方便起见，采用直线摊销法较为广泛。我国企业会计制度规定，债券投资溢价或折价摊销可以采用直线摊销法，也可以采用实际利率法。

四、可转换公司债券

持有可转换公司债券的企业，可转换公司债券在购买以及转换为股份之前，应按一般债券投资进行处理；当企业行使转换权利，将其持有的债券投资转换为股份时，应按其账面价值减去收到的现金后的余额，作为股权投资的初始投资成本。

五、长期债权投资的处置

企业处置长期债权投资时，按所收到的处置收入与长期债权投资账面价值的差额确认为当期投资收益。处置长期债权投资时，应同时结转已计提的减值准备。部分处置某项长期债权投资时，应按该项投资的总平均成本确定其处置部分的成本，并按相应比例结转已计提的减值准备。

六、长期债券投资应设置的账户

为了核算企业购入的长期债券和其他债权投资，房地产开发企业应设置"长期债权投资"账户。并在该账户下设置以下明细账户：

（一）"债券投资"明细账户

"债券投资"明细账户核算企业购入的不准备在1年内变现的长期债券的面值、溢折价、应计利息和债券费用。在本明细账户下还应设置四个明细账户，即"面值"、"溢折价"、"应计利息"和"债券费用"。在企业购入债券所发生的金额较小的手续费等相关税费的情况下，也可不设置"债券费用"明细账户。

（二）"其他债权投资"明细账户

"其他债权投资"明细账户核算企业除了长期债权投资以外的其他债权性质的投资。在本明细账户下还应设置两个明细账户，即"本金"和"应计利息"。

本账户期末借方余额反映企业持有的长期债券投资的本息和未摊销的溢折价金额。企业应按债券投资、其他债权投资进行明细核算，并按债权种类设置明细账。

七、长期债权投资核算的会计处理

房地产开发企业由于长期债券购入方式不同，债券投资成本就不同，相应地其会计处理方式也有所差别。

（一）面值购入债券的核算

企业以面值购入债券，其会计核算比较简单。

1. 购入时，按实际支付的价款：

借：长期债权投资——债券投资——面值
　　贷：银行存款

2. 购入时，如果实际支付的价款中含有债券利息：

借：长期债权投资——债券投资——应计利息
　　　　　　　　　——债券投资——面值

贷：银行存款

3. 每期结账时，按债券当期的应计利息：

借：长期债权投资——债券投资——应计利息

　　　贷：投资收益

4. 债券到期收回本息：

借：银行存款（本息合计）

　　　贷：长期债权投资——债券投资——债券面值

　　　　　　　　　——债券投资——应计利息（债券已计利息）

　　　　投资收益（债券应计未计利息）

现举例说明面值购入债券核算的会计处理。

【例 6-30】 企业于 2000 年 1 月 1 日购入 A 公司按面值发行的三年期债券 100 000 元，年利率为 10%，债券在到期前每隔半年于 7 月 1 日和次年 1 月 1 日各支付利息一次。

作如下会计分录：

（1）购入债券时：

借：长期债权投资——债券投资——面值　　　　　100 000

　　　贷：银行存款　　　　　　　　　　　　　　100 000

（2）按期计提债券利息时：

借：长期债权投资——债券投资——应计利息　　　5 000

　　　贷：投资收益　　　　　　　　　　　　　　5 000

债券投资的应计利息不必按月计算，一般按年计算即可。由于本例是半年付息一次，所以在付息日前计提半年的债券利息，即 100 000×10%×6/12＝5 000（元）。

（3）收到半年的利息时：

借：银行存款　　　　　　　　　　　　　　　　5 000

　　　贷：长期债权投资——债券投资——应计利息　5 000

（4）三年后债券到期时：

借：银行存款　　　　　　　　　　　　　　　105 000

　　　贷：长期债权投资——债券投资——面值　　　100 000

　　　　　　　　　——债券投资——应计利息　　　5 000

（二）溢价购入债券的核算

当企业购入债券其实际支付的价款高于债券面值时，称为溢价购入。债券溢价的主要原因是债券发行时，债券票面利率高于市场利率，这意味着企业到期时实际应得利息会高于按市场利率计算的利息。而债券溢价即购入债券价格高于债券面值的差额，正是企业以后各期多得利息所预先付出的代价。这部分预先付出的代价应在每期计算利息时分期摊销，从而使债券到期时，"长期投资——债券投资"的账面价值与债券面值相等。

1. 溢价购入债券时

（1）购入到期一次还本付息的长期债券业务：

借：长期债权投资——债券投资——面值

借：长期债权投资——债券投资——溢折价

　　　　　　　　　——债券投资——应计利息（债券中包含的利息）

财务费用（支付的税金手续费）

　　贷：银行存款

（2）购入的分期付息的长期债券业务：

借：长期债权投资——债券投资——面值

　　　　　　　　——债券投资——溢折价

　　应收利息（已到付息期但尚未领取的利息）

　　财务费用（支付的税金手续费）

　　贷：银行存款

2. 每期结账时

（1）一次还本付息的溢价摊销：

借：长期债权投资——债券投资——应计利息

　　贷：长期债权投资——债券投资——溢折价

　　　　投资收益

（2）分期付息的溢价摊销：

借：应收利息

　　贷：长期债权投资——债券投资——溢折价

　　　　投资收益

3. 出售债券或到期收回债券本息时

（1）一次还本付息实现的净收益或发生的净损失：

借：银行存款

　　长期投资减值准备

　　投资收益（净损失）

　　贷：长期债权投资——债券投资——面值

　　　　　　　　——债券投资——溢折价

　　　　　　　　——债券投资——应计利息

　　　　投资收益（净收益）

（2）分期还本付息实现的净收益或发生的净损失：

借：银行存款

　　长期投资减值准备

　　贷：长期债权投资——债券投资——面值

　　　　　　　　——债券投资——溢折价

　　　　应收利息

　　　　投资收益（净收益）

现举例说明溢价购入债券核算的会计处理：

（1）溢价摊销采用直线法，见例 6-26 的资料并根据表 6-2 的计算。作如下会计分录：

1）购入债券时：

借：长期债券投资——债券投资——面值　　　　　　10 000

　　　　　　　　——债券投资——溢折价　　　　　　　600

　　贷：银行存款　　　　　　　　　　　　　　　　10 600

2）每次计算应计利息时：

借：长期债权投资——债券投资——应计利息　　　500

　　贷：长期债权投资——债券投资——溢折价　　　100

　　　　投资收益　　　　　　　　　　　　　　　400

3）以后两年计算应计利息的会计分录同上，其溢价摊销表，如表5-2所示。

4）债券到期，收回本息时：

借：银行存款　　　　　　　　　　　　　　　13 000

　　贷：长期债权投资——债券投资——面值　　10 000

　　　　——债券投资——应计利息　　　　　 3 000

（2）溢价摊销采用实际利率法，见例6-28的资料并根据表6-4的计算。作如下会计分录：

1）购入债券时：

借：长期债权投资——债券投资——面值　　　60 000

　　长期债权投资——债券投资——溢折价　　 4 548

　　财务费用　　　　　　　　　　　　　　　　 300

　　贷：银行存款　　　　　　　　　　　　　64 848

2）年度终了根据"债券溢价摊销表"，如表6-4所示，作会计分录如下：

2001年末

借：长期债权投资——债券投资——应计利息　　7 200

　　贷：长期债权投资——债券投资——溢折价　 745.20

　　　　投资收益　　　　　　　　　　　　　6 454.80

2002年末

借：长期债权投资——债券投资——应计利息　　7 200

　　贷：长期债权投资——债券投资——溢折价　 819.72

　　　　投资收益　　　　　　　　　　　　　6 380.28

2003年末

借：长期债权投资——债券投资——应计利息　　7 200

　　贷：长期债权投资——债券投资——溢折价　 901.69

　　　　投资收益　　　　　　　　　　　　　6 298.31

2004年末

借：长期债权投资——债券投资——应计利息　　7 200

　　贷：长期债权投资——债券投资——溢折价　 991.86

　　　　投资收益　　　　　　　　　　　　　6 208.14

2005年末

借：长期债权投资——债券投资——应计利息　　7 200

　　贷：长期债权投资——债券投资——溢折价　1 089.53

　　　　投资收益　　　　　　　　　　　　　6 110.47

3）债券到期，收回本息时。2006年1月1日债券到期，企业收到B公司归还的债券本金和利息96 000元，已存入银行。作会计分录如下：

借：银行存款　　　　　　　　　　　　　　　96 000

贷：长期债权投资——债券投资——面值　　60 000

　　　　——债券投资——应计利息　　36 000

（三）折价购入债券的核算

当企业购入债券其实际支付的价款低于债券面值时，称为折价购入。债券折价的主要原因是债券发行时，债券票面利率低于市场利率，这意味着企业在债券到期时实际应得到的利息会低于按市场利率计算的利息。而债券折价即购入债券价格低于债券面值的差额，正是企业将来各期少得利息的预先补偿。这部分预先补偿应在每期计算利息时分期摊销，从而使债券到期时，"长期投资——债券投资"的账面价值与债券面值相等。

现举例说明折价购入债券核算的会计处理：

1. 折价摊销采用直线法，见例 6-27 的资料，作如下会计分录：

（1）购入债券时：

借：长期债权债券——债券投资——面值　　10 000

　　贷：长期债权债券——债券投资——溢折价　　300

　　　　银行存款　　9 700

（2）每年计算应计利息时：

借：应收利息　　500

　　长期债权投资——债券投资——溢折价　　50

　　贷：投资收益　　550

（3）债券到期，收回本息时：

借：银行存款　　13 000

　　贷：长期债权投资——债券投资——面值　　10 000

　　　　应收利息　　3 000

2. 折价摊销采用实际利率法，见例 6-29 的资料，作如下会计分录：

（1）购入债券时：

借：长期债权投资——债券投资——面值　　60 000

　　财务费用　　300

　　贷：银行存款　　58 188

　　　　长期债权投资——债券投资——溢折价　　2 112

（2）年度终了根据"债券折价摊销表"，如表 6-5 所示，作会计分录如下：

2001 年末

借：长期债权投资——债券投资——应计利息　　7 200

　　长期债权投资——债券投资——溢折价　　325.44

　　贷：投资收益　　7 525.44

以后各年计提当年的应计利息并摊销债券的折价时，企业均应作与上述相同的会计分录。但各年的投资收益和应摊销的债券折价各有不同，其具体数字详见表 6-5。2005 年 12 月 31 日，该债券的折价金额 2 112 元已全部摊销完毕，"长期债权投资——债券投资——溢折价"科目无余额；"长期债权投资——债券投资——面值"科目的余额为 60 000 元，与债券的面值相等；"长期债权投资——债券投资——应计利息"科目的余额为 36 000 元，与按债券面值和票面利率计算的应收利息相等。

（3）债券到期，收回本息时。会计分录同上例。

借：银行存款 96 000

贷：长期债权投资——债券投资——面值 60 000

——债券投资——应计利息 36 000

第五节 长期投资减值的核算

一、长期投资减值准备的计提范围

长期股权投资减值准备的提取主要有两种情况：一是按成本法核算的、在活跃市场中没有报价、公允价值不能可靠计量的长期股权投资的减值；另一种是除第一种之外的其他按照本准则核算的长期股权投资的减值。

（一）按成本法核算的、在活跃市场中没有报价、公允价值不能可靠计量的长期股权投资的减值

按成本法核算的、在活跃市场中没有报价、公允价值不能可靠计量的长期股权投资，应当将该长期股权投资的账面价值与按类似金融资产当时市场收益率对其未来现金流量折现确定的现值之间的差额，确认为减值损失，计入当期损益。且该减值损失不得转回。

本类长期股权投资是否计提减值准备，可以根据下列迹象判断：

1. 影响被投资单位经营的政治或法律环境的变化，如税收、贸易等法规的颁布或修订，可能导致被投资单位出现巨额亏损；

2. 被投资单位所提供的商品或提供的劳务因产品过时或消费者偏好改变而使市场的需求发生变化，从而导致被投资单位财务状况发生严重恶化；

3. 被投资单位所在行业的生产技术等发生重大变化，被投资单位已失去竞争能力，从而导致财务状况发生严重恶化，如进行清理整顿、清算等；

4. 有证据表明该项投资实质上已经不能再给企业带来经济利益的其他情形。

当企业持有的本类长期股权投资出现上述迹象之一者，即可视为该投资已发生减值损失、可以计提减值准备。

（二）除第一种之外的其他长期股权投资的减值

房地产开发企业应当定期对长期投资的账面价值逐项进行检查，至少于每年年末检查一次。如果由于市价持续下跌或被投资单位经营状况变化等原因导致其可收回金额低于投资的账面价值，应将可收回金额低于长期投资账面价值的差额，计提长期投资减值准备，确认为当期投资损失。该资产减值损失一经确认，在以后会计期间不得转回。

可收回金额，是指企业资产的出售净价与预期从该资产的持有和投资到期处置中形成的预计未来现金流量的现值两者之中的较高者。其中，出售净价是指资产的出售价格减去所发生的资产处置费用后的余额。可收回金额应当根据被投资单位的财务状况、市场价值等具体情况确定。

对房地产开发企业持有的长期投资是否应当计提减值准备，可以根据下列迹象判断：

1. 市价持续 2 年低于账面价值；

2. 该项投资暂停交易 1 年或 1 年以上；

3. 被投资单位当年发生严重亏损；

4. 被投资单位持续 2 年发生亏损；

5. 被投资单位进行清理整顿、清算或出现其他不能持续经营的迹象。

当企业持有的长期股权投资出现上述迹象之一者，即可视为该投资已发生减值损失，可以计提减值准备。

对采用权益法核算的企业如果涉及到商誉的，在计提减值准备时首先要调整商誉的价值，商誉价值减为零后再计提减值准备。

在资产负债表中，长期投资项目应当按照减去长期投资减值准备之后的净额进行列报。

二、长期投资减值准备核算应设置的账户及其会计处理

为了核算企业提取的长期投资减值准备，房地产开发企业应设置"长期投资减值准备"账户。其贷方登记期末长期投资预计可收回金额低于其账面价值的差额；其借方登记长期投资减少时的冲销数。本账户期末贷方余额，反映企业已提取的长期投资减值准备。

现举例说明长期投资减值准备核算的会计处理。

【例 6-31】 某企业 2001 年末，"长期股权投资"的账面余额为 150 000 元，股票市值为 120 000 元。

企业应计提的减值准备＝150 000－120 000＝30 000（元）

会计分录如下：

借：投资收益   30 000
  贷：长期投资减值准备   30 000

【例 6-32】 某企业 2005 年末持有 A 公司有表决权股份的 30%，该长期股权投资的账面价值为 5 000 万元，在取得该项投资时，企业确认了 300 万元的商誉。根据相关资料分析得知，该长期股权投资目前的可回收金额为 4 230 万元。

分析：企业应计提的减值准备＝（5 000－4 230）－300＝470（万元）

借：投资收益   7 700 000
  贷：无形资产   3 000 000
    长期投资减值准备   4 700 000

思 考 题 与 习 题

思考题

1. 房地产企业的投资如何分类？有何特点？

2. 短期投资有何特点？短期投资应符合什么条件？

3. 短期投资的取得成本应如何确定？其投资损益应如何确认？

4. 短期投资的取得、收取现金股利和债券利息以及短期投资的处置应如何核算？

5. 短期投资期末应如何计价？企业应如何计提和核算短期投资跌价准备？

6. 长期股权投资有何特点？长期股权投资的初始投资成本应如何确定？

7. 长期股权投资应在什么情况下采用成本法核算？成本法有何优缺点？

8. 长期股权投资应在什么情况下采用权益法核算？权益法有何优缺点？

9. 长期债权投资有何特点？长期债权投资的初始投资成本应如何确定？

10. 长期债券投资的溢价或折价的摊销方法有哪几种？各有何优缺点？

11. 长期债券投资的利息应如何处理？

12. 长期债券投资损益应如何确定？

13. 长期投资减值准备的条件及判断标准有哪些？企业应如何核算长期投资减值准备？

习题一

一、目的

练习短期投资的核算。

二、资料

长顺房地产公司发生以下经济业务：

1. 企业 2004 年 4 月 10 日购入星冠股份有限公司的上市股票 15 000 股，每股面值 10 元，市价 15 元，另付手续费和税费 1 125 元。该股票 4 月 1 日已宣告未发放的股利为每股 0.20 元。4 月 18 日收到应收股利，4 月 26 日转让该股票，收到价款 260 000 元。

2. 公司 2004 年 6 月 1 日进行短期债券投资。购入光华公司在 2004 年 1 月 1 日发行的每年付息、票面利率 10% 的公司债券共计面值 50 000 元，购入价 52 000 元，另付经纪人佣金 200 元。该公司于 2005 年 3 月 1 日将此债券以 55 800 元出售，另付经纪人佣金 220 元。

3. 公司于 2004 年 7 月 10 日购买祥荣股份有限公司股票 15 000 股，每股买价 8 元，另付手续费和税费 600 元，实际支付款项共 120 600 元。祥荣股份公司已于 6 月 30 日宣告发放现金股利，每股为 0.30 元。7 月 15 日收到应收股利，同时以 50 000 元（其中手续费 250 元）购入祥荣公司发行的随时可变现的、年利率 8%、一年为期的债券。9 月 5 日，因急需资金将全部股票出售，收入 97 000 元，同时也将一年期的该公司债券全部出售，实得价款 50 500 元。

4. 公司接受天虹公司投资转入的康华公司股票 50 000 股，准备作为短期投资，双方确认的价值为 300 000 元。

三、要求

根据上述资料，编制会计分录。

习题二

一、目的

练习短期投资跌价准备的核算。

二、资料

某企业 2003 年 6 月 30 日"短期投资"科目的账面余额见表 6-6。

表 6-6

项　　目	2003 年 6 月 30 日			
	股　　数	成　　本	市　　价	预计跌价（损）益
短期投资——股票				
A 公司股票	15 000	225 000	210 000	(15 000)
B 公司股票	12 000	72 000	78 000	6 000
C 公司股票	8 000	80 000	72 000	(8 000)
小　　计	35 000	377 000	360 000	(17 000)
短期投资——债券				

项　目	2003 年 6 月 30 日			
	股　数	成　本	市　价	预计跌价（损）益
甲公司债券	—	100 000	110 000	10 000
乙公司债券	—	120 000	100 000	（20 000）
小　计	—	220 000	210 000	（10 000）
合　计	—	597 000	570 000	（27 000）

企业 2002 年 8 月 10 日出售 A 公司股票 5 000 股，每股出售价格 18 元，扣除相关税费 500 元，实际所得出售价格 89 500 元。

企业 2002 年 12 月 31 日按成本与市价孰低法计价。其成本与市价有关资料见表 6-7。

表 6-7

项　目	2003 年 6 月 30 日			
	股　数	成　本	市　价	预计跌价（损）益
短期投资——股票				
A 公司股票	10 000	150 000	160 000	10 000
B 公司股票	12 000	72 000	72 000	0
C 公司股票	8 000	80 000	68 000	（12 000）
小计	30 000	302 000	300 000	（2 000）
短期投资——债券				
甲公司债券	—	100 000	120 000	20 000
乙公司债券	—	120 000	110 000	（10 000）
小　计	—	220 000	230 000	10 000
合　计	—	597 000	530 000	8 000

三、要求

该企业分别按单项投资、投资类别、投资总体计提跌价损失准备，试编制相应的会计分录。

习题三

一、目的

练习长期股权投资的核算。

二、资料

某房地产企业发生下列经济业务：

1. 2001 年 5 月从虹广公司购入普通股 3 000 股，每股面值 5 元，购价 8 元。购买时支付经纪人佣金 320 元。虹广公司于 4 月初就宣布了每股 0.3 元的股利，企业于 5 月底收到该股利。2001 年底公司又发放每股 1 元的现金股利。企业于 2003 年 3 月以每股 10 元的价格将其出让。

2. 企业 2002 年 1 月 1 日以 2 000 000 元投资于长城公司，投资时长城公司所有者权益为 4 000 000 元，占有份额 50%，2002 年起 3 年长城公司税后利润及股利发放情况见表 6-8。

表 6-8

年　份	税后利润	分发股利
2002	486 000	80 000
2003	109 000	65 000
2004	−12 000	2 000

3. 企业于 2003 年平价购买海力股份有限公司当年发行的普通股股票 3 000 股中的 1 200 股，每股面值 100 元，2001 年海力股份有限公司实现税后利润 40 万元，该年按每股 5 元发放股利，企业如数收到股

利；2002 年海力股份有限公司发生亏损 10 万元，本年未发放股利。

4. 企业于 2004 年 7 月 1 日以银行存款 800 000 元投资于飞龙公司的普通股，占飞龙公司普通股的 30%，采用权益法核算。投资时飞龙公司的所有者权益总额为 2 500 000 元。

三、要求

1. 用成本法核算虹广股票投资，编制相关会计分录。

2. 用权益法核算长城股票投资，编制相关会计分录。

3. 用成本法和权益法分别对海力股份有限公司股票投资进行账务处理。

4. 对飞龙公司进行投资和产生的股权投资差额时的账务处理。

习题四

一、目的

练习长期债权投资的核算。

二、资料

某房地产企业发生下列经济业务：

1. 2001 年初以银行存款 260 000 元购入甲公司发行年利率 10% 三年期债券，债券面值 300 000 元，该债券每年年末付息，到期还本。按直线法分期摊销折价。

2. 2002 年初购入乙公司 2002 年 1 月 1 日发行的面值为 80 000 元、期限为 5 年，年利率为 12% 的债券。实际支付价款 96 000 元。该债券到期一次还本付息，溢价摊销采用直线法。

三、要求

根据资料，编制下列业务事项的会计分录：

1. 购入债券时。

2. 按直线法分期摊销溢折价与计算应计利息时。

3. 到期还本付息时。

习题五

一、目的

练习长期投资减值准备的核算。

二、资料

某房地产企业发生下列经济业务：

企业持有的 A 公司股票，采用成本法核算，2002 年 12 月 31 日，该项投资的账面价值为 260 000 元，由于该股票的市价持续两年低于市价，年末按市价计算其可收回的金额为 220 000 元，企业计提长期投资减值准备 40 000 元。

三、要求

根据资料，编制相关的会计分录。

第七章　固定资产核算

固定资产是指使用期限较长，单位价值较高，并且在使用过程中保持原有实物形态的资产，它是房地产开发企业从事开发经营的重要物质条件。固定资产的价值随着使用的磨损程度，逐渐地、部分地转化为受益期间的费用，通过计提折旧的方式计入有关开发产品成本或期间费用，其核算的正确与否，不仅会影响到企业资产负债表反映信息的质量，而且还会影响到利润表反映信息的质量。因此，房地产开发企业应加强对固定资产进行核算和管理。

第一节　固定资产核算概述

一、固定资产的概念

固定资产，指同时具有以下特征的有形资产：①生产商品、提供劳务、出租或经营管理而持有的；②使用寿命超过一个会计年度。

使用寿命，是指企业使用固定资产的预计期间，或者该固定资产所能生产产品或提供劳务的数量。

房地产开发企业使用寿命超过一个会计年度的房屋、建筑物、机器、机械、运输工具以及其他与生产经营有关的设备、器具、工具等，以及不属于生产经营主要设备的物品，也应当作为固定资产。

二、固定资产的确认条件

固定资产的确认，除上述两个特征以外，还需要符合以下条件：

（1）该固定资产包含的经济利益很可能流入企业；

（2）该固定资产成本能够可靠地计量。

企业的环保设备和安全设备等资产，虽然不能直接为企业带来经济利益，却有助于企业从相关资产获得经济利益，也应当确认为固定资产，但这类资产与相关资产的账面价值之和不能超过这两类资产可收回金额总额。

在实际工作中，房地产开发企业应根据《企业会计制度》、《企业会计准则——固定资产》的规定，并结合本企业的实际情况制定固定资产目录、分类方法、预计净残值、预计使用年限、折旧方法等，并将其编制成册，报审批机构审批。以上内容一经确定不得随意变更，如需变更应按照有关程序再次报送审批机构，经批准后再报送有关各方备案，并在会计报表附注中予以说明。

第二节　固定资产分类和计价

一、固定资产的分类

房地产开发企业所使用的固定资产种类繁多，规格不一，为了加强管理，便于组织核算，有必要进行科学、合理的分类。通常使用的分类方法有以下几种：

（一）按固定资产的经济用途分类

可分为经营用固定资产和非经营用固定资产。

1. 经营用固定资产，是指企业直接用于开发经营方面的各种固定资产。具体包括：

（1）房屋及建筑物，是指企业为开发经营所使用的房屋和建筑物以及与房屋不可分割的各种附属设备，如水、暖、电、卫生、通讯等设备。

（2）施工机械，是指企业为开发产品所使用的各种施工机械，如起重机械、挖掘机械、土方铲运机械、凿岩机械、基础及凿井机械、钢筋及混凝土机械等。

（3）运输设备，是指企业运载物资用的各种运输设备，如汽车等，包括作为运输设备组成部分的附属装置。

（4）生产设备，是指企业加工、维修用的各种机器设备，如木工加工机械、金属切削机床、锻压设备、焊接及切割设备、动力设备、维修专用设备及其他加工设备等。

（5）仪器及试验设备，是指企业对材料、工艺等进行研究试验用的各类仪器和设备，如计量仪器、测绘仪器、探测仪器等。

（6）其他经营用固定资产，是指不属于以上各类的其他经营用固定资产，如办公用具、消防用具以及行政管理用车等。

2. 非经营用固定资产，是指企业不直接服务于开发经营方面的固定资产。如职工宿舍、招待所、幼儿园、食堂、浴室、理发室等使用的房屋、设备和其他固定资产等。

这种分类，可以反映出房地产开发企业经营用固定资产和非经营用固定资产各自所占的比重，便于分析固定资产的组成、用途及其变化情况，从而了解企业的生产能力和职工生活条件的改善情况。

（二）按固定资产使用情况分类

可分为使用中固定资产、未使用固定资产和不需用固定资产。

1. 使用中的固定资产

是指企业正在使用中的经营性和非经营性固定资产。由于季节性经营或大修理等原因，暂时停止使用的固定资产仍属于企业使用中的固定资产，企业出租给其他单位使用的固定资产和内部替换使用的固定资产也属于使用中的固定资产。

2. 未使用的固定资产

是指企业已完工或已购建的尚未达到预定可使用状态前的新增固定资产以及因进行改建、扩建等原因暂停使用的固定资产。如企业购建的尚待安装的固定资产、因经营任务变更而停止使用的固定资产等。

3. 不需用的固定资产

是指本企业多余或不适用，需要调配处理的各种固定资产。

这种分类，有助于反映房地产开发企业固定资产的使用情况，同时也便于企业分析、考核固定资产的利用程度，并据以正确地计算固定资产折旧，促使企业及时处理不需用的固定资产，从而提高固定资产的利用效率。

（三）按固定资产的所有权分类

可分为自有固定资产和租入固定资产。

1. 自有固定资产

是指所有权归企业所有的固定资产。包括自用固定资产和租出固定资产。其中，租出固定资产是指企业以经营租赁方式出租给外单位使用的多余、闲置的固定资产。不包括用于出租经营的房屋，因为它们是出租开发产品，是存货的一种，属于企业的流动资产。

2. 租入固定资产

是指企业采用租赁方式从其他单位租入的，企业只有使用权而没有所有权，且使用时需要支付租金的固定资产。租入固定资产可以分为经营租入固定资产和融资租入固定资产两类。

这种分类，有助于反映房地产开发企业固定资产的产权关系，便于了解企业固定资产的来源，有利于企业合理地确定计提折旧的范围，便于企业加强对固定资产实物的管理。

（四）按综合标准分类

即将上述三种分类方法相结合对固定资产进行的分类，可将固定资产分为七大类：

1. 经营用固定资产。

2. 非经营用固定资产。

3. 租出固定资产，是指在经营性租赁方式下出租给外单位使用的固定资产。

4. 不需用固定资产。

5. 未使用固定资产。

6. 融资租入固定资产，是指企业以融资租赁方式租入的固定资产，在租赁期内，应视同企业自有固定资产进行管理。

7. 土地，是指过去已经估价单独入账的土地。因征地而支付的补偿费，应计入与土地有关的房屋、建筑物的价值内，不单独作为土地价值入账。企业取得的土地使用权不能作为固定资产进行核算和管理。

这种分类，有助于反映房地产开发企业固定资产的构成情况、使用情况和所有权状况，促使企业合理使用和配备固定资产，充分挖掘固定资产的潜力，不断提高固定资产的利用率。

在实际工作中，房地产开发企业除可以按上述方法进行分类以外，还可以根据各自的具体情况和经营管理、会计核算的需要，选择适合本企业的分类标准，对固定资产进行必要的分类。

二、固定资产的计价

固定资产的计价，是指以货币为计量单位，按照国家统一规定的计价原则，计算和确定每一项固定资产的价值量。

（一）固定资产的计价方法

固定资产的计价方法取决于不同的计价目的。计价目的不同，所采用的方法也不同。

固定资产的计价方法主要有以下三种：

1. 按原始价值计价

原始价值也称作历史成本或原始购置成本，它是指企业购建某项固定资产达到预定可使用状态前所发生的一切合理、必要的支出。一般包括固定资产买价、运杂费、保险费、包装费、安装成本和缴纳的税金等。这种计价方法具有客观性和可验证性，是固定资产的基本计价方法。

企业新购建固定资产的计价、确定计提折旧的依据等一般都采用这种方法。但在经济环境和社会物价水平发生变化时，按这种方法计价则不能反映固定资产的真实价值，以此为前提所反映的企业财务状况的真实性也必然会有"水分"。

2. 按重置完全价值计价

重置完全价值也称作现时重置成本，它是指在现时的生产技术条件下，重新购建同样的固定资产所需要的全部支出。这种计价方法可以比较真实地反映固定资产的现时价值，但其具体操作比较复杂，不易实行。因此，这种方法一般仅在清查财产中发现盘盈的固定资产、无法确定其原始价值时使用。

3. 按净值计价

固定资产净值也称折余价值，它是指固定资产原始价值或重置完全价值减去累计折旧后的净额。这种方法可以反映企业实际占用在固定资产上的资金，主要用于计算固定资产盘盈、盘亏、减值和毁损等溢余或损失等。

用净值与原始价值或重置完全价值相比较，还可以了解固定资产的新旧程度，便于企业适时地对固定资产进行更新。

（二）固定资产的初始计量

房地产开发企业固定资产初始计量的基本原则是按成本入账。其中，成本包括企业为购建某项固定资产达到预定可使用状态前所发生的一切合理的、必要的支出。但由于固定资产的取得方式不同，其价值构成的具体内容也有所不同。

1. 外购的固定资产

（1）外购固定资产的成本，包括购买价款、相关税费（增值税、进口关税等）、使固定资产达到预定可使用状态前所发生的可归属于该项资产的运输费、装卸费、安装费和专业人员服务费等。

【例7-1】 某房地产企业购入一台设备，发票价格为60 000元，增值税税率为17%为10 200元，发生安装费为2 500元，设备已交付使用。

【解】 外购设备的成本＝60 000＋10 200＋2 500＝72 700（元）

（2）以一笔款项购入多项没有单独标价的固定资产，应当按照各项固定资产公允价值比例对总成本进行分配，分别确定各项固定资产的成本。

【例7-2】 某房地产企业购入一套设备，由甲、乙、丙3台机器组成，总价款为60 000元，增值税10 200元，无安装费，运费为600元。假定甲、乙、丙各自的公允价值分别为：11 000元、22 000元、33 000元。

【解】 首先确定各机器占该套设备总成本的比例：

甲机器应分摊的比例：[11 000/(11 000＋22 000＋33 000)]×100%＝16.7%

乙机器应分摊的比例：[22 000/(11 000＋22 000＋33 000)]×100%＝33.3%

丙机器应分摊的比例:[33 000/(11 000＋22 000＋33 000)]×100％＝50％

再确定各机器应分摊的成本:

甲机器应分摊的成本:70 800×16.7％＝11 800

乙机器应分摊的成本:70 800×33.3％＝23 600

丙机器应分摊的成本:70 800×50％＝35 400

（3）购买固定资产的价款超过正常信用条件延期支付，实质上具有融资性质的，固定资产的成本以购买价款的现值为基础确定。实际支付的价款与购买价款的现值之间的差额，除按照规定应予资本化的以外，应当在信用期间内计入当期损益。

2. 自行建造的固定资产

按照建造该项资产达到预定可使用状态前所发生的必要支出，作为入账价值。

3. 投资者投资转入的固定资产

按照投资各方确认的价值，作为入账价值。

4. 融资租入的固定资产

按照租赁开始日租赁资产的原账面价值与最低租赁付款额的现值两者中较低者，作为入账价值。

5. 改建、扩建的固定资产

在原有固定资产的基础上进行改建、扩建的固定资产，按照原有固定资产的账面原价减去改、扩建过程中发生的变价收入，再加上由于改、扩建而使该项资产达到预定可使用状态前发生的支出，作为入账价值。

6. 企业接受的债务人以非现金资产抵偿债务方式取得的固定资产，或以应收债权换入的固定资产

按照应收债权的账面价值加上应支付的相关税费，作为实际成本。

（1）收到补价的，按应收债权的账面价值减去补价，加上应支付的相关税费，作为固定资产的入账价值；

（2）支付补价的，按应收债权的账面价值加上支付的补价和应支付的相关税费，作为固定资产的入账价值。

7. 非货币性交易取得的固定资产

按照换出资产的账面价值加上应支付的相关税费，作为固定资产的入账价值。

（1）收到补价的，按换出资产的账面价值加上应确认的收益和应支付的相关税费再减去所收到的补价之后的余额，作为固定资产的入账价值；

（2）支付补价的，按换出资产的账面价值加上支付的补价和应支付的相关税费，作为固定资产的入账价值。

8. 接受捐赠的固定资产

应按以下规定确定其入账价值:

（1）捐赠方提供了有关凭据的，按凭据上标明的金额加上应支付的相关税费，作为入账价值。

（2）捐赠方没有提供有关凭据的，按以下顺序确定其入账价值:

1）同类或类似固定资产存在活跃市场的，按同类或类似固定资产的市场价格估计的金额，加上应支付的相关税费，作为入账价值；

2）同类或类似固定资产不存在活跃市场的，按该接受捐赠的固定资产的预计未来现金流量现值，作为入账价值。

（3）如接受捐赠的系旧的固定资产，依据上述方法确定的新固定资产价值，减去按该项资产的新旧程度估计的价值损耗后的余额，作为入账价值。

9. 盘盈的固定资产

按以下规定确定其入账价值：

（1）同类或类似固定资产存在活跃市场的，按同类或类似固定资产的市场价格，减去按该项资产的新旧程度估计的价值损耗后的余额，作为入账价值；

（2）同类或类似固定资产不存在活跃市场的，按该项固定资产的预计未来现金流量现值，作为入账价值。

10. 经批准无偿调入的固定资产

按调出单位的账面价值加上发生的运输费、安装费等相关费用，作为入账价值。

另外，企业购建固定资产交纳的契税、耕地占用税、车辆购置税等相关税费，也计入固定资产价值；企业为购建固定资产的专门借款所发生的借款费用，以及外币专门借款的汇兑差额，在所购建固定资产达到预定可使用状态前，予以资本化，计入所购建固定资产的成本；已投入使用但尚未办理移交手续的固定资产，可先按估计价值记账，待确定实际价值后，再进行调整。

企业已经入账的固定资产，除发生下列情况外，不得任意调整其账面价值：

（1）根据国家规定对固定资产价值重新估价；

（2）增加补充设备或改良装置；

（3）将固定资产的一部分拆除；

（4）根据实际价值调整原来的暂估价值；

（5）发现原记固定资产价值有错误。

第三节 固定资产增加的核算

一、固定资产增加核算应设置的账户

为了核算固定资产增加、减少、磨损以及减值情况，房地产开发企业应设置下列有关的会计账户。

（一）"固定资产"账户

"固定资产"账户核算房地产开发企业所有固定资产的原价，它属于资产类账户。其借方登记从不同渠道增加的固定资产的原价；贷方登记因各种原因而减少的固定资产的原价。期末借方余额，反映企业期末固定资产的账面原价。企业应根据本企业的固定资产目录，设置"固定资产登记簿"和"固定资产卡片"，按固定资产类别、使用部门和每项固定资产进行明细核算。

（二）"累计折旧"账户

"累计折旧"账户核算房地产开发企业固定资产因使用而损耗掉的价值，它属于资产类账户，是"固定资产"账户的抵减调整账户。其贷方登记企业按月计提的固定资产折旧和因增加固定资产而转入的折旧；借方登记企业因各种原因减少固定资产而相应转出的账面已提折旧。期末贷方余额反映企业提取的固定资产折旧累计数。本账户只进行总分类核算，不进行明细分类核算。如果需要查明某项固定资产的已提折旧，可以根据固定资产卡片上所记载的该项固定资产原值、折旧率和实际使用年数等资料进行核算。

（三）"在建工程"账户

"在建工程"账户核算房地产开发企业进行各项固定资产购建工程所发生的实际支出。包括新建固定资产工程，改、扩建固定资产工程，大修理工程以及购入需要安装设备的安装工程等。它属于资产类账户，其借方登记固定资产购建工程已经发生的全部支出；贷方登记改、扩建工程发生的变价收入和已完工交付使用工程的实际成本。期末借方余额反映尚未完工的在建工程发生的各项实际支出。本账户应设置"建筑工程"、"安装工程"、"在安装设备"、"技术改造工程"、"大修理工程"、"其他支出"等明细账户进行核算。

（四）"工程物资"账户

"工程物资"账户核算房地产开发企业为基建工程、更改工程和大修理工程准备的各种物资的实际成本，包括为工程准备的材料、尚未交付安装的需要安装设备的实际成本，以及预付大型设备款和基本建设期间根据项目概算购入为生产准备的工具及器具等的实际成本。它属于资产类账户，其借方登记企业购入为工程准备物资的实际成本（包括专用发票上注明的增值税额），企业为购置大型设备而预付的款项以及工程完工后对领出的剩余物资办理的退库手续等；贷方登记工程领用工程物资，工程完工将为生产准备的工具及器具交付生产使用时的实际成本等。期末借方余额反映工程购入但尚未领用的专用材料的实际成本、购入需要安装设备的实际成本，以及为生产准备但尚未交付的工具及器具的实际成本等。本账户应设置"专用材料"、"专用设备"、"预付大型设备款"、"为生产准备的工具及器具"等明细账户进行核算。

（五）"待处理财产损溢——待处理固定资产损溢"账户

本账户及其明细账户核算房地产开发企业在清查财产过程中查明的各种固定资产的盘盈、盘亏和毁损的价值。其借方登记盘亏和毁损的固定资产和经批准后转销的固定资产盘盈数；贷方登记盘盈的固定资产和经批准后转销的固定资产盘亏及毁损数。本账户处理前的借方余额，反映尚未处理的各种固定资产的净损失；处理前的贷方余额，反映企业尚未处理的各种固定资产的净溢余。期末，处理后本账户应无余额。

二、固定资产增加的核算

房地产开发企业增加固定资产的渠道不同，其原始价值的构成不同，在核算方法上也有所不同。

（一）购入固定资产的核算

房地产开发企业购入的固定资产分为不需要安装和需要安装两种情况。

1. 购入不需要安装的固定资产

是指购入的固定资产可以直接交付使用。在会计核算上，如果购入的是新的固定资产，则按其实际支出直接记入"固定资产"账户；如果购入的是已使用过的固定资产，则应按售出单位的固定资产账面原价，作为固定资产原价，按实际支付的价款，作为固定资产净值，将二者差额作为已提折旧。如果实际支付的价款大于售出单位的固定资产账面原价，则以实际支付的价款作为购入固定资产的原价。

【例7-3】 企业购入一台不需要安装的设备，发票价格50 000元，增值税8 500元，发生的运杂费等支出1 500元，款项已支付。

会计分录如下：

借：固定资产   60 000
  贷：银行存款   60 000

【例7-4】 企业购入已使用过的不需要安装设备一台，售出单位账面原价150 000元，已提折旧68 000元，实际支付价款80 000元，支付运杂费等2 000元。

会计分录如下：

借：固定资产   150 000
  贷：累计折旧   68 000
    银行存款   82 000

2.购入需要安装的固定资产

是指购入的固定资产需要经过安装以后才能交付使用。在会计核算上，企业购入的固定资产以及发生的安装费用等均应通过"在建工程"账户核算，待安装完毕后再由"在建工程"账户转入"固定资产"账户；如果购入的是已使用过的固定资产，则应按售出单位的固定资产账面原价，扣除原安装成本，加上新安装成本和运杂费等其他支出，作为固定资产原价，实际支付的价款，作为固定资产净值，将二者之间的差额作为已提折旧。

【例7-5】 企业购入设备一台，买价80 000元，增值税13 600元，运杂费1 600元，并已交付安装，支付安装费4 000元，该设备现已达到预定可使用状态。

（1）购入时：

借：在建工程——在安装设备   95 200
  贷：银行存款   95 200

（2）支付安装费时：

借：在建工程——在安装设备   4 000
  贷：银行存款   4 000

（3）达到预定可使用状态时：

借：固定资产   99 200
  贷：在建工程——在安装设备   99 200

【例7-6】 企业购入一台已使用过的设备，售出单位账面原价250 000元，原安装成本20 000元，新发生的安装成本15 000元，该设备的买价及运杂费等180 000元，现已达到预定可使用状态。作如下会计分录：

（1）购入时：

借：在建工程——在安装设备   180 000
  贷：银行存款   180 000

（2）支付安装费时：

借：在建工程——在安装设备   15 000
  贷：银行存款   15 000

（3）达到预定可使用状态时：

借：固定资产	230 000
贷：累计折旧	35 000
在建工程——在安装设备	195 000

（二）自行建造固定资产的核算

房地产开发企业自行建造固定资产可采用两种方式，一是自营方式，二是出包方式。

1. 自营建造固定资产

自营建造固定资产，是指企业根据工程要求自行组织工程物资，自行施工建造，使工程达到预计的使用状态。

建造过程中的费用支出（包括工程用物资成本、人工成本、应予以资本化的固定资产借款费用、交纳的相关税金以及应分摊的其他间接费用等确定其工程成本）应通过"在建工程"账户核算，建造完成达到了可使用状态时将"在建工程"账户中归集的全部实际支出作为固定资产原价转入"固定资产"账户。

固定资产达到预定可使用状态后剩余的工程物资，如转作原材料，应按其实际成本或计划成本，转作企业的库存材料。盘盈、盘亏、报废、毁损的工程物资，减去保险公司、过失人赔偿的余额，分别情况处理：如果工程项目尚未达到预定可使用状态，计入或冲减所建工程项目的成本；如果工程项目已经达到预定可使用状态，计入当期营业外支出。工程达到预定可使用状态前因必须进行试运转所发生的净支出，计入工程成本。

如果所建造的固定资产已达到预定可使用状态，但尚未办理竣工决算的，应当自达到预定可使用状态之日起，根据工程预算、造价或者工程实际成本等，按暂估价值转入固定资产成本，待办理竣工结算再作调整。

【例 7-7】 某房地产开发企业自行施工建造办公楼一幢，用银行存款支付为该项工程购入材料物资（不含税价）750 000 元，其中增值税 127 500 元；该项施工中应负担职工工资 240 000 元，所购材料物资全部耗用，为工程借款而发生的利息 80 000 元，办公楼现已达到预定可使用状态。

会计分录如下：

（1）购入工程用物资时：

| 借：工程物资 | 877 500 |
| 贷：银行存款 | 877 500 |

（2）领用材料时：

| 借：在建工程——建筑工程 | 877 500 |
| 贷：工程物资 | 877 500 |

（3）分配工资时：

| 借：在建工程——建筑工程 | 240 000 |
| 贷：应付工资 | 240 000 |

（4）发生借款利息时：

| 借：在建工程——建筑工程 | 80 000 |
| 贷：长期借款 | 80 000 |

（5）达到预定可使用状态时：

| 借：固定资产 | 1 197 500 |

贷：在建工程——建筑工程	1 197 500

2. 出包工程

企业通过出包工程方式建造的固定资产，按应支付给承包单位的工程价款作为该项固定资产的成本。

【例7-8】 企业将职工宿舍一幢出包给某施工单位承建，预付工程款400 000元，工程完工决算，还需补付工程款800 000元，宿舍现已达到预定可使用状态。

会计分录如下：

（1）预付工程款时：

借：应付账款——某施工单位	400 000
贷：银行存款	400 000

（2）结算并补付工程款时：

借：在建工程——建筑工程	1 200 000
贷：应付账款——某施工单位	400 000
银行存款	800 000

（3）达到预定可使用状态时：

借：固定资产	1 200 000
贷：在建工程——建筑工程	1 200 000

（三）改扩建固定资产的核算

房地产开发企业在原有固定资产基础上进行的改建或者改良的工程，也可采用自营或出包方式。在会计核算上，对改、扩建过程中所发生的有关经济业务，先通过"在建工程"账户核算，待改、扩建工程完工后，再将新增加（增加数为改扩建支出减去改扩建过程中发生的变价收入后的差额）的固定资产价值自"在建工程"账户转入"固定资产"账户。

【例7-9】 某房地产开发企业改、扩建办公楼，该办公楼原价800 000元，扩建中拆除的旧料作价10 000元已入库，支付扩建工程价款400 000元，工程应负担的职工工资80 000元，该办公楼现已达到预定可使用状态。

作如下会计分录：

（1）转入扩建时：

借：固定资产——未使用固定资产	800 000
贷：固定资产——非生产经营用固定资产	800 000

（2）旧料入库时：

借：原材料	10 000
贷：在建工程——建筑工程	10 000

（3）支付工程款及分配工资时：

借：在建工程——建筑工程	480 000
贷：银行存款	400 000
应付工资	80 000

（4）结转新增固定资产价值时：

借：固定资产——未使用固定资产	470 000

贷：在建工程——建筑工程　　　　　470 000

（5）达到预定可使用状态时：

借：固定资产——非生产经营用固定资产　　1 270 000

贷：固定资产——未使用固定资产　　1 270 000

（四）投资人投入固定资产的核算

投资者投入的固定资产是企业的原始资本之一，在投资人投入固定资产时，固定资产的入账价值按投资各方确认的价值作为入账价值。

【例 7-10】　企业收到 A 公司投资的设备一台，其账面原价 2 000 000 元，已提折旧500 000 元，经双方确认，同意按该设备的原账面净值 1 500 000 元为投资额。

会计分录如下：

借：固定资产　　　　　1 500 000

贷：实收资本　　　　　1 500 000

（五）租入固定资产的核算

企业在生产经营过程中，由于投入固定资产的限制或考虑企业资金成本等方面的原因，或对企业的临时性或季节性对固定资产的需要，企业一般经常采用租赁方式以解决对固定资产的需要。租赁是指在约定的期间内，出租人将资产使用权让与承租人以获取租金的协议。租赁按与租赁资产的所有权相关的风险和报酬归属于出租人或承租人的程度为依据分为融资租赁和经营租赁。融资租赁是指实质上转移了与租赁资产所有权有关的全部风险和报酬的租赁。经营租赁是指除融资租赁以外的其他租赁。

1. 经营性租入的固定资产

经营性租赁租入固定资产，主要是解决因临时性、季节性等原因造成的固定资产临时短缺的一种形式。在经营租赁中，租赁资产的所有权不转移，租赁期满后，承租人只有退租或续租的选择权，因此在经营性租赁过程中，由于固定资产的所有权仍归出租人，在会计核算中，承租人在预付租金时一般借记"待摊费用"科目，贷记"银行存款"科目，在固定资产使用期内进行摊销时借记"管理费用"或"开发成本"等科目，贷记"待摊费用"科目。

2. 融资租入的固定资产

融资租赁方式租入固定资产，在固定资产租赁期间虽然所有权尚未转移，但其全部的风险和报酬已全部转移到承租方。因此从实质上看融资租入的固定资产应作为企业资产入账，并按固定资产的核算办法进行处理，应由承租企业计提折旧。

融资租赁固定资产的确认标准为：

（1）在租赁届满时，租赁资产的所有权转移给承租人。

（2）承租人有购买租赁资产的选择权，所订立的购价预计将远低于行使选择权时租赁资产的公允价值，因而在租赁开始日就可以合理确定承租人将会行使这种选择权。

（3）租赁期占租赁资产尚可使用年限的大部分。这里所指"尚可使用年限的大部分"是指 75%（含 75%）以上。

（4）就承租人而言，租赁开始日，最低租赁付款额的现值几乎相当于租赁开始日租赁资产原账面价值。其中，这里指"几乎相当于"是指 90%（含 90%）以上。

（5）租赁资产性质特殊，如果不作较大修整，只有承租人才能使用。

最低租赁付款额，是指在租赁期内，承租人应支付或可能要求支付的各种款项（不包括或有租金和履约的成本），加上由承租人或与其有关的第三者担保的资产原值。但是，如果承租人有购买租赁资产的选择权，所订立的购价预计将远低于行使选择权时租赁资产的公允价值，因而在租赁开始日，就可以合理确定承租人将会行使这种选择权，则购买价格也应当包括在内。

企业在融资租赁固定资产的核算时入账价值的确定，一般情况在租赁开始日，承租人应当将租赁开始日租赁资产原账面价值与最低租赁付款额的现值两者中较低者作为租入资产的入账价值，按其确定的入账价值借记"固定资产——融资租入固定资产"科目，将最低租赁付款额作为长期应付款的入账价值贷记"长期应付款——应付融资租赁费"科目，按其差额，借记"未确认融资费用"科目。但是，如果企业融资租入资产总额小于其资产总额的30％（含30％）时，在租赁开始日，企业也可以直接采用最低租赁付款额记录租入资产和长期应付款，即在租入时，按最低租赁付款额借记"固定资产——融资租赁固定资产"科目，贷记"长期应付款——应付融资租赁款"科目。另外，在租赁谈判和签订租赁合同过程中，承租人发生的可直接归属于租赁项目的初始直接费用，如印花税、佣金、律师费应当作为当期费用。

【例7-11】 万禾房地产公司自2000年1月1日至2002年12月31日向甲企业租入不需安装的施工设备一台，该设备在2000年1月1日的原账面价值为80万元，租赁费用分期支付，每半年支付一次，半年租金为17万元，该机器预计使用年限为5年，期满后无残值。租赁期满时，企业享有优惠购买该机器的选择权，购买价为1 200元，预计该日此项租赁资产的公允价值为8万元。万禾房地产公司折旧采用平均年限法，其租赁的资产占资产总额的30％以下，另在交易中支付佣金2 100元，用银行存款支付。

账务处理如下：

（1）确认租赁资产类型：

优惠购买价1 200元远低于行使选择权日租赁资产的公允价值8万元。因此，可以判断此项资产为融资租赁资产。

（2）确定租赁资产入账价值：

最低租赁付款额＝各期租金之和＋行使优惠购买选择权支付的金额

$$＝170\ 000×10+1\ 200$$

$$＝1\ 701\ 200（元）$$

（3）账务处理：

1）租赁资产入账时

借：固定资产——融资租入资产　　　　　　　　　1 021 200

　　贷：长期应付款——应付融资租赁款　　　　　　1 021 200

2）支付佣金时

借：管理费用　　　　　　　　　　　　　　　　　2 100

　　贷：银行存款　　　　　　　　　　　　　　　　2 100

3）每期支付租金时

借：长期应付款——应付融资租赁款　　　　　　　170 000

　　贷：银行存款　　　　　　　　　　　　　　　　170 000

4）每月计提折旧时

借：开发成本   17 020

  贷：累计折旧   17 020

5）租赁期满支付购买价款

借：长期应付款——应付融资款项 1 200

  贷：银行存款   1 200

同时：

借：固定资产   1 021 200

  贷：固定资产——融资租入资产 1 021 200

（六）接受捐赠的固定资产

房地产开发企业接受捐赠的固定资产，在会计核算上，按所确定的固定资产原价记入"固定资产"账户，按估计的折旧记入"累计折旧"账户，按未来应交的所得税记入"递延税款"账户，按借贷金额的差额记入"资本公积"账户。

【例 7-12】 企业接受某单位捐赠的一台设备，设备已经使用过，估计折旧 20 000 元，按照同类设备的市场价格确认其原价为 50 000 元，另外以银行存款支付运杂费 1 000 元，所得税税率 33%。

作如下会计分录：

借：固定资产   51 000

  贷：累计折旧   20 000

    银行存款   1 000

    递延税款   10 230

    资本公积   19 770

（七）以非货币性资产换入固定资产的核算

房地产开发企业以非货币性交易换入固定资产，包括短期投资、存货、固定资产、无形资产、长期股权投资、长期债权投资等形式。下面仅以短期投资为例说明在不涉及补价情况下的会计处理：

借：固定资产（换出短期投资的账面价值加上支付的相关税费）

  短期投资跌价准备（换出短期投资已计提的跌价准备）

  贷：短期投资（换出短期投资的账面余额）

    银行存款等（支付的相关费用）

（八）债务重组换入固定资产的核算

房地产开发企业接受抵债取得的固定资产，应作如下会计分录：

1. 不涉及补价时：

借：固定资产（应收债权的账面价值加相关税费）

  坏账准备（该项应收债权已计提的坏账准备）

  贷：应收账款

    银行存款

2. 涉及补价时：

（1）收到补价的：

借：固定资产

　　银行存款（收到的补价）

　　坏账准备

　　贷：应收账款等

　　　　银行存款等

（2）支付补价的：

借：固定资产

　　坏账准备

　　贷：应收账款等

　　　　银行存款等（应支付的补价和相关税费）

第四节　固定资产折旧的核算

一、固定资产折旧的概念

固定资产的价值是随着资产使用而逐渐损耗，并转移到开发产品成本或企业的期间费用中去，这部分逐渐转移的价值就是固定资产折旧，它将随着开发产品销售收入的实现而得到补偿。

二、固定资产计提折旧的范围

企业应当对所有固定资产计提折旧。计提折旧的固定资产，包括房屋及建筑物；在用的施工机械、运输设备、生产设备、仪器仪表、工具器具，季节性停用、大修理停用的固定资产，融资租赁方式租入和经营租赁方式租出的固定资产，未使用和不需用的固定资产。

不计提折旧的固定资产，包括已提足折旧仍继续使用的固定资产，提前报废的固定资产，按照规定单独估价作为固定资产入账的土地。

在会计实务中，企业一般应按月计提固定资产折旧。当月增加的固定资产，当月不计提折旧，从下月起计提折旧；当月减少的固定资产，当月照提折旧，从下月起停止计提折旧。提前报废的固定资产，不补提折旧，其净损失计入营业外支出；固定资产提足折旧后，不论能否继续使用，均不再提取折旧。其中，提足折旧是指已经提足该项固定资产的应计折旧总额。应计折旧总额是指应当计提折旧的固定资产原价扣除其预计净残值后的余额，如果已对固定资产计提减值准备，还应当扣除已计提的固定资产减值准备累计金额。

三、影响固定资产折旧的因素

影响固定资产折旧的因素主要有三个方面，即固定资产原值、固定资产的预计净残值和固定资产的预计使用年限。

1. 固定资产原值

固定资产原值一般为取得固定资产的原始成本，即固定资产的账面原价。以固定资产的原始成本作为计算折旧的基数，可以使折旧的计算建立在客观的基础上，不容易受会计人员主观因素的影响。

2. 预计净残值

预计净残值是指固定资产报废时，预计可以收回的残余价值扣除预计清理费用后的数额。固定资产账面原值减去预计净残值即为固定资产应计提的折旧总额。

预计净残值，是指假定固定资产预计使用寿命已满并处于使用寿命终了时的预期状态，企业目前从该项资产处置中获得的扣除预计处置费用后的金额。

3. 预计使用年限

预计使用年限是指固定资产预计经济使用年限，即折旧年限。固定资产使用年限的长短直接影响各期应计提的折旧数额。企业应根据国家的有关规定，结合本企业的具体情况，合理确定固定资产的使用年限。

企业应当根据固定资产的性质和使用情况，合理确定固定资产的使用寿命和预计净残值。固定资产的使用寿命、预计净残值一经确定，不得随意变更。但是，企业至少应当于每年年度终了，对固定资产的使用寿命、预计净残值和折旧方法进行复核。

四、固定资产折旧方法

房地产开发企业计提固定资产折旧，一般采用平均年限法和工作量法。对技术进步较快或使用寿命受工作环境影响较大的施工机械和运输设备，可以采用双倍余额递减法或年数总和法计提折旧。

（一）平均年限法

平均年限法又称直线法，是指按固定资产预计使用年限平均计算折旧的一种方法。采用这种方法计算的每期（年、月）折旧额都是相等的。其计算公式如下：

$$固定资产年折旧率 = \frac{固定资产原值 - 预计净残值}{固定资产原值 \times 预计使用年限} \times 100\%$$

或

$$= \frac{1 - 预计净残值率}{固定资产预计使用年限} \times 100\%$$

固定资产月折旧率 ＝ 固定资产年折旧率 ÷ 12

固定资产月折旧额 ＝ 固定资产原值 × 固定资产月折旧率

【例 7-13】 企业某台设备原价 500 000 元，预计使用 10 年，预计净残率 4%。计算该设备的折旧率和折旧额。

折旧率和折旧额为：

年折旧率 ＝ （1−4%）÷10×100% ＝ 9.6%

月折旧率 ＝ 9.6% ÷ 12 ＝ 0.8%

月折旧额 ＝ 500 000 × 0.8% ＝ 4 000 （元）

固定资产折旧率有三种，即个别折旧率、分类折旧率和综合折旧率。个别折旧率是指按照每一项固定资产原值和预计使用年限计算确定的折旧率；分类折旧率是指按照固定资产的类别，分类预计平均净残值率和平均使用年限计算确定的平均折旧率；综合折旧率是指按照企业全部固定资产来预计净残值率和平均使用年限计算确定的平均折旧率。采用个别折旧率计算折旧，准确性高，但计算工作量大；采用综合折旧率计算折旧，虽然简化了计算工作，但准确性差。在实际工作中，企业多按分类折旧率计算折旧，只有个别特殊的资产（如价值较高、使用年限较长）采用个别折旧率计提折旧。

（二）工作量法

工作量法是按照固定资产预计完成的工作量平均计提折旧的方法。采用这种方法固定资产的应计提折旧总额是均匀地分摊于预计的各个单位工作量之中。其计算公式如下：

$$单位工作量折旧额 = \frac{固定资产原值 \times (1 - 预计净残值率)}{预计总工作量}$$

$$某项固定资产月折旧额 = 该项固定资产当月工作量 \times 单位工作量折旧额$$

由于固定资产完成的工作量可以用多种方式表示。因此，工作量法也有很多种，房地产开发企业常用的有以下方法。

1. 行驶里程法。

是按照行驶里程平均计算折旧的方法。它适用于车辆、船舶等运输设备计提折旧。其计算公式如下：

$$单位里程折旧额 = \frac{固定资产原值 \times (1 - 预计净残值率)}{预计总行驶里程}$$

$$某项固定资产月折旧额 = 该项固定资产当月行驶里程 \times 单位里程折旧额$$

2. 工作小时法

是按照工作小时数平均计算折旧的方法。它适用于机器、设备等计提折旧。其计算公式如下：

$$每工作小时折旧额 = \frac{固定资产原值 \times (1 - 预计净残值率)}{总工作小时}$$

$$某项固定资产月折旧额 = 该项固定资产当月工作小时 \times 每工作小时折旧额$$

3. 工作台班法

是根据固定资产实际工作的台班数计算各期折旧额的方法。它适用于大型施工机械按工作台班计算工作量的固定资产。其计算公式如下：

$$每台班折旧额 = \frac{固定资产原值 \times (1 - 预计净残值率)}{预计的总工作台班数}$$

$$月折旧额 = 月实际工作台班数 \times 每台班折旧额$$

（三）加速折旧法

加速折旧法也称快速折旧法，其特点是在固定资产有效使用年限的前期多提折旧，后期则少提折旧，从而相对加快折旧的速度，以使固定资产在有效使用年限中加快得到补偿。

加速折旧法有多种，常见的有以下两种：

1. 双倍余额递减法

双倍余额递减法，是在不考虑固定资产净残值的情况下，根据每期期初固定资产账面价值和双倍的直线法折旧率计算固定资产折旧的一种方法。采用这种方法，固定资产账面价值随着折旧的计提逐年减少，而折旧率不变，因此，各期计提的折旧额必然逐年减少。其计算公式如下：

$$固定资产年折旧率 = 2 \div 固定资产预计使用年限 \times 100\%$$

$$固定资产月折旧率 = 固定资产年折旧率 \div 12$$

$$固定资产月折旧额 = 固定资产账面价值 \times 月折旧率$$

实行双倍余额递减法计提折旧的固定资产，由于在计算折旧率时未考虑残值收入，因此，应当在其固定资产折旧年限到期以前两年内，将固定资产净值扣除净残值后的余额平均摊销。

【例7-14】 企业某项设备的原值为300 000元，预计使用5年，预计净残值率为3%。采用双倍余额递减法计算折旧，各年的折旧额，如表7-1所示。

双倍余额递减法计算表　　　　　　　　　　　　表7-1

年　份	期初账面折余价值 1	折旧率 2	折旧额 3＝1×2	累计折旧额 4	期末账面折余价值 5＝1－4
1	300 000	40%	120 000	120 000	180 000
2	180 000	40%	72 000	192 000	108 000
3	108 000	40%	43 200	235 200	64 800
4	64 800		27 900	263 100	36 000
5	36 900		27 900	291 000	9 000

2. 年数总和法

年数总和法，是将固定资产的原值减去净残值后的净额乘以一个逐年递减的分数计算每年折旧额的一种方法。逐年递减分数的分子为该项固定资产年初时尚可使用的年数，分母为该项固定资产使用年数的逐年数字总和，假设使用年限为 N 年，分母即为 $1＋2＋3＋\cdots＋N＝N（N＋1）÷2$。这个分数因逐年递减，为一个变数。而作为计提折旧依据的固定资产原值和净残值则各年相同，因此，采用年数总和法计提折旧各年提取的折旧额必然逐年递减。其计算公式如下：

$$固定资产年折旧率 ＝ \frac{预计折旧年限－已使用年限}{预计折旧年限×（预计折旧年限＋1）÷2} ×100\%$$

$$或 ＝ \frac{固定资产尚可使用年限}{固定资产预计使用年限的年数总和} ×100\%$$

$$固定资产月折旧率 ＝固定资产年折旧率 ÷12$$

$$固定资产月折旧额 ＝（固定资产原值－预计净残值）×月折旧率$$

【例7-15】 企业某项设备的原值为310 000元，预计使用5年，预计净残值为10 000元，采用年数总和法计算折旧。

各年的折旧额，如表7-2所示。

年数总和法计算表　　　　　　　　　　　　表7-2

年　份	尚可使用限 (1)	原值－净值 (2)	年折旧率 (3)	各年折旧额 (4)	累计折旧额 (5)
1	5	300 000	5/15	100 000	100 000
2	4	300 000	4/15	80 000	180 000
3	3	300 000	3/15	60 000	240 000
4	2	300 000	2/15	40 000	280 000
5	1	300 000	1/15	20 000	300 000

上述几种固定资产计提折旧的方法中，房地产开发企业可以根据具体情况选用折旧方法，折旧方法一经确定，不得随意调整；如调整，应当按照《企业会计准则——会计政

策、变更和会计差错更正》的规定进行会计处理。

五、固定资产折旧的账务处理

企业固定资产折旧的计算，是通过编制"固定资产折旧计算表"进行的。固定资产计提折旧时，应以月初可计提折旧的固定资产账面原值为依据，但是，如果固定资产已提取固定资产减值的应按固定资产原值减去提取的固定资产减值准备以后的余额计提折旧，企业各月计算提取折旧时，根据上月计提折旧额加上上月增加的固定资产应计提折旧额减去上月减少的固定资产应计提折旧额为本月固定资产应计提的折旧额。

现举例说明固定资产折旧的账务处理：

【例7-16】 某房地产开发企业在2004年6月30日编制固定资产折旧计算表如下（表7-3）。

固定资产折旧计算表   表7-3
2004 年 6 月

使用部门	固定资产项目	上月折旧额	上月增加固定资产		上月减少固定资产		本月折旧额	分配费用
			原价	折旧额	原价	折旧额		
甲部门	生产设备	5 000					5 000	制造费用
	施工机械	12 000					12 000	
	其　他	1 000					1 000	
	小　计	18 000					18 000	
乙部门	生产设备	3 000					3 000	
	试验设备	9 000	10 000	2 000			11 000	
	其　他	2 000					2 000	
	小　计	14 000					16 000	
管理部门	房屋建筑	1 800					1 800	管理费用
	运输工具	1 500			30 000	500	1 000	
	管理设备	1 000					1 000	
	小　计	4 300					3 800	
合计		36 300	10 000	2 000	30 000	500	37 800	

账务处理如下：

计提折旧时：

借：制造费用   34 000

管理费用   3 800

贷：累计折旧   37 800

第五节　固定资产修理的核算

一、固定资产修理的特点

固定资产在其使用过程中，由于各个组成部分耐用程度不同或者使用的条件不同，因而往往发生固定资产的局部损坏，为了保持固定资产的正常运转和使用，充分发挥其使用效能，就必须对其进行必要的修理。

固定资产的修理按其修理范围的大小和修理时间间隔的长短，可以分为大修理和中、小修理，中、小修理也可称为经常性修理。固定资产的经常修理，修理范围小，费用支出少，在整个使用期间修理的次数比较多，每次修理的间隔时间较短。固定资产的大修理属于固定资产的局部更新。如机器设备主要部件、配件的更换，房屋建筑物的翻修等。固定资产大修理的范围大、费用支出多，在整个使用期间修理的次数少，每次修理的间隔时间长。

二、固定资产修理的核算

1. 固定资产经常性修理的核算

固定资产的经常性修理，每次发生的修理费用较少，一般在支出发生时作为当期费用入账。

【例 7-17】 企业材料仓库进行经常性维修，领用材料 1 200 元，应分配人工费 500 元。

会计分录如下：

借：采购保管费　　　　　　　　　　　　　1 700
　　贷：原材料　　　　　　　　　　　　　1 200
　　　　应付工资　　　　　　　　　　　　　500

2. 固定资产大修理的核算

(1) 发生的固定资产大修理支出，不符合固定资产确认条件的，应在发生时直接计入当期损益；如果数额较大符合固定资产确认条件的，应当计入固定资产成本。

(2) 企业发生的固定资产大修理支出若属于改良支出，即固定资产的改扩建，一般数额较大，受益期较长（超过一年），而且使固定资产的性能、质量等都有较大的改进。企业为固定资产发生的支出符合下列条件之一者，应确认为固定资产改良支出：①使固定资产的使用年限延长；②使固定资产的生产能力提高；③使产品质量提高；④使生产成本降低；⑤使产品品种、性能、规格等发生良好的变化；⑥使企业经营管理环境或条件改善。对于需要进行改良的固定资产，改良过程中发生的净支出，计入改良后的固定资产原价。因改良而延长了使用年限的固定资产，应对其原使用年限和折旧率进行调整。

根据划分资本性支出与收益性支出的原则，固定资产的改扩建支出属于资本性支出，应计入固定资产的价值。在实际工作中，固定资产改建、扩建工程一般要通过"在建工程"科目核算，工程完工交付使用后再转入"固定资产"。核算举例见本章第三节。

第六节　固定资产减少的核算

一、固定资产减少的原因

房地产开发企业固定资产减少的原因有多种：

(1) 因出售、报废和毁损等原因而减少的固定资产。如因长期使用丧失工作能力而正常报废；由于技术进步等原因发生的提前报废；因遭受自然灾害或非常事故而造成的毁损；将多余不需用或不适用的固定资产出售给其他单位等。

（2）向其他单位投资转出固定资产。

（3）捐赠转出固定资产。

（4）发生固定资产盘亏等等。

不论是何种原因造成的固定资产减少，企业都应当按照规定程序办理手续，填制有关凭证，据以进行账务处理。

二、固定资产减少的核算

（一）固定资产减少核算应设置的账户

1. "固定资产清理"账户

"固定资产清理"账户核算房地产开发企业因出售、报废和毁损等原因转入清理的固定资产价值及其在清理过程中所发生的清理费用和清理收入等。它属于资产类账户，其借方登记因各种原因转入清理的固定资产账面价值、清理过程中发生的费用和清理后的净收益；贷方登记清理过程中收回的出售固定资产的价款、残料价值、变价收入等，以及应由保险公司或过失人赔偿的损失和清理后的净损失。企业以固定资产清偿债务、以固定资产换入其他资产的，也应通过本账户核算。本账户期末余额，反映尚未清理完毕固定资产的价值以及清理净损益（清理收入减去清理费用），结转固定资产清理的净收益或净损失后，本账户应无余额。本账户应按被清理的固定资产设置明细账进行核算。

2. "待处理财产损溢——待处理固定资产损溢"账户

本账户前面已述。

（二）出售固定资产的核算

企业应将多余的和不需用的固定资产及时进行出售。出售固定资产的会计处理主要包括以下步骤：

第一，转销出售固定资产的原价和已提折旧；

第二，计算出售固定资产的价款收入及清理费用；

第三，结转出售固定资产的净收益和净损失。

其中，出售固定资产的净损益计入企业的营业外收支。

【例7-18】 某企业出售多余的设备一台，原价120 000元，已提折旧40 000元，双方协商作价90 000元，应交纳营业税（税率5%）4 500元。

作如下会计分录：

（1）转销固定资产的原价和累计折旧时：

借：固定资产清理	80 000	
累计折旧	40 000	
贷：固定资产		120 000

（2）收到出售设备价款时：

借：银行存款	90 000	
贷：固定资产清理		90 000

（3）计算应交营业税时：

借：固定资产清理	4 500	
贷：应交税金——应交营业税		4 500

(4) 结转出售固定资产净损益时：

        借：固定资产清理　　　　　　　　　　　5 500
            贷：营业外收入——处理固定资产净收益　5 500

（三）报废、毁损固定资产的核算

企业固定资产报废有两种情况：一种是属于正常报废，包括由于磨损或陈旧，使用期满不能继续使用而报废和由于技术进步而提前报废的固定资产；另一种是属于非正常报废，包括由于自然灾害和责任事故造成的固定资产毁损。固定资产报废和毁损，一方面由于固定资产退出企业引起企业固定资产的减少；另一方面在清理过程中还会发生一些清理费用，同时，还可能取得一定的变价收入及保险公司、过失人的赔偿。因此，报废、毁损固定资产会计处理的步骤除与出售固定资产会计处理步骤相同外，如果涉及保险公司、过失人赔偿的，应对其数额进行核算。

【例 7-19】　某企业因火灾烧毁一幢厂房，该厂房原价 900 000 元，已提折旧 400 000元，经保险公司核定应赔偿损失 500 000 元，以银行存款支付清理费用 5 000 元，残料估价 1 000 元，已入库。

作如下会计分录：

（1）转销固定资产的原价和累计折旧时：

        借：固定资产清理　　　　　　　　　　　500 000
            累计折旧　　　　　　　　　　　　　400 000
            贷：固定资产　　　　　　　　　　　　900 000

（2）核定应由保险公司赔偿损失时：

        借：其他应收款　　　　　　　　　　　　500 000
            贷：固定资产清理　　　　　　　　　　500 000

（3）支付清理费用时：

        借：固定资产清理　　　　　　　　　　　5 000
            贷：银行存款　　　　　　　　　　　　5 000

（4）残料入库时：

        借：原材料　　　　　　　　　　　　　　1 000
            贷：固定资产清理　　　　　　　　　　1 000

（5）结转固定资产清理净损益时：

        借：营业外支出——处理固定资产净损失　4 000
            贷：固定资产清理　　　　　　　　　　4 000

（四）投资转出固定资产的核算

企业向其他单位投资转出的固定资产，已不再服务于本企业的开发经营活动，属于长期投资范畴，详见第六章第四节其他投资的会计处理。

（五）固定资产清查盘点的核算

为了加强对固定资产的管理，维护企业财产的安全完整，保证固定资产核算的真实性，掌握固定资产的实有数和质量状况，房地产开发企业应对固定资产定期进行清查盘点，每年至少实地盘点清查一次。在清查过程中，如果发现有盘盈、盘亏、毁损的固定资产，应查明原因，填制固定资产盘盈、盘亏报告表和写出书面报告，并根据企业的管理权限，经股东大会或董事会，或经理（厂长）会议或类似机构批准后，在期末结账前处理完毕。如盘盈、盘亏或毁损的固定资产，在期末结账前尚未经批准的，在对外提供财务会计报告时应按上述规定进行处理，并在会计报表附注中作出说明；如果其后批准处理的金额与已处理的金额不一致，应按其差额调整会计报表相关项目的年初数。

1. 盘盈的固定资产

房地产开发企业对清查中发现的盘盈固定资产，必须进行鉴定，经查明确属本企业所有，应根据盘存凭证填制固定资产交接凭证，为盘盈固定资产设立固定资产卡片，并按重置完全价值和估计已提折旧额入账。企业盘盈的固定资产在未按规定程序批准之前，应先作为待处理财产损溢处理，按规定程序报经批准后计入营业外收入。

2. 盘亏的固定资产

房地产开发企业对清查中发现的盘亏固定资产，必须认真分析，查明原因，并及时办理固定资产注销手续。企业盘亏的固定资产在按规定程序批准之前，应先作为待处理财产损溢处理，并将固定资产卡片从原来的归类中抽出，单独保管。按规定程序报经批准后，再将盘亏固定资产的净损失计入营业外支出。

【例 7-20】 企业在财产清查中，发现账外设备一台，确定重置完全价值为 60 000 元，估计已提折旧 5 000 元，按规定程序报经批准后入账。

作会计分录如下：

（1）报经批准前：

借：固定资产   60 000

   贷：累计折旧   5 000

待处理财产损溢——待处理固定资产损溢   55 000

（2）报经批准后：

借：待处理财产损溢——待处理固定资产损溢   55 000

   贷：营业外收入   55 000

【例 7-21】 企业在财产清查中，发现盘亏翻斗车一辆，原值为 45 000 元，已提折旧 40 000 元，按规定程序报经批准后入账。

作如下会计分录：

（1）报经批准前：

借：待处理财产损溢——待处理固定资产损溢   5 000

    累计折旧   40 000

   贷：固定资产   45 000

（2）报经批准后：

借：营业外支出——固定资产盘亏   5 000

   贷：待处理财产损溢——待处理固定资产损溢   5 000

第七节 固定资产减值准备的核算

由于企业经营环境的变化和科学技术的进步，或者企业经营管理不善等原因，往往导致固定资产创造未来经济利益的能力大大下降，从而发生固定资产减值。固定资产的减值是指，固定资产的可收回金额低于其账面价值。其中，固定资产可收回金额是指，资产的销售净价与预期从该资产的持续使用和使用寿命结束时的处置中形成的现金流量的现值两者中的较高者。销售净价是指，资产的销售价格减去处置资产所发生的相关税费后的余额。

一、固定资产减值的判断

房地产开发企业应当在期末或者至少在每年年度终了，对固定资产逐项进行检查，如果发现存在下列情况，应当计算固定资产的可收回金额，以确定资产是否已经发生减值。

1. 固定资产市价大幅度下跌，其跌幅大大高于因时间推移或正常使用而预计的下跌，并且预计在近期内不可能恢复；

2. 企业所处经营环境，如技术、市场、经济或法律环境，或者产品营销市场在当期发生或近期发生重大变化，并对企业产生负面影响；

3. 同期市场利率等大幅度提高，进而很可能影响企业计算固定资产的可收回金额的折现率，并导致固定资产可收回金额大幅度降低；

4. 固定资产陈旧过时或发生实体损坏等；

5. 固定资产预计使用方式发生重大不利变化，如企业计划终止或重组该资产所属的经营业务、提前处置资产等情形，从而对企业产生负面影响；

6. 其他有可能表明资产已发生减值的情况。

此外，企业在运用上述减值迹象判断固定资产是否发生减值时，除应根据上述迹象进行判断以外，还应在综合考虑各方面因素的基础上，结合其他相关情况，作出职业判断。

二、固定资产减值准备的计提范围

当房地产开发企业存在下列情况之一时，应当按照该项固定资产的账面价值全额计提固定资产减值准备：

1. 长期闲置不用，在可预见的未来不会再使用，且已无转让价值的固定资产；

2. 由于技术进步等原因，已不可使用的固定资产；

3. 虽然固定资产尚可使用，但使用后产生大量不合格品的固定资产；

4. 已遭毁损，以至于不再具有使用价值和转让价值的固定资产；

5. 其他实质上已经不能再给企业带来经济利益的固定资产。

已全额计提减值准备的固定资产，不再计提折旧；固定资产减值准备应按单项资产计提。

在资产负债表中，固定资产减值准备应当作为固定资产净值的减项反映。

三、确认固定资产减值损失

企业确认固定资产减值损失一般需要经过以下四个步骤：

1. 根据固定资产发生减值的迹象，判断固定资产发生减值。

2. 计算确定固定资产可收回金额。

3. 比较固定资产账面价值与可收回金额。固定资产可收回金额低于账面价值的，应当将可收回金额低于其账面价值的差额作为固定资产减值准备。

4. 减值准备一经计提，不允许转回。

四、固定资产减值准备核算应设置的账户及其会计处理

1. 账户设置

为了核算企业提取的固定资产减值准备，房地产开发企业应设置"固定资产减值准备"账户。其贷方登记期末固定资产可收回金额低于其账面价值的差额；其借方登记固定资产减少时的冲销数。本账户期末贷方余额，反映企业已提取的固定资产减值准备。

2. 账务处理

（1）计提固定资产减值准备时：

借：营业外支出——计提的固定资产减值准备

贷：固定资产减值准备

（2）如果当期应计提的固定资产减值准备金额高于已计提的固定资产减值准备的账面余额，企业应按其差额补提减值准备：

借：营业外支出——计提的固定资产减值准备

贷：固定资产减值准备

现举例说明固定资产减值准备核算的会计处理：

【例7-22】 某企业2001年末固定资产原值为400 000元，累计折旧150 000元，固定资产的市场价值为200 000元。

作如下会计分录：

借：营业外支出——计提的固定资产减值准备　50 000

贷：固定资产减值准备　　　　　　　　　　　　50 000

【例7-23】 假使上例，"固定资产减值准备"账面余额为45 000元。

作如下会计分录：

借：营业外支出——计提的固定资产减值准备　5 000

贷：固定资产减值准备　　　　　　　　　　　　5 000

第八节　固定资产明细核算

为了核算和监督各类固定资产及其折旧的增减变动情况，管好用好固定资产，企业在组织好固定资产总分类核算的基础上，还必须进行固定资产的明细分类核算。

一、固定资产的明细分类账户

固定资产明细分类账户是按固定资产类别设置的，即在"固定资产"总分类账户下，设置经营用固定资产、非经营用固定资产、租出固定资产、不需用固定资产、未使用固定资产、融资租入固定资产、土地等七个二级账户，在二级账户下，还应设置"固定资产登记簿"和"固定资产卡片"进行明细核算。

二、固定资产登记簿

企业固定资产登记簿，应按固定资产大类和明细类开设账页，并按保管、使用单位设

置专栏，按各项固定资产增减日期序时登记，每月结出余额，以反映各单位、各部门各类固定资产的增加、减少和结存，已提折旧和净值情况。其格式见表7-4。

三、固定资产卡片

固定资产卡片应按固定资产每一独立登记对象分别设置，每一对象一张卡片。

固定资产卡片应按固定资产类别和保管、使用单位顺序排列、妥善保管。在每一张卡片中，应记载该项固定资产的编号、名称、规格、技术特征、技术资料编号、附属物、使用单位、所在地点、购建年份、开始使用的日期、原价、预计使用年限、购建的资金来源、折旧率、大修理次数和日期、转移调拨情况、报废清理情况等详细资料。其格式见表7-5和表7-6。

固定资产登记簿　　　　　　　　　　　　　　　　　　　　　表 7-4

类别　　　　　　　　　　　　　　　　　　　　　　　　　　　　　　第　页

年		凭证号数	摘要	原　值									折　旧			净值
月	日			增加额			减少额			结余额			提取额	冲减数	累计数	
				××单位	××单位	合计	××单位	××单位	合计	××单位	××单位	合计				

固定资产卡片（正面）　　　　　　　　　　　　　　　　　表 7-5

类别：　　　　　　　　　　　　　　　　　　　　　　　　　　序号：

编　号		使用单位		预计使用年限	
名　称		所在地点			
规　格		启用时间		资金来源	
技术特征		建造时间		折旧率	
资料编号		原　值			
附属装置				转移记录	
名　称	规　格	数　量	金　额	日　期	调入单位	保管人

固定资产卡片（背面）

表 7-6

计提折旧					大修理记录					中间停用记录			
年		凭证号数	摘要	金额	年		凭证号数	摘要	金额	年		原因	持续时间
月	日				月	日				月	日		

报废清理记录							
年	月	日	原因	残值收入	清理费用	备注	

固定资产卡片一式三份，一份由固定资产保管人员或使用人员保存，一份存固定资产管理部门，一份存财会部门。固定资产调出时，经管部门的固定资产卡片应作为固定资产调拨单的附件，移交给调入单位。

<h1 style="text-align:center">思 考 题 与 习 题</h1>

思考题

1. 固定资产的确认标准有哪些？固定资产有何特征？

2. 房地产开发企业的固定资产如何分类？

3. 固定资产的计价方法有哪几种？各种计价方法的适用范围？

4. 房地产开发企业从不同途径取得的固定资产，其价值是如何构成的？

5. 固定资产折旧的影响因素有哪些？

6. 固定资产折旧的计算方法有哪几种？应如何计算折旧率和折旧额？各种方法有何优缺点？采用加速折旧法的主要理由是什么？

7. 房地产开发企业的哪些固定资产应计提折旧？哪些固定资产不应计提折旧？

8. 房地产开发企业应如何核算计提固定资产的折旧？

9. 固定资产修理的种类有哪些？各有何特点？固定资产的改扩建有何特点？固定资产修理与改扩建有何区别？账务处理有何不同？

10. 固定资产减少的原因有哪些？应如何核算减少的固定资产？

11. 固定资产清查盘点的内容和方法有哪些？企业应如何核算盘盈和盘亏的固定资产？

12. 固定资产计提减值准备的条件有哪些？企业应如何核算固定资产减值准备？

13. 如何组织固定资产的明细核算？

习题一

一、目的 练习固定资产增加、折旧、租赁和修理的核算。

二、资料

（一）某房地产开发企业有关总账和明细账 2004 年 11 月 30 日余额：

1. "固定资产"总账 12 000 000 元；

2. "累计折旧"总账 3 060 000 元；

3. 明细账余额见表 7-7。

类　　别	固定资产	累计折旧
（1）经营用固定资产	10 000 000	3 060 000
其中：①房屋及建筑物	6 000 000	1 800 000
管理部门用	4 000 000	1 200 000
营销部门用	2 000 000	600 000
②施工机械	1 000 000	360 000
③生产设备	800 000	160 000
④运输设备	600 000	180 000
⑤检验试验设备	300 000	90 000
试验部门用	200 000	60 000
营销部门用	100 000	30 000
⑥其他经营用固定资产	1 300 000	470 000
管理部门用	800 000	320 000
营销部门用	500 000	150 000
（2）非经营用的固定资产（房屋）	600 000	240 000
（3）租出固定资产（运输设备）	600 000	300 000
（4）融资租入固定资产（生产设备）	800 000	160 000
合　　计	12 000 000	3 760 000

（二）12月有关经济业务如下：

1. 12月1日企业购入全新机械设备一台，买价156 000元，增值税26 520元，运杂费3 000元，款项已用银行存款支付，该机械设备已交付使用。

2. 12月3日企业购入需要安装的全新生产设备一台，买价80 000元，增值税13 600元，发生包装费和运杂费1 500元，均以银行存款支付。购入后委托外单位进行安装，以银行存款支付安装费2 500元。

3. 12月6日企业从其他单位购入需要安装的旧生产设备一台，原单位的账面原价为120 000元，已提折旧40 000元，经协商作价70 000元，支付增值税11 900元，发生运杂费2 000元，购入后发生安装费3 000元，均以银行存款支付。设备现已安装完毕，交付使用。

4. 12月7日企业收到宏港公司投资转入的施工机械一台，其账面原价为156 000元，已提折旧31 200元，双方确认的价值为120 000元，设备现已交付使用。

5. 12月10日企业对办公楼进行改扩建，其账面原价为4 000 000元，改扩建时拆除的旧料5 000元，已验收入库，以银行存款支付改扩建工程款600 000元，改扩建工程现已竣工，并交付使用。

6. 12月12日企业的行政管理部门委托外单位对办公用的打印机进行日常修理，以银行存款支付维修费300元。

7. 12月18日企业委托外单位对施工机械进行日常维修，以银行存款支付修理费2 000元。

8. 12月28日企业收到金亚公司捐赠的不需要安装的生产设备一台，按同类设备的市场价格估计其金额为56 000元，根据其新旧程度估计已提折旧为10 000元，企业以银行存款支付运杂费1 200元，企业适用的所得税率为33%，生产设备现已交付使用。

9. 12月31日，企业有大型载重汽车一辆，原值160 000元，预计净残值率4%，规定的总行驶里程为50万km，本月行驶2 000km，按行驶里程折旧法计提其本月折旧。

10. 12月31日，企业有履带式起重机一台，原值180 000元，预计净残值率为5%，规定的总工作台班数为 5 000 个台班，本月实际工作 30 台班。按台班折旧法计提本月折旧。

11. 12 月 31 日，企业有打桩机一台，其原值为 80 000 元，预计净残值为 2 000 元，规定的折旧年限为 5 年，采用双倍余额递减法计提本月折旧。

12. 12 月 31 日，企业有切割设备一台，原值为 60 000 元，预计净残值率为 10%，规定的折旧年限为 5 年，采用年数总和法计提本月折旧。

13. 12 月 31 日，根据固定资产期初余额资料和如下资料，计提本月固定资产折旧（大型载重汽车、履带式起重机、打桩机和切割设备已单独计提折旧）。

固定资产类别	月折旧率（%）	固定资产类别	月折旧率（%）
房屋及建筑物	0.20	生产设备	1.00
施工机械	1.00	仪器及试验设备	1.00
运输设备	1.00	其他生产用固定资产	1.40

14. 企业自 2002 年 1 月 1 日至 2004 年 12 月 31 日向乙公司租入不需安装的施工设备一台，该设备在 2000 年 1 月 1 日的原账面价值为 80 万元，租赁费用分期支付，每半年支付一次，租金为 20 万元，该机器预计使用年限为 5 年，期满后无残值。租赁期满时，企业享有优惠购买该机器的选择权，购买价为 2 500 元，预计该日此项租赁资产的公允价值为 8 万元。本企业折旧采用平均年限法，其租赁的资产占资产总额的 30% 以下，另在交易中支付佣金 3 000 元，用银行存款支付。

15. 企业年初对仓库用房进行修理，领用修理备件及维修材料 165 000 元，以银行存款支付修理人员工资 15 000 元，修理费用总额为 180 000 元，在当年内分月平均摊销。

三、要求

1. 根据资料（一），建立有关总账和明细账。

2. 根据资料（二），编制记账凭证，登记有关总账和明细账。

习题二

一、目的

练习固定资产减少、清查、减值准备的核算。

二、资料

1. 企业将不需用的生产设备一台，出售给甲公司，其原值为 88 000 元，已计提折旧 34 000 元，已计提的减值准备 4 000 元，以银行存款支付拆除费用 2 000 元，经协商作价 48 000 元，价款已收到，并存入银行。

2. 企业的一台机械设备因洪灾，不能继续使用，经批准进行报废清理，其原值为 120 000 元，已计提折旧 78 000 元，已计提减值准备 5 000 元，以银行存款支付清理费用 2 000 元，取得残值变价收入 3 000 元，已存入银行。经确认，应由保险公司赔偿 30 000 元。清理工作结束后，收到保险公司的赔款 30 000 元，已存入银行。

3. 企业在财产清查过程中，发现盘亏电动机一台，其原值为 15 600 元，已计提折旧 7 800 元，经查明属于被盗，已按规定程序报经有关机构审核批准。

4. 企业在财产清查过程中，发现盘盈试验仪器一台，同类设备的市场价格为 5 000 元，经技术鉴定，估计净值为 3 000 元，经查明系记账差错所致，已按规定报经有关机构审核批准。

5. 企业 2003 年末对固定资产逐项进行检查时，发现闲置未用的生产设备一台，其原值为 56 000 元，已提折旧 30 000 元，由于其市价持续下跌，估计可收回金额为 20 000 元，按规定计提固定资产减值准备 6 000 元。

三、要求：根据资料，编制相关会计分录。

第八章 无形资产和其他资产核算

第一节 无形资产核算

一、无形资产概述

无形资产,是指企业拥有或者控制的没有实物形态的可辨认非货币性资产。

资产满足下列条件之一的,符合无形资产定义中的可辨认性标准:

1. 能够从企业中分离或者划分出来,并能单独或者与相关合同、资产或负债一起,用于出售、转移、授予许可、租赁或者交换。

2. 源自合同性权利或其他法定权利,无论这些权利是否可以从企业或其他权利和义务中转移或者分离。

(一)无形资产的特点

无形资产一般具有以下主要特点:

1. 无形资产不具有实物形态。无形资产所具有的价值只存在于企业所享有的权利中,而不是存在于任何实体财产中;虽然无形资产没有实物形态却能提高企业的经济效益或使企业获取超额利润。这是无形资产区别于其他资产的主要特征。

2. 无形资产可以在一个以上会计期间为企业提供经济效益。因此,无形资产被界定为长期资产而不是流动资产。

3. 无形资产所能提供的未来经济效益具有很大的不确定性。无形资产创造经济利益的能力受企业内外诸多因素的影响,在未来提供的经济效益一般是很难确定的。因此,对无形资产进行核算时应持更加谨慎的态度。

4. 无形资产一般是有偿取得的,企业只能对有偿取得的或接受捐赠的无形资产入账核算。

5. 无形资产是为企业使用而非出售的资产。房地产开发企业利用无形资产提供开发产品、劳务、出租给他人或为企业经营管理服务,并因此获得销售收入、租金收入或降低开发产品成本等。

(二)无形资产的确认

无形资产只有在满足以下条件时,企业才能加以确认:一是该资产为企业获得的经济利益很可能流入企业;二是该资产的成本能够可靠地计量。

企业在判断无形资产产生的经济利益是否很可能流入时,应当对无形资产在预计使用寿命内可能存在的各种经济因素作出合理估计,并且应当有明确证据支持。

(三)无形资产的分类

无形资产可按以下不同的标准进行分类:

1. 按照无形资产的来源可划分为外部取得的无形资产和内部自创的无形资产。其中,外部取得的无形资产又可分为外购的无形资产、投资者投入的无形资产、通过债务重组取得的无形资产、非货币性交易取得的无形资产、接受捐赠的无形资产等。

2. 按照无形资产的所有权是否可以转让可划分为可转让无形资产和不可转让无形资产。可转让无形资产是指可根据法律程序，办理转让或出售的无形资产，如著作权、专利权等；不可转让无形资产是指有些无形资产需附属于某一特定的企业，不能脱离企业单独存在。

3. 按照无形资产的有效期可划分为有期限无形资产和无期限无形资产。有期限无形资产是指有效期具有法律依据的无形资产，如专利权、商标权等；无期限无形资产是指法律上没有规定有效期的无形资产，如专有技术等。

二、无形资产的内容

房地产开发企业的无形资产主要包括专利权、商标权、著作权、土地使用权、非专利技术、特许权等。

1. 专利权

专利权，是指国家专利主管机关，依法授予发明创造专利申请人对其发明创造在法定期限内所享有的专有权利，包括发明专利权、实用新型专利权和外观设计专利权。专利权可以由创造发明者申请获得，也可以购买取得，并且专利权给予持有者独家使用或控制某项发明的特殊权利。并不是所有的专利权都能给持有者带来经济利益，有的专利可能没有经济价值或具有很小的价值，有的专利会被另外更有经济价值的专利所淘汰等。因此，企业毋需将其所拥有的一切专利权都予以资本化，作为无形资产核算。只有那些能够给企业带来较大经济价值，并且企业为此花费了支出的专利权，才能作为无形资产核算。

专利如果是企业自己发明创造的，从理论上讲，它的成本应包括为创造该项专利的试验费用，申请专利登记费用以及聘请律师费用等。但是，企业创造发明某项专利时，往往不一定能够保证成功。为了稳重起见，可作为技术研究费计入当期损益。待试制成功申请专利权时，再将所发生的费用予以资本化，作为无形资产核算。

2. 商标权

商标权，是指专门在某类指定的商品或产品上使用特定的名称或图案的权利。根据我国商标法的规定，经商标局核准注册的商标为注册商标，商标注册人享有商标的专有权，受法律的保护。商标权的内容包括独占使用权和禁止权两个方面。商标的价值在于它能使享有人获得较高的盈利能力，如果拥有某一商标名称的产品由于质量好，成为名优产品，产品畅销，则它可以因此以比其他商标的相同产品更高的价格出售，从而给企业带来较多的利润。我国商标法规定，商标权的有效期为10年，期满前可继续申请延长注册期。

能够给企业带来获利能力的商标，常常是通过多年的广告宣传和其他传播商标名称的手段以及客户的信赖而建立起来的。广告费在发生时直接作为经营费用，计入当期损益。因此，企业自创商标一般不作为无形资产核算。根据商标法的规定，商标可以转让，但受让人应当保证使用该注册商标的产品质量。如果企业购买他人的商标，一次支出费用较大的，可以将其资本化，作为无形资产管理。这时，应根据购入商标的买价、支付的手续费及有关费用记账。投资者投入的商标权应按评估确认的价值入账。

3. 著作权

著作权又称版权，是指作者对其创作的文学、科学和艺术作品依法享有的某些特殊权利。著作权包括精神权利（人身权利）和经济权利（财产权利）两个方面。精神权利，是指作品署名、发表作品、确认作者身份、保护作品的完整性、修改已经发表的作品等项权利，包括发表权、署名权、修改权和保护作品完整权；经济权利，是指以出版、表演、广播、展览、录制唱片、摄制影片等方式使用作品以及因授权他人使用作品而获得经济利益的权利。这种专有权除法律另有规定者外，未经著作人许可或转让，他人不得占有和行使。作者本人或授权他人以合法方式利用作品而取得物质利益的权利，受法律保护。

4. 土地使用权

土地使用权，是指国家准许某企业在一定期间内对国有土地享有开发、利用、经营的权利。根据我国法律规定，中华人民共和国实行土地的全民所有制和劳动群众集体所有制，任何单位和个人不得侵占、买卖或者以其他形式非法转让土地。国有土地可以依法确定给全民所有制单位或者集体所有制单位使用，国有土地和集体所有的土地可以依法确定给个人使用。国有土地和集体所有土地的使用权可以依法转让。

企业取得土地使用权有以下几种情况：一种情况是企业原先通过行政划拨获得土地使用权，但并没有入账，这时就不能作为无形资产进行核算。在将土地使用权有偿转让、出租、抵押、作价入股和投资时，应按规定将补交的土地出让价款予以本金化，作为无形资产入账核算。另一种情况是企业根据《中华人民共和国城镇国有土地使用权出让和转让暂行条例》，向政府土地管理部门申请土地使用权，企业要支付一笔出让金，这时，企业应予以本金化，将取得时所发生的一切支出，作为土地使用权成本进行核算。第三种情况是接受投资者投入的土地使用权。

需要强调的是，房地产开发企业购入或以支付土地出让金方式取得的土地使用权，在尚未开发或建造自用项目前，作为无形资产核算，并按企业会计制度规定的期限分期摊销。当企业在开发经营过程中涉及土地使用权时，如果是企业因利用土地建造自用办公用房、职工宿舍、仓库等，应将土地使用权的账面价值全部转入在建工程成本；如果是企业因开发项目所用土地涉及土地使用权，由于这部分土地使用权与其地上建筑物和其他附着物是连接在一起的，在企业销售开发产品时，将随同开发产品一起转让。在这种情况下，应将土地使用权的账面价值全部转入受益开发产品的成本中。如果企业的土地使用权原先未入账，应先按交纳的土地出让金将该土地使用权确认为无形资产，然后，再将该土地使用权的账面价值一次计入房地产开发成本。

5. 非专利技术

非专利技术又称专有技术，是指未经公开也未申请专利，但在生产经营活动中已采用了的、不享有法律保护的各种技术和经验。非专利技术一般包括工业专有技术、商业贸易专有技术、管理专有技术等。非专利技术可以用蓝图、配方、技术记录、操作方法的说明等具体资料表现出来，也可以通过卖方派出技术人员进行指导，或接受买方人员进行技术实习等手段实现。非专利技术具有经济性、机密性和动态性等特点。但非专利技术与专利技术又有区别，主要表现在：

第一，是否受到法律保护。专利技术受专利法的保护，对专利技术的保护，可按照专利说明书和专利请求书中记载的项目，确认权利的保护内容和范围；非专利技术则没有专门法律予以保护，只有通过签订非专利技术许可证，非专利技术的权利内容才能表现出来。

第二，技术是否公开。专利以公开为原则，专利技术只有公开以后，发明人的专利权才能得到专利法的保护；非专利技术因为得不到法律的保护，所以其技术内容是不公开的，拥有非专利技术的企业或个人，靠自己的保密来维护其权益。当向别人转让其专有技术的使用权时，则是依靠转让合同来保密并维护其权益。

第三，享受的权利是否有期限。依照专利法的规定，专利权有一定的法律期限，期限届满专利权就终止，专利技术也就失去了法律保护，任何企业和个人都可以使用；而非专利技术则没有规定的期限，如能保密下去，则可以长期享有其利益，一旦泄露被普遍采用，就不称其为非专利技术了。

企业的非专利技术，有些是自己开发研究的；有些是根据合同规定，从外部购入的。如果企业自己开发研究，可能成功也可能失败，其发生的研究开发费用，在会计核算上，全部列作当期费用处理，而不作为无形资产进行核算。从外部购入的，应按实际发生的一切支出，予以资本化，作为无形资产入账核算。

非专利技术可以作为资产对外投资，也可以转让。

6. 特许权

特许权又称经营特许权、专营权，是指企业在某一地区经营或销售某种特定商品的权利或是一家企业接受另一家企业使用其商标、商号、技术秘密等的权利。前者一般是由政府机构授权，准许企业使用或在一定地区享有经营某种业务的特权，如水、电、邮电通信等专营权、烟草专卖权等；后者指企业间依照签订的合同，有限期或无限期使用另一家企业的某些权利，如连锁店、分店使用总店的名称等。会计上的特许权主要是指后一种情况。只有支付了费用取得的特许权才能作为无形资产入账。

三、无形资产的入账价值

企业无论以何种途径取得无形资产，都应按照取得时的实际成本计量。取得时的实际成本应按以下方法确定：

1. 外购的无形资产，按照实际支付的价款作为实际成本。

2. 投资者投入的无形资产，应以投资各方确认的价值作为实际成本。但是，为首次发行股票而接受投资者投入的无形资产，应按该无形资产在投资方的账面价值作为实际成本。

3. 企业接受的债务人以非现金资产抵偿债务方式取得的无形资产，或以应收债权换入的无形资产，按应收债权的账面价值加上应支付的相关税费，作为实际成本。收到补价的，按应收债权的账面价值减去补价，加上应支付的相关税费，作为实际成本；支付补价的，按应收债权的账面价值加上支付的补价和应支付的相关税费，作为实际成本。

4. 以非货币性交易换入的无形资产，按换出资产的账面价值加上应支付的相关税费，作为实际成本。收到补价的，按换出资产的账面价值加上应确认的收益和应支付的相关税费减去补价后的余额，作为实际成本；支付补价的，按换出资产的账面价值加上应支付的相关税费和补价，作为实际成本。

5. 接受捐赠的无形资产，应按以下规定确定其实际成本：

（1）捐赠方提供了有关凭据的，按凭据上标明的金额加上应支付的相关税费，作为实际成本；

（2）捐赠方没有提供有关凭据的，按如下顺序确定其实际成本：

1）同类或类似无形资产存在活跃市场的，按同类或类似无形资产的市场价格估计的金额，加上应支付的相关税费作为实际成本；

2）同类或类似无形资产不存在活跃市场的，按所接受捐赠的无形资产的预计未来现金流量现值，作为实际成本。

6. 自行开发的无形资产

企业内部研究开发项目的支出，应当区分研究阶段支出与开发阶段支出。研究是指为获取并理解新的科学或技术知识而进行的独创性的有计划调查。开发是指在进行商业性生产或使用前，将研究成果或其他知识应用于某项计划或设计，以生产出新的或具有实质性改进的材料、装置、产品等。

自行开发的无形资产，企业内部研究开发项目的支出，应当于发生时计入当期损益。企业内部研究开发项目开发阶段的支出，同时满足下列 5 个方面的条件时，才能确认为无形资产：

（1）完成该无形资产以使其能够使用或出售在技术上具有可行性；

（2）具有完成该无形资产并使用或出售的意图；

（3）无形资产产生经济利益的方式，包括能够证明运用该无形资产生产的产品存在市场或无形资产自身存在市场，无形资产将在内部使用的，应当证明其有用性；

（4）有足够的技术、财务资源和其他资源支持，以完成该无形资产的开发，并有能力使用或出售该无形资产；

（5）归属于该无形资产开发阶段的支出能够可靠地计量。

需注意的是，对于以前期间已经费用化的支出不再调整。

四、无形资产的摊销

无形资产应当自取得当月起在预计使用年限内平均摊销，计入损益。如预计使用年限超过了相关合同规定的受益年限或法律规定的有效年限，该无形资产的摊销年限按如下原则确定：

1. 合同规定有受益年限但法律没有规定有效年限的，摊销年限不应超过合同规定的受益年限；

2. 合同没有规定受益年限但法律规定有有效年限的，摊销年限不应超过法律规定的有效年限；

3. 合同规定了受益年限，法律也规定了有效年限的，摊销年限不应超过受益年限和有效年限两者的较短者。

如果合同没有规定收益年限，法律也没有规定收益年限，摊销年限不应超过 10 年。无形资产摊销年限一经确定，不得随意变更。因为客观经济环境改变确实需要变更摊销年限的，应将变更作为会计估计变更处理；否则，应视作滥用会计估计变更，按重大会计差错处理。

由于无形资产没有实物形态，其作用于企业生产经营过程就不主观，获取其价值转移程度的信息也相对显得不那么重要。因此，无形资产摊销的核算，不同于固定资产折旧的核算。主要表现在：第一，无形资产的摊销直接冲销其自身价值，不必另设账户登记。第二，无形资产一般采用分期等额摊销法，且没有残值。

为了提供计算无形资产摊销的资料，企业在更换无形资产新账时，不仅要从旧账中抄录无形资产的余额，而且要注意抄录每项无形资产的原值。

使用寿命不确定的无形资产不应摊销。企业应当在每个会计期间对使用寿命不确定的无形资产的使用寿命进行复核。如果有证据表明无形资产的使用寿命是有限的，应当估计其使用寿命，并按以上规定进行摊销。

五、无形资产转让

房地产开发企业的无形资产可以依法对外转让，转让的方式有两种，即转让所有权和转让使用权。企业将无形资产出售，表明企业放弃无形资产所有权，应将所得价款与该项无形资产的账面价值之间的差额，计入当期营业外收支。无形资产出租是指企业将所拥有的无形资产的使用权让渡给他人，并收取租金。这时应将转让无形资产使用权获得的收入，作为企业的其他业务收入处理，履行转让使用权合同所发生的费用，作为转让成本计入企业的其他业务支出。

六、无形资产减值准备

房地产开发企业应当定期或者至少每年年度终了，检查各项无形资产预计给企业带来未来经济利益的能力，对预计可收回金额低于其账面价值的，应当计提减值准备。

（一）无形资产减值准备的计提范围

当房地产开发企业存在下列一项或若干情况时，应当将该项无形资产的账面价值全部转入当期损益：

1. 某项无形资产已被其他新技术等所替代，并且该项无形资产已无使用价值和转让价值；

2. 某项无形资产已超过法律保护期限，并且已不能为企业带来经济利益；

3. 其他足以证明某项无形资产已经丧失了使用价值和转让价值。

当房地产开发企业存在下列一项或若干项情况时，应当计提无形资产减值准备：

1. 某项无形资产已被其他新技术等所替代，使其为企业创造经济利益的能力受到重大不利影响；

2. 某项无形资产的市价在当期大幅下跌，在剩余摊销年限内预期不会恢复；

3. 某项无形资产已超过法律保护期，但仍然具有部分使用价值；

4. 其他足以证明某项无形资产实质上已经发生了减值的情形。

（二）确定可收回金额

无形资产的可收回金额指以下两项金额中的较大者：

1. 无形资产的销售净价，即该无形资产的销售价格减去因出售该无形资产所发生的律师费和其他相关税费后的余额；

2. 预期从无形资产的持续使用和使用年限结束时的处置中产生的预计未来现金流量的现值。

（三）计提减值准备

如果房地产开发企业无形资产的账面价值超过其可收回金额，则应按超过部分确认无形资产减值准备。企业计提的无形资产减值准备，计入当期的营业外支出。一旦计提，就不可转回。如果可收回金额高于账面价值，一般不做会计处理。

在资产负债表中，无形资产项目应当按照减去无形资产减值准备后的净额反映。

七、无形资产的核算方法

为了核算无形资产的取得、转让、摊销和减值情况，房地产开发企业应设置下列有关的会计账户：

（一）"无形资产"账户

"无形资产"账户核算企业为生产商品、提供劳务、出租给他人或为管理目的而持有的、没有实物形态的非货币性长期资产。其借方登记企业以各种方式取得的无形资产的实际成本；贷方登记无形资产的摊销金额和转出成本。期末借方余额反映企业已入账但尚未摊销的无形资产的摊余价值。本账户应按无形资产的类别设置明细账进行核算。

（二）"无形资产减值准备"账户

"无形资产减值准备"账户核算企业计提的无形资产减值准备。其贷方登记期末无形资产可收回金额低于无形资产账面价值的差额；其借方登记无形资产减少时的冲销数。期末贷方余额反映企业已提取的无形资产减值准备。

现举例说明无形资产核算的会计处理：

1. 购入的无形资产

【例 8-1】　企业购入某项商标的使用权，买价及各种费用已支付共计 720 000 元，合同中约定的使用年限为 6 年。

作如下会计分录：

（1）购入时：

借：无形资产——商标权　　　　　　　720 000
　　贷：银行存款　　　　　　　　　　　　720 000

（2）当月摊销时：

借：管理费用——无形资产摊销　　　　10 000
　　贷：无形资产　　　　　　　　　　　　10 000

2. 投资者投入的无形资产

【例 8-2】　企业接受甲投资者以其所拥有的非专利技术投资，双方商定的价值为 30 万元，已办妥相关手续。

作如下会计分录

借：无形资产——专利权　　　　　　　300 000
　　贷：实收资本　　　　　　　　　　　　300 000

3. 接受捐赠的无形资产

【例 8-3】　企业接受投资人捐赠的专利权价值 84 000 元。

作如下会计分录：

借：无形资产——专利权　　　　　　　84 000
　　贷：资本公积　　　　　　　　　　　　84 000

【例 8-4】　假设上述例 8-2 中，专利权的受益期限为 10 年，每月应摊销其价值 700 元。

作如下会计分录：

借：管理费用　　　　　　　　　　　　　　　700
　　贷：无形资产——专利权　　　　　　　　　　700

4. 非货币交易取得的无形资产

【例 8-5】　企业以一批材料换入一项无形资产，材料的账面价值为 100 000 元，支付补价 10 000 元，支付相关税费 5 000 元。

作如下会计分录：

借：无形资产　　　　　　　　　　　　　　115 000
　　贷：原材料　　　　　　　　　　　　　　100 000
　　　　银行存款　　　　　　　　　　　　　 15 000

5. 出售无形资产

【例 8-6】　企业将某项专利权作价 150 000 元出售给其他单位，价款已收并存入银行，该项专利的摊余价值为 123 000 元，已计提无形资产减值准备 20 000 元，出售专利权应交营业税税率为 5%。

作如下会计分录：

（1）出售时：

借：银行存款　　　　　　　　　　　　　　150 000
　　无形资产减值准备　　　　　　　　　　　 20 000
　　贷：无形资产——专利权　　　　　　　　 123 000
　　　　营业外收入　　　　　　　　　　　　 47 000

（2）计算应交营业税时：

借：营业外支出　　　　　　　　　　　　　　7 500
　　贷：应交税金——应交营业税　　　　　　　7 500

6. 转让无形资产使用权

【例 8-7】　企业将某专利权的使用权转让给其他单位，合同规定专利使用费每年 10 000 元，本年的使用费已支付，本年企业共支付派出技术人员费用 1 000 元，转让无形资产使用权应交营业税税率为 5%。

作如下会计分录：

（1）收到无形资产使用费时：

借：银行存款　　　　　　　　　　　　　　 10 000
　　贷：其他业务收入　　　　　　　　　　　 10 000

（2）支付派出技术人员费用时：

借：其他业务支出　　　　　　　　　　　　　1 000
　　贷：银行存款　　　　　　　　　　　　　　1 000

（3）计算应交营业税时：

借：其他业务支出　　　　　　　　　　　　　 500
　　贷：应交税金——应交营业税　　　　　　　 500

7. 购入土地使用权

【例 8-8】　房地产企业从当地政府购入一块土地的使用权，以银行存款支付 250 万元，准备用于房屋开发。

作如下会计分录：

借：无形资产——土地使用权   2 500 000

    贷：银行存款   2 500 000

8. 计提无形资产减值准备

【例 8-9】 2004 年末，企业无形资产账面价值高于可收回金额 26 000 元。

作如下会计分录：

借：营业外支出   26 000

    贷：无形资产减值准备   26 000

第二节 其他资产核算

一、其他资产核算的内容

其他资产，是指除上述资产以外的其他资产，如长期待摊费用、其他长期资产。

（一）长期待摊费用核算的内容

长期待摊费用，是指企业已经支出，但摊销期限在 1 年以上（不含 1 年）的各项费用，包括固定资产大修理支出、租入固定资产的改良支出等。应当由本期负担的借款利息、租金等，不得作为长期待摊费用处理。

1. 长期待摊费用应当单独核算，在费用项目的受益期限内分期平均摊销。大修理费用采用待摊方式的，应当将发生的大修理费用在下一次大修理前平均摊销；租入固定资产改良支出应当在租赁期限与租赁资产尚可使用年限两者孰短的期限内平均摊销；其他长期待摊费用应当在受益期内平均摊销。

2. 股份有限公司委托其他单位发行股票支付的手续费或佣金等相关费用，减去股票发行冻结期间的利息收入后的余额，从发行股票的溢价中不够抵消的，或者无溢价的，若金额较小时，直接计入当期损益；若金额较大时，可作为长期待摊费用，在不超过两年的期限内平均摊销，计入损益。

3. 除购建固定资产以外，所有筹建期间所发生的费用，包括人员工资、办公费、培训费、差旅费、印刷费、注册登记费以及不计入固定资产价值的借款费用等，先在长期待摊费用中归集，待企业开始生产经营当月起一次计入开始生产经营当月的损益。

4. 如果长期待摊的费用项目不能使以后会计期间受益的，应当将尚未摊销的该项目的摊余价值全部转入当期损益。

（二）其他长期资产核算的内容

其他长期资产，是指除流动资产、长期投资、固定资产、无形资产和长期待摊费用以外的资产，主要包括特准储备物资、银行冻结存款、冻结物资、涉及诉讼中的财产等。

二、其他资产核算应设置的账户及其会计处理

为了核算长期待摊费用的增加、摊销及减少情况，房地产开发企业应设置"长期待摊费用"账户。其借方登记企业发生的各项长期待摊费用；贷方登记按规定在摊销期内摊销

的数额以及在筹建期间内发生的一次计入开始生产经营当月的费用。期末借方余额反映企业尚未摊销的各项长期待摊费用的摊余价值。本账户应按费用的种类设置明细账进行核算，并在会计报表附注中按照费用项目披露其摊余价值、摊销期限、摊销方式等。

其他长期资产核算的经济业务不经常发生且会计处理比较简单。因此，会计制度中没有设置专门的账户对其进行核算，房地产开发企业如有该项业务发生，可以增设相应的会计账户，如"特准储备物资"、"银行冻结存款"、"冻结物资"、"诉讼中财产"等进行核算。

现举例说明其他资产核算的会计处理：

1. 开办费的核算

【例8-10】 企业在筹建期间发生下列费用：应付筹建期间人员工资6 000元，办公费5 000元，注册登记费1 000元，长期借款利息10 000元。

作如下会计分录：

借：长期待摊费用——开办费   22 000

    贷：银行存款   6 000

       应付工资   6 000

       长期借款   10 000

【例8-11】 企业在筹建期间发生的开办费22 000元，在开始生产经营的当月一次摊销。

作如下会计分录：

借：管理费用   22 000

    贷：长期待摊费用——开办费   22 000

2. 租入固定资产改良支出的核算

【例8-12】 企业对某项租入施工机械进行改良，发生改良支出36 000元，假设租赁期为三年。

作如下会计分录：

（1）发生改良支出时：

借：长期待摊费用——租入固定资产改良支出   36 000

    贷：银行存款   36 000

（2）按月摊销时：

借：开发间接费用   1 000

    贷：长期待摊费用——租入固定资产改良支出 1 000

思 考 题 与 习 题

思考题

1. 无形资产有何特点？包括哪些内容？如何分类？

2. 无形资产的确认条件有哪些？

3. 企业从各种途径取得的无形资产应如何计价？

4.无形资产一般采用什么方法摊销？其摊销期限如何确定？

5.企业转让无形资产有哪两种方式？它们有何不同？

6.无形资产的取得、摊销、转让等应如何核算？

7.无形资产计提减值准备的条件有哪些？如何核算无形资产减值准备？

8.长期待摊费用有何特征？包括哪些内容？应如何进行核算？

习题一

一、目的

练习无形资产的核算

二、资料

某房地产开发企业发生下列有关无形资产的经济业务：

1.企业收到投资者甲公司投资转入的土地使用权一项，双方确认的价值为 500 000 元。企业与甲公司的联营期限为十年，企业按月摊销土地使用权的价值。

（1）接受投资转入的土地使用权时；

（2）按月摊销土地使用权的价值时。

2.企业收到乙单位捐赠的一项非专利技术，捐赠方提供的有关凭据标明其价值为 50 000 元，企业以银行存款支付相关税费 2 000 元，企业适用的所得税率为 33％，该项非专利技术的预计使用年限为四年。

（1）收到捐赠的非专利技术时；

（2）按月摊销非专利技术的价值时。

3.企业购入土地使用权一项，以银行存款支付土地出让金 900 000 元，并将购入的土地用于兴建仓库 1 个。

（1）购入土地使用权时；

（2）将购入的土地用于修建仓库时。

4.企业购入一项专利权，以银行存款支付价款 129 600 元，该专利权尚存有效期为六年。

（1）购入专利权时；

（2）按月摊销商标权的价值时。

5.企业将所拥有的一项商标权对外转让，取得转让收入 120 000 元，已存入开户银行。该商标权的账面余额为 130 000 元，已计提的减值准备为 20 000 元，转让无形资产应交营业税的税率为 5％。

6.企业自行研究开发一项新专利技术，在研究与开发过程中共发生各种费用 60 000 元，其中，领用主要材料的成本为 36 000 元，应付直接参与开发人员的工资为 20 000 元、应付福利费为 2 800 元，以银行存款支付的其他费用为 1 200 元。该技术研制成功后，企业按法律程序申请获得专利权，以银行存款支付该项专利权的注册登记费 10 000 元、律师费 2 000 元，该项专利权的法定有效期限为十年。

（1）支付研究与开发过程中发生的各项费用时；

（2）申请取得专利权时；

（3）按月摊销专利权的价值时。

7.企业将所拥有的一项专利技术出售给丙单位，取得转让收入 50 000 元，已存入开户银行。该项专利技术的账面余额为 65 000 元，已计提的减值准备为 5 000 元，出售无形资产应交营业税的税率为 5％。

8.年末，企业对无形资产进行检查时，发现有一项非专利权已被其他新技术所替代，并且该非专利权已无使用价值和转让价值，其账面余额为 60 000 元，已计提的减值准备为 35 000 元，按规定予以转销。

习题二

一、目的

练习长期待摊费用的核算方法。

二、资料

某房地产开发企业发生下列有关长期待摊费用的经济业务：

1. 企业在筹建期间以银行存款支付注册登记费 3 000 元、办公费 15 000 元、差旅费 8 500 元、职工培训费 60 000 元。

2. 分配筹建期间的人员工资 50 000 元。

3. 按筹建人员工资总额的 14%和 2%分别计提职工福利费和工会经费。

4. 企业于 2004 年 7 月 1 日开始生产经营，按规定将筹建期间发生的各项开办费全部计入开始生产经营当月的损益。

5. 企业以经营租赁方式租入办公楼一幢，合同规定的租赁期限为五年。租入后进行内部装修，共发生装修费用 120 000 元，其中：领用材料的成本为 80 000 元，应付工资为 20 000 元，应付福利费为 2 800 元，以银行存款支付的其他费用为 17 200 元。

（1）发生装修费用时；

（2）按月摊销装修费用时。

6. 企业委托外单位对生产设备进行大修理，以银行存款支付大修理费用 24 000 元，该生产设备的大修理间隔期为两年。

（1）支付大修理费用时；

（2）大修理工程完工时；

（3）按月摊销大修理费用时。

三、要求

根据上述资料编制会计分录。

第九章 负债及所有者权益核算

第一节 负债核算概述

一、负债的含义及特征

负债是指过去的交易、事项形成的现时义务，履行该义务预期会导致经济利益流出企业。企业的负债，实质上是债权人对企业资产提出的一种索取权。它具有以下几个方面的特征：

1. 负债是基于过去的交易或事项而产生的。也就是说，导致负债的交易或事项必须已经发生，例如，购置货物或使用劳务会产生应付账款（已经预付或是在交货时支付的款项除外），接受银行贷款则会产生偿还贷款的义务。只有源于已经发生的交易或事项，会计上才有可能确认为负债。正在筹划的未来交易或事项，如企业的业务计划，不会产生负债。

2. 负债是企业承担的现时义务。由于具有约束力的合同或法定要求，义务在法律上可能是强制执行的，如，收到货物或劳务而发生的应付款项，即属于此类；另外，义务还可能产生于正常的业务活动、习惯以及为了保持良好的业务关系或公平处事的愿望。如果企业定出一条方针，即使产品在保证期期满以后才显现缺陷也要予以免费修理，则企业在已经售出的产品上预期将会发生的修理费用就是该企业的负债。

这里要注意，"现时义务"不等同于"未来承诺"，如果仅仅是企业管理层决定今后某一时间购买资产，其本身并不产生现时义务。一般情况下，只有在资产已经获得时才产生义务。

3. 现时义务的履行通常关系到企业放弃含有经济利益的资产，以满足对方的要求。现时义务的履行，可采取若干种方式，例如：支付现金、转让其他资产、提供劳务、以其他义务替换该项义务、将该项义务转换为所有者权益等等。

4. 负债通常是在未来某一时日通过交付资产（包括现金和其他资产）或提供劳务来清偿。有时，企业可以通过承诺新的负债或转化为所有者权益来了结一项现有负债，前一种情况只是负债的展期，后一种情况则相当于用增加所有者权益而了结债务。

二、负债的分类

为了便于分析企业的财务状况和偿债能力，企业的负债应当按其流动性，划分为流动负债和长期负债两部分。流动负债和长期负债的划分是以一年或超过一年的一个营业周期孰长作为界限的，即在一年或超过一年的一个营业周期内偿还的债务为流动负债，其余的作为长期负债。

划分流动负债和长期负债的一个标准是偿付时间。传统上，流动负债和长期负债的区分是以 1 年为界限的，在 1 年内偿付的负债归为流动负债，在 1 年以上偿付的负债列为长期负债。但在营业周期超过 1 年的情况下，以"1 年"为标准的划分方式往往不能真实反映企业的财务状况。这里所讲的"营业周期"，是指企业在正常的生产经营过程中从取得存货、购买劳务一直到销售商品和劳务，最后收取货款和劳务款这一时间跨度。通常，商业企业的经营周期较短，制造业的经营周期较长，有的超过 1 年。为了使经营周期较长的企业的财务状况也得到正确反映，企业会计制度规定以"1 年或者超过 1 年的一个营业周期"作为划分流动负债和长期负债的界限，在 1 年或者超过 1 年的一个营业周期内偿还的负债作为流动负债，将偿还期在 1 年或者超过 1 年的一个营业周期以上的负债作为长期负债。

第二节　流动负债核算

一、流动负债的含义及特点

如前所述，流动负债是指将在 1 年（含 1 年）或者超过 1 年的一个营业周期内偿还的债务。房地产开发企业的流动负债包括短期借款、应付票据、应付账款、预收账款、应付工资、应付福利费、应付股利、应交税金、其他暂收应付款项、预提费用和一年内到期的长期借款等。

流动负债除具备负债的一般特征外，还具有如下特点：

1. 流动负债的偿还期限，为在债权人提出要求时即期偿付，或者在一年内或一个营业周期内必须履行的义务。

2. 流动负债作为义务，要用企业的流动资产或新的流动负债来清偿。

二、流动负债的分类

（一）流动负债按其应付金额是否肯定，可分为三类：

1. 应付金额肯定的流动负债

这类流动负债一般在确认一项义务的同时，根据合同、契约或法律的规定具有确切的金额，乃至有确切的债权人和预付日期，并且到期必须偿还的债务。如应付账款、应付票据、其他应付款等。这类流动负债可以较为精确地计量。

2. 应付金额视经营情况而定的流动负债

这类流动负债要根据企业在一定会计期间的经营情况，到该会计期末才能确定流动负债金额。如应交税金、应付股利等。

3. 应付金额需预先估计的流动负债

这类流动负债虽是过去已完成的业务所发生且确实存在的，但并无确切的金额，有时其付款日期和受款人在编制资产负债表时仍难以确定，只能根据企业以往经营的经验、类似企业的经验或专门的调查研究资料等，估计负债的金额。预计负债在发生时金额不能精确地计量，只能进行估计。如产品质量担保债务，应按以往的经验或依据有关的资料估计确定其应承担义务的金额。

（二）按流动负债发生的原因，可分为四类：

1. 产生于经营活动的流动负债

按照权责发生制原则，有些费用需要预先提取，如预提费用、应付工资等。

2. 产生于收益分配的流动负债

如应付股利等。

3. 产生于融资活动的流动负债

如向银行和其他金融机构借入的短期借款，企业对外发行的不超过一年期的债券等。

4. 产生于结算过程中的流动负债

如企业采购的原材料已经到货，在货款尚未支付前所形成的待结算应付款项。

三、流动负债的计价

从理论上说，负债的计价应以未偿付债务所需的现金流出量的现值为基础，而未来偿付债务的金额通常是由负债发生日的有关经济业务或契约、合同确定的。我国《企业会计准则》规定：各种流动负债应当按实际发生的数额记账。

四、流动负债的核算

（一）短期借款

1. 短期借款的核算内容

短期借款是指企业为了满足正常生产经营的需要，向银行或其他金融机构等借入的期限在一年以内（含一年）的各种借款。

房地产企业的短期借款主要有：开发经营借款、临时借款、结算借款等。

短期借款利息属于筹资费用，应记入"财务费用"科目。在实际工作中，银行一般于每季度末收取短期借款利息，为此企业的短期借款利息一般采用分月预提的方式进行核算；如果企业按月支付利息或利息数额较小，也可于实际支付时直接计入财务费用。

2. 短期借款的会计处理

（1）设置"短期借款"账户

为了核算和监督短期借款的借入和归还的情况，房地产企业应设置"短期借款"账户。该账户贷方登记企业借入的各种短期借款数额；借方登记偿还的各种短期借款数额。期末贷方余额，反映企业尚未偿还的短期借款的本金。本账户应按债权人设置明细账，并按借款种类进行明细核算。

（2）短期借款的会计处理

现举例说明短期借款核算的会计处理：

【例 9-1】 某房地产企业于 2004 年 1 月 1 日向银行借入 80 万元，期限 9 个月，年利率 6% 的短期借款。该借款到期后按期如数归还，利息分月预提，按季支付。

有关会计处理如下：

1）借入短期借款时：

　　　　借：银行存款　　　　　　　　　　　　　800 000
　　　　　　贷：短期借款　　　　　　　　　　　　　　800 000

2）短期借款利息的处理：

1 月末预提当月利息 $800\ 000 \times 6\% \div 12 = 4\ 000$（元）时：

借：财务费用 4 000
　　贷：预提费用 4 000
2月末预提当月利息的处理同上。
3月末支付本季度应付利息时：
借：财务费用 4 000
　　预提费用 8 000
　　贷：银行存款 12 000
第二、三季度的账务处理同上。
3) 归还短期借款时：
借：短期借款 800 000
　　贷：银行存款 800 000

（二）应付账款

1. 应付账款的核算内容

应付账款是指房地产企业因购买材料、商品和接受劳务供应等应支付给供应单位的款项，以及因出包工程而应付给其他单位的工程价款等。

应付账款的入账时间应为商品货物的所有权发生转移的时间。

应付账款一般按应付金额入账，而不按到期应付金额的现值入账。如果购入的资产在形成一笔应付账款时是带有现金折扣的，应付账款入账金额的确定按发票上记载的应付金额的总值（即不扣除折扣）记账。

应付账款一般在较短期限内支付，但在实际工作中可能会出现应付账款无法支付的情况，对于确实无法支付的应付账款，直接转入资本公积。

2. 应付账款的会计处理

为了核算企业应付购货款和应付工程款的发生及归还情况，房地产开发企业应设置"应付账款"账户。其贷方登记企业购入物资、接受供应单位劳务而发生的应付款项以及企业与承包单位结算工程价款时，根据经审核的承包单位提出的"工程价款结算账单"结算的应付已完工程价款。借方登记支付的应付购货款和支付给承包单位的工程款；企业开出承兑商业汇票抵付的应付账款以及因债务重组方式而发生的应付账款的减少数。期末贷方余额表示企业应付而尚未支付的购货以及应付承包单位的已完工程价款。本账户应按应付账款类别设置明细账户，并分别供应单位和承包单位设置明细账进行核算。

现举例说明应付账款核算的会计处理：

【例9-2】　某房地产企业采用托收承付结算方式向长钢公司购入材料一批，货款80 000元，增值税13 600元，对方代垫运杂费500元。材料已运到并验收入库（该企业材料按实际成本计价核算），款项尚未支付。

会计处理如下：
借：原材料 94 100
　　贷：应付账款——长钢公司 94 100
上述款项通过银行支付。会计处理如下：
借：应付账款——长钢公司 94 100
　　贷：银行存款 94 100

【例 9-3】 企业根据承包单位提出的"工程价款结算账单"及所附"已完工程月报表",确认应付当月已完工程价款 265 000 元。根据计算,本月应从应付工程款中扣回预付备料款 100 000 元,扣回预付工程款 85 000 元,其余应付工程款用银行存款予以支付。

作如下会计分录:

(1) 结算工程款时:

借:开发成本 265 000

　　贷:预付账款——预付承包单位款 185 000

　　　　应付账款——应付工程款 80 000

(2) 支付应付工程款时:

借:应付账款——应付工程款 80 000

　　贷:银行存款 80 000

【例 9-4】 企业发生确实无法支付的应付账款 5 000 元。

作如下会计分录:

借:应付账款 5 000

　　贷:资本公积——其他资本公积 5 000

(三) 应付票据的核算

1. 应付票据核算的内容

应付票据是房地产开发企业在商品购销活动中由于采用商业汇票结算方式而发生的,由收款人(或承兑申请人)签发,承兑人承兑的票据,它包括商业承兑汇票和银行承兑汇票。按照我国《支付结算办法》的规定,商业汇票的付款期限,最长不得超过六个月。因此,将应付票据归于流动负债进行管理和核算。

应付票据按是否带息分为带息应付票据和不带息应付票据两种。如为带息票据,应于期末按照确定的利率按期计提利息,计入损益;到期不能支付的带息应付票据,在转入"应付账款"账户核算后,期末时不再计提利息。

2. 应付票据核算应设置的账户

为了核算和监督企业购买材料、商品和接受劳务供应等而开出、承兑的商业汇票的实际情况,房地产开发企业应设置"应付票据"账户。其贷方登记企业开出承兑商业汇票或以承兑商业汇票抵付应付账款时的金额;借方登记票据到期支付的金额或票据到期无力支付而转为应付账款的金额。期末贷方余额反映企业尚未到期的应付票据本息。

房地产开发企业还应设置"应付票据备查簿",详细登记每一笔应付票据的种类、号数、签发日期、到期日、票面金额、票面利率、合同交易号、收款人姓名或单位名称,以及付款日期和金额等详细资料。应付票据到期结清时,应在备查簿内逐笔注销。

3. 应付票据核算的会计处理

现举例说明应付票据的核算方法。

【例 9-5】 企业于 3 月 1 日开出一张面值为 11.7 万元、期限 5 个月的不带息商业承兑汇票,用于购进一批材料。

作如下会计分录:

(1) 开出票据时:

借：物资采购　　　　　　　　　　　　117 000

　　　贷：应付票据　　　　　　　　　　　117 000

（2）票据到期承兑时：

借：应付票据　　　　　　　　　　　　117 000

　　　贷：银行存款　　　　　　　　　　　117 000

（3）票据到期企业无力支付时：

借：应付票据　　　　　　　　　　　　117 000

　　　贷：应付账款　　　　　　　　　　　117 000

【例 9-6】　企业于 4 月 1 日开出承兑一张面值 100 000 元，票面利率 12％，半年期的银行承兑汇票，用于抵付前欠应付账款。银行已办理承兑手续（手续费 1‰），该汇票于当天交给债权单位。

作如下会计分录：

（1）支付银行承兑手续费时：

手续费＝100 000×1‰＝100（元）

借：财务费用　　　　　　　　　　　　100

　　　贷：银行存款　　　　　　　　　　　100

（2）开出票据时：

借：应付账款　　　　　　　　　　　　100 000

　　　贷：应付票据　　　　　　　　　　　100 000

（3）月末计息时：

每月利息＝100 000×12％÷12＝1 000（元）

借：财务费用　　　　　　　　　　　　1 000

　　　贷：应付票据　　　　　　　　　　　1 000

（4）票据到期承兑时：

借：应付票据　　　　　　　　　　　　106 000

　　　贷：银行存款　　　　　　　　　　　106 000

（5）票据到期企业无力支付时：

借：应付票据　　　　　　　　　　　　106 000

　　　贷：短期借款　　　　　　　　　　　106 000

（四）预收账款的核算

1. 预收账款核算的内容

预收账款是指企业按照合同或协议规定向购房单位或个人预收的购房定金，以及代委托单位开发建设项目，按照合同或协议的规定向委托单位预收的开发建设资金。房地产开发企业预收的购房定金和开发建设资金应于土地开发或商品房建设完工时，从应收取的土地开发或商品房价款中扣还。预收账款是房地产开发企业目前承担的主要流动负债。

2. 预收账款核算应设置的账户

为了核算和监督企业预收购房定金和开发建设资金的增减变化情况，房地产开发企业应设置"预收账款"账户。其贷方登记企业收到购房单位和个人的购房定金，收到委托单位的开发建设资金和委托单位拨来抵作开发建设资金的材料物资；借方登记企业商品房移交购房单位或个人使用时，从商品房售价中扣还的预收购房定金和代建工程竣工验收移交委托单位时，按合同规定的结算价款扣还的预收开发建设资金以及多收的购房定金和开发建设资金。期末贷方余额反映企业尚未扣还的预收购房定金和开发建设资金。本账户应按预收账款的类别设置明细账，如"预收购房定金"、"预收代建工程款"等，并分别按预收账款的单位或个人进行明细核算。预收账款不多的企业，可不设置"预收账款"账户，而是将预收的款项直接记入"应收账款"账户的贷方。但在期末编制资产负债表时，要将"预收账款"和"应收账款"的金额分别列示。

3. 预收账款核算的会计处理

由于房地产开发企业可以根据预收账款发生的多少来决定是否单独设置"预收账款"账户，因此，在会计处理上就相应地出现了两种核算方法。

（1）单独设置"预收账款"账户的会计处理

【例 9-7】 企业收到某委托单位代建工程款 500 000 元和抵作代建工程款的材料 300 000元。

作如下会计分录：

借：银行存款	500 000
原材料	300 000
贷：预收账款——预收代建工程款	800 000

【例 9-8】 上述代建工程完工，经过验收合格，与委托单位办理竣工结算手续，按合同规定的结算价格 1 500 000 元进行结算。

作如下会计分录：

（1）结算工程价款时：

借：应收账款	1 500 000
贷：主营业务收入	1 500 000

（2）扣还预收代建工程款时：

借：预收账款——预收代建工程款	800 000
贷：应收账款	800 000

（3）收到委托单位交来的工程款 700 000 元。作如下会计分录：

借：银行存款	700 000
贷：应收账款	700 000

（2）不单独设置"预收账款"账户的会计处理

【例 9-9】 企业收到某委托单位代建工程款 200 000 元和抵作代建工程款的材料 100 000元。代建工程完工，经过验收合格，与委托单位办理竣工结算手续，按合同规定的结算价格 500 000 元进行结算。不单独设置"预收账款"账户进行核算。

作如下会计分录：

（1）发生预收款项时：

借：银行存款	200 000
原材料	100 000
贷：应收账款	300 000

（2）按结算价格进行结算时：

借：应收账款　　　　　　　　　　　　　500 000
　　　贷：主营业务收入　　　　　　　　　　500 000
（3）收取扣除预收款项后不足结算价格的结算价款时：
借：银行存款　　　　　　　　　　　　　200 000
　　　贷：应收账款　　　　　　　　　　　　200 000

（五）应付职工薪酬的核算

1. 职工薪酬的概念

职工薪酬是指企业为获取职工提供的服务而给予的各种形式的报酬以及其他相关支出。包括：

（1）职工工资、奖金、津贴和补贴；

（2）职工福利费；

（3）医疗保险费、养老保险费、失业保险费、工伤保险费和生育保险费等社会保险费；

（4）住房公积金；

（5）工会经费和职工教育经费；

（6）非货币性福利；

（7）因解除与职工的劳动关系给予的补偿；

（8）其他与获得职工提供的服务相关的支出。

但职工薪酬不涉及对于以股份为基础的薪酬和企业年金。职工薪酬最基础的内容是工资和福利费。

2. 职工薪酬确认的基本原则

除因解除与职工的劳动关系给予的补偿外，企业应当在职工为其提供服务的会计期间，根据职工提供服务的受益对象计入相关的成本或费用，并将应付的职工薪酬确认为负债。

3. 职工薪酬的核算

对职工薪酬的核算，应设置"应付职工薪酬"一级科目，然后再在其下根据薪酬类别设置二级科目，如"应付工资"、"应付社会保险费"、"应付福利费"、"应付住房公积金"等进行核算。

（1）应付工资的核算

工资在没有支付给职工之前是房地产开发企业对职工个人的一种负债，是企业使用职工的知识、技能、时间和精力而应给予职工的一种补偿，它是开发成本的构成因素。因此，加强工资的核算和管理是房地产开发企业会计核算的重要环节。

工资总额是房地产开发企业在一定时间内直接支付给本企业职工的全部劳动报酬。工资总额组成的具体内容，按照国家统计局发布的规定执行，包括以下内容：

1）计时工资：是指按计时工资标准（包括地区生活补贴）和工作时间支付给职工个人的劳动报酬。

2）计件工资：是指对已完成工作按计件单件支付的劳动报酬。

3）奖金：是指支付给职工的超额劳动报酬和增收节支的劳动报酬。

4）津贴和补贴：是指为了补偿职工特殊或额外的劳动消耗和因其他特殊原因支付给

职工的津贴，以及为了保证职工工资水平不受物价影响而支付给职工的物价补贴。

5）加班加点工资：是指按规定支付的加班工资和加点工资。

6）特殊情况下支付的工资。

不得列入工资总额的项目：

1）根据国务院发布的有关规定颁发的创造发明奖、自然科学奖、科学技术进步奖、支付的合理化建议和技术改进奖以及支付运动员、教练员的奖金。

2）有关劳动保险和职工福利方面的各项费用。

3）有关离休、退休、退职人员待遇的各项支出。

4）劳动保护的各项支出。

5）出差伙食补助费、误餐补助、调动工作的差旅费和安家费。

6）劳动合同制职工在解除劳动合同时由企业支付的医疗补助费、生产补助费等。

7）因录用临时工而在工资以外向提供劳动单位支付的手续费或管理费。

8）计划生育独生子女补贴等。

房地产开发企业应按照劳动工资制度的规定，根据考勤记录、工时记录、产量记录、工资标准、工资等级等，编制"工资单"（亦称工资结算单、工资表、工资计算表等），计算各种工资。"工资单"的格式和内容，由企业根据实际情况自行规定。

为了核算和监督企业应付给职工的工资总额，房地产开发企业应设置"应付职工薪酬——应付工资"账户。其贷方登记月份终了按职工工作部门和服务对象分配本月应发放的工资；借方登记实际支付给职工的工资。本账户期末一般应无余额，如果企业本月实发工资是按上月考勤记录计算的，实发工资与按本月考勤记录计算的应付工资的差额，即为本账户的期末余额。如果企业实发工资与应付工资相差不大的，也可以按本月实发工资作为应付工资进行分配，这样本账户期末应无余额。如果不是由于上述原因引起的应付工资大于实发工资的，期末贷方余额反映企业工资结余。

企业应设置"应付工资明细账"，按照职工类别分设账页，按照工资的组成内容分设专栏，根据"工资单"或"工资汇总表"进行明细核算。

现举例说明应付工资核算的会计处理：

【例 9-10】 某企业提取现金 150 000 元，以备发工资。月份终了，分配本月应付的工资总额，其中：开发项目现场人员工资 90 000 元，专设销售机构人员的工资 20 000 元，企业行政管理人员的工资 25 000 元，改、扩建工程人员工资 15 000 元。

作如下会计分录：

（1）从银行提取现金时：

借：现金	150 000	
贷：银行存款		150 000

（2）发放工资时：

借：应付职工薪酬——应付工资	150 000	
贷：现金		150 000

（3）月份终了分配工资时：

借：开发间接费用	90 000
经营费用	20 000

管理费用	25 000
在建工程	15 000
贷：应付职工薪酬——应付工资	150 000

（2）应付福利费的核算

应付福利费是房地产开发企业准备用于企业职工福利方面的资金。这是企业使用了职工的劳动技能、知识等以后，除了有义务承担必要的劳动报酬以外，还必须负担的对职工个人福利方面的义务，具体包括：职工的医药费（包括企业参加职工医疗保险交纳的医疗保险费）、医护人员的工资、医务经费、职工因公负伤赴外地就医路费、职工生活困难补助、职工浴室、理发室、幼儿园、托儿所人员的工资等。这些用于职工个人的福利资金，是按照职工工资总额的14％提取的，其工资总额的构成与统计上的口径一致，不作任何扣除。

为了核算和监督职工福利费的提取和使用情况，房地产开发企业应设置"应付职工薪酬——应付福利费"账户，外商投资企业按规定从税后利润中提取的职工奖励及福利资金，用于支付职工的非经常性奖金（如特别贡献奖、年终奖等）和职工集体福利的，也在本账户核算。其贷方登记企业提取的职工福利费和外商投资企业按规定从税后利润中提取的职工奖励及福利资金；借方登记企业支付的职工福利费。期末贷方余额反映企业福利费（含外商投资企业提取的职工奖励及福利资金）的结余。

现举例说明应付福利费核算的方法：

【例 9-11】 根据应付工资总额 150 000 元的 14％计提职工福利费。

作如下会计分录：

借：开发间接费用	12 600
经营费用	2 800
管理费用	3 500
在建工程	2 100
贷：应付职工薪酬——应付福利费	21 000

【例 9-12】 用现金支付职工医药费和职工生活困难补助费共计 1 700 元。

作如下会计分录：

| 借：应付职工薪酬——应付福利费 | 1 700 |
| 贷：现金 | 1 700 |

（六）应交税金的核算

房地产开发企业主要涉及的税种有营业税、城建税、土地增值税、房产税、城镇土地使用税、车船使用税、印花税、契税以及所得税等。

1. 营业税

（1）营业税的概念

营业税是对提供应税劳务、转让无形资产或者销售不动产的单位和个人征收的一种税。

营业税条例规定，应税劳务是指属于交通运输业、建筑业、金融保险业、邮电通信业、文化体育业、娱乐业、服务业税目征收范围的劳务；转让无形资产是指转让土地使用权、专利权、非专利技术、商标权、著作权、商誉；销售不动产是指销售建筑物及其他土地附着物。

（2）营业税的计算

营业税的应纳税额是按照营业额和规定的税率计算的。其计算公式如下：

$$应纳税额＝营业额×税率$$

1）营业额

纳税人的营业额为纳税人提供应税劳务、转让无形资产或者销售不动产向对方收取的全部价款和价外费用。价外费用包括向对方收取的手续费、基金、集资费、代收款项、代垫款项及其他各种性质的价外收费。

2）税率

营业税实行比例税率，基本上按税目行业的利润水平和消费水平设置。其中：交通运输业、建筑业、邮电通信业、文化体育业的税率为3％；金融保险业、服务业、转让无形资产、销售不动产的税率为5％；娱乐业的税率为5％～20％。

（3）营业税核算的会计处理

房地产开发企业应交纳的营业税，在"应交税金"账户下设置"应交营业税"明细账户进行核算。其贷方登记应交纳的营业税；借方登记已交纳的营业税。期末贷方余额反映尚未交纳的营业税；期末借方余额反映多交的营业税。

月份终了，房地产开发企业根据预收账款或计算出应由当期主营业务收入负担的营业税，以及项目全部竣工结算前出售、出租商品房和代建工程等取得的收入，按税法规定计算应交营业税时，借记"主营业务税金及附加"账户，贷记"应交税金——应交营业税"账户；计算出应由其他业务收入负担的营业税时，借记"其他业务支出"账户，贷记"应交税金——应交营业税"账户；实际缴纳营业税时，借记"应交税金——应交营业税"账户，贷记"银行存款"账户。

现举例说明营业税核算的会计处理：

【例9-13】　某企业本月销售住宅小区商品房6套，实现销售收入3 300 000元；向外转让已开发完成的土地一块，共计12 000m²，每平方米售价1 000元，已办完交接手续；接受市城建部门的委托，代建的工程已竣工并办完交接手续，合同造价800 000元，已结算完毕；出租不需用的设备一台，获得租金收入2 000元。

作如下会计分录：

（1）计算应交营业税时：

本月应交营业税：

$$(3\ 300\ 000＋12\ 000×1\ 000＋2\ 000)×5\%＋800\ 000×3\%＝789\ 100(元)$$

借：主营业务税金及附加　　　　　　　789 100
　　贷：应交税金——应交营业税　　　　　　　789 100

其中，销售商品房、土地转让属于"销售不动产"范围，按5％的税率计算；代建工程属于"建筑业"范围，按3％的税率计算；出租设备属于"服务业"范围，按5％的税率计算。

（2）交纳营业税时：

借：应交税金——应交营业税　　　　　789 100
　　贷：银行存款　　　　　　　　　　　　　789 100

2. 城市维护建设税

（1）城市维护建设税的概念

城市维护建设税是为了加强城市的维护建设，扩大和稳定城市维护建设资金的来源，对缴纳消费税、增值税、营业税的单位和个人征收的一种税。

（2）城市维护建设税的计算

城市维护建设税的应纳税额，以纳税人实际缴纳的消费税、增值税、营业税税额（即"三税"）为计税依据乘以适用税率计算。税率因纳税人所在地不同而有所不同。纳税人所在地在市区的，税率为7%；纳税人所在地在县城、镇的，税率为5%；纳税人所在地不在市区、县城或镇的，税率为1%。

（3）城市维护建设税的会计处理

企业应交纳的城市维护建设税，在"应交税金"账户下设置"应交城市维护建设税"明细账户。企业计算出应交纳的城市维护建设税时，借记"主营业务税金及附加"、"其他业务支出"等账户，贷记"应交税金——应交城市维护建设税"账户；实际交纳时，借记"应交税金——应交城市维护建设税"账户，贷记"银行存款"账户。

现举例说明城市维护建设税核算的会计处理：

【例 9-14】 某企业本月上交营业税789 100元，城市维护建设税税率为7%。

作如下会计分录：

（1）计算应交城市维护建设税时：

应交城市维护建设税＝789 100×7%＝55 237

借：主营业务税金及附加　　　　　　　　　55 237
　　　贷：应交税金——应交城市维护建设税　　55 237

（2）上交税金时：

借：应交税金——应交城市维护建设税　　　55 237
　　　贷：银行存款　　　　　　　　　　　　　55 237

3. 土地增值税

（1）土地增值税的概念及其征税范围

土地增值税是对转让国有土地使用权、地上的建筑物及其附着物（以下简称转让房地产）并取得收入的单位和个人征收的一种税。根据税法规定，土地增值税的征税范围是：转让国有土地使用权；地上的建筑物及其附着物连同国有土地使用权一并转让。具体可以通过以下标准来界定：

1）转让的土地使用权是否为国家所有。

2）房地产是否发生转让。

3）是否取得收入。

对于以继承、赠与等方式无偿转让房地产、出租开发产品以及受托代建工程，均不属于土地增值税的征税范围。

（2）土地增值税的计税依据

土地增值税以纳税人转让房地产所取得的增值额为计税依据。增值额是纳税人转让房地产所取得的收入减去规定的扣除项目后的余额。

纳税人转让房地产取得的收入，包括转让房地产的全部价款及有关的经济收益。

计算增值额的扣除项目，具体包括以下内容：

1）取得土地使用权所支付的金额，包括纳税人为取得土地使用权所支付的地价款和在取得土地使用权时按国家统一规定交纳的有关费用。

2）房地产开发成本，包括土地征用及拆迁补偿费、前期工程费、建筑安装工程费、基础设施费、公共配套设施费和开发间接费用。

3）房地产开发费用，是指与房地产开发项目有关的经营费用、管理费用、财务费用。它包括两种情况：第一种情况是，凡纳税人能够按照转让房地产项目计算分摊利息支出，并能提供金融机构的贷款证明的，其允许扣除的房地产开发费用为：利息加上述1）和2）两项金额之和的5％以内计算扣除；第二种情况是，凡纳税人不能按照转让房地产项目计算分摊利息支出或不能提供金融机构贷款证明的，其允许扣除的房地产开发费用为：上述1）和2）两项金额之和的10％以内计算扣除。计算扣除的具体比例，由各省、自治区、直辖市人民政府规定。

4）旧房及建筑物的评估价格，是指在转让已使用的房屋及建筑物时，由政府批准设立的房地产评估机构评定的重置成本价乘以成新度折扣率后的价格。评估价格须经当地税务机关确认。

5）与转让房地产有关的税金，是指在转让房地产时缴纳的营业税、城市维护建设税和教育费附加。

6）财政部规定的其他扣除项目，是指对从事房地产开发业务的纳税人可按上述1）和2）两项规定计算的金额之和，加计20％的扣除。计算公式如下：

加计扣除费用＝（取得土地使用权支付的金额＋房地产开发成本）×20％

（3）土地增值税的计算

第一，计算增值额。增值额＝收入额－扣除项目金额

第二，计算增值率。增值率＝增值额÷扣除项目金额

第三，依据增值率确定适用税率。土地增值税实行四级超率累进税率。

第四，依据适用税率计算应纳税额。

由于土地增值税实行四级超率累进税率，其应纳税额的计算公式为：

应纳税额＝∑（每级距的土地增值额×适用税率）

这种分步计算的方法比较繁琐，需汇总合计。因此，在实际工作中一般采用速算扣除法来计算土地增值税，其计算公式如下：

应纳税额＝增值额×适用税率－扣除项目金额×速算扣除系数

土地增值税税率及速算扣除系数表，见表9-1。

土地增值税税率表　　　　　　　　　　　　表 9-1

级　次	增值额占扣除项目金额比例	税　率	速算扣除系数
1	50％以下（含50％）	30％	0
2	50％～100％（含100％）	40％	5％
3	100％～200％（含200％）	50％	15％
4	200％以上	60％	35％

现举例说明土地增值税的计算方法：

【例9-15】 某房地产开发企业开发的一个房地产开发项目已经竣工结算，此项目已缴纳土地出让金300万元，获得土地使用权后，立即开始开发，建成10 000m²的普通标准住宅，以每平方米4 000元价格全部出售，开发土地、新建房及配套设施的成本为每平米1 500元，不能按转让房地产项目计算分摊利息支出，账面房地产开发费用为200万元。已经缴纳营业税、城建税、教育费附加、地方教育费、印花税170万元，请计算应缴纳的土地增值税。

第一步，计算商品房销售收入

$$4 000 \times 10 000 = 4 000(万元)$$

第二步，计算扣除项目金额

（1）购买土地使用权费用：300万元

（2）开发土地、新建房及配套设施的成本：$1 500 \times 10 000 = 1 500$（万元）

（3）房地产开发费用：

因为不能按转让房地产项目计算分摊利息支出，房地产开发费用扣除限额为：$(300 + 1 500) \times 10\% = 180$万元，应按照180万元作为房地产开发费用扣除。

（4）计算其他的加计扣除金额：

$$(300 + 1 500) \times 20\% = 1 800 \times 20\% = 360(万元)$$

（5）税金：170万元

扣除项目金额合计 $= 300 + 1 500 + 180 + 360 + 170 = 2 510$（万元）

第三步，计算增值额

增值额 = 商品房销售收入 - 扣除项目金额合计

$$= 4 000 - 2 510 = 1 490(万元)$$

第四步，确定增值率

增值率 $= 1 490/2 510 \times 100\% = 59.36\%$

增值率超过扣除项目金额50%，未超过100%，适用税率应为40%

第五步，计算土地增值税税额

土地增值税税额 = 增值额 $\times 40\%$ - 扣除项目金额 $\times 5\%$

$$= 1 490 \times 40\% - 2 510 \times 5\%$$

$$= 596 - 125.50$$

$$= 470.50(万元)$$

【例9-16】 某企业建造并出售了一幢写字楼，取得销售收入1 800万元（营税税率为5%，城市维护建设税税率为7%，教育费附加征收率为3%，企业为建造此楼支付的地价款为250万元；房地产开发成本为350元；房地产开发费用中的利息支出200万元（能够按转让房地产项目算分摊并提供工商银行证明）。企业所在地政府规定的其他房地产开发费用的计算扣除比例为5%。

企业土地增值税应纳税额计算过程如下：

第一，确定转让房地产的收入为1 800万元。

第二，确定转让房地产的扣除项目金额：

（1）取得土地使用权所支付的金额为250万元；

（2）房地产开发成本为350万元；

（3）房地产开发费用为：
$$200+(250+350)\times5\%=230(万元)$$
（4）与转让房地产有关的税金为：
$$1\,800\times5\%\times(1+7\%+3\%)=99(万元)$$
（5）从事房地产开发的加计扣除金额为：
$$(250+350)\times20\%=120(万元)$$
（6）扣除项目金额为：
$$250+350+230+99+120=1\,049(万元)$$
第三，转让房地产的增值额为：
$$1\,800-1\,049=751(万元)$$
第四，增值额与扣除项目金额的比率为：
$$751\div1\,049=71.59\%$$
第五，土地增值税应纳税额为：
$$751\times40\%-1\,049\times5\%=300.40-52.45=247.95(万元)$$

（4）土地增值税的会计处理

房地产开发企业应交纳的土地增值税，在"应交税金"账户下设置"应交土地增值税"明细账户进行核算。企业计算应由当期主营业务收入负担的土地增值税时，借记"主营业务税金及附加"账户，贷记"应交税金——应交土地增值税"账户。转让的国有土地使用权连同地上建筑物及其附着物，一并在"固定资产"或"在建工程"账户核算的，转让时应交纳的土地增值税，借记"固定资产清理"或"在建工程"账户，贷记"应交税金——应交土地增值税"账户。企业交纳土地增值税时，借记"应交税金——应交土地增值税"账户，贷记"银行存款"账户。

企业在项目全部竣工结算前转让房地产取得的收入，按税法规定预交土地增值税时，借记"应交税金——应交土地增值税"账户，贷记"银行存款"账户；待该房地产销售收入实现时，再按上述业务的会计处理方法进行处理。待该项目全部竣工，办理结算后再进行清算，收到退回多交的土地增值税时，借记"银行存款"账户，贷记"应交税金——应交土地增值税"账户；补交土地增值税时，作相反的会计分录。

【例 9-17】 见例 9-16 的资料。

会计分录如下：

（1）计算应交土地增值税时：

借：主营业务税金及附加	2 479 500
贷：应交税金——应交土地增值税	2 479 500

（2）上交税金时：

借：应交税金——应交土地增值税	2 479 500
贷：银行存款	2 479 500

4. 房产税、土地使用税、车船使用税和印花税

（1）房产税

房产税，是对在城市、县城、建制镇和工矿区的产权人征收的一种税。

房产税依照房产原值一次减除 10%～30% 后的余值计算缴纳，没有房产原值作为依

据的，由房产所在地税务机关参考同类房产核定；房产出租的，以房产租金收入作为房产税的计税依据。因此，房产税应纳税额的计算可采用两种方法：

第一种方法，是以房产余值作为计税的依据，其计算公式如下：

$$年应纳税额＝房产原值×[1－减除比例(10\%～30\%)]×1.2\%$$

第二种方法，是以房产租金收入作为计税的依据，其计算公式如下：

$$年应纳税额＝年租金收入×12\%$$

其中，房产税依照房产余值计算缴纳的，税率为1.2%；依照房产租金收入计算缴纳的，税率为12%。

（2）城镇土地使用税

城镇土地使用税，是对在城市、县城、建制镇、工矿区范围内使用土地的单位和个人征收的一种税。城镇土地使用税以纳税人实际占用的土地面积为计税依据，依照规定的税额计算征收。其计算公式如下：

$$年应纳税额＝\sum(各级土地面积×相应税额)$$

城镇土地使用税实行定额税制，采取差别税率，每平方米土地年税额为：大城市0.50～10元；中等城市0.40～8元；小城市0.30～6元；县城、建制镇、工矿区0.20～4元。

（3）车船使用税

车船使用税，是指对在我国境内拥有并且使用车船的单位和个人征收的一种税。

车船使用税以车船的计税标准和年适用税率计算交纳。其中，机动船按净吨位计征；非机动船按载重吨位计征；车辆中除载货汽车按净吨位计征外，其余无论机动车还是非机动车均按辆计征。计算公式为：

$$乘人汽车应纳税额＝应税车辆数量×单位税额$$
$$载货汽车应纳税额＝车辆的载重或净吨位数量×单位税额$$
$$摩托车应纳税额＝应税车辆数量×单位税额$$

（4）印花税

印花税，是指对在我国境内书立、领受应纳税凭证的单位和个人征收的一种税。应纳税凭证包括：①购销、加工承揽、建设工程承包、财产租赁、货物运输、仓储保管、借款、财产保险、技术合同或者具有合同性质的凭证；②产权转移书据；③营业账簿；④权利、许可证照；⑤经财政部确定征税的其他凭证。

印花税纳税人根据应纳税凭证的性质，分别按比例税率或者定额税率计算应纳税额。其中：比例税率包括4‰、1‰、0.5‰、0.3‰、0.05‰，五个档次；定额税率是按件定额贴花，每件5元。

按比例税率计算：　　　　$$应纳税额＝计税金额×税率$$

按定额税率计算：　　　　$$应纳税额＝凭证数量×单位税额$$

（5）房产税、土地使用税、车船使用税和印花税的会计处理

企业应交纳的房产税、土地使用税、车船使用税，在"应交税金"账户下设置"应交房产税"、"应交土地使用税"、"应交车船使用税"明细账户进行核算。月份终了，企业计算出当月应交纳的房产税、土地使用税、车船使用税时，借记"管理费用"账户，贷记"应交税金——应交房产税、应交土地使用税、应交车船使用税"账户；实际上交时，借

记"应交税金——应交房产税、应交土地使用税、应交车船使用税"账户，贷记"银行存款"账户。

企业交纳的印花税，实行由纳税人根据规定自行计算应纳税额，购买并一次贴足印花税票的缴纳办法。因此，不需要通过"应交税金"账户核算，在购买印花税票时，直接记入"管理费用"账户。企业交纳印花税的会计处理，一般分为两种情况：

第一，如果企业上交的印花税税额或购买的印花税票数额较小，可以直接列入管理费用。上交印花税或购买印花税票时，借记"管理费用——印花税"科目，贷记"银行存款"或"现金"科目；

第二，如果企业上交的印花税税额较大，先记入待摊费用，然后再转入管理费用。上交印花税时，借记"待摊费用"科目，贷记"银行存款"等科目；分期摊销印花税时，借记"管理费用——印花税"科目，贷记"待摊费用"科目。

5. 契税

（1）契税的概念

根据税法的规定，契税是对在中华人民共和国境内转移土地、房屋权属时向承受土地使用权、房屋所有权的单位征收的一种税。纳税义务人为房屋、土地权属的承受方。

征收范围包括国有土地使用权出让、土地使用权转让（包括出售、赠与和交换）、房屋买卖、房屋赠与和房屋交换；其中土地使用权转让，不包括农村集体土地承包经营权的转移。

（2）契税应纳税额的计算

契税的计税依据如下：

1）国有土地使用权出让、土地使用权出售、房屋买卖，为成交价格；即土地、房屋权属转移合同确定的价格，包括承受者应交付的货币、实物、无形资产或者其他经济利益。房屋买卖的成交价格中所包含的行政事业性收费，属于成交价格的组成部分，不应从中剔除，因此，合同确定的成交价格中包含的所有价款都属于计税依据范围。纳税人应按合同确定的成交价格全额计算缴纳契税。

2）土地使用权赠与、房屋所有权赠与，由契税征收机关参照同类土地使用权出售、房屋买卖的市场价格或者评估价格核定；

3）土地使用权交换、房屋所有权交换、土地使用权与房屋所有权交换，为交换价格的差额；

4）以划拨方式取得土地使用权的，经批准转让房地产时，除承受方按规定缴纳契税外，房地产转让者应当补缴契税，计税依据为补缴的土地使用权出让费用或者土地收益。

5）承受土地、房屋部分权属的，为所承受部分权属的成交价格；当部分权属改为全部权属时，为全部权属的成交价格，原已缴纳的部分权属的税款应予扣除。

计算公式如下：

$$应纳税额＝计税依据×税率$$

（3）契税的会计处理

由于契税是不需要预计应交数额的税金，可以不通过"应交税金"科目核算。在实际交纳时，直接借记"开发成本"、"在建工程"、"固定资产"、"无形资产"等科目，贷记"银行存款"科目。

企业按规定实际上交契税时，借记"开发成本"、"在建工程"、"固定资产"、"无形资产"等科目，贷记"银行存款"科目。

【例 9-18】 某房地产开发企业 2000 年购入国有土地一块，按规定缴纳土地出让费12 000 000元，用于房地产开发。企业按规定申报缴纳契税，当地政府规定契税税率为 5%。

其应纳税额为：

$$应纳税额＝12\ 000\ 000×5\%＝600\ 000（元）$$

企业实际缴纳契税时，作如下会计分录：

　　借：开发成本　　　　　　　　　　　　　　　　600 000
　　　　贷：银行存款　　　　　　　　　　　　　　　600 000

【例 9-19】 某企业 2001 年购入办公房一幢，价值 6 400 000 元，当地政府规定契税税率为 3%，企业按规定申报缴纳契税。

其应纳税额为：应纳税额＝6 400 000×3%＝192 000 元

则企业在实际缴纳契税时作如下会计分录：

　　借：固定资产　　　　　　　　　　　　　　　　192 000
　　　　贷：银行存款　　　　　　　　　　　　　　　192 000

有关所得税的内容，详见所得税的核算。

（七）其他应交款的核算

1. 其他应交款核算的内容

其他应交款，是指企业除应交税金、应付股利以外的其他各种应交的款项，包括应交的教育费附加、矿产资源补偿费、应交住房公积金等。

教育费附加是国家为了发展我国的教育事业而征收的一项费用。这项费用计征依据与城市维护建设税的计税依据相同，按照企业实际缴纳的消费税、增值税、营业税税额的3%计算征收。

2. 其他应交款核算应设置的账户

为了核算和监督其他应交款的计算和上交情况，房地产开发企业应设置"其他应交款"账户。其贷方登记企业应交纳的各种款项；借方登记实际上交的各种款项。期末贷方余额反映企业尚未交纳的其他应交款；期末如为借方余额反映企业多交的其他应交款项。本账户按其他应交款的种类设置明细账户进行核算。

房地产开发企业计算出应交纳的其他应交款时，借记"主营业务税金及附加"、"其他业务支出"、"管理费用"等账户，贷记"其他应交款"账户；实际上交时，借记"其他应交款"账户，贷记"银行存款"账户。

3. 其他应交款核算的会计处理

现举例说明其核算方法：

【例 9-20】 某房地产企业 2000 年 6 月应交纳的流转税（营业税）为 250 000 元。则当月应交教育费附加为：250 000×3%＝7 500（元）。

会计分录如下：

计算时：

　　借：主营业务税金及附加　　　　　　　　　　　7 500
　　　　贷：其他应交款　　　　　　　　　　　　　　7 500

实际交纳时：

  借：其他应交款   7 500

    贷：银行存款   7 500

（八）应付股利的核算

1. 应付股利核算的内容

应付股利，是指房地产开发企业在实现利润，按照税法及有关法规的规定交纳相关税费后应给予投资者的回报，作为投资者应该分享的所得税后的利润分配，而取得的投资收益。包括经董事会，或类似机构决议确定分配的应付国家投资利润、应付其他单位投资利润和应付个人的投资利润以及应支付给投资者个人的现金股利等。应付利润在尚未实际支付给投资者之前，构成了企业的一项流动负债。

2. 应付股利核算应设置的账户

为了核算和监督企业对投资者分配的现金股利或利润情况，房地产开发企业应设置"应付股利"账户。其贷方登记企业根据通过的股利或利润分配方案计算的，应支付给投资者的现金股利或利润；借方登记企业实际支付的现金股利或利润。期末贷方余额反映企业尚未支付的现金股利或利润。

3. 应付股利核算的会计处理

企业计算出应支付给投资人的现金股利或利润时，借记"利润分配——应付股利"账户，贷记"应付股利"账户；企业实际支付现金股利或利润时，借记"应付股利"账户，贷记"银行存款"等账户。

现举例说明应付股利的核算方法：

【例 9-21】 某房地产企业按规定应分配给投资者利润 250 000 元，尚未支付。

作会计分录如下：

  借：利润分配——应付股利   250 000

    贷：应付股利   250 000

企业签发转账支票向投资者支付利润时，作会计分录如下：

  借：应付股利   250 000

    贷：银行存款   250 000

（九）其他应付款的核算

1. 其他应付款核算的内容

其他应付款，是指房地产开发企业除了应付票据、应付账款、预收账款、应付工资、应交税金、应付股利、其他应交款等以外的各种应付、暂收其他单位或个人的款项，如应付租入固定资产和包装物的租金、存入保证金等。具体包括以下内容：

（1）应付经营租入固定资产和包装物租金；

（2）职工未按期领取的工资；

（3）存入保证金（如收入包装物押金等）；

（4）应付、暂收所属单位、个人的款项；

（5）其他应付、暂收款项。

2. 其他应付款核算应设置的账户及其会计处理

为了核算和监督企业其他应付款的应付、暂收及支付情况，房地产开发企业应设置

"其他应付款"账户。其贷方登记企业发生的各种应付、暂收款项；借方登记实际支付的各种其他应付款项。期末贷方余额反映企业应付但尚未支付的各种其他应付款项。本账户应按应付或暂收款项的类别和单位或个人设置明细账进行核算。

现举例说明其他应付款核算的会计处理：

【例9-22】 企业代扣当月职工应交的房租费、水电费2 600元。

作如下会计分录：

（1）代扣水电费时：

借：应付工资　　　　　　　　　　　　　　2 600

　　贷：其他应付款——应付水电费　　　　　　2 600

（2）实际支付时：

借：其他应付款——应付水电费　　　　　　2 600

　　贷：银行存款　　　　　　　　　　　　　　2 600

【例9-23】 企业将一台设备出租给外单位丙公司，收取押金15 000元，租期三个月。

作如下会计分录：

（1）收到押金时：

借：银行存款　　　　　　　　　　　　　　15 000

　　贷：其他应付款——丙公司　　　　　　　　15 000

（2）三个月后，丙公司退还该设备，则退还押金：

借：其他应付款——丙公司　　　　　　　　15 000

　　贷：银行存款　　　　　　　　　　　　　　15 000

（3）假设三个月后，丙公司对设备保管不善，按租约规定，扣押金的50%作为罚款，其余归还押金。

借：其他应付款——丙公司　　　　　　　　15 000

　　贷：营业外收入　　　　　　　　　　　　　7 500

　　　　银行存款　　　　　　　　　　　　　　7 500

（十）预提费用的核算

1. 预提费用核算的内容

预提费用，是指房地产开发企业按照规定从成本费用中预先提取但尚未支付的费用，如预提配套设施费、租金、保险费、借款利息等。

预提配套设施费，是指企业根据开发项目的建设情况，对于配套设施与商品房非同步建设，即先建设商品房后建设配套设施；或商品房已建成待出售，而配套设施尚未全部完工的一些项目。由于商品房已建成待出售，而配套设施尚未完工，为了及时结转已完工商品房的成本，对其应负担的配套设施费，按规定报经批准后，可采用预提的方法预先计入商品房成本；待配套设施完工后，再按实际支出数，冲销已预提的配套设施费。

2. 预提费用核算应设置的账户及其会计处理

为了核算企业预提计入成本费用但尚未实际支出的各项费用，房地产开发企业应设置"预提费用"账户。其贷方登记按规定预提计入本期成本费用的各项支出；借方登记实际支出的预提费用。期末贷方余额反映企业已预提但尚未支付的各项费用；期末如为借方余额，反映企业实际支出的费用大于预提数的差额，即尚未摊销的费用。本账户应按费用种类设置明细账进行核算。

3. 预提费用核算的会计处理

现以预提配套设施费为例说明其核算的会计处理：

【例9-24】 某房地产企业开发的一项商品房工程已基本完工，已具备使用条件，但因某项配套设施设备尚未买到，影响完工商品房工程开发成本的结算，按规定报经批准后，按该项配套设施设备的预算成本160 000元，预提计入商品房成本。

作会计分录如下：

（1）企业预提配套设施费时：

  借：生产成本——房屋开发   160 000

    贷：预提费用——预提配套设施费   160 000

（2）配套设施完工，如实际发生数为160 000元，按实际支出数冲减预提的配套设施费时：

  借：预提费用——预提配套设施费   160 000

    贷：银行存款等   160 000

（3）实际支出数小于已预提数时，如实际发生数为145 000元：

  借：预提费用——预提配套设施费   160 000

    贷：开发成本——配套设施开发   15 000

     银行存款等   145 000

（4）实际支出数大于已预提数时，如实际发生数为175 000元：

  借：开发成本——配套设施开发   15 000

    预提费用——预提配套设施费   160 000

    贷：银行存款   175 000

如果实际支出数大于已预提数的差额较大时，应视同待摊费用，分期摊入有关项目成本。同时，企业应按规定及时调整提取标准，不要人为地造成预提数与实际发生数相差过大的现象。

预提费用当年能结清的，年终财务决算不留余额；需要保留余额的，应在财务报告中予以说明。

（十一）或有负债

1. 或有负债核算的内容

（1）或有负债的特点

或有负债，是指过去的交易或事项形成的潜在义务，其存在须通过未来不确定事项的发生或不发生予以证实；或过去的交易或事项形成的现实义务，履行该义务不是很可能导致经济利益流出企业或该义务的金额不能可靠地计量。其中，不是很可能导致经济利益流出企业，是指该现实义务导致经济利益流出企业的可能性不超过50％（含50％）。金额不能可靠地计量，是指该现实义务导致经济利益流出企业的"金额"难于预计。它具有以下特点：

1）或有负债由过去的交易或事项产生；

2）或有负债的结果具有不确定性。

（2）或有负债的表现形式

在我国的会计实务中，或有负债主要表现在以下几个方面：

1）已贴现商业承兑汇票形成的或有负债；

2）未决诉讼、仲裁形成的或有负债；

3）为其他单位提供债务担保形成的或有负债；

4）其他或有负债（不包括极小可能导致经济利益流出企业的或有负债）。

房地产开发企业应按照规定的项目以及确认标准，合理地计提各项可能发生的负债。

2. 或有负债核算应设置的账户及其会计处理

为了核算企业各项预计的负债，房地产开发企业应设置"预计负债"账户。其贷方登记企业按规定的预计项目和预计金额确认的预计负债；借方登记实际偿付的负债。期末贷方余额，反映企业已预计但尚未支付的债务。本账户应按预计负债项目设置明细账进行核算。

房地产开发企业按确认的预计负债金额，借记"管理费用"、"营业外支出"等账户，贷记"预计负债"账户；实际偿付负债时，借记"预计负债"账户，贷记"银行存款"等账户。

第三节　长期负债核算

一、长期负债概述

（一）长期负债含义

长期负债是指偿还期限在一年或者超过一年的一个营业周期以上的债务，主要包括长期借款、应付债券、长期应付款等。

（二）长期负债的特点

长期负债除具有负债的共同特征外，与流动负债相比，具有债务金额大，偿还期限长，可以分期偿还等特点。

房地产企业生产经营所需的能够长期占用的资金，主要有两项来源：一是投资者投入的资本；二是举借长期债务。对于一个股份公司来讲，举借长期债务与增发股票筹资相比，有以下优点：

（1）举债不会影响公司的股权结构，可以避免股权分散；

（2）举债的成本通常较低，而且债务利息还可以在税前列支，能起到"税收挡板"的作用；

（3）如果公司经营业绩较好，举债还可以使公司的股东获得财务杠杆收益。

但是举债也有一些缺点：

（1）长期债务的利息支出是企业的一项固定支出，这会加大公司的负担，尤其在公司经营业绩不佳时，显得更为突出；

（2）长期债务合同中一般都会有许多限制企业的保护性条款，如重大经营决策及财务事项的变更须经债权人允许等，这些保护性条款会影响企业财务运作的灵活性。

房地产开发企业的各项长期负债应当分别进行核算，并在资产负债表中分列项目反映。对将于一年内到期偿还的长期负债，在资产负债表中应当作为一项流动负债，单独反映。

（三）借款费用

1. 借款费用的含义

借款费用是指企业因借款而发生的利息、折价或溢价的摊销和辅助费用，以及因外币借款而发生的汇兑差额。具体包括以下内容：

（1）因借款而发生的利息，包括企业向银行或其他金融机构等借入资金发生的利息、发行债券发生的利息，以及承担带息债务应计的利息。

（2）因借款而发生的折价或溢价的摊销，是指发行债券发生的折价或溢价。折价或溢价的摊销实质上是对每期借款利息的调整，因而构成借款费用的组成内容。

（3）因借款而发生的辅助费用，是指企业在借款过程中为借入资金而付出的代价。如借款手续费、佣金、印刷费、承诺费等费用。

（4）因外币借款而发生的汇兑差额，是指由于汇率变动而对外币借款本金及其利息的记账本位币金额产生的影响金额。

2. 借款费用的确认原则

（1）应予资本化的资产范围

借款费用应予资本化的资产范围是固定资产。只有发生在固定资产购置或建造过程中的借款费用，才能在符合条件的情况下予以资本化；发生在其他资产（如存货、无形资产）上的借款费用不能予以资本化。这里所指的固定资产，既包括企业自己购买或建造的固定资产，也包括委托其他单位建造的固定资产。一旦固定资产达到预定可使用状态，就应停止借款费用资本化。如购入不需要安装的固定资产，在购入时就已达到预定可使用状态，所以不属于资本化的资产范围。

（2）应予资本化的借款范围

按规定，应予资本化的借款范围为专门借款，即为购建固定资产而专门借入的款项，不包括流动资金借款等。

二、应付债券的核算

债券是公司依照法定程序对外发行，约定在一定期间内还本付息的有价证券。它是公司筹集长期使用资金而发行的一种书面凭证，其实质是一种长期应付票据。在我国，只有股份有限公司、国有独资公司和两个以上的国有投资主体设立的有限责任公司才能发行公司债券，并且要具备一定的发行条件和法定程序。

（一）债券的发行价格

债券的发行价格是债券发行时使用的价格，亦即投资者购买债券时所支付的价格。公司债券发行的价格通常有三种：平价、溢价、折价。当票面利率高于市场利率时，以溢价发行债券；当票面利率低于市场利率时，以折价发行债券；当票面利率与市场利率一致时，则以平价发行债券。溢价发行表明企业为将来多付利息而事先得到的补偿；折价发行表明企业为将来少付利息而事先付出的代价。其计算公式如下：

债券发行价格＝债券面值的复利现值＋债券各期利息的年金现值

$$债券发行价格＝债券面值×(1+i)^{-n}＋债券票面利息×\frac{1+(1+i)^{-n}}{i}$$

式中　　n——债券期限；

　　　　i——市场利率。

【例 9-25】 某公司拟发行 10 年期债券，债券面值为 1 000 元，票面利率为 10%，每年付息一次，假如目前市场利率为 10%，其发行价格应当是多少？

(1) 债券发行价格 = 债券面值 × $(1+i)^{-n}$ + 债券票面利息 × $\dfrac{1-(1+i)^{-n}}{i}$

$$= 1\,000 \times (1+10\%)^{-10} + 100 \times \dfrac{1-(1+10\%)^{-10}}{10\%}$$

$$= 1\,000(元)$$

或债券发行价格 $= 1\,000 \times (P/S, 10\%, 10) + 100 \times (P/A, 10\%, 10)$

$$= 1\,000 \times 0.385\,543 + 100 \times 6.144\,567\,11$$

$$= 385.543\,289 + 614.456\,711$$

$$= 1\,000(元)$$

(2) 假如目前市场利率为 8%，其发行价格应当是多少？

由于债券的票面利率高于市场利率，可以判断，其发行价格应当高于债券面值。其发行价格的计算如下：

债券发行价格 $= 100 \times (P/A, 8\%, 10) + 1\,000 \times (P/S, 8\%, 10)$

$$= 100 \times 6.710\,1 + 1\,000 \times 0.463\,2$$

$$= 1134.21(元)$$

(3) 假如目前市场利率为 12%，其发行价格应当是多少？

由于债券的票面利率低于市场利率，可以判断，其发行价格应当低于债券面值。其发行价格的计算如下：

债券发行价格 $= 1\,000 \times (P/S, 12\%, 10) + 100 \times (P/A, 12\%, 10)$

$$= 1\,000 \times 0.322\,0 + 100 \times 5.650\,2$$

$$= 322 + 565.02$$

$$= 887.02(元)$$

（二）应付债券核算应设置的账户

企业发行的长期债券，应设置"应付债券"科目，本科目核算公司为筹集长期资金而实际发行的债券及应付的利息。该科目贷方登记应付债券的本金及利息，借方登记归还债券的本息，期末贷方余额表示尚未归还的债券本息。该科目设置"债券面值"、"债券溢价"、"债券折价"、"应计利息"四个明细科目，在此基础上按债券种类进行明细分类核算。另外，企业还须设置备查簿，登记债券的票面金额、票面利率、发行总额、发行日期、还款期限与方式、编号等项目。

（三）应付债券核算的主要账务处理

公司发行债券时，按实际收到的款项，借记"银行存款"、"现金"等科目，按债券票面价值，贷记"应付债券——债券面值"科目；溢价或折价发行的债券，还应按发行价格与票面价值之间的差额，贷记或借记"应付债券——债券溢价"或"应付债券——债券折价"科目。支付的债券代理发行手续费及印刷费等发行费用，借记"在建工程"、"财务费用"科目，贷记"银行存款"等科目。

公司债券应按期计提利息。溢价或折价发行债券，其实际收到的金额与债券票面金额的差额，应在债券存续期间分期摊销。摊销方法可以采用实际利率法，也可以采用直线法。

分期计提利息及摊销溢价、折价时，应区别情况处理：

（1）面值发行债券应计提的利息，借记"在建工程"、"财务费用"科目，贷记"应付债券——应计利息"科目。

（2）溢价发行债券，按应摊销的溢价金额，借记"应付债券——债券溢价"科目，按应计利息与溢价摊销的差额，借记"在建工程"、"财务费用"等科目，按应计利息，贷记"应付债券——应计利息"科目。

（3）折价发行债券，按应摊销的折价金额和应计利息之和，借记"在建工程"、"财务费用"等科目，按应摊销的折价金额，贷记"应付债券——债券折价"科目，按应计利息，贷记"应付债券——应计利息"科目。

债券到期，支付债券本息时，借记"应付债券——债券面值"和"应付债券——应计利息"科目，贷记"银行存款"等科目。

现举例说明应付债券核算的会计处理。

【例 9-26】 某企业 2001 年 1 月 1 日发行 3 年期债券一批（到期一次还本付息），面值为 500 万元，平价发行，票面利率为年利率 8％，发行的债券用于购建固定资产，该固定资产于 2002 年 12 月 31 日达到预定可使用状态。

作如下会计分录：

（1）发行债券，收到价款时：

借：银行存款　　　　　　　　　　　　　　5 000 000
　　贷：应付债券——债券面值　　　　　　　　　5 000 000

（2）2001 年年底计提债券利息时：

应计债券利息＝5 000 000×8％＝400 000（元）

借：在建工程　　　　　　　　　　　　　　400 000
　　贷：应付债券——应计利息　　　　　　　　　400 000

2002 年年底计提债券利息时，分录同上。

（3）2003 年年底计提债券利息时：

借：财务费用　　　　　　　　　　　　　　400 000
　　贷：应付债券——应计利息　　　　　　　　　400 000

（4）到期归还本息时：

借：应付债券——债券面值　　　　　　　　5 000 000
　　　　　　　——应计利息　　　　　　　　1 200 000
　　贷：银行存款　　　　　　　　　　　　　　6 200 000

【例 9-27】 某企业 2001 年 1 月 1 日溢价发行 5 年期债券一批（到期一次还本付息），面值为 500 万元，票面利率为年利率 10％。企业按 510 万元的价格出售（不考虑债务发行费用）。

作如下会计分录：

（1）溢价发行，收到价款时：

借：银行存款　　　　　　　　　　　　　　5 100 000
　　贷：应付债券——债券面值　　　　　　　　　5 000 000
　　　　　　　——债券溢价　　　　　　　　　100 000

（2）每年计提债券利息并摊销溢价时：

每年应计债券利息＝500×10％＝50（万元）

每年应摊销溢价金额＝10÷5＝2（万元）

每年的利息费用为 50－2＝48（万元）

借：财务费用 480 000

应付债券——债券溢价 20 000

贷：应付债券——应计利息 500 000

（3）偿还本息时：

借：应付债券——债券面值 5 000 000

应付债券——应计利息 2 500 000（500 000×5）

贷：银行存款 7 500 000

从上可知，该企业虽然票面利率为 10％，其应计利息每年末 50 万元，共计 250 万元，但是实际上，企业的实际利息费用并不是 250 万元，而是 240 万元（48×5），企业溢价发行所得的 10 万元，实际上是企业以后多付利息而事先得到的补偿。同样道理，债券折价则是企业以后少付利息而预先给投资者的补偿。

【例 9-28】 某企业 2001 年 1 月 1 日折价发行 5 年期债券一批（到期一次还本付息），面值为 400 万元，票面利率为年利率 6％，企业按 380 万元的价格出售（不考虑债务发行费用）。

作如下会计分录：

（1）折价发行，收到价款时：

借：银行存款 3 800 000

应付债券——债券折价 200 000

贷：应付债券——债券面值 4 000 000

（2）每年计提债券利息并摊销折价时：

每年应计债券利息＝400×6％＝24（万元）

每年应摊销折价金额＝20÷5＝4（万元）

每年的利息费用＝24＋4＝28（万元）

借：在建工程或财务费用 280 000

贷：应付债券——债券折价 40 000

应付债券——应计利息 240 000

（3）偿还本息时：

借：应付债券——债券面值 4 000 000

应付债券——应计利息 1 200 000（240 000×5）

贷：银行存款 5 200 000

从上可知，该企业虽然票面利率为 6％，其应计利息每年末 24 万元，共计 24×5＝120 万元。但是实际上，企业的实际利息费用并不是 120 万元，而是 140 万元（28×5），企业折价发行的折价 20 万元，实际上是企业以后少付利息而预先给投资者的补偿。

三、长期借款的核算

（一）长期借款的核算内容

长期借款是指企业为了生产经营的需要，向银行或其他金融机构借入的期限在一年或一个营业周期以上的各种借款。企业的长期借款主要是用来进行固定资产购建、技术改造等大额长期投资。

长期借款核算时应注意以下问题：

1. 长期借款的利息支出和有关费用，以及外币折合差额，凡与购建固定资产有关的，且在所购建的固定资产达到预定可使用状态前发生的，应当予以资本化，计入所购建固定资产的成本；在所购建的固定资产达到预定可使用状态后所发生的，应于当期直接计入财务费用。

2. 企业发生的除与固定资产购建有关的借款费用（包括利息、汇兑损失等），属于筹建期间的，计入长期待摊费用；属于生产经营期间的，计入财务费用。

3. 长期借款利息的计算目前有单利和复利两种方法。

4. 房地产开发企业，为开发房产借入资金所发生的借款费用，在开发产品完工之前，计入开发产品成本；在开发产品完工之后，计入当期损益。

5. 企业将长期借款划转出去，或者无需偿还的长期借款，直接转入资本公积。

（二）长期借款核算应设置的账户

为了总括地反映和监督长期借款的借入、应计利息和归还本息的情况，企业应设置"长期借款"科目。该科目的贷方登记借款本息的增加额，借方登记借款本息的减少额，贷方余额表示尚未偿还的长期借款本息。该科目应按贷款单位设置明细账，并按贷款种类进行明细分类核算。

长期借款的本金、利息以及外币折算差额，均应通过"长期借款"科目核算。这与"短期借款"科目只核算本金，不核算利息有所不同。

（三）长期借款核算的主要账务处理

借入长期借款时，借记"银行存款"、"在建工程"、"固定资产"等科目，贷记"长期借款"科目；归还时，借记"长期借款"科目，贷记"银行存款"科目。

长期借款发生的利息支出、汇兑损失等借款费用，属于筹建期间的，计入开办费，借记"长期待摊费用——开办费"科目，贷记"长期借款"科目；属于生产经营期间的，计入财务费用，借记"财务费用"科目，贷记"长期借款"科目；属于与购建固定资产有关的，在固定资产尚未交付使用之前发生的，计入有关固定资产的购建成本，借记"在建工程"科目，贷记"长期借款"科目。如发生汇兑收益，作相反会计分录。

【例 9-29】 2001 年 3 月某企业为修建办公楼向银行借款 300 万元，期限 3 年，利率 10%，该项工程建设时间 2 年。借款到期时，企业以银行存款一次还本付息。

账务处理如下：

（1）2001 年 3 月取得借款时：

    借：银行存款   3 000 000
        贷：长期借款   3 000 000

（2）2001 年年末，计算应付利息：

    借：在建工程   250 000
        贷：长期借款   250 000
        利息＝3 000 000×10%×10/12＝250 000（元）

（3）2002 年年末，计算应付利息：

借：在建工程   300 000

    贷：长期借款   300 000

利息＝3 000 000×10％＝300 000（元）

（4）2003 年，计算应付利息：

借：在建工程   50 000

      财务费用   250 000

    贷：长期借款   300 000

1～2 月的利息＝3 000 000×10％×2/12＝50 000（元）

3～12 月的利息＝3 000 000×10％×10/12＝250 000（元）

（5）2004 年 3 月 1 日，偿还长期借款本息时：

借：长期借款   3 850 000

      财务费用   50 000

    贷：银行存款   3 900 000

四、长期应付款核算

（一）长期应付款核算的内容

企业发生的除了长期借款和应付债券以外的长期负债，应通过长期应付款核算。长期应付款核算的内容包括补偿贸易方式引进国外设备价款、应付融资租入固定资产的租赁费等。房地产企业以补偿贸易方式引进国外设备的情况较少，主要是融资租入固定资产应付的租赁费。

（二）长期应付款核算应设置的账户

为了总括地反映和监督长期应付款的发生和归还情况，企业应设置如下账户：

1.“长期应付款”账户。该账户的贷方登记发生的长期应付款，借方登记归还的长期应付款，贷方余额表示企业尚未支付的各种长期应付款。该账户按长期应付款的种类设置“补偿贸易引进设备应付款”、“融资租入固定资产应付款”等明细科目，进行明细分类核算。

2.“未确认融资费用”账户

“未确认融资费用”账户核算企业融资租入固定资产所发生的未实现融资费用。其借方登记租赁开始日租赁资产的原账面价值与最低租赁付款额的现值之间的差额；贷方登记在租赁期内各个期间分摊的金额。期末借方余额反映企业未实现融资费用的摊余价值。

（三）长期应付款核算的主要账务处理

下面主要介绍应付融资租赁费的核算。

融资租赁指实质上转移与一项资产所有权有关的全部风险和报酬的一种租赁。融资租入的固定资产，按照租赁开始日租赁资产的原账面价值与最低租赁付款额的现值两者中较低者，作为入账价值。主要账务处理如下：

1. 融资租入固定资产，应当在租赁开始日，按租赁开始日租赁资产的原账面价值与最低租赁付款额的现值两者中较低者作为入账价值，借记“在建工程”或“固定资产”账户；按最低租赁付款额，贷记“长期应付款——应付融资租赁款”，按其差额，借记“未确认融资费用"账户。

2. 在租赁开始日，按最低租赁付款额入账的企业，应按最低租赁付款额，借记"固定资产"等账户，贷记"长期应付款——应付融资租赁款"账户。

3. 按期支付融资租赁费时，借记"长期应付款——应付融资租赁款"账户，贷记"银行存款"账户。

4. 按期摊销未确认融资费用时，借记"财务费用"账户，贷记"未确认融资费用"账户。

5. 租赁期满，如合同规定将设备所有权转归承租企业，应当进行转账，将固定资产从"融资租入固定资产"明细账户转入有关明细账户。

现举例说明应付融资租赁款的核算：

【例 9-30】 某企业采用融资租赁方式租入一台设备，合同规定，租期为 4 年，设备价款为 1 000 000 元，设备现已交付使用，租金于每年末平均偿还，合同约定的利率为 4%。

作如下会计分录：

（1）融资租入设备时：

计算最低租赁付款额的现值：

$$250\,000 \times 3.629\,9（年金现值系数）＝907\,475（元）$$

借：固定资产——融资租入固定资产	907 475
未确认融资费用	92 525
贷：长期应付款——融资租入固定资产应付款	1 000 000

（2）按期摊销未确认融资费用时：

每期摊销额：92 525÷4＝22 687（元）

借：财务费用	22 687
贷：未确认融资费用	22 687

（3）每年末支付融资租赁费时：

借：长期应付款——融资租入固定资产应付款	250 000
贷：银行存款	250 000

（4）租赁期满，设备所有权转归企业时：

借：固定资产——经营用固定资产	907 475
贷：固定资产——融资租入固定资产	907 475

第四节　所有者权益核算

一、所有者权益概述

（一）所有者权益的含义

所有者权益是指企业资产扣除负债后由所有者享有的剩余权益。对于公司来说，其所有者权益又称为股东权益。包括实收资本、资本公积、盈余公积和未分配利润。一般而言，实收资本和资本公积是由所有者直接投入的，如所有者的投入资本、资本溢价等；而盈余公积和未分配利润则是由企业在生产经营过程中所实现的利润留存于企业所形成的，因此，盈余公积和未分配利润又被称为留存收益。

（二）所有者权益与负债的区别

所有者权益与负债共同构成了企业的全部资金来源。投资者和债权人都是企业资产的提供者，他们对企业的资产都有相应的要求权，因此，才形成了"资产＝负债＋所有者权益"这一会计平衡公式。在企业的资产负债表中，负债和所有者权益都反映在右方，两者的合计总额与左方的资产总额相等。但是，所有者权益与负债又有明显的区别，主要表现在以下几个方面：

1. 法律上所处的地位不同

负债是企业在生产经营及其相关活动中发生的债务，是债权人要求企业偿还其债务的权利，即债权人对企业资产的索债权；而所有者权益则是投资者对投入企业的资本及其投入资本的运用所产生的盈余（或亏损）的权利，即企业所有者对企业净资产的所有权。

2. 享有的权利不同

债权人与企业之间只有债权、债务关系，只享有到期收回企业所欠债务本金和利息的权利，没有参与企业经营管理的权利，也没有参与企业收益分配的权利；而所有者则不仅拥有参与企业收益分配的权利，而且拥有法定的管理企业或委托他人管理企业的权利。

3. 承担的义务不同

负债是企业承担的现时义务，履行该义务预期会导致经济利益流出企业，负债一般都有规定的偿还期限，到期必须偿还，对于其中的各种借款、债券、票据等，企业还必须按规定的时间和利率支付利息；而所有者权益则与企业共存亡，在企业持续经营的情况下，除按法律程序减资外，企业无须归还，而且投资者一般也不能提前撤回其投资。

4. 承担的风险不同

债权人所承担的财务风险要小于所有者。债权人一般可按约定的利率收取固定的利息，并于到期日收回本金，而且不论企业盈利与否均应按期还本付息，因而其风险较小；而所有者所能获得的投资收益则要随着企业经营成果的变化而波动，而且当企业破产清算时，债权人对企业资产的索偿权优先于所有者，所有者所能分得的剩余资产只能等企业偿还了全部债务后方能确定，因而其风险较大。

5. 企业清算对企业剩余资产的要求不同

在企业解散清算时，债权人有优先清偿的权利。其破产财产在偿付了破产费用和债权人的债务等以后，如有剩余财产，才可能偿还给投资者。

（三）所有者权益的构成

1. 投入资本

投入资本是投资者实际投入企业经营活动的各种财产物资，按照投资者投入企业资产的形式不同，投入资本可以分为货币投资、实物投资和无形资产投资等；按照投资主体不同，投入资本可以分为国家投入资本、法人投入资本、个人投入资本和外商投入资本等。

在不同类型的企业中，投入资本的表现形式有所不同。在一般企业，投入资本表现为投资者在企业注册资本范围内的实际出资额，也称为企业的实收资本；而在股份有限公司，投入资本则表现为企业实际发行股票的面值，也称为企业的股本。

2. 资本公积

资本公积金是指投资者或者他人投入到企业、所有权属于投资者、并且金额上超过法定资本部分的资本或资产。它是归所有者所共有的非收益转化而形成的资本。即企业在筹资过程中，由于资本本身升值或其他原因而形成的投资者的共同权益。它一般与企业正常的生产经营活动没有直接的联系。

资本公积包括股本溢价、企业接受资产捐赠和外币资本折算差额等形成的所有者权益。

3. 盈余公积

盈余公积是从净利润中提取的，具有特定用途的资金，包括法定盈余公积、任意盈余公积和法定公益金。

4. 未分配利润

未分配利润是企业净利润分配后的剩余部分，即净利润中尚未指定用途的归所有者所有的资金。

二、实收资本

（一）实收资本的概念

实收资本是指投资者按照企业章程，或合同、协议的约定，实际投入企业的资本。作为资本投入企业的各种财产，是企业注册登记的法定资本总额的来源，它表明所有者对企业的基本产权关系。实收资本的构成比例即投资者的出资比例或股东的股份比例，是企业据以向投资者进行利润或股利分配的主要依据。我国目前实行的注册资本制度，要求企业的实收资本与其注册资本相一致。根据我国《公司法》规定，房地产开发企业的注册资本不得少于 50 万元，如果是股份有限公司的房地产开发企业，其注册资本的最低限额为1 000万元。

投资者对企业的出资方式，既可以采用以现金资产的方式出资，也可以采用以非现金资产的方式出资。根据我国《公司法》规定，对作为出资的实物、工业产权、非专利技术或土地使用权，必须进行评估作价，核实财产，不得高估或低估作价。其中，无形资产（不包括土地使用权）的出资一般不得超过企业注册资本的 20％；因情况特殊，需要超过20％的，应当经有关部门审查批准，但最高不得超过 30％。

（二）实收资本的一般账务处理

1. 实收资本核算应设置的账户

为了核算和监督企业投资者投入资本的增减变动情况，应设置"实收资本"账户（股份有限公司设置"股本"），它属于所有者权益类账户。凡是公司实际收到投资者投入的资本，应贷记本科目；凡是返回所有者投资的资本，应借记本科目；该科目余额在贷方，表示公司实际收到投资者的资本总额。本账户应按投资人设置明细账，进行明细分类核算。

有限责任公司在依法设立时，各所有者（即股东）按照合同、协议或公司章程所规定的出资方式、出资额和出资缴纳期限而投入公司的资本，应全部作为实收资本入账。此时，公司的实收资本应等于公司的注册资本。公司成立之后增资扩股时，如有新股东介入，新介入的股东缴纳的出资额大于其约定比例计算的实收资本的部分不记入实收资本科目，而作为资本溢价，按资本公积处理。

2. 实收资本核算的会计处理

现举例说明一般企业实收资本的核算方法。

（1）实收资本增加的核算

1）企业收到货币资金投资时，应当以实际收到或者存入银行的金额作为实收资本入账。实际收到或者存入银行的金额超过其在该企业注册资本中所占份额的部分，计入资本公积。

【例9-31】 某房地产企业收到投资者金菱公司投入的货币资金500 000元，存入银行。

会计分录如下：

借：银行存款　　　　　　　　　　　　　　　　　　　　　　　500 000
　　贷：实收资本——法人资本金（金菱公司）　　　　　　　　　　500 000

2）企业收到实物资产、无形资产等非现金资产投资时，应按投资双方确认的价值作为实收资本入账。

【例9-32】 某房地产企业收到投资者樱花公司投入的材料一批，经双方协商作价350 000元；同时收到一台不需要安装的设备，该项设备的账面原值为460 000元，累计折旧120 000元，经双方确认的价值为330 000元。

会计分录如下：

借：原材料　　　　　　　　　　　　　　　　　　　　　　　　350 000
　　固定资产　　　　　　　　　　　　　　　　　　　　　　　　330 000
　　贷：实收资本——法人资本金（樱花公司）　　　　　　　　　　680 000

3）企业收到投资者投入的外币时，合同没有约定汇率的，按收到出资额当日的汇率折合；合同约定汇率的，按合同约定的汇率折合，因汇率不同产生的折合差额，作为资本公积处理。

【例9-33】 某房地产企业收到投资者外商H公司投入的外币资本100 000美元，合同没有约定汇率，企业按当日的市场汇率1：8.2折合为人民币记账。

会计分录如下：

借：银行存款——美元户（US＄100 000×8.2）　　　　　　　　820 000
　　贷：实收资本——外商资本金（H公司）（US＄100 000×8.2）　820 000

（2）实收资本减少的核算

【例9-34】 某房地产企业按法定程序报经批准减少注册资本500 000元，以银行存款支付。

会计分录如下：

借：实收资本　　　　　　　　　　　　　　　　　　　　　　　500 000
　　贷：银行存款　　　　　　　　　　　　　　　　　　　　　　500 000

三、资本公积

（一）资本公积概述

资本公积是指由投资者或其他人（或单位）投入，所有权归属于投资者，但不构成实收资本的那部分资本或者资产。资本公积从形成来源看，它是由投资者投入的资本金额中超过法定资本部分的资本，或者其他人（或单位）投入的不形成实收资本的资产的转化形式，它不是由企业实现的净利润转化而来的，从本质上讲，应属于投入资本的范畴。

资本公积与实收资本虽然都属于投入资本范畴，但两者又有区别。实收资本一般是指投资者投入的、为谋求价值增值的原始投资，而且属于法定资本，与企业的注册资本相一致，因此，实收资本无论在来源上，还是在金额上，都有比较严格的限制。资本公积在金额上并没有严格的限制，而且在来源上也相对比较多样。

（二）资本公积的来源

资本公积有其不同的来源，按其用途主要包括两类：

1. 可以直接用于转增资本的资本公积，包括资本（股本）溢价、接受现金捐赠、拨款转入、外币资本折算差额和其他资本公积等。其中，资本溢价，是指企业投资者投入的资金超过其在注册资本中所占份额的部分，在股份有限公司称之为股本溢价；接受现金捐赠，是指企业因接受现金捐赠而增加的资本公积；拨款转入，是指企业收到国家拨入的专门用于技术改造、技术研究等的拨款项目完成后，按规定转入资本公积的部分，企业应按转入金额入账；外币资本折算差额，是指企业因接受外币投资所采用的汇率不同而产生的资本折算差额；其他资本公积，是指除上述各项资本公积以外所形成的资本公积，以及从资本公积各准备项目转入的金额。

2. 不可以直接用于转增资本的资本公积，包括接受捐赠非现金资产准备和股权投资准备等。其中，接受捐赠非现金资产准备，是指企业因接受非现金资产捐赠而增加的资本公积；股权投资准备，是指企业对被投资单位的长期股权投资采用权益法核算时，因被投资单位接受捐赠等原因增加的资本公积，从而导致投资企业按其持股比例或投资比例计算而增加的资本公积。

（三）资本公积的用途

根据我国《公司法》等法律的规定，资本公积的用途主要是用来转增资本（或股本）。而将资本公积转增资本可以更好地反映投资者的权益。

为了确保转增的资本公积体现其经济价值，避免虚增资本，对于企业接受的非现金资产的捐赠，以及企业对被投资单位的长期股权投资采用权益法时，因被投资单位接受捐赠等原因增加的资本公积，企业按其投资比例计算而增加的资本公积，由于这些资本公积的增加，并非是现金的增加，所以在价值的确定上，往往是公允价值，但在目前我国市场发展尚不充分的情况下，公允价值较难取得，尤其是在许多资产尚不存在活跃市场的情况下。因此，考虑到这些资本入账价值的不确定性，出于稳健性原则的考虑，我国对于上述两项资本公积项目，首先将其记入"接受捐赠非现金资产准备"和"股权投资准备"明细科目，在相关资产处置之前，不得用于转增资本。

（四）资本公积的核算

1. 资本公积的核算应设置的账户

为了核算企业取得的资本公积，房地产企业应设置"资本公积"账户核算资本公积，它属于所有者权益类账户。其贷方登记企业取得的各项资本公积，借方登记企业按规定用途转出的资本公积。期末贷方余额反映企业实有的资本公积。由于资本公积形成的来源比较复杂，而且不同来源的资本公积，其账务处理有所不同，所以，为了更加如实、完整地反映企业资本公积的来源及其使用情况，需要分别资本公积形成的类别设置明细账进行明细分类核算。为此，资本公积一般应当设置以下明细科目：

（1）资本（股本）溢价。即企业投资者投入的资金超过其在注册资本中所占份额的部分。包括资本溢价、股本溢价。

（2）股权投资准备。即企业对被投资单位的长期股权投资采用权益法核算时，因被投资单位接受捐赠等原因增加的资本公积，企业按其持股比例计算而相应增加的资本公积。

（3）接受现金捐赠。即企业因接受现金捐赠而增加的资本公积。

（4）接受捐赠非现金资产准备。即企业因接受非现金捐赠而增加的资本公积。

（5）拨款转入。即企业收到国家拨入的专门用于技术改造、技术研究等的拨款项目完成的，按规定转入资本公积的部分。

（6）外币资本折算差额。即企业接受外币投资因采用的汇率不同而产生的资本折算差额。

（7）其他资本公积。即除上述各项资本公积以外所形成的资本公积，以及从资本公积各准备项目转入的金额、债权人豁免的债务。

2. 一般企业资本公积的核算方法

（1）资本（或股本）溢价的核算

对于一般企业而言，在企业创立时，出资者认缴的出资额全部记入"实收资本"科目，因而不会出现资本溢价。但是，当企业重组并有新的投资者加入时，为了维护原投资者的利益，新加入的投资者的出资额并不一定全部作为实收资本处理。其原因主要是：投资者在企业资本公积和留存收益中享有的权益在新投资者加入前，企业的所有者权益中，除了实收资本（即原始投资）外，还有在企业创立后的生产经营过程中实现的利润留在企业所形成的留存收益（包括每年提取的盈余公积和历年未分配利润），甚至还存在接受他人捐赠等原因所形成的资本公积。显然，留存收益和资本公积属于原投资者的权益，还没有转入实收资本，然而，一旦新投资者加入，其将与原投资者共享该部分权益。为了补偿原投资者的权益损失，新投资者如果需要获得一定的投资比例，就需要付出比原投资者在获取该投资比例时所投入的资本更多的出资额。

现举例说明一般企业资本溢价的账务处理。

【例9-35】 宏大房地产企业原注册资本500万元，投资者建星公司为了占有宏大公司注册资本的20%的份额，投入120万元资金，宏大公司已将资金收存银行。

会计分录如下：

```
借：银行存款                    1 200 000
    贷：实收资本                  1 000 000
        资本公积                    200 000
```

现举例说明股份有限公司股本溢价的核算方法：

【例9-36】 新业房地产股份有限公司溢价发行股票，每股发行价为5元，则股票发行收入总额500万元，按约定的比例5%扣除证券公司代理手续费25万元（500×5%），新业房地产股份有限公司实际收到证券公司交来款项475万元。

新业房地产股份有限公司应作分录如下：

```
借：银行存款                    4 750 000
    贷：股本——普通股              1 000 000
        资本公积——普通股溢价      3 750 000
```

股份有限公司发行股票所发生的发行费用即委托证券商代理发行股票而支付的手续

费、佣金等，应从溢价发行收入中扣除，企业没有溢价收入的，则应作为开办费或长期待摊费用处理。

（2）股权投资准备的核算

见长期股权投资的核算。

（3）接受现金捐赠的核算

当企业接受现金捐赠时，企业应按实际收到的金额，借记"银行存款"等科目，贷记"资本公积——接受现金捐赠"科目。

（4）接受捐赠非现金资产准备的核算

企业接受捐赠非现金资产入账价值的确定：

企业确定其接受捐赠的非现金资产的入账价值，需要分情况进行处理：

1）捐赠方提供了有关凭据的，应按凭据上标明的金额加上应支付的相关税费，作为入账价值；

2）捐赠方没有提供有关凭据的，应按下列步骤确定入账价值：同类或类似非现金资产存在活跃市场的，按同类或类似非现金资产的市场价格估计的金额，加上应支付的相关税费，作为入账价值；同类或类似非现金资产不存在活跃市场的，按该接受捐赠的非现金资产的预计未来现金流量现值，作为入账价值。

需要注意的是，如果接受捐赠的是旧的固定资产，则应当按照上述方法确认的价值，减去按该项资产的新旧程度估计的价值损耗后的余额，作为入账价值。

企业接受捐赠非现金资产的账务处理：

根据我国税法的规定，纳税人接受捐赠的实物资产，在接受捐赠时不计入企业的应纳税所得额。企业出售该资产或进行清算时，若出售或清算的价格低于接受捐赠时的实物资产价格，则应以接受捐赠时的实物价格计入应纳税所得额或清算所得额；若出售或清算价格高于接受捐赠时的实物资产价格，应以出售收入扣除清理费用后的余额计入应纳税所得额，依法缴纳所得税。账务处理的具体要求如下：

1）当企业接受捐赠固定资产、原材料、库存商品等非现金资产时，企业应按照确定的价值，借记"固定资产"、"原材料"、"库存商品"等有关科目，按照确定的价值扣除其与现行所得税率计算的未来应交的所得税后的余额，贷记"资本公积——接受捐赠非现金资产准备"科目，按照确定的价值与现行所得税税率计算的未来应交的所得税，贷记"递延税款"科目。接受捐赠非现金资产准备不能用于转增资本。

2）当接受捐赠的非现金资产处置（出售或清算）时，表明其价值已经实现，企业应按原转入资本公积的金额，借记"资本公积——接受捐赠非现金资产准备"科目，贷记"资本公积——其他资本公积"科目；同时，按照接受捐赠时记入"递延税款"科目的金额，借记"递延税款"科目，贷记"应交税金——应交所得税"科目。接受捐赠非现金资产准备一旦转入"其他资本公积"明细科目后，该部分资本公积就可用于转增资本。

【例9-37】 宏大房地产公司于2000年6月12日接受捐赠一项固定资产，公司未从捐赠方取得有关该固定资产价值的凭证，市场上该同类固定资产的市场价格为50万元。2004年8月11日，宏大房地产公司出售该固定资产，获得价款10万元，款项已收存银行。出售时，固定资产已累计计提折旧30万元，没有发生其他相关税费。公司适用的所得税税率为33%。

根据上述资料宏大房地产公司应作账务处理如下：

（1）2000 年 6 月 12 日接受捐赠时：

借：固定资产		500 000
贷：资本公积——接受捐赠非现金资产准备		335 000
递延税款		165 000

（2）2004 年 8 月 11 日固定资产出售时：

借：固定资产清理		200 000
累计折旧		300 000
贷：固定资产		500 000

（3）取得变价收入时：

借：银行存款		100 000
贷：固定资产清理		100 000

（4）结转固定资产清理净损失：

借：营业外支出		100 000
贷：固定资产清理		100 000

（5）补缴所得税并确定资本公积：

借：递延税款		165 000
贷：应交税金——应交所得税		165 000
借：资本公积——接受捐赠非现金资产准备		335 000
贷：资本公积——其他资本公积		335 000

（6）拨款转入的核算：

企业收到国家拨入的专门用于技术改造、技术研究等的拨款项目完工后，形成各项资产的部分，应按实际成本，借记"固定资产"等账户，贷记有关账户；同时，借记"专项应付款"账户，贷记"资本公积——拨款转入"账户。

（7）外币资本折算差额的核算：

企业接受外币投资因采用的汇率不同而产生的资本折算差额应计入"资本公积"账户。

【例 9-38】 企业收到外商 M 公司投入的外币资本 200 000 美元，已存入银行。企业以人民币作为记账本位币，合同约定的美元与人民币的汇率为 1：8.25，企业收到出资日当日的汇率为 1：8.30。

作会计分录如下：

借：银行存款——美元户（US＄200 000×8.30）		1 660 000
贷：实收资本——外商资本金（M 公司）		
（US＄200 000×8.25）		1 650 000
资本公积——外币资本折算差额		10 000

（5）其他资本公积的核算

【例 9-39】 企业原欠施工单位建兴公司的工程款 50 000 元，因对方有违约行为被有关部门清理整顿，该公司已注销，款项无法支付，经批准转作资本公积处理。

作会计分录如下：

借：应付账款——应付工程款（建兴公司）　　　　　　50 000
　　贷：资本公积——其他资本公积　　　　　　　　　　50 000

四、留存收益

（一）留存收益概述

1. 留存收益的概念

留存收益是指企业从历年实现利润中提取的或形成的留存于企业内部的积累，来源于企业的生产经营活动所实现的利润。

留存收益与实收资本和资本公积的区别在于，留存收益来源于企业的资本增值，而实收资本和资本公积来源于企业的资本投入。

2. 留存收益的目的

留存收益的目的是保证企业实现的净利润有一部分留存在企业，不全部分配给投资者。这样，一方面可以满足企业维持或扩大再生产经营活动的资金需要，保持或提高企业的获利能力；另一方面可以保证企业有足够的资金用于偿还债务，保护债权人的权益。

3. 留存收益的内容

留存收益主要由盈余公积和未分配利润两部分组成。

（1）盈余公积

盈余公积是指企业按照规定从净利润中提取的各种积累资金。一般企业和股份有限公司的盈余公积主要包括：

1）法定盈余公积。它是指企业按照规定的比例从净利润中提取的盈余公积。根据我国《公司法》的规定，有限责任公司和股份有限公司应按照净利润的 10％提取法定盈余公积，计提的法定盈余公积累计达到注册资本的 50％时，可以不再提取。而非公司制企业可以按照超过净利润 10％的比例提取。

2）法定公益金。它是指企业按照规定的比例从净利润中提取的用于职工集体福利设施的公益金。根据我国《公司法》的规定，有限责任公司和股份有限公司应按照净利润的5％～10％提取法定公益金。法定公益金用于职工集体福利设施时，应当将其转入任意盈余公积。

3）任意盈余公积。它是指企业经股东大会或类似机构批准按照规定的比例从净利润中提取的盈余公积。它与法定盈余公积的区别在于其提取比例由企业自行决定，而法定盈余公积的提取比例则由国家有关法规规定。

（2）盈余公积的用途

企业提取盈余公积主要可以用于以下几个方面：

1）弥补亏损。根据企业会计制度和有关法规的规定，企业发生亏损，可以用发生亏损后五年内实现的税前利润来弥补，当发生的亏损在五年内仍不足弥补的，应使用随后所实现的所得税后利润弥补。通常，当企业发生的亏损在所得税后利润仍不足弥补的，可以用所提取的盈余公积加以弥补，但是用盈余公积弥补亏损应当由董事会提议，股东大会批准，或者由类似的机构批准。

2）转增资本（股本）。当企业提取的盈余公积累积比较多时，可以将盈余公积转增资本（或股本），但是必须经股东大会或类似机构批准。而且用盈余公积转增资本（股本）

后，留存的盈余公积数额不得少于注册资本的 25%。

3）发放现金股利或利润。在某些情况下，当企业累积的盈余公积比较多，而未分配利润比较少时，为了维护企业形象，给投资者以合理的回报，对于符合规定条件的企业，也可以用盈余公积分配现金利润或股利。

（3）外商投资企业盈余公积的有关规定

需要特别注意的是，在我国，外商投资企业盈余公积包括的内容与一般企业和股份有限公司有所不同，它包括以下几个方面的内容：

1）储备基金。它是指法律、法规规定从净利润中提取的、经批准用于弥补亏损和转增资本的基金。

2）企业发展基金。它是指按照法律、法规规定从净利润中提取的、用于企业生产发展和经批准用于增加资本的基金。

3）利润归还投资。它是指中外合作经营企业按照规定在合作期内以利润归还投资者的投资。

（4）未分配利润

未分配利润是指企业实现的净利润经过弥补亏损、提取盈余公积和向投资者分配利润后留存于企业的、历年结存的利润。它有两层含义：一是留待以后年度处理的利润；二是未指定特定用途的利润。由于未分配利润属于未确定用途的留存收益，所以企业在使用未分配利润上有较大的自主权，受国家法律、法规的限制比较少。

（二）留存收益的核算

1. 盈余公积的核算

（1）盈余公积核算应设置的账户

为了核算和监督企业盈余公积的提取和使用情况，房地产开发企业应设置"盈余公积"账户，它是所有者权益类账户。其贷方登记企业按照净利润的一定比例提取的盈余公积，借方登记企业按规定转增资本（或股本）、弥补亏损或发放现金股利等减少的盈余公积，期末贷方余额反映企业提取的盈余公积。同时，企业应按盈余公积的种类设置以下明细账：

1）法定盈余公积金；

2）法定公益金；

3）任意盈余公积；

4）储备基金；

5）企业发展基金；

6）利润归还投资。

（2）提取盈余公积的核算方法

对于一般企业或股份有限公司而言，在按规定提取各项盈余公积时，应当按照提取的各项盈余公积金额，借记"利润分配——提取法定盈余公积、提取法定公益金、提取任意盈余公积"等科目，贷记"盈余公积——法定盈余公积、法定公益金、任意盈余公积"科目。

对于外商投资企业而言，在按规定提取储备基金、企业发展基金时，应当按照所提取的基金数额，借记"利润分配——提取储备基金、提取企业发展基金"科目，贷记"盈余公积——储备基金、企业发展基金"科目。中外合作经营企业以利润归还投资时，应当按照实际归还投资的金额，借记"已归还投资"科目，贷记"银行存款"科目；同时，借记"利润分配——利润归还投资"科目，贷记"盈余公积——利润归还投资"科目。

现举例说明提取盈余公积的核算。

【例 9-40】 某房地产开发企业 2000 年实现利润 200 万元，经股东大会决议，提取法定盈余公积金和公益金，提取比例分别为 10% 和 5%。

会计分录如下：

借：利润分配——提取法定盈余公积　　　　　　　　　200 000

　　　　　　　——提取公益金　　　　　　　　　　　100 000

　　贷：盈余公积——法定盈余公积　　　　　　　　　200 000

　　　　　　　　　——公益金　　　　　　　　　　　100 000

（3）用盈余公积弥补亏损的核算方法

企业经股东大会或类似机构批准，用盈余公积弥补亏损时，应借记"盈余公积"科目，贷记"利润分配——其他转入"科目。

外商投资企业在某些情况下用储备基金冲销亏损时，应借记"盈余公积——储备基金"科目，贷记"利润分配——其他转入"科目。

【例 9-41】 某房地产开发企业 2001 年亏损 40 万元，经股东大会决议，用盈余公积补亏。

会计分录如下：

借：盈余公积　　　　　　　　　　　　　　　　　　　400 000

　　贷：利润分配——其他转入　　　　　　　　　　　400 000

（4）用盈余公积转增资本（股本）的核算方法

一般企业经批准用盈余公积转增资本时，应按照实际转增的盈余公积金额，借记"盈余公积"科目，贷记"实收资本"科目。

股份有限公司经股东大会决议，用盈余公积派送新股转增股本时，应借记"盈余公积"科目，贷记"股本"科目。如果两者之间有差额，应贷记"资本公积——股本溢价"科目。

外商投资企业经批准将储备基金用于转增资本时，应借记"盈余公积——储备基金"科目，贷记"实收资本"科目，外商投资企业用企业发展基金转增资本时，应借记"盈余公积——企业发展基金"科目，贷记"实收资本"科目。

【例 9-42】 某房地产开发企业经股东大会批准，将法定盈余公积 20 万元、任意盈余公积 30 万元转增资本金，已按规定程序办妥转增资本手续。

作会计分录如下：

借：盈余公积——法定盈余公积　　　　　　　　　　　200 000

　　　　　　　——任意盈余公积　　　　　　　　　　300 000

　　贷：实收资本　　　　　　　　　　　　　　　　　500 000

（5）用盈余公积分配现金股利或利润

企业经股东大会或类似机构决议，用盈余公积分配现金股利或利润时，应借记"盈余公积"科目，贷记"应付股利"科目。用盈余公积分配股票股利，借记"盈余公积"科目，贷记"股本"科目。

【例 9-43】 某房地产开发股份有限公司 2003 年发生亏损，为了维护企业形象，给投资者以合理的回报，经股东大会批准，用法定盈余公积发放现金股利 20 万元、股票股利 10 万元。

作会计分录如下：

借：盈余公积——法定盈余公积   300 000
  贷：应付股利   100 000
    股本——普通股   200 000

（6）将法定公益金用于集体福利设施支出

企业使用法定公益金用于集体福利设施的，应按照实际发生的金额，借记"盈余公积——法定公益金"科目，贷记"盈余公积——任意盈余公积"科目。

【例 9-44】 某房地产开发企业于 2001 年用公益金购建职工宿舍一套，价款 100 万元，款项由银行存款支付。

作会计分录如下：

借：固定资产   1 000 000
  贷：银行存款   1 000 000
借：盈余公积——法定公益金   1 000 000
  贷：盈余公积——任意盈余公积   1 000 000

2. 未分配利润的核算

见后面章节利润的核算。

思 考 题 与 习 题

思考题

1. 流动负债如何分类？

2. 短期借款和应付票据如何核算？

3. 应付账款、预收账款和其他应付款如何核算？

4. 应付工资和应付福利费如何核算？

5. 应交的各种税费如何核算？

6. 应付利润和其他应交款如何核算？

7. 预提费用如何核算？

8. 对或有负债如何进行会计处理？

9. 借款费用包括哪些内容？借款费用的确认原则是什么？

10. 长期借款如何进行会计处理？

11. 应付债券如何进行会计处理？

12. 长期应付款如何进行会计处理？

13. 所有者权益的构成内容有哪些？

14. 房地产开发企业的资本金是由哪些投资主体投入的？筹集资本金应遵循哪些基本要求？

15. 一般企业对于实收资本应如何计价与核算？

16. 股份有限公司对于股本应如何计价与核算？

17. 资本公积金主要包括哪些内容？应如何核算？

18. 一般企业和股份有限公司的盈余公积金主要包括哪些内容？其用途有哪些？应如何核算？

19. 外商投资企业的盈余公积金主要包括哪些内容？应如何核算？

习题一

一、目的

练习短期借款和应付票据的核算。

二、资料

某房地产开发企业发生下列经济业务：

1. 根据借款合同于 7 月 1 日从银行取得开发经营借款 500 000 元，年利率为 8%，为期六个月，按季支付利息，本金一次偿还。

按下列经济业务顺序编制会计分录：

（1）7 月 1 日，银行将批准的开发经营借款划入企业账号。

（2）7 月 31 日、8 月 31 日，计提当月应计利息。

（3）9 月 30 日，支付本季度开发经营借款利息。

（4）12 月 31 日，开发经营借款到期，通过开户银行结清本息。

2. 某房地产开发企业于 6 月 1 日开出一张面额为 200 000 元，期限三个月的银行承兑汇票，用以购买材料。银行已办理承兑手续（手续费 1%），该汇票于当天交给供货的建材公司。

3. 上项票据到期，以银行存款支付。

4. 若该企业在票据到期时无力支付票据款项，根据银行转来的贷款通知，将该票据款项转为短期借款。

5. 该房地产开发企业在 20 天后，才将票款归还银行，应按日比例 0.5‰ 交纳罚息。

6. 若房地产开发企业签发的是一张商业承兑汇票，票据到期时无力支付票据款项，同时支付罚款 2 000 元。

三、要求

根据上列经济业务计算并编制会计分录。

习题二

一、目的

练习应付账款、预收账款和其他应付款的核算方法。

二、资料

某房地产开发企业发生下列经济业务：

1. 1 月 5 日购入钢材一批，买价 150 000 元，运杂费为 2 000 元，货款尚未支付。

2. 1 月 10 日，采购的钢材到货，并已验收入库。

3. 上述钢材已预付定金 40 000 元，1 月 12 日支付剩余货款。

4. 1 月 31 日收到承包单位开出的"工程价款结算账单"，应付工程价款 500 000 元，可扣回的已预付分包单位工程款和备料款共计 150 000 元。

5. 2 月 2 日以银行存款支付剩余的工程价款。

6. 2 月 15 日按上半月实际工作进度，向委托单位预收代建工程款 80 000 元，款项已存入银行。

7. 2 月 28 日，根据提出的"工程价款结算账单"结算应收工程款 189 000 元，其中应从应收工程款中扣还预收工程款 80 000 元。

8. 3 月 5 日，收到上述剩余的工程款。

9. 4 月 1 日，根据房地产工程开发的需要，向当地设备租赁公司租入一台大型设备，租赁期为一个月，租赁费为 5 000 元。现租赁期已满，租金尚未支付。

三、要求

根据上列经济业务计算并编制会计分录。

习题三

一、目的

练习应付工资和应付福利费的核算。

二、资料

某房地产开发企业 2002 年 6 月"工资结算汇总表"资料如表 9-2 所示：

工资结算汇总表（元） 表 9-2

人员类别	应付工资	代扣款项			实发金额
		房租	个人所得税	合计	
开发项目现场人员	60 000	2 000	800	2 800	57 200
专设销售机构人员	15 000	400	200	600	14 400
企业行政管理人员	25 000	600	300	900	24 100
改扩建工程人员	14 600	300	100	400	14 200
医务福利人员	1 400	100	20	120	1 280
合　　计	116 000	3 400	1 420	4 820	111 180

1. 根据"工资结算汇总表"，开出现金支票提取现金备发工资。

2. 以现金支付职工工资。

3. 将代扣房租、代扣个人所得税予以转账。

4. 根据应付工资总额的 14% 计提职工福利费。

5. 收到工资发放员交回的在规定期限内未领取的工资 1 200 元。

6. 月末分配工资费用。

7. 开出转账支票，转交代扣房租、代扣失业保险金。

8. 以现金支付职工生活困难补助费 3 000 元。

9. 根据应付工资总额的 2%、1.5% 分别计提职工工会经费、职工教育经费。

三、要求

根据上列经济业务计算并编制会计分录。

习题四

一、目的

练习应交税金的核算。

二、资料

某房地产开发企业发生下列经济业务：

1. 2002 年 1 月销售住宅小区商品房 8 套，实现销售收入为 400 000 元，月末按销售收入的 5% 计算应交纳的营业税。

2. 2002 年 2 月转让一项无形资产，经协商确定，转让价格为 200 000 元。价款已通过银行收讫。该无形资产账面余额为 160 000 元，无形资产减值准备为 20 000 元。转让无形资产适用的税率为 5%。

3. 2002 年 3 月，接受市城建部门的委托，代建的工程已竣工并办理交接手续，合同造价 500 000 元，已结算完毕。月末按合同造价收入的 3% 计算应交纳的营业税。

4. 2002 年 4 月开发的一个房地产开发项目已经竣工结算，此项目已缴纳土地出让金 400 万元，获得土地使用权后，立即开始开发此项目，建成 15 000m² 的普通标准住宅，以每平方米 3 000 元价格全部出售，开发土地、新建房及配套设施的成本为每平米 1 200 元，不能按转让房地产项目计算分摊利息支出，账面房地产开发费用为 200 万元。已经缴纳营业税、城建税、教育费附加、地方教育费、印花税 191.25 万元，请计算应缴纳的土地增值税。

5. 2003 年 6 月建造并出售了一幢写字楼，取得销售收入 2 500 万元（营税税率为 5％，城市维护建设税税率为 7％，教育费附加征收率为 3％，企业为建造此楼支付的地价款为 350 万元；房地产开发成本为 450 元；房地产开发费用中的利息支出 250 万元（能够按转让房地产项目算分摊并提供工商银行证明）。企业所在地政府规定的其他房地产开发费用的计算扣除比例为 5％，请计算应缴纳的土地增值税。

6. 2004 年开发建设长虹花园别墅区，支付地价款 1 000 万元，新建房及配套设施的成本为 3 500 万元，其中"三通一平"等前期工程 500 万元，税金 151.8 万元，支付银行利息 60 万元（能够按转让房地产项目算分摊并提供工商银行证明）。别墅出售后共取得销售收入 8 000 万元，请计算应缴纳的土地增值税。

7. 2004 年购入国有土地一块，按规定缴纳土地出让费 1 500 万元，用于房地产开发。企业按规定申报缴纳契税，当地政府规定契税税率为 5％，请计算应缴纳的契税。

8. 2004 年 11 月，经计算，该企业应交房产税 15 000 元，应交城镇土地使用税 8 000 元。

9. 2004 年 12 月，经计算，该企业应交车船使用税 6 000 元，应交城市维护建设税 55 000 元，应交印花税 3 000 元。

三、要求

根据上列经济业务计算并编制会计分录。

习题五

一、目的

练习应付股利和其他应交款的核算。

二、资料

某房地产开发企业发生下列经济业务：

1. 该企业按合同规定应分配给投资者利润 254 000 元，尚未支付。

2. 企业签发转账支票将上述应付利润支付投资者。

3. 2002 年 6 月该企业应交纳的流转税为营业税 500 000 元、计算该企业当月应交的教育费附加。

4. 上缴上述教育费附加。

三、要求

根据上列经济业务计算并编制会计分录。

习题六

一、目的

练习预提费用的核算。

二、资料

某房地产开发企业发生下列经济业务：

1. 2003 年 10 月该企业开发的一项商品房工程已基本完工，已具备使用条件，但因某项配套设施设备尚未买到，影响完工商品房工程开发成本的结算，按规定报经批准后，按该项配套设施设备的预算成本 220 000 元，预提计入商品房成本。

2. 2003 年 11 月配套设施设备买到，实际价款 230 000 元，安装完毕交付使用。

3. 将上述预提费用的余额予以结转。

三、要求

根据上列经济业务编制会计分录。

习题七

一、目的

练习长期借款的核算。

二、资料

某房地产开发企业发生下列经济业务：

1. 2001 年 1 月 1 日向银行借入开发经营借款 2 000 000 元，存入存款户，用于项目工程开发经营。借款期两年，年利率 6%。该项工程一年完工并交付使用。

2. 承上题，计算 2001 年末的利息。

3. 承上题，计算 2002 年末的利息。

4. 2002 年 12 月 31 日借款到期，还本付息。

三、要求

根据上列经济业务编制会计分录。

习题八

一、目的

练习应付债券的核算。

二、资料

某房地产开发企业发生下列经济业务：

1. 该企业于 2000 年 1 月 1 日按面值发行年利率为 6%，期限为两年的债券 2 000 000 元，所得款项已存入银行，该款项用于某房地产开发项目。该债券每年 6 月 30 日与 12 月 31 日付息。该项工程一年完工并交付使用。

2. 承上题，假设发行时票面利率高于市场利率，债券发行价格为 2 100 000 元。溢价按直线法摊销。

3. 承上题，假设发行时票面利率低于市场利率，债券发行价格为 1 900 000 元。折价按直线法摊销。

4. 2002 年 12 月 31 日，到期还本。

三、要求

1. 根据资料，编制债券按面值、溢价、折价发行的会计分录。

2. 根据资料，编制每年付息时的会计分录。

3. 根据资料，编制到期还本的会计分录。

习题九

一、目的

练习企业收到资本金的核算。

二、资料

某房地产开发企业发生下列有关实收资本的经济业务：

1. 企业收到国家以货币资金投入的资本 500 000 元，已存入开户银行。

2. 企业收到 A 公司投资转入的生产设备 1 台，其账面原价为 360 000 元，累计已提折旧为 70 000 元，双方确认的价值为 280 000 元，生产设备不需安装，现已交付使用。

3. 企业收到 B 公司投资转入的木材一批，双方确认其价值为 150 000 元，企业按实际成本进行材料日常收发的核算，木材现已验收入库。

4. 企业收到 C 公司投资转入的专利权一项，双方确认其价值为 80 000 元。

5. 企业收到内部职工个人的现金投资 150 000 元。

6. 企业收到外商 W 公司投入的外币资本 100 000 美元，已存入银行，企业按当日市场汇率 1∶8.25 折合为人民币记账。

7. 企业经批准将资本公积金 260 000 元、盈余公积金 120 000 元转增资本金，已按法定程序办妥转增资本手续。

8. 企业按法定程序报经批准减少注册资本 300 000 元，以银行存款支付。

某属于股份有限公司的房地产开发企业发生下列有关股本的经济业务：

9. 企业委托某证券公司代理发行普通股股票 5 000 万股，每股面值 1 元，按面值发行。根据双方的约定，企业按发行收入的3‰向某证券公司支付代理发行手续费，从发行收入中抵扣，股票已发行成功，股款已划入企业的银行存款账户。

10. 假设企业按每股3元的价格溢价发行上述普通股股票，其他条件不变。

11. 企业经股东大会批准，按普通股股本的10%分配股票股利200万元，已按规定办理增资手续。

12. 企业经股东大会批准，用资本公积金400万元、盈余公积金200万元派送新股转增普通股股本600万元，已按规定办理增资手续。

三、要求

根据上述经济业务，编制相关会计分录。

习题十

一、目的

练习资本公积金的核算。

二、资料

某房地产开发企业发生下列有关资本公积金的经济业务：

1. 企业原由甲、乙两公司各投资500万元人民币设立，设立时的实收资本为1 000万元。经过三年的经营，企业的留存收益为300万元。此时丙公司愿出资300万元并占有企业全部资本的1/5，甲、乙两公司已同意，企业向工商管理部门申请，将注册资本变更为1 250万元。企业收到丙公司的出资，并已存入开户银行。

2. 企业于2001年3月1日收到某公司捐赠的全新设备1台，按同类设备的市场价格估计其金额为76 000元，企业以银行存款支付运杂费800元，该设备已交付使用。2003年6月30日，企业将该设备对外出售，获得价款38 000元，已存入开户银行。出售时，该设备累计已提折旧为34 048元，企业适用的所得税税率为33%。

(1) 2001年3月1日接受捐赠时；

(2) 2003年6月30日出售固定资产，注销其账面原价和累计已提折旧时；

(3) 收到出售固定资产的价款时；

(4) 结转出售固定资产的净损失时；

(5) 结转"递延税款"科目的金额时；

(6) 结转原计入资本公积准备项目的金额时。

3. 企业收到某单位的捐款50 000元，已存入开户银行。

4. 企业收到外商M公司投入的外币资本80 000美元，已存入开户银行。企业以人民币为记账本位币，合同约定的美元与人民币的汇率为1：8.25，企业收到出资额当日的汇率为1：8.28。

5. 企业原欠海红公司购料款20 000元，经协商华威公司同意豁免该项债务。

三、要求

根据上述经济业务，编制相关会计分录。

习题十一

一、目的

练习盈余公积金的核算。

二、资料

某房地产开发企业发生下列有关盈余公积金的经济业务：

1. 企业本年度实现净利润3 000 000元，分别按10%、5%、20%的比例提取法定盈余公积金、法定公益金和任意盈余公积金。

2. 企业经股东大会批准，用法定盈余公积金50 000元弥补以前年度亏损。

3. 企业经股东大会批准，用任意盈余公积金100 000向投资者分配利润。

4. 企业用法定公益金为职工健身房购置健身设备一批，价款为78 000元，以银行存款支付，健身设备现已交付使用。

5. 大业房地产股份有限公司经股东大会批准，用任意盈余公积金分配现金股利300 000元，用法定盈余公积金分配股票股利100 000元。

6. 海发公司属于外商投资企业，按规定从净利润中提取储备基金500 000元、企业发展基金300 000元。

7. 海发公司经批准用储备基金弥补以前年度亏损80 000元。

8. 海发公司经批准将储备基金200 000元、企业发展基金160 000元转增资本金，已按规定程序办妥转增资本手续。

三、要求

根据上述经济业务，编制相关会计分录。

第十章　成本费用核算

房地产的开发建设和经营，是房地产企业的基本经济活动。在开发经营过程中，企业一方面要建成并向社会提供可供使用的房屋建筑物、构筑物、建设场地、基础设施和配套设施；另一方面还要发生与之相关的物化劳动和活劳动的耗费。房地产企业在开发经营过程中所发生的各项耗费，称之为开发经营费用。而其中为某个特定开发项目发生的费用，应将其对象费用，直接计入当期损益。因此，房地产企业成本费用的核算由开发经营费用的归集、分配、结转和开发成本计算两部分内容组成，它是房地产开发企业会计核算的重要环节。所以，正确地进行成本费用核算，对于有效控制房地产企业的各项成本费用支出，降低开发成本，提高经济效益，增强企业的市场竞争力，有着十分重要的意义。

第一节　开发成本与费用核算的基本要求

一、严格遵守国家规定的成本、费用开支范围

成本、费用开支范围是指国家对企业发生的支出，允许其在成本费用中列支的范围，通常以国家法律、法规、制度等形式予以明确。房地产企业与开发经营有关的各项支出，都应当按照规定计入企业的成本费用。成本费用具体内容可分为两部分：其一为开发产品成本，包括土地征用及拆迁补偿费、前期工程费、建筑安装工程费、基础设施费、公共配套设施费以及开发间接费用；其二为期间费用，包括管理费用、财务费用和营业费用。

按照国家税法及《企业会计制度》规定，房地产企业的下列支出，不得列入成本费用：

（1）为购置和建造固定资产、无形资产和其他资产的支出；

（2）对外投资支出以及分配给投资者的利润；

（3）被没收的财物，违反法律法规而支付的滞纳金、罚款以及企业的赞助、捐助支出等；

（4）在公积金、公益金中开支的支出；

（5）贿赂等非法支出；

（6）国家税收、法规有具体的扣除标准和范围，实际发生费用超过或高于法定标准和范围的部分；

（7）国家规定不得列入成本费用的其他支出。

二、合理确定成本核算对象

成本核算对象，是指房地产企业在进行成本核算时所确定的用来归集和分配开发产品成本的承担者。成本计算的过程就是按照既定的成本核算对象归集和分配开发建设费用的

过程。因此，合理确定成本核算对象，是正确组织开发产品成本核算的重要条件。

房地产企业是按照城市总体规划、土地使用规划和城市建设规划的要求，在特定的固定地点进行开发建设的。由于各种土地和房屋的具体用途不同，开发建设的具体内容也不相同。每一个开发项目都是按特定的设计图纸进行开发建设的，因此具有单件性的特点。它不可能像工业产品那样，按照同一图纸或方案大批量地生产。即使房屋的用途、结构、材料完全相同，也会因建造时间、地点不同，而使其工作内容和费用相差甚远。房地产开发建设的单件性特点，决定了成本核算对象应是具有独立的设计文件，可以独立地组织施工的开发建设项目。

（一）房屋开发成本核算对象确定的一般原则

1. 一般的开发项目，应以每一独立编制的设计概预算，或每一独立的施工图预算所列的单项开发工程作为成本核算对象；

2. 同一地点、结构类型相同的群体开发项目，如果开工、竣工时间接近，又由同一施工队伍施工，可以合并为一个成本核算对象；

3. 对个别规模较大、工期较长的开发项目，可以按开发项目的一定区域或部分划分成本核算对象。

（二）土地开发成本核算对象确定的一般原则

1. 一般土地开发，以每一独立的开发项目（地块或宗地），作为成本核算对象。

2. 面积较大、工期较长、分区域开发的土地，可以以一定区域作为成本核算对象。

成本核算对象应在开发建设前就确定，一经确定不得随意更改，更不能相互混淆。

三、正确划分成本项目

成本项目是指房地产企业在组织成本核算时，将开发产品成本按经济用途进行分类所确定的费用项目。房地产开发成本由以下成本项目组成：

1. 土地征用及拆迁补偿费：指因房地产开发而征用土地所发生的各项费用，包括土地征用费、耕地占用税、契税、劳动力安置费及有关地上、地下附着物拆迁补偿的净支出、安置动迁用房支出、土地拍卖价款及佣金等。

2. 前期工程费：指土地房屋开发前期发生的包括规划、设计、项目可行性研究、水文、地质、勘察、测绘、"三通一平"等支出。

3. 建筑安装工程费：包括企业以出包方式支付给承包单位的建筑安装工程费和以自营方式发生的建筑安装工程费。

4. 基础设施费：指土地房屋开发工程中发生的小区内道路、供水、供电、供气、排污、排洪、通信、照明、环卫、绿化等工程发生的支出。

5. 公共配套设施费：指开发小区发生的可计入土地房屋开发成本，不能有偿转让的公共配套设施发生的支出。如锅炉房、配电房、派出所、幼儿园、自行车棚、消防设施、健身器材及设施、公厕等。

6. 开发间接费用：是指企业所属直接组织、管理开发项目发生的费用，包括工资、职工福利费、折旧费、修理费、办公费、水电费、劳动保护费、周转房摊销费、借款利息支出等。

企业核算开发产品成本时，就是按照成本项目来归集企业在开发产品过程中所发生的应计入成本核算对象的各项费用。

四、划清各项费用界限

为了正确地核算开发产品成本和期间费用，正确地计算开发产品的实际成本和企业收益，房地产企业必须正确划分以下各项费用界限。

1. 划清应计入成本费用和不应计入成本费用的界限

企业的经济活动是多方面的，费用支出也是多种多样的，其性质和用途各不相同，各项费用支出并非都是可以计入成本费用的。哪些费用支出可以计入成本费用，哪些费用支出不能计入成本费用，国家都有明确的规定。如企业购置的固定资产、无形资产以及对外投资支出是不能计入成本费用的，又如违反国家法律法规支付的罚款、滞纳金、赔偿金以及赞助、捐赠支出等也不能计入成本费用。

根据国家现行政策规定，房地产企业计入成本费用的支出为：

（1）土地征用及拆迁补偿支出；

（2）可行性研究、勘察设计、测绘、"三通一平"等支出；

（3）自营建筑安装消耗的主要材料、结构件、周转材料、低值易耗品等；

（4）固定资产的折旧费、修理费、租赁费；

（5）应计入成本费用的职工工资及按规定提取的福利费、工会经费和职工教育经费；

（6）发包建筑安装工程支付的工程价款；

（7）坏账损失、存货跌价损失，财产和运输保险费，契约合同公正费和鉴定费；

（8）劳动保护费、劳动保险费；

（9）差旅费、办公费、低值易耗品摊销等；

（10）房产税、车船使用税、土地使用税、印花税；

（11）技术开发费、技术转让费、无形资产摊销费、业务招待费；

（12）广告费、售后服务费等。

企业必须按照国家规定，划清所有支出是否计入成本费用，如果违反了国家的规定（特别是税法），会给企业造成经济损失。

2. 划清开发成本和期间费用的界限

房地产企业应计入成本费用的各项支出按其用途可分为计入开发产品成本的费用和不计入开发产品成本的费用，有些费用是与企业开发建设以供销售的房地产有联系的费用，如土地征用及拆迁补偿支出、前期工程费、建筑安装工程费、基础设施费等，应计入开发项目成本；还有些费用与开发建设的房地产无直接联系而与开发期间相关，如管理费用、财务费用、营业费用，不宜计入开发项目成本，而应作为期间费用计入当期损益。应计入开发成本除上述直接费用外，还应包括开发间接费用，如具体承担项目建设管理的内部独立核算单位开支的人员工资、办公、差旅费、折旧修理费等。

要正确计算开发产品成本，必须划清开发成本和期间费用的界限，既不能将期间费用计入开发成本，也不能将开发成本计入期间费用。开发项目借款利息支出，在开发建设期间应计入开发成本项目的"开发间接费用"，而开发产品完工后的借款利息支出，应列入期间费用的"财务费用"。

3. 划清本期与以后各期成本之间的界限

为了按期分析和考核开发成本和期间费用，正确计算各期损益，还应将开发成本和期间费用，在本期和以后各期之间进行划分。企业应按照权责发生制的原则和收入与费用配比的原则，正确核算各期成本，对于本期已经发生但应由本期和以后各期成本负担的费用，应作为待摊费用，分期摊入本期成本和以后各期成本；对于应由本期成本负担但未在本期发生的费用，应作为预提费用计入本期成本。待摊费用和预提费用应按照收益期限摊销或者预提，不能任意摊提，随意调整开发产品成本和期间费用。

4. 划清成本核算对象之间的界限

为了考核和分析各成本核算对象的成本计划或预算执行情况，便于对工程项目责任人进行绩效考核，企业必须分别计算各种开发项目成本，因此需要将计入开发成本的费用在各成本核算对象之间进行合理划分。成本核算对象一般应在开工建设前确定，凡是能够直接计入有关开发产品的各项直接费用，均应直接计入开发产品成本；凡是由两个或两个以上开发产品共同承担的费用，则必须采取合理的分配标准，在有关开发产品之间进行分配。

5. 划清主体工程与配套工程之间的界限

对于能够确定为独立成本核算对象的公共配套设施，应与主体工程分开单独进行成本核算。配套设施竣工验收后，属于不能有偿转让的开发小区公共配套设施成本，应选择合理的分配方法再分配计入有关开发产品成本；开发小区以外的配套设施和开发小区内能够有偿转让的配套设施都不得计入开发产品成本。

6. 划清完工开发产品成本与未完工开发产品成本的界限

为了确保开发产品成本核算的正确性、完整性和及时性，企业应按照规定进行成本核算和成本结转，对于已完工开发产品和在建开发产品共同发生的费用，应采取专门的方法进行分配，不得人为地压低或提高未完开发产品成本，以确保开发产品成本的真实性。

五、作好成本核算的基础工作

要正确计算开发成本和期间费用，发挥成本核算的作用，企业还必须作好以下成本核算的基础工作：

1. 建立和健全成本费用核算体系

成本费用核算涉及开发经营的各个方面，是一项综合性很强的工作。要如实反映开发项目成本和期间费用，实现既定的成本费用控制目标，就不能仅仅对已发生的费用进行事后核算，还应对费用发生前、发生过程中进行全程的监控、审核、分析。这就需要建立和健全以成本费用核算为中心，以成本费用控制为目的的成本费用核算体系。这个体系包括了以下内容：

（1）在开发项目的策划、规划、设计阶段，应当编制和审核设计概算、施工图预算，再根据上述"两算"结合开发企业的特点，编制企业内部的"建设项目总投资财务预算"，并以此作为控制开发建设总投资的重要依据。

（2）在开发项目的建设阶段，对于自营开发建设项目应编制施工预算和成本费用计划；对于发包项目应编制施工图预算和各种费用支出计划，以便控制成本费用。在招标完成后，以中标价格作为控制依据。

（3）在项目开发建设过程中，对于发生的各项费用支出，应以工程概算、财务预算、中标价、合同协议等为依据，进行严格审核。

（4）根据审核后的费用支出凭证，按规定的程序和方法进行归集和分配，计算各开发项目的实际成本和期间费用。

（5）对成本费用核算资料进行事后分析，总结经验，找出差距，挖掘进一步降低成本费用的潜力。

通过以上成本费用核算全过程的监控，能够保证成本核算的有效进行，以达到控制成本费用、提高经济效益的目的。

在建立成本核算体系的同时，企业还应实行成本核算责任制，将各项成本费用指标分解到项目管理的责任人以及相关职能部门，各责任单位和责任人应编制各自责任范围内成本费用开支计划，并控制各项费用支出。财会部门应将实际发生的成本费用，按责任单位和责任人分别进行明细核算，以便对相关部门和人员进行考核。

2. 建立和健全原始记录制度

原始记录是反映房地产企业经营管理实际情况的最初书面证明。企业应按照规定的格式，对于经营管理中材料的领用和耗费、工时的耗费、生产设备的运转、燃料和动力的消耗、费用的开支、已完开发产品的竣工验收等情况，进行及时准确的记录，取得原始记录凭证或填制原始记录凭证。原始凭证短缺不全或记录不正确，就不能如实反映成本费用水平。为了保证成本费用核算原始资料的真实可靠，企业必须建立和健全原始凭证的登记、传递、审核和保管制度。

3. 建立和健全财产物资的计量、收发领退和盘点制度

作好各项财产物资的计量、收发、领退、清查和盘点工作，是正确计算成本费用的前提条件。房地产企业的所有物资收发都要经过计量、验收并办理必要的凭证手续。计量工具要经常校正和维修，以便正确计量各种物资的消耗。企业领用材料、设备、工具等物资，都要有严格的制度和手续，防止乱领乱用。对于剩余物资，要及时办理退库手续或结转至下期使用，以便如实反映计入开发产品的物质消耗。库存物资要定期清查盘点，做到账实相符，发现问题及时处理，以保证财产物资的安全完整。

六、成本核算的一般程序

房地产企业会计核算区别于其他行业的会计核算，主要就在于成本费用核算的特殊性。房地产企业的成本核算过程，就是要分清各种成本费用界限，将本期发生的或应承担的费用，按其经济用途分别计入为各类开发项目设置的具体成本核算对象的相应成本项目和各项期间费用的相应费用项目的过程。因此，企业必须设置成本费用类账户，并按一定程序进行账务处理。

（一）成本费用类账户的设置

为了归集和分配各项费用支出，核算开发成本和期间费用，房地产企业应设置"开发成本"、"开发间接费用"、"待摊费用"、"预提费用"、"管理费用"、"财务费用"、"营业费用"等账户。

1. 设置"开发成本"账户

该账户核算房地产企业在土地、房屋、配套设施、代建工程开发过程中所发生的各项成本费用。企业对出租房进行装饰及增补室内设施而发生的出租房工程支出，也在本账户

核算。借方记录企业在开发产品过程中发生的各项成本费用，其中属于直接费用的土地征用及拆迁补偿费、前期工程费、基础设施费、建筑安装工程费等应于发生时直接计入有关开发产品成本；应由各开发项目共同负担的间接费用，应先在"开发间接费用"账户归集，再按一定的分配标准计入有关开发项目成本。贷方记录结转企业已经开发完工并验收合格的土地、房屋、配套设施和代建工程的实际成本以及企业对出租房屋进行装饰及增补室内设施的已完工程成本。期末余额反映房地产企业在建开发项目的实际成本。

本账户应按开发成本的种类，设置"土地开发"、"房屋开发"、"配套设施开发"、"代建工程开发"等二级账户，分别核算各类开发项目发生的各项费用；再在这些二级账户下按成本核算对象设置三级明细账，在账内按成本项目设置专栏，分别核算各成本核算对象发生的各项费用。

2. 设置"开发间接费用"账户

该账户核算企业内部独立核算单位为开发产品而发生的各项间接费用。借方记录企业实际发生的各项间接费用支出，贷方记录分配转入有关成本核算对象的间接费用。本账户期末应无余额。

本账户按企业内部不同的单位（分公司、项目经理部等）、部门设置二级账户，并在账内按费用项目设置专栏进行明细核算。

3. 设置"待摊费用"账户

该账户核算企业已经发生但应由本期和以后各期成本负担的、分摊期限在一年以内的各项费用，如低值易耗品摊销费、固定资产租赁费、预付保险费等。借方记录实际发生的各项待摊费用，贷方记录已经分摊的待摊费用，期末余额反映尚未摊销的待摊费用。本账户按费用种类设置明细账户，进行明细核算。

摊销期在一年以上的开办费、保险费等应在"长期待摊费用"账户核算，不在本账户的核算范围内。

4. 设置"预提费用"账户

该账户核算企业预提计入成本、费用尚未实际发生的各项费用，如预提借款利息、预提配套设施费等。贷方记录预提计入成本的各项费用，借方记录实际支付的预提费用。期末贷方余额反映企业已预提但尚未支付的各项费用；期末如为借方余额，反映企业实际支付费用大于预提数额的差额，即尚未摊销的费用。本账户按费用种类设置明细账户，进行明细核算。

"管理费用"、"财务费用"、"营业费用"账户的具体核算内容详见本章第六节的相关内容。

（二）成本费用核算的一般程序

开发项目可以采用自营或发包的不同方式进行施工，成本费用核算的账务处理程序也不尽相同。从目前一般情况看，房地产企业基本上都是采取工程发包形式进行项目开发，因此这里仅介绍发包方式下成本费用核算的一般程序。

企业发生的各项费用支出，凡是不应计入成本费用的，应分别记入有关账户，如"库存材料"、"在建工程"、"固定资产"、"无形资产"、"其他业务支出"等账户。应计入开发成本费用的各项支出，区别直接费用、间接费用的不同，而选择不同的计入方式。属于计入成本的直接费用，可以直接记入"开发成本"账户的有关明细账户相应的成本项目；属于计入成本的间接费用，则应先记入"开发间接费用"账户的有关明细账户，月末再分配计入各成本核算对象，记入"开发成本"账户有关项目相应的成本项目；属于"待摊费用"或者"预提费用"的，先记入"待摊费用"、"预提费用"账户，再按照其具体内容及规定的程序和方法进行处理，最终记入有关成本费用账户；属于不应计入成本的期间费用，则应分别记入"管理费用"、"财务费用"、"营业费用"账户，待期末再转入"本年利润"账户，结转后"管理费用"、"财务费用"、"营业费用"账户均应无余额。

从上述可以看出，开发成本费用核算的一般程序为：

（1）将应计入成本费用的各项支出按发生地点和用途进行分配，包括材料费用、工资费用、折旧费用、以及用货币资金支付的其他各项费用，如土地征用及拆迁补偿费、前期工程费、配套设施费等。

（2）分配"待摊费用"、计提"预提费用"，包括预付保险费、预提配套设施费等。

（3）分配"开发间接费用"，将归集的开发间接费用按一定的标准，分配计入各开发项目成本。

（4）结转已开发完成、近期投入使用的自用建设场地和不能有偿转让的配套设施成本，将其计入房屋开发等项目的成本。

（5）计算并结转已完工的开发产品成本。

（6）结转本期发生的"管理费用"、"财务费用"、"营业费用"，并将其计入当期损益。

第二节　成本费用的归集和分配

成本费用核算的中心环节是成本费用的归集和分配，只有紧紧抓住这个中心环节，才能搞好企业的成本核算。对于房地产企业而言，所发生的各项费用支出，应按以下步骤进行归集和分配：

首先，应分清是否计入成本费用，对于不应计入成本费用的固定资产购建支出、营业外支出、对外投资支出等应记入各相关账户；

其次，对于应计入成本费用的支出，应进一步划清各期成本费用的界限、开发成本和期间费用的界限；

最后，对于应计入开发成本的费用，还应划清各成本核算对象的界限，并进而确定应计入的成本项目。

各成本核算对象之间分配费用应本着"谁受益谁负担"的原则，哪个开发项目受益，费用就计入哪个开发项目成本，各开发项目负担费用的多少与受益的大小成正比例。直接费用应直接计入受益对象成本，间接费用应在归集后再按合理的分配标准计入各受益对象。

一、材料物资费用的分配

房地产企业对建筑工程采取发包方式的，应按承发包合同规定负责开发项目所需设备和某些特殊材料的采购、保管、收发工作。企业的职能管理部门和内部独立核算单位也会领用一些零星消耗材料。企业发生的各项材料物资费用应根据材料领料单、设备出库单等凭证，按其用途分别记入有关账户。交付安装用于开发项目的设备，一般是按照开发项目分别领用的，属于直接费用，应根据设备出库单记入"开发成本"账户所属明细账。拨付承包单位的抵作预付备料款或预付工程款的材料，记入"预付账款"账户，定期与承包单位结算。企业内部独立核算单位和职能管理部门领用的消耗性材料，分别记入"开发间接费用"和"管理费用"账户及相应的费用项目。现举例说明如下：

【例 10-1】 某房地产企业根据"材料物资收发存月报表"显示，本月发生的材料物资发出业务有：1）房屋开发项目甲工程领用电梯交付安装，实际成本 400 000 元；2）配套设施开发项目乙工程领用空调设备，实际成本 150 000 元；3）拨付承包单位——A 公司钢材一批，实际成本 200 000 元，抵作工程预付款；4）维修公司办公楼领用涂料，实际成本 20 000 元；5）公司所属的某项目开发部给项目部人员发放工作服，实际成本 5 000 元。

账务处理如下：

（1）领用设备：

借：开发成本——房屋开发——甲工程	400 000
——配套设施开发——乙工程	150 000
贷：设备	450 000

（2）领用材料：

借：预付账款——A 公司——工程款	200 000
管理费用——固定资产折旧修理费	20 000
开发间接费用——某项目开发部	5 000
贷：原材料	225 000

以上业务是在材料成本核算按实际成本计价方式下的账务处理，如果企业的的材料核算按计划成本计价，还应于月末结转材料成本差异，调整"开发成本"。

二、工资及福利费的分配

房地产企业对建筑工程采取发包方式的，企业需要支付管理服务人员工资、专设销售机构职工工资、企业内部独立核算单位管理服务人员工资等，并按规定提取"职工福利费"、"工会经费"、"职工教育经费"。

企业管理服务人员的工资及提取的福利费应记入"管理费用"账户，专设销售机构职工工资及提取的福利费应记入"营业费用"账户，企业内部独立核算单位管理服务人员工资及提取的福利费应记入"开发间接费用"账户。按职工工资总额一定比例提取的"工会经费"、"职工教育经费"应记入"管理费用"账户。

企业发放给职工的工资，首先在"应付工资"账户归集，然后再根据人员类别分配计入相关的成本核算账户。按工资总额一定比例提取的附加费用（现行规定为：职工福利费14%、工会经费2%、职工教育经费1.5%），分别记入相关的成本账户和期间费用账户。现举例如下：

【例 10-2】 某房地产企业本月发放职工工资为 50 000 元，其中企业的管理服务人员24 000 元，专设销售机构职工 6 000 元，内部独立核算单位某项目开发部职工 20 000 元。并按规定提取职工福利费、工会经费、职工教育经费。

账务处理如下：

1. 现金发放职工工资 50 000 元。

借：应付工资　　　　　　　　　　　　　　　　　　　　50 000
　　贷：现金　　　　　　　　　　　　　　　　　　　　　　50 000

2. 分配职工工资，记入相关成本费用账户。

借：管理费用　　　　　　　　　　　　　　　　　　　　24 000
　　营业费用　　　　　　　　　　　　　　　　　　　　　6 000
　　开发间接费用　　　　　　　　　　　　　　　　　　20 000
　　贷：应付工资　　　　　　　　　　　　　　　　　　　50 000

3. 按照工资总额提取附加费用，并分配计入相关的成本费用账户。

（1）按公司管理服务人员工资提取的福利费：

$$24\ 000 \times 14\% = 3\ 360（元）$$

（2）按销售机构人员工资提取的福利费：

$$6\ 000 \times 14\% = 840（元）$$

（3）按项目开发部人员工资提取的福利费：

$$20\ 000 \times 14\% = 2\ 800（元）$$

（4）按全部工资总额提取的工会经费：

$$50\ 000 \times 2\% = 1\ 000（元）$$

（5）按全部工资总额提取的职工教育经费：

$$50\ 000 \times 1.5\% = 750（元）$$

借：管理费用——福利费　　　　　　　　　　　　　　　3 360
　　　　　　——工会经费　　　　　　　　　　　　　　1 000
　　　　　　——职工教育经费　　　　　　　　　　　　　750
　　营业费用——福利费　　　　　　　　　　　　　　　　840
　　开发间接费用——福利费　　　　　　　　　　　　　　280
　　贷：应付福利费——提取数　　　　　　　　　　　　7 000
　　　　其他应付款——工会经费　　　　　　　　　　　1 000
　　　　　　　　　——职工教育经费　　　　　　　　　　750

三、固定资产折旧费的分配

房地产企业拥有的为生产经营服务的固定资产，根据使用单位和部门的使用情况计提固定资产折旧费，并记入相关成本费用账户。企业职能管理部门的固定资产折旧费，记入"管理费用"账户；企业内部独立核算单位的固定资产折旧费，记入"开发间接费用"账户；企业对外出租固定资产的折旧费，记入"其他业务支出"账户。

【例 10-3】 根据企业"固定资产使用月报表"，编制"固定资产折旧费计算表"，本月折旧费总额为 32 000 元。其中，企业职能管理部门负担 25 000 元，开发项目经理部负担 4 000 元，出租部分办公室负担 3 000 元。

账务处理如下：

借：管理费用——折旧修理费　　　　　　　　　　　　25 000
　　开发间接费用——折旧修理费　　　　　　　　　　　4 000

其他业务支出	3 000
贷：累计折旧	32 000

四、利息、税金和其他费用的分配

（一）利息费用

房地产企业为筹集开发经营资金所发生的借款利息，按性质分为两大类：其一，开发工程中发生的借款利息支出，属于开发成本的重要组成部分；其二，开发产品已完工而发生的借款利息支出，与开发产品没有直接联系，属于期间费用的范畴。前者记入"开发间接费用"账户分配计入开发成本，后者记入"财务费用"账户计入当期损益。

【例 10-4】 某房地产企业本月发生利息支出 50 000 元，贷款银行已通过"特转"方式收取。其中，A 开发项目已竣工交付、正在销售尾盘应负担利息支出为 10 000 元，B、C 开发项目正在开发建设过程中应负担利息支出为 40 000 元。

账务处理如下：

（1）支付利息费用时：

借：开发间接费用——利息支出	40 000
财务费用——利息支出	10 000
贷：银行存款	50 000

（2）期末根据 B、C 在建开发项目资金使用情况，B 开发项目负担 26 000 元，C 开发项目负担 14 000 元。将"开发间接费用"的利息支出分配到项目开发成本。

借：开发成本——B 开发项目	26 000
——C 开发项目	14 000
贷：开发间接费用——转销数	40 000

（二）税金支出

房地产开发过程中，从购买土地开始至整个项目商品房销售完成均会发生各项税金支出，这些税金支出大部分都不在开发成本费用中列支（如销售不动产的营业税金及附加、土地增值税等），另有一小部分应记入开发成本费用（如土地契税、销售合同的印花税、土地使用税、房产税等）。应记入开发成本费用的税金支出，一般都是可以直接计入相关账户，不需要分配计入。如购买土地缴纳的契税可直接计入"开发成本"账户的土地费用，缴纳的印花税、土地使用税、房产税等直接计入"管理费用"并进入当期损益中。

（三）其他费用

房地产企业的成本费用支出，除了材料物资费用、工资及福利费、固定资产折旧费、利息支出、税金支出以外的其他费用支出，可以分为两大类：第一类是直接计入管理费用、开发间接费用的办公费、差旅费、租赁费、水电费、劳动保护费等；另一类是直接计入开发成本的土地征用及拆迁补偿费、前期工程费、建筑安装工程费、基础设施费、配套设施费等。直接计入开发成本的这些费用，首先要在相关账户中进行归集，然后在有关对象中进行分配，具体的归集和分配方法如下：

1. 土地征用及拆迁补偿费的归集和分配

土地征用及拆迁补偿费，是指企业为取得土地使用权而支付的土地转让价款、土地出让金、耕地占用税、契税、劳动力安置费以及有关地上地下附着物拆迁补偿费等。

房地产企业为取得土地使用权而支付的土地转让价款以及出让金，视其情况不同分别记入相关账户核算。取得土地后可以立即进行房地产开发的，所支付的土地价款及出让金记入"开发成本"账户的"土地征用及拆迁补偿费"成本项目；取得土地后暂时不进行房地产开发的或者用于建造自用办公楼、住宅的，所支付的土地价款及出让金作为无形资产支出，记入"无形资产"账户，并按规定期限进行摊销，待开发商品房或自建开始时，再将土地使用权的摊余价值转入"开发成本"、"在建工程"账户。

房地产企业支付劳动力安置费和拆迁补偿费等时，应视土地用途分别记入"开发成本"、"在建工程"账户。为两个以上开发项目共用土地而支付的土地征用及拆迁补偿费，应先在"开发成本——土地开发"账户中进行归集，待土地开发完毕作为建设场地投入使用时，再按建设场地面积比例，分别记入"房屋开发"、"配套设施开发"、"代建工程开发"等明细账户。

【例 10-5】 某房地产企业参与土地竞拍获得土地一宗，用银行存款支付土地拍卖款 2 000 万元、拍卖佣金 100 万元、土地过户契税（税率 3%）63 万元，该土地将立即用于电梯公寓开发。

账务处理如下：

借：开发成本——房屋开发 　　　　　　　　　　　　　21 630 000

　　贷：银行存款 　　　　　　　　　　　　　　　　　　　21 630 000

2. 前期工程费的归集和分配

房地产企业在开发工程中发生的规划设计费、策划费、可行性研究费、工程水文地质及工程地质勘察费、测绘费、及"三通一平"等支出，成本核算对象明确的，直接计入"开发成本"账户所属各有关明细账的"前期工程费"成本项目。应由两个以上成本核算对象负担的，可以按一定标准分配计入各开发项目成本。分配标准按具体费用项目分别确定，如勘察费、测绘费、"三通一平"支出等，可按开发项目的占地面积比例分配，而设计费、策划费、可行性研究费等，可按开发项目的建筑面积比例分配。

【例 10-6】 某房地产企业本月用银行存款支付勘察费 150 000 元，支付可行性研究费、策划费 300 000 元。上述费用由甲乙两个项目负担，甲乙项目的占地面积比例为 2：3，甲乙项目的建筑面积比例为 2：4。

先计算甲乙项目应负担的费用。

甲项目：$15 \times 2/5 + 30 \times 2/6 = 6 + 10 = 16$（万元）

乙项目：$15 \times 3/5 + 30 \times 4/6 = 9 + 20 = 29$（万元）

然后进行账务处理：

借：开发成本——甲项目——前期工程费 　　　　　　　160 000

　　　　　　　　乙项目——前期工程费 　　　　　　　290 000

　　贷：银行存款 　　　　　　　　　　　　　　　　　　450 000

3. 建筑安装工程费的归集和分配

房地产企业一般都是将建筑安装工程以对外招标的形式发包给施工企业施工建设，支付给施工企业的建筑安装工程费属于开发成本的直接费用，可以直接计入相关开发项目的成本中去。房地产企业与施工企业是承发包合同契约关系，根据合同约定进行工程款的预付、备料款的预付以整个工程价款的最终结算。工程开工前或开工后，按照合同约定房地产企业应向施工企业拨付工程备料款、工程进度款，还有可能向施工企业提供设备或材料（钢材、水泥等），涉及预付工程款、备料款以及拨付材料设备的支出，房地产企业先列入"预付账款"账户核算，待施工企业提出"工程价款结算账单"办理工程价款结算时，从"预付账款"账户转入"开发成本——建筑安装工程费"账户。

【例 10-7】 某房地产企业按照合同约定，用银行存款向甲施工企业支付工程备料款 200 万元、预付工程进度款 300 万元。

账务处理如下：

借：预付账款——甲施工企业——预付备料款	2 000 000
预付工程款	3 000 000
贷：银行存款	500 000

【例 10-8】 某房地产企业向施工企业拨付电梯设备实际成本 50 万元、拨付钢材实际成本 60 万元，抵作工程备料款。

账务处理如下：

借：预付账款——甲施工企业——预付备料款	1 100 000
贷：原材料	600 000
库存设备	500 000

如果材料按计划价格核算，所产生的材料成本差异直接转入"开发成本"账户核算。

【例 10-9】 施工企业向房地产企业提出"工程价款结算账单"，经监理单位、企业的工程管理部等审核后确认，应付工程结算价款 600 万元，按合同约定本次应扣回预付工程款 300 万元、扣回工程备料款（含价拨的材料设备）80 万元，用银行存款 220 万元支付给施工企业。

账务处理分如下：

（1）按照确认后的应付工程款 600 万元列入开发成本

借：开发成本——某项目——建筑安装工程费	6 000 000
贷：应付账款——甲施工企业——工程款	6 000 000

（2）扣除已预付施工企业的工程款、备料款后支付余款

借：应付账款——甲施工企业——工程款	6 000 000
贷：预付账款——预付工程款——甲施工企业	3 000 000
预付备料款——甲施工企业	800 000
银行存款	2 200 000

4. 基础设施费的归集和分配

房地产企业在开发建设过程中为道路、供水、供电、供气、排污、排洪、通信、照明、环卫和绿化等工程发生的支出，一般可以直接计入有关开发项目成本，记入"开发成本——基础设施费"账户。如果在企业开发的建设场地上兴建两个以上的开发项目，则这些基础设施费应先在"开发成本"账户所属的"土地开发"二级账下设置三级明细账进行归集，待土地开发完成后，将土地开发成本中的"基础设施费"成本项目所归集的各项支出，按概算或建筑总面积的比例分配计入有关开发项目的"基础设施费"成本项目。

【例 10-10】 某房地产企业用银行存款支付供水供电工程款 15 万元，其中：房屋开发

甲工程 10 万元、房屋开发乙工程 5 万元。

账务处理如下：

借：开发成本——房屋开发甲工程   100 000

    ——房屋开发乙工程   50 000

  贷：银行存款   150 000

【例 10-11】 某房地产企业在同一建设场地开发甲乙两个工程，用银行存款支付供水供电工程款 20 万元。甲、乙两个工程的建筑面积比例为 3：2。

首先，在"开发成本——土地开发"中进行归集

账务处理如下：

借：开发成本——土地开发   200 000

  贷：银行存款   200 000

其次，在甲乙工程中进行分摊

账务处理如下：

借：开发成本——房屋开发甲工程   120 000

    ——房屋开发乙工程   80 000

  贷：开发成本——土地开发   200 000

5. 配套设施费的归集和分配

在房地产开发过程中，不仅要建设住宅和商铺，同时还要进行公共配套设施的建设。公共配套设施可以分为两大类：一类是需要计入商品房和商品性建设场地成本的配套设施；另一类是可以有偿转让的，应作为独立开发产品单独计算成本，不分配计入商品房和商品性建设场地成本的配套设施。

对于第一类公共配套设施费，其归集和分配的具体方法有两种：

其一，如果配套设施与商品房或商品性建设场地成本同时建设的，发生的公共配套设施费能分清开发项目的，可直接计入各开发项目成本，记入"开发成本——×工程——配套设施费"账户。

【例 10-12】 与房屋开发配套建设的自行车棚，在房屋竣工前开始建设，本月用银行存款支付工程款 30 000 元。

账务处理如下：

借：开发成本——×工程——配套设施费   30 000

  贷：银行存款   30 000

其二，如果公共配套设施与商品房非同步建设，或虽同步建设但应由两个以上成本核算对象负担的，则发生的公共配套设施费，应先在"开发成本——配套设施开发"账户进行归集，待配套设施完工，再分配计入有关开发成本。

对于第二类公共配套设施费，应在发生时直接计入"开发成本——配套设施开发"账户，待配套设施完工时，将其成本转入"开发产品"账户。

五、待摊费用和预提费用的分配

（一）待摊费用的分配

待摊费用是指本期已经发生，但应由本期和以后各期成本费用负担的、分摊期限在一

年以内的各项费用，主要包括低值易耗品摊销、预付保险费、预付固定资产租金以及一次支付印花税数额较大需要分摊的费用等。待摊费用的分摊期限，应按受益期限确定，在受益期限内平均摊入各月成本费用。受益期限在一年以上的待摊费用，应作为"递延费用"处理，通过"长期待摊费用"账户核算，不作为待摊费用核算。

企业设置"待摊费用"账户，核算企业实际发生的各项待摊费用支出和摊入各月的成本费用。本账户的借方记录实际发生的各项待摊费用支出，贷方记录按月摊入的成本费用，期末余额反映尚未摊销的待摊费用的余额。

本账户按费用项目设置明细账，进行明细核算。

【例 10-13】 本年 12 月根据税务部门要求，预缴"房屋销售合同"印花税 20 万元，开出银行转账支票。按照"配比原则"，应计入本年损益的印花税为 15 万元。

（1）首先在"待摊费用"账户进行归集。账务处理如下：

借：待摊费用——印花税   200 000

    贷：银行存款   200 000

（2）然后分配计入相关成本费用。账务处理如下：

借：管理费用——印花税   150 000

    贷：待摊费用——印花税   150 000

（二）预提费用的分配

预提费用是指预提计入本期成本费用，但以后月份才支付的各项费用，主要包括预提配套设施费、预提银行借款利息支出等。预提费用的预提期限也应按受益期限确定，如银行借款利息支出应由季内 3 个月的财务费用平均负担。各月预提费用之和与实际支付数额的差额，如果属于各月少提的数额应补提计入成本费用，如果属于各月多提的数额应冲减成本费用。

企业设置"预提费用"账户，核算预提费用的预提和支付。本账户的贷方记录预提计入成本的各项费用，借方记录实际支付的各项预提费用，余额一般在贷方，反映企业在会计报表期末已经预提尚未支付的预提费用。

【例 10-14】 某房地产企业预计一季度流动资金贷款利息支出为 30 000 元，1～2 月份每月预提利息支出各 10 000 元，由于中国人民银行在 3 月初调整利率，致使 3 月份实际用银行存款支付利息 32 000 元。

账务处理如下：

（1）预提 1～2 月份利息支出 20 000 元。

借：财务费用   20 000

    贷：预提费用——利息支出   20 000

（2）3 月末用银行存款支付一季度利息支出 32 000 元。

借：预提费用——利息支出   32 000

    贷：银行存款   32 000

（3）根据实际补提 3 月份利息支出 12 000 元。

借：财务费用   12 000

    贷：预提费用——利息支出   12 000

【例 10-15】 某房地产企业开发的 A 区住宅一批已竣工，但配套设施尚未完成，按照规定预提配套设施费 200 000 元计入开发成本。

账务处理如下：

借：开发成本——房屋开发——A区住宅　　　　　　　　　200 000
　　贷：预提费用——预提配套设施费　　　　　　　　　　200 000

待 A 区住宅（含配套设施）竣工验收交付业主后，根据配套设施的实际支出，调整预提数与实际数的差额计入开发成本。

综上所述，通过对成本费用归集和分配一般程序的阐述，对于房地产企业的开发成本费用的核算有了一个完整的了解。即是说，房地产企业的所有支出（包括开发成本和期间费用），均已计入了"开发成本"、"开发间接费用"、"管理费用"、"财务费用"、"营业费用"等账户及其明细账。为了计算各开发项目的成本，还需将"开发间接费用"在各成本核算对象之间进行分配，进而根据不同类别开发项目的特点，计算和结转开发成本。

六、开发间接费用的分配

房地产企业的开发成本，一般分为开发直接成本和间接成本。直接成本包括土地征用及拆迁补偿费、前期工程费、配套设施费、建筑安装工程费、基础设施费等内容，而开发间接费用是指房地产企业所属的内部独立核算单位（含分公司、项目开发部等）在开发现场组织管理开发产品而发生的包括办公费、差旅费、工资、福利费等间接性的费用。

（一）开发间接费用的组成

开发间接费用虽也属于直接为房地产开发而发生的费用，但它不能确定其为某项开发产品所应负担，无法将它直接计入各项开发产品成本，具有共同性、间接性，因而这部分费用是间接费用。

根据相关规定，开发间接费用由以下费用项目组成：

1. 工资：指开发企业内部独立核算单位管理机构行政、技术、经济、服务等人员的工资、奖金、津贴等。

2. 福利费：指按上述人员工资总额的一定比例（目前为 14％）提取的职工福利费。

3. 折旧修理费：指开发企业内部独立核算单位使用属于固定资产的房屋、设备、仪器、交通工具等按规定提取的折旧费以及发生的修理费用。

4. 差旅交通费：指开发企业内部独立核算单位的人员因公出差的差旅费、住勤补助费、市内交通和误餐补助费等，以及行政管理部门使用的交通工具的油料、燃料、养路费、牌照费等。

5. 办公费：指开发企业内部独立核算单位各管理部门办公用的文具、纸张、账表、印刷、邮电、书报、会议等费用。

6. 水电费：指开发企业内部独立核算单位各管理部门耗用的水电费。

7. 劳动保护费：指用于开发企业内部独立核算单位职工的劳动保护用品的购置、摊销和修理费，供职工的防暑饮料、洗涤用品、饮水燃料的购置费或补助费等。

8. 周转房摊销费：指不能确定为某项开发项目安置拆迁居民周转使用的房屋计提的摊销费。

9. 利息支出：指房地产企业为开发项目而借入资金所发生的不能计入某项开发成本的利息支出及相关的手续费（利息收入应抵减此项）。开发产品完工以后的借款利息，应作为财务费用，计入当期损益。

10. 其他费用：指上列各项费用以外的其他开发间接费用支出。

（二）开发间接费用的核算和分配

企业设置"开发间接费用"账户，用来归集和分配企业所发生的各项开发间接费用。一般情况下，企业所发生的各项开发间接费用先在"开发间接费用"账户按照费用项目进行归集，然后在会计报告期末再按照一定标准分配计入各成本核算对象的开发成本。如果内部独立核算单位（分公司、项目经理部）只从事一个开发项目的建设，则可将开发间接费用直接结转至该开发项目的成本明细账；如果内部独立核算单位（分公司、项目经理部）从事两个以上开发项目的建设，则需按照一定标准将开发间接费用分配计入各开发成本核算对象的成本明细账。

现将"开发间接费用"的归集和分配举例说明如下：

【例 10-16】 某房地产企业的甲乙项目经理部本月发生如下间接费用：办公费 1 000元、差旅交通费 2 000 元、办公用水电费 2 000 元，以上费用均用现金支付。

账务处理如下：

借：开发间接费用——办公费	1 000
——差旅交通费	2 000
——水电费	2 000
贷：现金	5 000

【例 10-17】 某房地产企业本月末支付甲开发项目贷款利息 3 万元，用银行存款支付。

账务处理如下：

借：开发间接费用——甲项目——利息支出	30 000
贷：银行存款	30 000

【例 10-18】 分配本月管理服务人员工资，甲乙项目经理部共计 30 000 元。

账务处理如下：

借：开发间接费用——工资	30 000
贷：应付工资	30 000

【例 10-19】 按照本月项目经理部的工资计提职工福利费 4 200 元。

账务处理如下：

借：开发间接费用——福利费	4 200
贷：应付福利费	4 200

【例 10-20】 企业计提本月甲乙项目经理部使用的汽车、电脑等管理用固定资产折旧费 10 800 元。

账务处理如下：

借：开发间接费用——折旧修理费	10 800
贷：累计折旧	10 800

通过例 10-16 至例 10-20 的账务处理后，将本月发生的开发间接费用汇集在了"开发间接费用"账户，月末按照一定的标准分配计入各成本核算对象的开发成本。除

例 10-17 可以直接确定成本核算对象外，其他经济业务的金额总和均应在甲乙项目之间进行分配。

【例 10-21】 月末根据例 10-17 的经济业务，直接分配甲项目的利息支出 30 000 元。

账务处理如下：

借：开发成本——甲项目——开发间接费用　　　　　　　　30 000
　　贷：开发间接费用　　　　　　　　　　　　　　　　　　　30 000

开发间接费用的分配方法一般分为直接费分配法和间接费分配法以及开发产值分配法。

第一，直接费分配法。这种分配法是将实际发生的开发间接费用，按各开发项目预算（或实际）直接费用的比例进行分配的一种方法。开发成本预算（或计划）管理制度健全的企业，就按预算（或计划）直接费作为分配基础；否则，可按本期实际发生的直接费用作为分配基础。计算公式为：

$$\text{间接费用分配率} = \frac{\text{本期实际发生的开发间接费用}}{\text{本期预算或实际各开发项目直接费用之和}}$$

$$\text{某开发项目应负担的开发间接费用} = \text{该开发项目预算或实际直接费用} \times \text{间接费用分配率}$$

【例 10-22】 根据例 10-16 至例 10-20 经济业务的资料，本月发生的需要在甲、乙项目之间进行分配的"开发间接费用"为 50 000 元。本月甲、乙两个项目直接费用发生额为 200 万元，其中：甲项目 80 万元、乙项目 120 万元。

甲、乙项目本月应负担的"开发间接费用"的计算及账务处理为：

$$\text{分配率} = 50\,000 \div 2\,000\,000 = 0.025$$

$$\text{甲项目负担的开发间接费用} = 800\,000 \times 0.025 = 20\,000 \text{（元）}$$

$$\text{乙项目负担的开发间接费用} = 1\,200\,000 \times 0.025 = 30\,000 \text{（元）}$$

账务处理如下：

借：开发成本——甲项目——开发间接费用　　　　　　　　20 000
　　　　　　　　乙项目——开发间接费用　　　　　　　　　30 000
　　贷：开发间接费用——转销数　　　　　　　　　　　　　50 000

第二，间接费用分配法。这种分配方法是将实际发生的开发间接费用，按各开发项目预算（或计划）开发间接费用的比例进行分配的一种方法。计算公式如下：

$$\text{间接费用分配率} = \frac{\text{本期实际发生的开发间接费用}}{\text{本期预算或计划各开发项目间接费用之和}}$$

$$\text{某开发项目应负担的开发间接费用} = \text{该开发项目预算或计划直接费用} \times \text{间接费用分配率}$$

具体的计算和账务处理的举例与"直接费分配法"相似，不再赘述。

第三，开发产值分配法。这种分配方法是将实际发生的开发间接费用，按各开发项目实际完成的开发产值的比例进行分配的一种方法。在实际工作中，由于预算（或计划）管理制度不健全，本分配方法被许多企业采用。其计算公式如下：

$$间接费用分配率 = \frac{本期实际发生的}{开发间接费用} \div \frac{本期各开发项目}{完成开发产值之和}$$

$$\frac{某开发项目应负担的}{开发间接费用} = \frac{该开发项目实际}{完成的开发产值} \times 间接费用分配率$$

【例 10-23】 某房地产企业本月实际发生需要分配的开发间接费用为 150 000 元，在建开发项目有甲、乙、丙三个，分别完成开发产值为 500 万元、300 万元、200 万元。计算本月甲、乙、丙三个项目应负担的开发间接费用并进行账务处理。

首先计算三个项目应负担的开发间接费用。

分配率＝15÷（500＋300＋200）＝0.015

甲项目负担的开发间接费用＝500×0.015＝75 000（元）

乙项目负担的开发间接费用＝300×0.015＝45 000（元）

丙项目负担的开发间接费用＝200×0.015＝30 000（元）

然后进行账务处理如下：

借：开发成本——甲项目——开发间接费用 　　　　　　75 000

　　　　——乙项目——开发间接费用 　　　　　　45 000

　　　　——丙项目——开发间接费用 　　　　　　30 000

　　贷：开发间接费用——转销数 　　　　　　　　　150 000

第三节　土地开发成本的计算和结转

一、土地开发成本核算对象的确定和成本项目的设置

（一）土地开发成本核算对象的确定

土地开发也称建设场地开发，是指对原有土地进行改造使之具备一定的建设条件。企业在确定土地开发成本核算对象时，除了应遵循确定开发产品成本核算对象的一般原则外，还应结合企业土地开发项目的具体情况，以有利于成本费用的归集和有利于土地开发成本的及时结算为原则来确定：

1. 一般的土地开发，可以以每一独立的开发项目作为成本核算对象。

2. 对于开发面积较大、工期较长、分区域开发的土地，可以以一定区域作为成本核算对象。

（二）土地开发成本项目的确定原则

土地开发成本核算对象一经确定，就应按其设置土地开发成本明细账，在明细账上按成本项目设置专栏，归集土地开发项目的实际成本。土地开发成本项目的确定，取决于土地开发项目的设计要求、开发程度、开发内容。其设计要求、开发程度和开发内容的不同，土地开发实际发生的成本费用及构成也不尽相同。

企业应根据土地开发项目的具体情况和会计制度规定的成本项目，设置特定土地开发项目的具体成本项目。一般有以下几种情况：

第一，商品性建设场地的开发。这种土地开发，包括了土地开发的全部内容。因此，设置的成本项目主要有 6 个：

（1）土地征用及拆迁补偿费；

（2）前期工程费；

（3）建筑安装工程费；

（4）基础设施费；

（5）配套设施费；

（6）开发间接费用。

第二，需要单独核算土地开发成本的自用建设场地的开发。这种开发，为防止开发项目重复负担某些费用，在计算土地开发成本时，可先不分摊"配套设施费"、"开发间接费用"。因此，设置的成本项目只有4个：

（1）土地征用及拆迁补偿费；

（2）前期工程费；

（3）建筑安装工程费；

（4）基础设施费。

第三，不论商品性建设场地开发还是自用建设场地的开发，其开发内容如果仅包括购置土地、三通一平等前期工程、七通及环卫绿化等基础设施工程等项目，则可不必设置"配套设施费"和"建筑安装工程费"。因此，设置的成本项目也只有4个：

（1）土地征用及拆迁补偿费；

（2）前期工程费；

（3）基础设施费；

（4）开发间接费用。

土地开发成本是土地开发项目的开发建造成本，房地产企业在经营管理过程中发生的管理费用、财务费用、营业费用，应作为期间费用计入当期损益，而不能作为开发间接费用计入土地开发成本。

二、土地开发成本的计算

房地产企业土地开发成本的成本核算对象的确定、成本项目的选择按照上述原则进行后，就应设置土地开发成本明细账，归集和分配土地开发费用，计算土地开发成本。

现将某房地产企业的分公司土地开发成本计算说明如下：

某房地产企业的分公司于上月购得土地一宗（甲地块），通过两个月的开发建设，该土地已成为了成熟的商品性建设场地。

该土地上月已发生土地开发成本256万元，具体成本项目及金额如下：土地征用及拆迁补偿费100万元、前期工程费18万元、建筑安装工程费30万元、基础设施费75万元、配套设施费25万元、开发间接费用8万元。

该土地本月又发生土地开发成本234万元。具体成本项目及金额如下：

（1）土地征用及拆迁补偿费150万元；

（2）前期工程费2万元；

（3）建筑安装工程费20万元；

（4）基础设施费50万元；

（5）开发间接费用12万元。

现将该土地开发成本计算列入表 10-1：

土地开发成本计算表

表 10-1

金额单位：万元

项　　目	土地征用及拆迁补偿费	前期工程费	建筑安装工程费	基础设施费	公共配套设施建设费	开发间接费用	合　计
上月发生额	100	18	30	75	25	8	256
本月发生额	150	2	20	50		12	234
累计成本	250	20	50	125	25	20	490
结转建设场地成本	250	20	50	125	25	20	490

从表 10-1 可以看出，甲地块上月土地成本发生额为 256 万元，由于该土地尚未完成设计要求，因此该成本就是在建土地项目的实际成本；甲地块本月已完成设计要求，其累计土地开发成本 490 万元，就是该土地的全部开发成本。

三、已完土地开发成本的结转

已完土地开发成本应从"开发成本"总账及所属明细账转出，结转到有关账户。已完开发建设场地的用途不同，结转方法也不一致。

企业为有偿转让而开发的商品性建设场地，开发完成后即形成企业的最终产品——开发产品。应于竣工验收时，将其实际成本由"开发成本"账户结转到"开发产品"账户。

企业为建造商品房而开发的自用建设场地，开发完成后形成企业的中间产品。如果开发完成后近期便投入使用，应在竣工验收时，将其实际成本由"开发成本"账户所属"土地开发"二级账及相关的明细账，结转到"开发成本"账户所属"房屋开发"二级账及相关明细账；如果开发完成后，近期不准备投入使用的，应视同企业的最终产品，在竣工验收时，将其实际成本由"开发成本"账户结转到"开发产品"账户。自用建设场地开发成本不论结转到"房屋开发"二级账及相关明细账，还是"开发产品"所属"自用土地"二级账及相关明细账，一般采用按成本项目分项平行结转法。所谓分项平行结转法，是指将土地开发成本按成本项目分别平行转入房屋开发成本和自用土地产品的对应成本项目，而不能仅结转土地开发成本总额。例如：前表所属，土地开发总成本为 490 万元，其中：土地征用及拆迁补偿费 250 万元、前期工程费 20 万元、建筑安装工程费 50 万元、基础设施费 125 万元、配套设施费 25 万元、开发间接费用 20 万元，结转到房屋开发成本时，也应分别转入相应的成本项目，不能仅结转 490 万元土地开发成本总额。

采用分项平行结转法，便于如实反映房屋开发成本的原始构成，有助于分析和考核房屋开发项目设计概算、施工图预算及年度开发计划的执行情况。企业自用建设场地，在计算土地开发成本时，可以先不分摊公共配套设施建设费和开发间接费用，待土地投入使用后，再将应分摊的上述费用直接计入开发成本，以便简化核算手续。

在近期交付使用的自用建设场地上，如果开发建设两个以上的房屋项目，则土地开发成本还应按房屋建筑面积等标准进行分配。例如：已完自用建设场地实际成本为 180 万元，用于开发建设房屋甲工程和房屋乙工程，建筑面积分别为 4 000m² 和 6 000m²，则：

房屋开发甲工程应负担的土地开发费用＝180÷(4 000＋6 000)×4 000＝72(万元)

房屋开发乙工程应负担的土地开发费用＝180÷(4 000＋6 000)×6 000＝108(万元)

从上述可见，土地开发成本的结转方法并不复杂。现将具体土地成本结转的账务处理举例说明如下：

【例10-24】 某房地产企业本月商品性建设场地甲工程已开发完成，并竣工验收交付使用，实际成本为300万元。

账务处理如下：

借：开发产品——土地   3 000 000

  贷：开发成本——土地开发甲工程   3 000 000

【例10-25】 某房地产企业本月自用建设场地乙工程已开发完成，并竣工验收，拟于近期投入使用，实际成本总额320万元，房屋开发A工程负担180万元，房屋开发B工程负担140万元。

账务处理如下：

借：开发成本——房屋开发A工程   1 800 000

      ——房屋开发B工程   1 400 000

  贷：开发成本——土地开发乙工程   3 200 000

如果，土地开发乙工程竣工验收后，近期不准备投入使用。则账务处理如下：

借：开发产品——自用土地   3 200 000

  贷：开发成本——土地开发乙工程   3 200 000

这里需要说明，企业开发完成的自用建设场地按分项平行结转法结转其土地开发成本，虽然能如实反映开发成本的原始构成情况，但是不便于分析与各种设施的实际支出比例。为了分析具有不同功能的各种设施实际支出比例及其发展趋势，并以此指导未来土地开发和房屋开发的投入，自用建设场地已完开发成本的结转也可以采用归类综合结转法。

所谓归类综合结转法，是指将土地开发成本按成本项目再进行适当归类综合，将其合并为"土地征用及拆迁补偿费"和"基础设施费"两个成本项目，然后再分别转入房屋开发成本和自用土地开发产品的两个对应成本项目。例如：土地开发成本总额为110万元，其中：土地征用及拆迁补偿费50万元、前期工程费25万元、基础设施费35万元，可以归类合并为"土地征用及拆迁补偿费"50万元、"基础设施费"60万元，再结转到有关账户所属明细账的两个相对应的成本项目。这样，将房屋开发成本中的"前期工程费"成本项目，就仅反映房屋开发工程中的规划设计费、可行性研究费、水文地质和工程地质勘察费等，其他成本项目亦然。

第四节　房屋开发成本的计算和结转

一、房屋开发成本计算对象的确定原则

房屋开发是房地产企业的主要经济业务，其开发建设的房屋，按用途不同可以分为四类：

(1) 为了销售而开发建设的商品房；

(2) 为了出租经营而开发建设的出租房；

（3）为了安置被拆迁居民周转使用而开发建设的周转房；

（4）企业接受其他单位委托代为开发建设的代建房。

以上四类房屋除周转房不是企业对外销售的商品房以外，其余三类房屋都是企业的商品产品，尽管它们用途各异，但开发建设的特点和费用支出的内容以及费用性质都大致相同。因此，这四类房屋都要确定成本核算对象并计算其实际开发成本。

房地产企业在确定房屋开发成本核算对象时，应结合房屋建设的特点和实际开发情况，按以下原则来确定：

（1）一般的开发项目，应以每一独立编制的设计概预算，或每一独立的施工图预算所列的单项开发工程作为成本核算对象；

（2）同一地点、结构类型相同的群体开发项目，如果开工、竣工时间接近，又由同一施工队伍施工，可以合并为一个成本核算对象；

（3）对个别规模较大、工期较长的开发项目，可以按开发项目的一定区域或部分划分成本核算对象。

二、房屋开发成本项目的设置

企业在开发建设房屋过程中的各项费用支出，按照经济用途可以设置六个成本项目归集其"开发成本"，即土地征用及拆迁补偿费、前期工程费、建筑安装工程费、基础设施费、公共配套设施费和开发间接费用。房屋开发成本作为开发产品成本的重要组成部分，其各成本项目具有与开发产品成本项目相同的内容。

三、房屋开发成本的归集

房屋开发的成本费用，有一部分在发生时能够分清负担对象，可直接计入各房屋的开发成本；而有一部分成本费用在发生时不能够分清负担对象的，可先在"开发成本"、"开发间接费用"等账户进行归集，再按一定标准分配计入有关的房屋开发成本。因此，对房屋开发成本的归集，应根据不同的情况，采用相应的方法计入各成本核算对象的成本项目。

1. 土地征用及拆迁补偿费

（1）在房屋开发建设过程中发生的土地征用及拆迁补偿费，能够分清负担对象的，应直接计入有关房屋成本核算对象的"土地征用及拆迁补偿费"成本项目。即：

借：开发成本——房屋开发——土地征用及拆迁补偿费

　　贷：银行存款、应付账款等

（2）在房屋开发建设过程中发生的土地征用及拆迁补偿费，不能够分清负担对象的，则应先通过"开发成本——土地开发"明细账户进行归集，待土地开发完工投入使用时，再按一定的分配方法将其计入有关房屋成本核算对象的"土地征用及拆迁补偿费"成本项目。即：

借：开发成本——房屋开发——土地征用及拆迁补偿费

　　贷：开发成本——土地开发

如果土地开发程度不深、费用简单，也可以在土地开发费用发生时直接分配计入有关的房屋开发成本。

（3）企业综合开发的土地，即同一块土地开发完工后，一部分作为商品性建设场地对外销售，一部分留作自用建设商品房。其所发生的土地征用及拆迁补偿费，先通过"开发成本——土地开发"明细账户进行归集，待土地开发完工投入使用时，再将房屋开发建设应负担的土地征用及拆迁补偿费，从"开发成本——土地开发"明细账户转入有关房屋成本核算对象的"土地征用及拆迁补偿费"成本项目。

（4）企业开发完成的商品性建设场地，如果改变用途作为自用建设场地时，应将土地征用及拆迁补偿费从"开发产品——土地"账户，转入有关房屋成本核算对象的"土地征用及拆迁补偿费"成本项目。即：

借：开发成本——房屋开发——土地征用及拆迁补偿费

贷：开发产品——土地

2. 前期工程费

（1）企业在房屋开发建设过程中发生的各种前期工程费用，能够分清负担对象的，应直接计入有关房屋成本核算对象的"前期工程费"成本项目。即：

借：开发成本——房屋开发——前期工程费

贷：银行存款、应付账款等

（2）在房屋开发建设过程中发生的前期工程费，应由两个或两个以上成本核算对象负担的，应按一定的分配标准计入有关房屋成本核算对象的"前期工程费"成本项目。另外，开发房屋所占用的土地，在开发土地时发生的前期工程费，应按前述土地征用及拆迁补偿费的归集方法进行处理。

3. 建筑安装工程费

企业开发建设房屋，其建筑安装工程施工可以采用"出包"和"自营"两种方式，企业在房屋开发建设过程中发生的各项建筑安装工程费用，应根据施工方式的不同而采用相应的归集和核算方法：

（1）出包方式，即企业将开发房屋项目出包给承包单位进行施工建设。采用这种方式施工所发生的建筑安装工程费用，应根据企业承付的已完工程的"工程价款结算账单"，直接计入有关的房屋成本核算对象的"建筑安装工程费"成本项目。即：

借：开发成本——房屋开发——建筑安装工程费

贷：银行存款、应付票据等

对于企业按照合同规定预付给承包单位的工程款和备料款，因支付时并未形成工作量，不能直接作为建筑安装工程费支出，只能在发生时作为企业的预付账款进行核算。

另外，企业按照合同规定，拨付给承包单位抵作预付备料款和预付工程款的材料，应按预算价格（或合同约定的价格）进行结算。材料结算价格与材料实际成本的差额，应计入有关房屋成本核算对象的"建筑安装工程费"成本项目。即：

借：预付账款（结算价格）

开发成本——房屋开发（结算价格小于实际价格的差额）

贷：原材料（实际价格）

（2）自营方式，即企业自己组织施工力量，对房屋开发项目的建筑安装工程进行施工建设，企业一般很少采用此类方式。企业采用这种施工方式施工所发生的各项建筑安装工程费用，如人工费、材料费、机械使用费等，都应按照实际发生数计入有关房屋成本核算对象的"建筑安装工程费"成本项目。即：

　　借：开发成本——房屋开发——建筑安装工程费

　　　　贷：银行存款、原材料等

　　如果企业自行施工大型的建筑安装工程，应在"开发成本"账户下增设"工程施工"、"施工间接费用"明细账户，用于归集和核算企业发生的建筑安装工程费用，并定期转入"开发成本——房屋开发"明细账户有关房屋成本核算对象的"建筑安装工程费"成本项目。

　　另外，企业开发房屋所占用的土地，在土地开发阶段发生的建筑安装工程费，应按前述土地征用及拆迁补偿费的归集方法进行处理。

　　4. 基础设施费

　　(1) 企业在房屋开发建设过程中发生的基础设施费，能够分清负担对象的，应直接计入有关房屋成本核算对象的"基础设施费"成本项目。即：

　　借：开发成本——房屋开发——基础设施费

　　　　贷：银行存款、应付账款等

　　(2) 在房屋开发建设过程中发生的基础设施费，应由两个或两个以上成本核算对象负担的，应按一定的分配标准计入有关房屋成本核算对象的"基础设施费"成本项目。另外，开发房屋所占用的土地，在开发土地时发生的基础设施费，应按前述土地征用及拆迁补偿费的归集方法进行处理。

　　5. 公共配套设施费

　　计入房屋开发成本的公共配套设施费，是指不能有偿转让的开发小区内公共配套设施发生的支出。这些费用支出，应根据配套设施的建设情况，采取相应的归集和核算方法。

　　(1) 配套设施与房屋同步建设时，其发生的公共配套设施费，能够分清负担对象的，应直接计入有关房屋成本核算对象的"公共配套设施费"成本项目；如果发生的公共配套设施费，应由两个或两个以上的成本核算对象负担，则应先通过"开发成本——公共配套设施费"明细账户进行归集，待配套建设竣工时，再按一定标准分配计入有关房屋成本核算对象的"公共配套设施费"成本项目。

　　(2) 配套设施与房屋非同步建设时，即先建房屋后建配套设施；或房屋已经建成待售，而配套设施尚未全部完工。为了及时结转完工房屋成本，可采用预提的方法，按照一定的分配标准计算确定已完工房屋应负担的公共配套设施费，计入有关房屋成本核算对象的"公共配套设施费"成本项目。待配套设施工程竣工时，应按照配套设施工程的实际成本，冲减预提的公共配套设施费，实际数与预提数的差额，应增加或减少有关在建项目的成本。

　　6. 开发间接费用

　　企业在开发建设房屋过程中发生的各项开发间接费用，应先在"开发间接费用"账户进行归集，期末按照一定的分配标准计入有关房屋成本核算对象的"开发间接费用"成本项目。即：

　　借：开发成本——房屋开发——开发间接费用

　　　　贷：开发间接费用——转销数

四、已完工房屋开发成本的结转

凡在"开发成本——房屋开发"明细账户中核算的房屋开发费用，应采取按月结账，竣工后及时结转成本的方法。

1. 对于已竣工验收的商品房、代建房，应将其实际成本转入"开发产品"账户。

2. 对于开发完工的出租经营用房屋，竣工验收后直接投入使用时，应将其实际成本转入"出租开发产品"账户；竣工验收不直接使用时，应将其实际成本先转入"开发产品——房屋"，待投入使用时，再从"开发产品——房屋"转入"出租开发产品"账户。

3. 对于开发完工的周转房，竣工验收后直接投入使用时，应将其实际成本转入"周转房"账户；竣工验收不直接使用时，应将其实际成本先转入"开发产品——房屋"，待投入使用时，再从"开发产品——房屋"转入"周转房"账户。

五、房屋开发成本核算举例

【例 10-26】 某房地产企业 200×年 9 月份，将对经营出租房 A 公寓、乙土地上的商品房 1 号楼、2 号楼进行开发。本月份发生如下经济业务：

1. 9 月 2 日，用银行存款支付 A 公寓拆迁补偿费 250 000 元，设计费 50 000 元。

账务处理如下：

借：开发成本——房屋开发——A 公寓　　　　　　　　300 000
　　贷：银行存款　　　　　　　　　　　　　　　　　　　　300 000

2. 9 月 6 日，按照合同规定，拨付承建 1 号楼的某施工企业材料一批，预算价格为 240 000 元，材料计划成本 260 000 元。

账务处理如下：

借：预付账款——某施工企业　　　　　　　　　　　240 000
　　开发成本——房屋开发——1 号楼　　　　　　　　 20 000
　　贷：库存材料　　　　　　　　　　　　　　　　　　　260 000

3. 9 月 8 日，A 公寓领用需要安装的设备一台进行安装，实际成本为 120 000 元。

账务处理如下：

借：开发成本——房屋开发——A 公寓　　　　　　　　120 000
　　贷：库存设备　　　　　　　　　　　　　　　　　　　120 000

4. 9 月 12 日，企业收到承包单位工程价款结算账单，承付 A 公寓工程进度款 300 000 元，款项尚未支付。

账务处理如下：

借：开发成本——房屋开发——1 号楼　　　　　　　　300 000
　　贷：应付账款——应付工程款　　　　　　　　　　　300 000

5. 9 月 20 日，企业收到承包单位工程价款结算账单，要求支付 1 号楼工程进度款 200 000 元，经审核应扣除预付工程款 60 000 元、预付备料款 90 000 元，余款用银行存款支付。

账务处理如下：

（1）承付工程进度款：

借：开发成本——房屋开发——1号楼　　　　　　　　200 000

　　贷：应付账款——应付工程款　　　　　　　　　　　200 000

（2）扣除预付的工程款、备料款

借：应付账款——应付工程款　　　　　　　　　　　150 000

　　贷：预付账款——预付工程款　　　　　　　　　　　60 000

　　　　预付账款——预付备料款　　　　　　　　　　　90 000

（3）支付余款

借：应付账款——应付工程款　　　　　　　　　　　 50 000

　　贷：银行存款　　　　　　　　　　　　　　　　　　50 000

6. 月末，分配开发间接费用，其中：A公寓8 000元、1号楼12 000元、2号楼10 000元。

账务处理如下：

借：开发成本——房屋开发——A公寓　　　　　　　　8 000

　　开发成本——房屋开发——1号楼　　　　　　　　12 000

　　开发成本——房屋开发——2号楼　　　　　　　　10 000

　　贷：开发间接费用　　　　　　　　　　　　　　　30 000

7. A公寓已经完工，但配套设施尚未竣工，报税务部门批准后，同意其预算成本90 000元，预提计入开发成本。

账务处理如下：

借：开发成本——房屋开发——A公寓　　　　　　　　90 000

　　贷：预提费用——预提配套设施费　　　　　　　　90 000

8. A公寓完工后直接投入使用，结转其实际成本。

账务处理如下：

借：出租开发产品——A公寓　　　　　　　　　　　818 000

　　贷：开发成本——房屋开发——A公寓　　　　　　818 000

根据上述会计分录，登记"开发成本——房屋开发"明细账，见表10-2～表10-4。

房屋开发成本明细账　　　　　　　　　　　　　　表 10-2

成本核算对象：A公寓　　　　　　　　　　　　　　　金额单位：元

200×年		凭证号	摘　要	借　方						贷　方	余　额
月	日			土地征用及拆迁补偿费	前期工程费	基础设施费	建筑安装工程费	公共配套设施费	开发间接费		
9			付设计费等	250 000	50 000						
9			领用设备				120 000				
9			付工程款				300 000				
9			分配间接费						8 000		
9			预提配套费					90 000			
9			结账完工成本							818 000	
			本月合计	250 000	50 000		420 000	90 000	8 000	818 000	0

房屋开发成本明细账   表 10-3

成本核算对象：1号楼   金额单位：元

200×年		凭证号	摘 要	借 方						贷 方	余 额
月	日			土地征用及拆迁补偿费	前期工程费	基础设施费	建筑安装工程费	公共配套设施费	开发间接费		
9	1		期初余额	192 000	8 000	80 000					
9	6	3	材料价差				20 000				

房屋开发成本明细账   表 10-4

成本核算对象：2号楼   金额单位：元

200×年		凭证号	摘 要	借 方						贷 方	余 额
月	日			土地征用及拆迁补偿费	前期工程费	基础设施费	建筑安装工程费	公共配套设施费	开发间接费		
9	1	1	期初余额	288 000	12 000	120 000					
9	30	6	分期间接费						10 000		
			本月合计	288 000	12 000	120 000			10 000		430 000

第五节 配套设施和代建工程开发成本的归集和结转

一、配套设施开发成本的归集和结转

（一）配套设施开发成本核算对象的确定和成本项目的设置

配套设施是指企业根据城市建设规划的要求，或开发项目建设规划的要求，为满足居住的需要而与开发项目配套建设的各种服务性设施。

配套设施可以分为两大类：

一类是建成后能够有偿转让的公共配套设施，具体包括两部分：一是根据规划在开发小区内建设的商店、银行、邮局等公共配套设施，它们建成后应有偿转让给接受的单位；二是根据规划在小区内建设的非营业性的配套设施，如中小学校、幼儿园、文化站、医院等。这一类配套设施是企业的商品产品，必须确定成本核算对象并计算其实际成本。

另一类是建成后不能有偿转让应计入开发项目成本的配套设施，如根据城市建设规划，在开发项目以外为开发项目的居民提供居住服务的给排水、供电、供暖、供气的增容、增压设施、交通道路等，以及锅炉房、水塔、自行车棚等。这类配套设施不是企业的商品产品，一般来说，不需要单独核算其开发成本。

企业在确定配套设施成本核算对象时，一般应以独立的配套设施项目作为核算对象。

配套设施作为开发产品的一部分，其成本项目具有与开发产品成本项目相同的内容。

（二）配套设施开发成本的归集和结转

1. 配套设施开发成本的归集

企业开发建设的配套设施，一般与商品房等开发产品在同一地点，并按照同一设计规划要求同时开发建设。有些费用在发生时属于共同费用支出，应通过分配的方式分别计入房屋和配套设施的开发成本；而配套设施又分为能够有偿转让和不能有偿转让两部分，其中不能有偿转让的配套设施开发成本，最终也要计入商品性开发项目的成本，为了简化核算手续，其开发成本也可以不参加分配。因此，对配套设施开发成本的归集，应根据不同情况采用相应的办法计入各成本项目。

（1）土地征用及拆迁补偿费：

企业配套设施占用的建设场地，一般属于商品房等开发项目建设场地的一部分。因此，配套设施因占用建设场地而应负担的土地征用及拆迁补偿费，应按其实际占用土地面积的一定比例分配计入配套设施开发成本。其计算公式为：

$$\text{建设场地单位面积土地征用及拆迁补偿费} = \frac{\text{土地征用及拆迁补偿费总额}}{\text{各成本核算对象占用建设场地总面积}}$$

$$\text{某配套设施应负担的土地征用及拆迁补偿费} = \text{该配套设施工程占用建设场地面积} \times \text{建设场地单位面积土地征用及拆迁补偿费}$$

公式中，各成本核算对象包括开发建设的商品房、出租经营房、周转房、代建房和能够有偿转让的公共配套设施等；占用建设场地总面积是指以上建筑物实际占用的面积而不是征用的土地或建设场地面积。

通过分配计算，将配套设施开发建设过程中应负担的土地征用及拆迁补偿费，计入相关配套设施成本核算对象的"土地征用及拆迁补偿费"成本项目，即：

借：开发成本——配套设施开发

贷：开发成本——土地开发

（2）前期工程费和基础设施费：

企业开发建设配套设施的前期工程和基础设施工程，一般都是与商品房等开发产品的前期工程和基础设施工程同时进行的，其发生的费用大多属于共同性费用支出。因此，除能够分清应由某项配套设施工程负担的前期工程费和基础设施费，可以直接计入有关配套设施成本核算对象的"前期工程费"和"基础设施费"成本项目以外，其余发生的前期工程费和基础设施费，应按一定的标准分配计入有关配套设施成本核算对象的"前期工程费"和"基础设施费"成本项目，即：

借：开发成本——配套设施开发

贷：银行存款、应付账款等

（3）建筑安装工程费：

企业开发建设配套设施所发生的建筑安装工程费用的归集和核算方法，与房屋开发成本核算中的相应内容基本相同。企业无论采用出包方式还是采用自营方式施工，其所发生的建筑安装工程费用，均应计入有关配套设施成本核算对象的"建筑安装工程费"成本项目，即：

借：开发成本——配套设施开发

贷：银行存款、应付账款等

（4）公共配套设施费：

企业配套设施成本核算对象的"公共配套设施费"成本项目，核算的是由能够有偿转让的配套设施负担的不能有偿转让的配套设施发生的费用支出。在分配时，将不能有偿转让的配套设施发生的费用支出，按一定标准分配计入能够有偿转让的配套设施成本核算对象的"公共配套设施建设费"成本项目，即：

借：开发成本——配套设施开发——能够有偿转让

贷：开发成本——配套设施开发——不能有偿转让

（5）开发间接费用：

企业在开发建设配套设施过程中发生的，应由能够有偿转让的配套设施负担的开发间接费用，在发生时通过"开发间接费用"账户进行归集，期末按一定的分配标准计入有关能够有偿转让的配套设施成本核算对象的"开发间接费用"成本项目，即：

借：开发成本——配套设施开发

贷：开发间接费用——转销数

2. 配套设施开发成本的结转

企业对于已经开发完成的配套设施工程，应根据其种类、性质和用途不同，采取相应的方法进行成本结转。

（1）对于能够有偿转让的配套设施，竣工验收后应将其实际成本转入"开发产品"账户，即：

借：开发产品——配套设施

贷：开发成本——配套设施开发

（2）对于按规定计入商品房等开发项目成本，不能有偿转让的公共配套设施，竣工验收后应将其实际成本，按照一定的标准分配计入"开发成本——房屋开发"等账户。即：

借：开发成本——房屋开发

贷：开发成本——配套设施开发

（3）对于采用预提方式计入有关商品房等开发项目成本的不能有偿转让的配套设施，竣工验收后应将其实际成本冲减预提的配套设施费，即：

借：预提费用——预提配套设施费

贷：开发成本——配套设施开发

3. 配套设施开发成本核算举例

【例 10-27】 某企业 200×年×月，开发建设住宅小区，根据设计规划需建设 A、B、C 三栋住宅，一个商店，一座锅炉房和一座水塔，其中：商店建成后有偿转让给商业部门，锅炉房和水塔不能有偿转让，锅炉房与商品房同步建设，而水塔与商品房不同步建设。

上月末，结转自行开发完工的建设场地开发总成本 800 000 元，其中：土地征用及拆迁补偿费 400 000 元，前期工程费 150 000 元，基础设施费 250 000。按各建筑物实际占用土地面积进行分配，分配如表 10-5 所示。

建设场地成本分配表

表 10-5

金额单位：元

分配对象	占地面积（m²）	分配率（%）	土地征用及拆迁补偿费	前期工程费	基础设施费	合计
商品房 A	1 500	25	100 000	37 500	62 500	200 000
商品房 B	1 800	30	120 000	45 000	75 000	240 000
商品房 C	1 680	28	112 000	42 000	70 000	224 000

分配对象	占地面积（m²）	分配率（%）	土地征用及拆迁补偿费	前期工程费	基础设施费	合计
商　店	720	12	48 000	18 000	30 000	96 000
锅炉房	180	3	12 000	4 500	7 500	24 000
水　塔	120	2	8 000	3 000	5 000	16 000

根据上表，其账务处理如下：

借：开发成本——房屋开发——商品房 A　　　　　200 000
　　　　　　　——房屋开发——商品房 B　　　　　240 000
　　　　　　　——房屋开发——商品房 C　　　　　224 000
　　　　　　　——配套设施——商店　　　　　　　96 000
　　　　　　　——配套设施——锅炉房　　　　　　24 000
　　　　　　　——配套设施——水塔　　　　　　　16 000
　　贷：开发成本——土地开发　　　　　　　　　　　　800 000

【例 10-28】 本月发生以下经济业务：

1. 本月 3 日，锅炉房领用锅炉一台进行安装，锅炉实际成本为 80 000 元，支付安装费 5 000 元。

账务处理如下：

借：开发成本——配套设施开发——锅炉房　　　　85 000
　　贷：库存设备　　　　　　　　　　　　　　　　　80 000
　　　　银行存款　　　　　　　　　　　　　　　　　5 000

2. 本月 15 日，企业承付某施工企业工程进度款 630 000 元，其中：商店 530 000 元、锅炉房 100 000 元。

账务处理如下：

借：开发成本——配套设施开发——商店　　　　　530 000
　　　　　　　——配套设施开发——锅炉房　　　　100 000
　　贷：应付账款——应付工程款　　　　　　　　　　630 000

3. 本月 20 日，锅炉房已竣工，将其实际成本 209 000 元按照受益对象的计划成本进行分配，分配表如表 10-6 所示。

锅炉房成本分配计算表　　　　　　　　　　　表 10-6

受益对象	计划成本（元）	分配率（%）	分配金额（元）
商品房 A	10 000 000	25	52 250
商品房 B	12 000 000	30	62 700
商品房 C	11 000 000	27.5	57 475
商　店	7 000 000	17.5	36 575
合　计	40 000 000	100	209 000

根据上表，账务处理如下：

借：开发成本——房屋开发——商品房 A　　　　　52 500

		房屋开发——商品房 B	62 700
		房屋开发——商品房 C	57 475
		配套设施开发——商店	36 575
贷：开发成本——配套设施开发——锅炉房			209 000

4. 本月 22 日，商品房 A、B 已竣工，应结转其实际成本，但水塔尚未开工建设，报经主管税务机关批准按照水塔的预算成本 100 000 预提分配计入各受益对象，分配表如表 10-7 所示。

预提水塔费用计算表　　　　　　　　　　　　　　　表 10-7

受益对象	计划成本（元）	分配率（%）	分配金额（元）
商品房 A	10 000 000	25	25 000
商品房 B	12 000 000	30	30 000
商品房 C	11 000 000	27.5	27 500
商　店	7 000 000	17.5	17 500
合　计	40 000 000	100	100 000

根据表 10-7，账务处理如下：

借：开发成本——房屋开发——商品房 A　　　　　　25 000

　　　　——房屋开发——商品房 B　　　　　　30 000

　　　　——房屋开发——商品房 C　　　　　　27 500

　　　　——配套设施开发——商店　　　　　　36 575

　贷：预提费用——预提配套设施开发　　　　　　100 000

5. 本月 28 日，用银行存款支付水塔工程费用 110 000。

账务处理如下：

借：开发成本——配套设施开发——水塔　　　　　110 000

　贷：银行存款　　　　　　　　　　　　　　　　110 000

6. 本月 30 日，分配开发间接费用，商店应负担 1 000 元。

账务处理如下：

借：开发成本——配套设施开发——商店　　　　　　1 000

　贷：开发间接费用——转销数　　　　　　　　　　1 000

7. 水塔工程已完工，结转其实际成本 118 000 元。

账务处理如下：

借：预提费用——预提配套设施费　　　　　　　　118 000

　贷：开发成本——配套设施开发——水塔　　　　118 000

8. 本月 30 日，将水塔实际成本大于预提费用的差额，分配计入有关在建项目成本，分配表如表 10-8 所示。

预提费用（水塔）成本差异分配表　　　　　　　　　表 10-8

分配对象	计划成本（元）	分配率（%）	分配金额（元）
商品房 C	11 000 000	61.1	11 000
商　店	7 000 000	38.9	7 000
合　计	18 000 000	100	18 000

根据表10-8，账务处理如下：

借：开发成本——房屋开发——商品房C　　　　　　11 000

　　　　　——配套设施开发——商店　　　　　　　7 000

　　贷：预提费用——预提配套设施费　　　　　　　　　　18 000

9. 本月30日，商店已竣工，结转其实际成本728 075元。

账务处理如下：

借：开发产品——配套设施——商店　　　　　　728 075

　　贷：开发成本——配套设施开发——商店　　　　　728 075

根据上述会计分录，登记"开发成本——配套设施开发——水塔"明细账如表10-9所示。

配套设施开发成本明细账　　　　　　　　　　表 10-9

成本核算对象：水塔　　　　　　　　　　　　　　　　　　　金额单位：元

200×年		凭证号	摘　要	借　方						贷　方	余　额
月	日			土地征用及拆迁补偿费	前期工程费	基础设施费	建筑安装工程费	公共配套设施费	开发间接费		
1			期初余额	4 000	1 500	2 500					
28		4	付工程款				110 000				
30		6	结转成本							118 000	
			本月合计	4 000	1 500	2 500	110 000	0	0	118 000	0

"开发成本——配套设施开发"的"商店"、"锅炉房"的明细账与"开发成本——配套设施开发——水塔"基本相似，不再赘述。

二、代建工程开发成本的归集和结转

（一）代建工程开发成本核算对象的确定和成本项目的设置

代建工程是指开发企业接受其他单位委托，代为开发建设的各项工程，或参加委托单位招标，经过投标中标后承建的开发建设工程。如建设场地、房屋、市政工程等。代建工程种类较多，各种代建工程的开发内容和开发特点不同，因此应采取不同的成本归集和结转方法。由于企业代建的建设场地和房屋，其建设内容和特点与企业开发建设的商品性场地和房屋基本相同，所以现主要介绍企业代建的除建设场地、房屋以外的其他工程的核算方法。

企业代建的其他工程主要是指各种市政建设工程，如城市道路建设等；旅游风景区的建设，包括兴建公园、风景点以及景区的各种服务设施；城市基础建设，包括兴建自来水厂、煤气站、城区供电、园林绿化等等。因此，应根据代建工程的实际情况确定代建工程的成本核算对象，一般可按合同或委托单位的要求，以施工图预算所列的单位工程或单项工程作为成本核算对象。

代建工程作为开发产品的一部分，其成本项目与房屋开发的成本项目一致。但是，一般说来市政工程可以不设置"公共配套设施费"成本项目。

（二）代建工程开发成本的归集和结转

企业发生的各项代建工程费用，应按照其成本核算对象和设置的成本项目进行归集，在费用发生时，应计入"开发成本——代建工程开发"账户。代建开发项目竣工时，应将

其实际成本转入"开发产品"账户，即：

借：开发产品——代建工程

贷：开发成本——代建工程开发

（三）代建工程开发成本核算举例

【例9-29】 某开发企业200×年接受某风景区管委会委托兴建风景区，发生如下经济业务：

1. 用银行存款支付拆迁补偿费300 000元，支付前期工程费300 000元。

账务处理如下：

借：开发成本——代建工程开发　　　　　　　　600 000

贷：银行存款　　　　　　　　　　　600 000

2. 用银行存款支付基础设施费400 000元。

账务处理如下：

借：开发成本——代建工程开发　　　　　　　　400 000

贷：银行存款　　　　　　　　　　　400 000

3. 用银行存款支付某施工企业工程款2 000 000元。

账务处理如下：

借：开发成本——代建工程开发　　　　　　　　2 000 000

贷：银行存款　　　　　　　　　　　2 000 000

4. 分配风景区建设应负担的开发间接费用200 000元。

账务处理如下：

借：开发成本——代建工程　　　　　　　　　　200 000

贷：开发间接费用——转销数　　　　　200 000

5. 代建的风景区竣工验收，结转其实际成本3 200 000元。

账务处理如下：

借：开发产品——代建工程　　　　　　　　　　3 200 000

贷：开发产品——代建工程开发　　　　3 200 000

根据上述会计分录，登记"开发成本——代建工程开发"明细账如表10-10所示。

代建工程开发成本明细账　　　　　　　　　　表 10-10

成本核算对象：风景区　　　　　　　　　　　　　　　　金额单位：元

200×年		凭证号	摘　要	借　方						贷　方	余　额
月	日			土地征用及拆迁补偿费	前期工程费	基础设施费	建筑安装工程费	公共配套设施费	开发间接费		
			付拆迁费	300 000							
			付前期工程费		300 000						
			付基础设施费			400 000					
			付工程款				2 000 000				
			分配间接费						200 000		
			结账完工成本							3 200 000	
			本月合计	300 000	300 000	400 000	2 000 000	0	200 000	3 200 000	0

第六节 期间费用的核算

房地产企业的期间费用是指与开发房地产项目无直接联系，不能计入某个特定开发项目的成本费用。它包括管理费用、财务费用、营业费用，这些费用在其发生的会计期间直接计入当期损益。

一、管理费用的核算

房地产企业的管理费用，是指企业的董事会、行政管理部门为组织和管理生产经营活动而发生的各项管理费用。主要内容包括：

1. 公司经费。包括公司总部管理人员工资、差旅费、办公费、折旧费、修理费、物料消耗、低值易耗品摊销以及其他公司经费。

2. 工会经费。是根据《中华人民共和国工会法》，按照职工工资总额的 2% 计提拨交给工会的经费。

3. 职工教育经费。是指企业为职工学习先进技术和提高文化水平而支付的费用，按照职工工资总额的 1.5% 计提。

4. 劳动保险费。是指企业支付离退休职工的退休金（包括提取的离退休统筹基金）、价格补贴、医药费（包括企业支付离退休人员参加医疗保险的费用）、易地安家补助费、职工退职金、6 个月以上病假人员工资、职工死亡丧葬补助费、抚恤费、按规定支付给离休干部的各项经费。

5. 待业保险费。是指企业按照国家规定缴纳的待业保险基金。

6. 董事会费。是指企业最高权力机构（如董事会）及其成员为执行职能而发生的各项费用，包括董事会成员津贴、差旅费、会议费等。

7. 咨询费。是指企业向有关咨询机构进行科学技术、经营管理咨询时支付的费用，包括聘请经济技术顾问、法律顾问等支付的费用。

8. 聘请中介机构费。是指企业聘请中国注册会计师进行查账验资以及进行资产评估等发生的各项费用。

9. 诉讼费。是指企业因起诉或者应诉而发生的各项费用。

10. 排污费。是指企业按规定缴纳的排污费用。

11. 绿化费。是指企业对本厂区进行绿化而发生的零星绿化费用。

12. 税金。是指企业按照规定支付的房产税、车船使用税、土地使用税、印花税等。

13. 土地使用费。是指企业使用土地而支付的费用。

14. 土地损失补偿费。是指企业在生产经营过程中破坏的国家不征用的土地所支付的土地损失补偿费。

15. 技术转让费。是指企业使用非专利技术而支付的费用。

16. 技术开发费。是指企业研究开发新产品、新技术、新工艺所发生的新产品设计费、工艺规程制定费、设备调试费、库存材料和半成品的试验费、技术图书资料费、未纳入国家计划的中间试验费、研究人员的工资、研究设备的折旧，与新产品试制、技术研究有关的其他经费、委托其他单位进行的科研试制的费用以及试制失败损失。

17. 无形资产摊销费。是指专利权、商标权、著作权、土地使用权、非专利技术等无形资产的摊销费用。

18. 业务招待费。是指企业为业务经营的合理需要而支付的招待费用。在下列限额内据实列支：全年销售（营业）收入净额在 1 500 万元及其以下的，不超过销售（营业）收入净额的 5‰；全年销售（营业）收入净额超过 1 500 万元的，不超过该部分的 3‰。

19. 职工福利费。按照企业职工工资总额的 14％提取。国家另有规定的，从其规定。

20. 开办费摊销。是指企业在筹建过程中发生的各项开办费用摊入受益年度的费用。

21. 计提的坏账准备和存货跌价准备。是指企业按照规定计提的坏账准备和存货跌价准备。

22. 存货盘亏、毁损和报废损失。是指企业按照规定应计入管理费的库存材料、低值易耗品等的盘亏、毁损和报废损失。发生的盘盈，应当冲减此项损失。本项目不包括计入营业外支出的存货损失。

23. 其他管理费用。是指不包括在以上项目内的属于管理费用的其他费用。

企业设置"管理费用"账户，核算实际发生的管理费用支出。借方记录企业日常发生的各项管理费用支出，贷方记录月末转入"本年利润"账户的金额，本账户期末无余额。

本账户按管理费用的费用项目设置明细账，进行明细核算。为便于检查企业各职能部门费用预算执行情况，本账户也可按费用项目核算的同时，再按职能部门进行明细分类核算。

【例 10-30】 某房地产企业本月发生以下费用：差旅费 1 200 元、办公费 2 000 元、业务招待费 1 800 元，现金支付。

账务处理如下：

借：管理费用——业务招待费　　　　　　　　　　　　　5 000
　　贷：现金　　　　　　　　　　　　　　　　　　　　　　5 000

【例 10-31】 分配本月公司机关管理人员工资 30 000 元。

账务处理如下：

借：管理费用——工资　　　　　　　　　　　　　　　　30 000
　　贷：应付工资　　　　　　　　　　　　　　　　　　　　30 000

【例 10-32】 按照本月管理人员工资 30 000 元，计提 14％的职工福利费、2％的工会经费、1.5％职工教育经费。

账务处理如下：

借：管理费用——福利费　　　　　　　　　　　　　　　4 200
　　　　　　　——工会经费　　　　　　　　　　　　　　　600
　　　　　　　——职工教育经费　　　　　　　　　　　　　450
　　贷：应付福利费　　　　　　　　　　　　　　　　　　4 200
　　　　其他应付款　　　　　　　　　　　　　　　　　　1 050

【例 10-33】 用银行存款支付资产评估费 10 000 元。

账务处理如下：

借：管理费用——评估费　　　　　　　　　　　　　　　10 000
　　贷：银行存款　　　　　　　　　　　　　　　　　　　10 000

【例 10-34】 本月摊销开办费 1 000 元。

账务处理如下：

借：管理费用   1 000

      贷：长期待摊费用——开办费   1 000

【例 10-35】 结转本月管理费用发生额至"本年利润"账户。

账务处理如下：

借：本年利润   51 250

      贷：管理费用   51 250

将上述账务处理登记在"管理费用"明细账如表 10-11 所示：

管理费用明细账   表 10-11

金额单位：元

××年		摘 要	办公费	差旅费	业务招待费	工资	福利费	工会经费	职工教育经费	中介机构费	开办费摊销	借方合计	贷方	余额
月	凭证号													
		报销费用	2 000	1 200	1 800							5 000		
		分配工资				30 000						30 000		
		计提费用					4 200	600	450			5 250		
		评估费								10 000		10 000		
		摊销开办费									1 000	1 000		
		结 转										0	51 250	
		发生额	2 000	1 200	1 800	30 000	4 200	600	450	10 000	1 000	51 250	51 250	0

二、财务费用的核算

房地产企业的财务费用，是指企业为筹集生产经营所需资金而发生的各项费用。包括：利息净支出、汇兑净损失、股票发行费、应收账款现金折扣、应收票据贴现息、金融机构手续费等。

企业设置"财务费用"账户，核算实际发生的财务费用支出。借方记录企业日常发生的各项财务费用支出，贷方记录月末转入"本年利润"账户的金额，本账户期末无余额。

本账户按财务费用的费用项目设置明细账，进行明细核算。利息收入、汇兑收益在本账户的借方发生额中冲减。

【例 10-36】 用银行存款 30 000 元支付本月流动资金贷款利息。

账务处理如下：

借：财务费用——利息支出   10 000

      贷：银行存款   10 000

【例 10-37】 现金支付开户银行手续费 100 元。

账务处理如下：

借：财务费用——金融机构手续费   100

      贷：现金   100

【例 10-38】 收到开户银行的存款利息 200 元，存入银行。

账务处理如下：

借：银行存款   200

    贷：财务费用   200

【例 10-39】 结转本月财务费用发生额至"本年利润"账户。

账务处理如下：

借：本年利润   9 900

    贷：财务费用   9 900

将上述账务处理登记在"财务费用"明细账如表 10-12 所示：

财务费用明细账   **表 10-12**

金额单位：元

××年		摘 要	利息支出	金融机构手续费		借方合计	贷 方	余 额
月	凭证号							
		支付利息	10 000			10 000		
		支付手续费		100		100		
		收回利息	−200			−200		
		结 转					9 900	
		发生额	9 800	100	0	9 900	9 900	0

三、营业费用的核算

房地产企业的营业费用，是指企业在销售房地产开发产品过程中发生的各项费用以及专设销售机构的各项费用。包括：运输费、装卸费、包装费、保险费、维修费、展览费、差旅费、广告费、业务宣传费、代销手续费、销售服务费，以及专设销售机构的人员工资、奖金、福利费、折旧费、修理费、物料消耗以及其他经费。开发产品销售之前改装修复费、看护费、采暖费等也应作为营业费用处理。

房地产企业的广告费、业务宣传费，国家有明确的开支限额规定：

1. 企业发生的的广告费支出不超过销售（营业）收入 8％的，可据实扣除；超过部分可无限期向以后纳税年度结转。

2. 企业发生的业务宣传费（包括未通过媒体的广告性支出），在不超过销售营业收入 5‰范围内，可据实扣除。

企业设置"营业费用"账户，核算实际发生的营业费用支出。借方记录企业日常发生的各项营业费用支出，贷方记录月末转入"本年利润"账户的金额，本账户期末无余额。

本账户按营业费用的费用项目设置明细账，进行明细核算。

【例 10-40】 分配本月售楼部销售人员工资 10 000 元。

账务处理如下：

借：营业费用——工资   10 000

    贷：应付工资   10 000

【例 10-41】 按销售人员工资 10 000 元，计提福利费 1 400 元。

账务处理如下：

借：营业费用——福利费   1 400

    贷：应付福利费   1 400

【例 10-42】 用银行存款支付参加春季房交会的展览费 11 600 元。

账务处理如下：

借：营业费用——展览费   11 600

    贷：银行存款   11 600

【例 10-43】 用银行存款支付《××商报》房屋销售广告费 7 000 元。

账务处理如下：

借：营业费用——广告费   7 000

    贷：银行存款   7 000

【例 10-44】 用银行存款支付"DM 单"印刷费 5 000 元。

账务处理如下：

借：营业费用——业务宣传费   5 000

    贷：银行存款   5 000

【例 10-45】 用银行存款支付商品房修复改装费 3 000 元。

账务处理如下：

借：营业费用——修复改装费   3 000

    贷：银行存款   3 000

【例 10-46】 结转本月营业费用发生额至"本年利润"账户。

账务处理如下：

借：本年利润   38 000

    贷：营业费用   38 000

将上述账务处理登记在"营业费用"明细账如表 10-13 所示：

营业费用明细账   表 10-13

金额单位：元

××年		摘 要	工资	福利费	展览费	广告费	业务宣传费	修复改装费	借方合计	贷 方	余 额
月	凭证号										
		分配工资	10 000						10 000		
		计提福利费		1 400					1 400		
		支付展览费			11 600				11 600		
		支付广告费				7 000			7 000		
		支付宣传费					5 000		5 000		
		支付改装费						3 000	3 000		
		结 转							0	38 000	
		发生额	10 000	1 400	11 600	7 000	5 000	3 000	38 000	38 000	0

思 考 题 与 习 题

思考题

1. 什么是开发成本？什么是期间费用？两者有何区别和联系？

2. 简述房地产企业六大成本项目的主要内容。

3. 简述房地产企业成本核算应设置哪些会计账户？

4. 简述期间费用的构成以及具体的费用项目。

习题

一、目的：练习房屋开发成本的核算

二、资料：兴达房地产开发企业开发建设1、2号两个电梯公寓楼，建筑面积为100 000m²。期初1号电梯公寓应负担的土地成本为2 000万元，2号电梯公寓应负担的土地成本为3 000万元。本期发生的与开发该两栋电梯公寓有关的经济业务如下：

1. 用银行存款支付电梯公寓的勘察设计费300万元，其中1号电梯公寓应负担120万元、2号电梯公寓应负担180万元。

2. 用银行存款支付工程前期报规报建费用1 200万元，其中1号电梯公寓应负担480万元、2号电梯公寓应负担720万元。

3. 按照合同约定，用银行存款预付施工单位工程款1 000万元。

4. 按照合同约定，甲供材料（钢材、水泥、商品混凝土等）2 000万元抵作预付工程备料款。甲、乙双方已办理了材料交接手续。

5. 收到施工单位的《工程价款结算账单》，经业主的工程部门、监理公司等审定应付工程款10 000万元，其中1号电梯公寓应负担4 000万元、2号电梯公寓应负担6 000万元。

6. 支付工程款时，扣除预付工程款1 000万元、预付备料款2 000万元，实际用银行存款支付工程款7 000万元。

7. 用银行存款支付基础设施费500万元，其中1号电梯公寓应负担200万元、2号电梯公寓应负担300万元。

8. 期末分配开发间接费用300万元，其中1号电梯公寓应负担120万元、2号电梯公寓应负担180万元。

9. 1号电梯公寓已竣工，但配套设施尚未完成，预提配套设施费100万元计入1号电梯公寓开发成本。

10. 结转已竣工的1号电梯公寓的实际开发成本。2号电梯公寓尚未峻工，开发成本暂不结转。

三、要求：

1. 根据上述经济业务，作出会计分录。

2. 登记"开发成本"明细账，并计算竣工工程的开发成本以及在建工程的开发成本。

第十一章 营业收入和利润核算

房地产企业的收入，是指企业在开发经营活动中，由于销售开发产品或提供劳务及让渡资产使用权等日常活动所形成的经济利益的总流入，它是企业在正常经济活动中所产生的收益；利润是企业在一定会计期间的经营成果，在数量上体现为收入与成本费用相抵后的数额。因此，收入是确定企业盈利水平的前提和基础，是利润的来源。而利润水平的高低，在很大程度上反映了企业开发经营的经济效益以及企业对社会作所的贡献。在房地产企业会计核算中，营业收入和利润的核算意义重大。

第一节 营业收入核算

一、收入概述

（一）营业收入的分类

房地产企业的营业收入，是指企业在开发经营活动中，从事房地产开发成本经营、房屋出租经营和销售材料设备等所取得的收入。各种营业收入按其占全部营业收入的比重和是否经常发生，可以分为主营业务收入和其他业务收入两大类。

主营业务收入也称基本业务收入，是指房地产企业对外销售、转让、结算和出租开发产品所取得的收入，包括：土地转让收入、商品房销售收入、配套设施销售收入、代建工程结算收入和出租房租金收入等。房地产企业将其开发产品作为抵押标的物时，抵押权人按规定执行抵押权而处分抵押的土地使用权和房屋等，企业也应作为主营业务收入的实现。

其他业务收入也称附营业务收入，是指房地产企业从事主营业务以外的非经常性的、兼营的业务取得的收入。包括：商品房售后服务收入、多种经营收入、材料销售收入、作为设备的销售收入、固定资产出租收入和无形资产转让收入等。

（二）营业收入核算的基本要求

房地产企业要组织好营业收入的核算，必须做到以下四个基本要求：

1. 分清收益、收入、利得的界限

房地产企业在会计期间内增加的、除所有者投资以外的经济利益通常称为收益，它包括收入和利得。

收入是企业在销售产品、提供劳务、让渡资产使用权等日常活动中所形成的经济利益的总流入，包括商品房销售收入、劳务收入、利息收入、使用费收入、股利收入等。收入属于企业主要的、经常性的业务收入。收入和相关成本费用、税金在会计报表中应分别反映。

利得是指企业收入以外的其他收益，通常从偶发的经济业务中取得，属于那种不经过经营过程就能取得的、不曾希望获得的收益，如企业接受捐赠取得的资产、因其他企业违约收取的罚款、处理固定资产或无形资产形成的净收益等。利得属于偶发性的收益，在会计报表中通常以"净额"反映。

2. 正确计量和确认收入

正确地确认收入是房地产企业进行收入核算的基础。企业应根据《企业会计准则——收入》中确立的收入确认标准，具体分析销售交易的实质，正确判断每项交易中使用权上的主要风险和报酬实质上是否已经转移，是否保留与所有权相关的继续管理权，是否仍对售出的商品实施控制，相关的经济利益能否流入企业，收入和相关成本能否可靠计量等重要条件，只有这些条件同时满足，才能确认收入。否则，即使商品已经售出，或即使已经收到价款，也不能确认收入。

3. 及时结转与收入相关的成本

为了正确反映每一会计期间的收入、成本和利润情况，房地产企业应根据收入和费用配比的原则，在确认收入的同时或同一会计期间结转相关的成本。结转成本时应注意两点：一是在收入确认的同一会计期间，相关的成本必须结转；二是如一项交易的收入尚未确定，即使商品已经售出，相关的成本也不能结转。

4. 正确计算收入和相关的成本、税金

房地产企业的收入种类很多，包括商品房销售收入、劳务收入、利息收入、使用费收入等，为取得这些收入需发生相关的成本和税金。特别是由于收入的种类不一样，税金计算的税种、税基、税率等都不相同。因此，必须正确计算收入和相关的成本、税金，才能准确核算企业的经营成果。

（三）房地产销售收入的确认和计量

二、房地产销售收入的确认原则

按照《企业会计准则——收入》中规定的商品销售收入的确认原则，只有同时符合以下四个条件时，才能确认营业收入的实现。

（1）企业已将商品所有权上的主要风险和报酬转移给购货方。商品所有权上的风险，主要是指商品所有者承担该商品价值发生损失的可能性。比如，商品发生减值、毁损的可能。商品所有权上的报酬，主要是指商品所有者预期可获得的商品中包括的未来经济利益。比如，商品价值的增加以及商品的使用所形成的经济利益等。

商品所有权上的风险和报酬转移给了购货方，是指风险和报酬均转移给购货方。当一项商品发生的任何损失均不需要销货方承担，带来的经济利益也不归销货方，则意味着该商品所有权上的风险和报酬已从该销货方转出。在大多数情况下，伴随着商品所有权凭证的转移或实物的交付，所有权方面的风险和报酬就转移给买方，就可以确认收入的实现。

在房地产销售中，房地产的法定所有权转移给买方，通常表明所有权上的主要风险和报酬也已转移，企业应确认销售收入。但是，以下属于法定所有权转移后，所有权上的主要风险和报酬尚未转移的情况。

1）卖方根据合同规定，仍有责任实施重大行动，例如工程尚未完工。在这种情况下，企业应在所实施的重大行动完成时确认收入。

2）销售合同存在重大不确定因素，如买方有退货选择权的销售，而企业又不能确定退货的可能性。企业应在这些不确定因素消失后确认收入。

3）房地产销售后，卖方仍有某种程度的继续涉入，如销售回购协议、卖方保证买方在特定时期内获得报酬的协议等。在这种情况下，卖方继续涉入的期间内一般不应确认收入。

（2）企业既没有保留通常与所有权相联系的继续管理权，也没有对已售出的商品实施控制。企业将商品所有权上的主要风险和报酬转移给购货方后，如仍保留与所有权相联系的继续管理权，或仍对售出的商品实施控制，则此项销售不能成立，不能确认销售收入。如房地产企业在销售开发产品时签订有售后回购协议，或签订有选择性的回购协议且回购的可能性较大，这表明卖方仍对售出的房地产实施控制，买方无权对该房地产进行处置。因此，这种销售回购本质上不是销售行为，而是一项融资协议，这种交易不能确认为营业收入。

（3）与交易相关的经济利益能够流入企业。在销售商品中，与交易相关的经济利益即为销售商品的价款。销售商品的价款是否能够收回，是营业收入确认的重要条件。房地产企业在销售开发产品时，如果预计收回价款的可能性不大，即使收入确认的其他条件均已满足，也不能确认收入。

（4）相关的收入和成本能够可靠地计量。收入能够可靠计量，是确认收入的基本前提，收入不可能计量，则无法确认收入。企业在销售商品时，售价通常已确定，但在销售过程中由于某些不确定因素，也可能出现售价无法可靠计量的情况，则售价未确认以前不应确认收入。

根据收入和费用配比原则，与同一销售有关的收入和成本，应在同一会计期间予以确认。因此，成本不能可靠计量，相关的收入也不能确认，即使确认收入的其他条件均已满足，也不能确认收入。例如：某房地产企业采用预售方式销售的房地产，在收到预收款时，虽然当期的纳税义务已经发生，但因销售的房地产正在开发建设过程中，无法确认相关的成本，所以，也不能确认收入，应将收到的价款确认为负债。

根据国家关于房地产开发企业所得税的规定，应按以下原则确认销售收入：

（1）采取一次性全额收款方式销售开发产品的，应于实际收讫价款或取得了索取价款的凭据（权利）时，确认收入的实现。

（2）采取分期付款方式销售开发产品的，应按销售合同或协议约定付款日确认收入的实现。付款方提前付款的，在实际付款日确认收入的实现。

（3）采取银行按揭方式销售开发产品的，其首付款应于实际收到日确认收入的实现，余款在银行按揭贷款办理转账之日确认收入的实现。

（4）采取委托方式销售开发产品的，应按以下原则确认收入的实现：

1）采取支付手续费方式委托销售开发产品的，应按实际销售额于收到代销单位代销清单时确认收入的实现。

2）采取视同买断方式委托销售开发产品的，应按合同或协议规定的价格于收到代销单位代销清单时确认收入的实现。

3）采取包销方式委托销售开发产品的，应按包销合同或协议约定的价格于付款日确认收入的实现。

包销方提前付款的，在实际付款日确认收入的实现。

4）采取基价（保底价）并实行超过基价双方分成方式委托销售开发产品的，应按基价加按超基价分成比例计算的价格于收到代销单位代销清单时确认收入的实现。

委托方和接受委托方应按月或按季为结算期，定期结清已销开发产品的清单。已销开发产品清单应载明售出开发产品的名称、地理位置、编号、数量、单价、金额、手续费等。

（5）将开发产品先出租再出售的，应按以下原则确认收入的实现：

1）将待售开发产品转作经营性资产，先以经营性租赁方式租出或以融资租赁方式租出以后再出售的，租赁期间取得的价款应按租金确认收入的实现，出售时再按销售资产确认收入的实现。

2）将待售开发产品以临时租赁方式租出的，租赁期间取得的价款应按租金确认收入的实现，出售时再按销售开发产品确认收入的实现。

（6）以非货币性资产分成形式取得收入的，应于分得开发产品时确认收入的实现。

房地产企业在确认其销售收入时，一般应根据购销双方的销售合同或协议金额确定。但应注意下列几种特殊情况：

（1）存在商业折扣时，其营业收入应按照扣除商业折扣后的金额确定，即按照发票的实际价款确认收入金额。

（2）存在现金折扣时，按现行的《企业会计制度》要求，采用总价法核算，即营业收入按总价款确认，不扣除现金折扣金额，待现金折扣实际发生时计入当期的财务费用。

（3）存在销售折让时，应在销售折让发生时作为当期的营业收入的减项。

（4）发生销售退回时，应分不同情况进行处理：

1）销售退回发生在企业确认收入前，只需将已预收的款项退还对方。

2）销售退回发生在企业确认收入以后，不论是当年还是以前年度销售转让的房地产，一般应按照协议的退款金额以及相关的成本，直接冲减退回月份的主营业务收入、主营业务成本和主营业务税金及附加。

3）报告年度或以前年度销售转让的房地产，在资产负债表日至财务报告批准报出日之间发生的退回，应作为资产负债表日后调整事项，按资产负债表日后调整事项处理，即通过"以前年度损益调整"账户，调整报告年度的收入、成本等。如果该项销售资产负债表日及以前已经发生现金折扣的，还应同时冲减报告年度的现金折扣。

三、主营业务收入的核算

（一）主营业务收入核算的内容

房地产企业主营业务收入的取得是其开发经营活动的重要环节，它不仅是房地产企业持续经营的基础条件，而且也是其经营成果能否被社会承认的重要标志。所以，房地产企业必须合理地确认主营业务收入的实现，并且及时准确地进行收入的核算。

由于房地产企业的特殊性，其主营业务收入的内容相当广泛。主营业务收入是指房地产企业对外销售、转让、结算和出租开发产品等所取得的收入。主要包括：土地转让收入、商品房销售收入、配套设施销售收入、代建工程结算收入和出租房租金收入等。

（二）主营业务收入核算应设置的账户

为了准确核算和及时确定企业的主营业务利润，根据配比性原则，要求企业在进行主营业务收入核算时，应同时确认和核算与主营业务收入相配比的主营业务成本和主营业务税金及附加。因此，应设置"主营业务收入"、"主营业务成本"、"主营业务税金及附加"账户。

1. 设置"主营业务收入"账户

企业设置"主营业务收入"账户，核算房地产企业对外转让、销售、结算和出租开发产品等过程中所产生的收入。本账户的贷方记录企业实现的主营业务收入；借方记录因销售退回、销售转让而冲减的主营业务收入以及期末转入"本年利润"的主营业务收入；本账户期末应无余额。

本账户应按主营业务收入的类别进行明细分类核算。设置"土地转让收入"、"商品房销售收入"、"配套设施销售收入"、"代建工程结算收入"、"出租产品租金收入"等明细账户。

2. 设置"主营业务成本"账户

企业设置"主营业务成本"账户，核算房地产企业对外转让、销售、结算和出租开发产品等过程中实际结转的主营业务成本。本账户的借方记录企业对外转让、销售、结算和出租开发产品等过程中实际结转的主营业务实际成本，以及按月计提的出租产品的摊销额和发生的维修费；贷方记录因销售退回、销售转让而冲减的主营业务成本以及期末转入"本年利润"的主营业务成本；本账户期末应无余额。

本账户应按主营业务成本的类别进行明细分类核算。设置"土地转让成本"、"商品房销售成本"、"配套设施销售成本"、"代建工程结算成本"、"出租产品经营成本"等明细账户。

3. 设置"主营业务税金及附加"账户

企业设置"主营业务税金及附加"账户，核算应由当月主营业务收入负担的土地增值税、营业税、城建税和教育费附加等相关税费。本账户的借方记录按照规定计算的与主营业务收入相配比的主营业务税金及附加，贷方记录期末转入"本年利润"账户的主营业务税金及附加；本账户期末应无余额。

（三）主营业务收入的核算举例

房地产企业的主营业务收入核算，是企业会计核算的重要内容，是核算企业最终经营成果的主要环节。现举例说明如下：

【例 11-1】 某房地产企业本月实现商品房销售收入 1 500 万元，款项尚未收到。应结转的开发成本 800 万元，假定应交的土地增值税为 160 万元（该企业适用的营业税率为 5％、城建税率 7％、教育费附加率 3％）。

账务处理如下：

（1）确认已实现的收入：

借：应收账款   15 000 000

  贷：主营业务收入——商品房销售收入 15 000 000

（2）结转商品房销售成本：

借：主营业务成本——商品房销售成本 8 000 000

  贷：开发产品   8 000 000

（3）计算并结转土地增值税：

借：主营业务税金及附加　　　　　　　　　　1 600 000
　　贷：应交税金——土地增值税　　　　　　　　　1 600 000
（4）计算并结转营业税金及附加：

$$营业税＝1 500×5\%＝75（万元）$$

$$城建税＝75×7\%＝5.25（万元）$$

$$教育费附加＝75×3\%＝2.25（万元）$$

借：主营业务税金及附加　　　　　　　　　　825 000
　　贷：应交税金——营业税　　　　　　　　　　　750 000
　　　　　　——城建税　　　　　　　　　　　　　52 500
　　　　其他应交款——教育费附加　　　　　　　　22 500

【例 11-2】　收到上述销售款 800 万元，存入银行。

账务处理如下：

借：银行存款　　　　　　　　　　　　　　　8 000 000
　　贷：应收账款　　　　　　　　　　　　　　　8 000 000

【例 11-3】　某房地产企业采用预售方式开发商品性建设场地，已预收购买方 300 万元。现工程已竣工验收，并将有关的发票账单交付购买方，价款为 700 万元。一个月后，购买方用银行存款支付剩余款项。该商品房的开发成本为 450 万元，假定应交的土地增值税为 30 万元。

账务处理如下：

（1）预收款时，不能确认收入：

借：银行存款　　　　　　　　　　　　　　　3 000 000
　　贷：预收账款　　　　　　　　　　　　　　　3 000 000

（2）工程竣工交付对方，确认收入：

借：应收账款　　　　　　　　　　　　　　　7 000 000
　　贷：主营业务收入——土地转让收入　　　　　7 000 000

（3）结转土地开发成本：

借：主营业务成本——土地转让成本　　　　　4 500 000
　　贷：开发产品　　　　　　　　　　　　　　　4 500 000

（4）结转应缴的土地增值税：

借：主营业务税金及附加　　　　　　　　　　300 000
　　贷：应交税金——土地增值税　　　　　　　　　300 000

（5）计算并结转应缴的营业税金及附加：

$$营业税＝700×5\%＝35（万元）$$

$$城建税＝35×7\%＝2.45（万元）$$

$$教育费附加＝35×3\%＝1.05（万元）$$

借：主营业务税金及附加　　　　　　　　　　385 000
　　贷：应交税金——营业税　　　　　　　　　　　350 000
　　　　　　——城建税　　　　　　　　　　　　　24 500
　　　　其他应交款——教育费附加　　　　　　　　10 500

（6）收到剩余款项时：

借：银行存款   4 000 000

     预收账款   3 000 000

   贷：应收账款   7 000 000

【例 11-4】 某房地产企业的开发的一项代建工程已竣工，并办妥交接手续。双方协议价款为 100 万元，实际开发成本为 70 万元。代建开始时已预收代建款 30 万元，竣工验收时收回剩余款项 70 万元存入银行。

账务处理如下：

（1）预收代建款：

借：银行存款   300 000

   贷：预收账款   300 000

（2）代建工程竣工，确认其收入：

借：应收账款   1 000 000

   贷：主营业务收入——代建工程结算收入   1 000 000

（3）结转代建工程实际成本：

借：主营业务成本——代建工程结算成本   700 000

   贷：开发产品   700 000

（4）计算并结转营业税金及附加（营业税 50 000 元、城建税 3 500 元、教育费附加 1 500元）：

借：主营业务税金及附加   55 000

   贷：应交税金——营业税   50 000

              ——城建税   3 500

     其他应交款——教育费附加   1 500

（5）收回剩余款项：

借：银行存款   700 000

     预收账款   300 000

   贷：应收账款   1 000 000

根据国家规定，代建工程不缴纳土地增值税，因而不存在土地增值税的账务处理。

【例 11-5】 某房地产企业采取分期收款结算方式销售商品房（普通住宅）1 栋，总价款 1 600 万元，总成本 1 350 万元。销售合同约定分三次收取价款：房屋交付使用时收取价款的 65%，房屋交付使用一年后收取价款的 30%，剩余款项于交房两年后收取。

账务处理如下：

（1）房屋交付时，因收入尚未实现，所以按开发产品的实际成本入账：

借：分期收款开发产品   13 500 000

   贷：开发产品   13 500 000

（2）分期收款并确认已实现的收入：

1）第一期收款时［收款额 1 600×65%＝1 040（万元），结转开发成本额 1 350×65%＝877.5（万元）］

①收款时：

借：银行存款   10 400 000

  贷：应收账款   10 400 000

②确认收入时：

借：应收账款   10 400 000

  贷：主营业务收入——商品房销售收入 10 400 000

③结转成本时：

借：主营业务成本——商品房销售成本 8 775 000

  贷：分期收款开发产品   8 775 000

2）第二期收款时〔收款额 1 600×30％＝480（万元），结转开发成本额 1 350×30％＝405（万元）〕

①收款时：

借：银行存款   4 800 000

  贷：应收账款   4 800 000

②确认收入时：

借：应收账款   4 800 000

  贷：主营业务收入——商品房销售收入 4 800 000

③结转成本时：

借：主营业务成本——商品房销售成本 4 050 000

  贷：分期收款开发产品   4 050 000

3）第三期收款时〔收款额 1 600×5％＝80（万元），结转开发成本额 1 350×5％＝67.5（万元）〕

①收款时：

借：银行存款   800 000

  贷：应收账款   800 000

②确认收入时：

借：应收账款   800 000

  贷：主营业务收入——商品房销售收入 800 000

③结转成本时：

借：主营业务成本——商品房销售成本 675 000

  贷：分期收款开发产品   675 000

（3）计算并结转营业税金及附加：

为简化核算，仅作第一期收款应结转的营业税金及附加的账务处理，第二期收款、第三期收款的账务处理略。

借：主营业务税金及附加   572 000

  贷：应交税金——营业税   520 000

       ——城建税   36 400

    其他应交款——教育费附加   15 600

根据税法规定，纳税人建造普通标准住宅出售，增值额未超过扣除项目金额 20％的，免征土地增值税。本例中，既是普通住宅且增值率不到 20％，因此不缴土地增值税，也不进行土地增值税的账务处理。

【例 11-6】 某房地产企业将开发完成的房屋对外出租,房屋实际成本 500 万元。根据出租协议,月租金为 10 万元,每月收取。企业按 0.5% 的月摊销率摊销出租房成本,每月预提房屋维修成本 4 000 元。

账务处理如下:

结转出租房的开发成本

借:出租开发产品　　　　　　　　　　　　　　　　5 000 000

　　贷:开发产品——房屋　　　　　　　　　　　　　　　5 000 000

(1) 收到每月租金,确认收入:

借:银行存款　　　　　　　　　　　　　　　　　　100 000

　　贷:主营业务收入——出租产品租金收入　　　　　　　100 000

(2) 摊销出租房成本:

借:主营业务成本——出租产品经营成本　　　　　　　25 000

　　贷:出租开发产品　　　　　　　　　　　　　　　　　25 000

(3) 预提维修费:

借:主营业务成本——出租产品经营成本　　　　　　　4 000

　　贷:预提费用——预提维修费　　　　　　　　　　　　4 000

(4) 计算并结转税金:

1) 营业税金及附加

借:主营业务税金及附加　　　　　　　　　　　　　　5 500

　　贷:应交税金——营业税　　　　　　　　　　　　　　5 000

　　　　　　　　——城建税　　　　　　　　　　　　　　350

　　　　其他应交款——教育费附加　　　　　　　　　　　150

2) 房产税〔租金收入 10 万元×12%＝1.2 (万元)〕

借:主营业务税金及附加　　　　　　　　　　　　　　1 2000

　　贷:应交税金——房产税　　　　　　　　　　　　　　1 2000

【例 11-7】 期末,将所有损益类账户的金额结转至"本年利润"(分期收款销售方式,仅按第一期资料)。

账务处理如下:

(1) 结转本期发生的主营业务收入:

借:主营业务收入——商品房销售收入　　　　　　　25 400 000

　　　　　　　　　——土地转让收入　　　　　　　　7 000 000

　　　　　　　　　——代建工程结算收入　　　　　　1 000 000

　　　　　　　　　——出租产品租金收入　　　　　　　100 000

　　贷:本年利润　　　　　　　　　　　　　　　　33 500 000

(2) 结转本期发生的主营业务成本:

借:本年利润　　　　　　　　　　　　　　　　　　22 000 000

　　贷:主营业务成本——商品房销售成本　　　　　　16 775 000

　　　　　　　　　　——土地转让成本　　　　　　　4 500 000

| | ——代建工程结算成本 | 700 000 |
| | ——出租产品经营成本 | 25 000 |

（3）结转本期发生的主营业务税金及附加：

借：本年利润　　　　　　　　　　　　　　2 154 500

　　贷：主营业务税金及附加　　　　　　　　2 154 500

第二节　其他业务收入核算

一、其他业务收入核算的内容

其他业务收入也称为房地产企业的附营收入。其他业务收入核算的内容包括：商品房售后服务、材料销售、库存设备销售、无形资产转让收入、固定资产出租和其他多种经营所取得的收入等。

其他业务收入的核算，是企业收入核算的内容之一。作好其他业务收入的核算工作，对于企业的经营成果的准确核算意义重大。

二、其他业务收入核算应设置的账户

为了准确核算和及时确定企业的其他业务利润，根据配比性原则，要求企业在进行其他业务收入核算时，应同时确认和核算与其他业务收入相配比的其他业务成本、费用和税金及附加。因此，企业应设置"其他业务收入"、"其他业务支出"账户，以核算其他业务利润。

1. 设置"其他业务收入"账户

企业设置"其他业务收入"账户，核算房地产企业主营业务以外的其他业务收入。本账户的贷方记录企业所取得的其他业务收入；借方记录期末转入"本年利润"的其他业务收入；本账户期末应无余额。

本账户应按其他业务收入的类别进行明细分类核算。设置"商品房售后服务收入"、"材料设备销售收入"、"无形资产转让收入"、"固定资产出租收入"、"多种经营收入"等明细账户。

2. 设置"其他业务支出"账户

企业设置"其他业务支出"账户，核算房地产企业发生的与其他业务收入相配比的其他业务成本、费用和税金及附加。本账户的借方记录企业发生的与其他业务收入相配比的其他业务成本、费用和税金及附加；贷方记录期末转入"本年利润"的其他业务支出；本账户期末应无余额。

本账户应按其他业务支出的类别进行明细分类核算。设置"商品房售后服务成本"、"材料设备销售成本"、"无形资产转让成本"、"固定资产出租成本"、"多种经营成本"等明细账户。同时，还应设置"其他业务税金及附加"二级账户，核算因其他业务收入取得而应交的营业税金及附加等。

三、其他业务收入核算举例

现举例说明其他业务收支的核算。

【例11-8】 某房地产企业本期取得商品房售后服务收入10万元，存入银行。发生售后服务支出为：耗用库存材料5万元、分配工资2万元、计提福利费2 800元、银行存款支付其他费用1 200元。

账务处理如下：

（1）收到售后服务费收入：

借：银行存款　　　　　　　　　　　　　　　　　　100 000
　　贷：其他业务收入——商品房售后服务收入　　100 000

（2）计提税金及附加：

营业税＝100 000×5％＝5 000（元）　　　　城建税5 000×7％＝350（元）
教育费附加＝5 000×3％＝150（元）

借：其他业务支出——营业税金及附加　　　　　5 500
　　贷：应交税金——营业税　　　　　　　　　　5 000
　　　　　　　　——城建税　　　　　　　　　　350
　　　　其他应交款——教育费附加　　　　　　　150

（3）发生售后服务支出：

借：其他业务支出——商品房售后服务成本　　　74 000
　　贷：原材料　　　　　　　　　　　　　　　　50 000
　　　　应付工资　　　　　　　　　　　　　　　20 000
　　　　应付福利费　　　　　　　　　　　　　　2 800
　　　　银行存款　　　　　　　　　　　　　　　1 200

【例11-9】 某房地产企业将多余的材料一批出售，取得收入20 000元存入银行，该批材料的实际成本为15 000元。该企业属于增值税小规模纳税人，增值税率为6％。

账务处理如下：

（1）取得材料销售收入：

借：银行存款　　　　　　　　　　　　　　　　　20 000
　　贷：其他业务收入——材料销售收入　　　　　20 000

（2）计提并结转税金及附加：

增值税＝20 000×6％＝1 200（元）　　　城建税＝1 200×7％＝84（元）
教育费附加＝1 200×3％＝36（元）

借：其他业务支出——税金及附加　　　　　　　1 320
　　贷：应交税金——增值税　　　　　　　　　　1 200
　　　　　　　　——城建税　　　　　　　　　　84
　　　　其他应交款——教育费附加　　　　　　　36

（3）结转材料销售实际成本：

借：其他业务支出——材料销售成本　　　　　　15 000
　　贷：原材料　　　　　　　　　　　　　　　　15 000

【例11-10】 某房地产企业将某项专利技术使用权进行转让，取得转让收入20 000元存入银行。

账务处理如下：

（1）取得转让收入：

借：银行存款 20 000

　　贷：其他业务收入——无形资产转让收入 20 000

（2）计算并结转税金：

　　营业税＝20 000×5％＝1 000（元）　　　城建税＝1 000×7％＝70（元）

教育费附加＝1 000×3％＝30（元）

借：其他业务支出——税金及附加 1 100

　　贷：应交税金——营业税 1 000

　　　　　　　　——城建税 70

　　　其他应交款——教育费附加 30

【例 11-11】 某房地产企业出租固定资产取得收入 15 000 元，存入银行。

按规定本月固定资产折旧费为 3 000 元。

账务处理如下：

（1）取得租金收入：

借：银行存款 15 000

　　贷：其他业务收入 15 000

（2）计算并结转税金：

　　营业税＝15 000×5％＝750（元）　　　城建税＝750×7％＝52.50（元）

教育费附加＝750×3％＝22.50（元）

借：其他业务支出——税金及附加 825

　　贷：应交税金——营业税 750

　　　　　　　　——城建税 52.50

　　　其他应交款——教育费附加 22.50

（3）计提折旧：

借：其他业务支出——固定资产出租成本 3 000

　　贷：累计折旧 3 000

【例 11-12】 将本期发生的"其他业务收入"、"其他业务支出"转入"本年利润"
账户。

账务处理如下：

借：其他业务收入 155 000

　　贷：其他业务支出 100 745

　　　本年利润 54 255

第三节　利润形成核算

一、利润概述

利润是指企业在一定会计期间的经营成果，它是企业在一定会计期间内实现的收入减
去费用后的净额，包括营业利润、利润总额和净利润。对利润进行核算，可以反映企业在

一定会计期间的经营业绩和获利能力，反映企业的投入产出效率和经济效益，有助于企业投资者和债权人据此进行盈利预测，评价企业经营业绩，作出正确的决策。

二、利润的组成

根据《企业会计制度》的规定，企业利润包括营业利润、投资收益、补贴收入、营业外收入、营业外支出、所得税等内容。

（一）营业利润

营业利润是企业利润的主要来源和重要组成部分。营业利润等于主营业务利润加上其他业务利润，再减去管理费用、财务费用和营业费用。用公式表示为：

营业利润＝主营业务利润＋其他业务利润－管理费用－财务费用－营业费用

其中　主营业务利润＝主营业务收入－主营业务成本－主营业务税金及附加

其他业务利润＝其他业务收入－其他业务支出

（二）利润总额

利润总额是指企业营业利润加上投资收益、补贴收入、营业外收入，再减去营业外支出后的金额。用公式表示为：

利润总额＝营业利润＋投资收益＋补贴收入＋营业外收入－营业外支出

1. 投资收益是指企业对外投资所取得的收益，减去发生的投资损失和计提的减值准备后的净额。

2. 补贴收入是指企业按规定收到的退还的增值税，或按销量、工作量等依据国家的补贴定额计算并按期给予的定额补贴，以及属于国家财政扶持的领域而给予的其他形式的补贴。

房地产企业一般不涉及补贴收入的取得。

3. 营业外收入和营业外支出是指企业发生的与生产经营活动没有直接关系的各项收入和支出。

（三）净利润

净利润是指企业当期利润总额减去企业所得税后的金额。用公式表示为：

净利润＝利润总额－所得税

三、营业外收支的核算

（一）营业外收入的核算

（1）营业外收入核算的内容：

营业外收入是指企业发生的与生产经营活动没有直接关系的各项收益，包括固定资产盘盈、处置固定资产净收益、罚款收入、处置无形资产的净收益等。

（2）营业外收入核算设置的账户：

企业设置"营业外收入"账户，核算各项营业外收入。贷方记录收到的各项营业外收入，借方记录转入"本年利润"的金额，本账户期末应无余额。

本账户按照营业外收入的具体项目设置明细账，进行明细核算。

（二）营业外支出的核算

1. 营业外支出核算的内容

营业外支出是指企业发生的与生产经营活动没有直接关系的各项支出，包括固定资产盘亏、处置固定资产净损失、处置无形资产的净损失、债务重组损失、计提的固定资产减值准备、计提的无形资产减值准备、罚款支出、捐赠支出、非常损失等。

2. 营业外支出核算设置的账户

企业设置"营业外支出"账户，核算企业所发生的各项营业外支出。借方记录支付的各项营业外支出，贷方记录转入"本年利润"的金额，本账户期末应无余额。

本账户按照营业外支出的具体项目设置明细账，进行明细核算。

（三）营业外收支核算举例

营业外收入和支出的核算，也是利润核算的内容之一。现举例说明如下：

【例11-13】 某房地产企业本期收到购房客户违约金12 000元，存入银行。

账务处理如下：

借：银行存款   12 000

　　贷：营业外收入   12 000

【例11-14】 某房地产企业结转本期处置固定资产获得的净收入35 000元。

账务处理如下：

借：固定资产清理   35 000

　　贷：营业外收入   35 000

【例11-15】 某房地产企业捐赠某革命老区希望小学50 000元，开出现金支票支付。

账务处理如下：

借：营业外支出   50 000

　　贷：银行存款   50 000

【例11-16】 某房地产企业因超经营范围经营，被某市工商局罚款20 000元，用银行存款支付。

账务处理如下：

借：营业外支出   20 000

　　贷：银行存款   20 000

【例11-17】 结转本期"营业外收入"、"营业外支出"至"本年利润"账户。

账务处理如下：

借：营业外收入   47 000

　　本年利润   23 000

　　贷：营业外支出   70 000

四、本年利润的核算

（一）核算本年利润设置的账户

为了核算企业利润的形成过程和组成内容，企业应设置"本年利润"账户，对企业每期实现的净利润（或发生的净亏损）进行核算。本账户的贷方记录期末损益类账户的收入类（含主营业务收入、其他业务收入、投资收益、补贴收入、营业外收入等）转入的金额，借方记录期末损益类账户的支出类（主营业务成本、主营业务税金及附加、其他业务支出、营业外支出、管理费用、财务费用、营业费用、所得税等）转入的金额。期末余额反映企业在该会计期间内实现的净利润（或净亏损）总额。年末，企业应将本年累计实现的净利润（或净亏损）转入"利润分配"账户的"未分配利润"二级账户中，"本年利润"账户在年末结转之后应当无余额。

（二）本年利润的结算

按照《企业会计制度》的规定，企业一般应按月进行利润结算，以便企业及时了解当期财务成果和税务部门及时计征所得税。企业结算利润的处理方法有账结法和表结法两种方法。一般企业在月末、季度末通常采用表结法，年终结算利润采用账结法。

1. 账结法

利润结算的"账结法"是在每月终了，将全部损益类账户本月的发生额通过编制转账分录结转到"本年利润"账户，目的是通过"本年利润"账户集中计算出本月利润或亏损以及本年累计损益总额构成情况的一种方法。

采用"账结法"结算利润时，企业应在月末将"主营业务收入"、"其他业务收入"、"投资收益"、"补贴收入"、"营业外收入"等收入类账户的本期发生额，分别转入"本年利润"账户的贷方；同时，将"主营业务成本"、"主营业务税金及附加"、"其他业务支出"、"营业外支出"、"管理费用"、"财务费用"、"营业费用"、"所得税"等支出类账户的本期发生额，分别转入"本年利润"账户的借方。月末，结转后所有损益类账户均应无余额。

2. 表结法

利润结算的"表结法"是指每月计算利润时，不是将所有损益类账户的发生额转入"本年利润"账户来确定利润，而是在月末将损益类账户的本月发生额合计数填入"利润表"的"本月数"栏目，通过每月编制的"利润表"来确定每月利润的一种方法。

采用"表结法"结算利润，在年度终了时，还必须要采用"账结法"，将全部损益类账户本月的发生额通过编制转账分录结转到"本年利润"账户，通过"本年利润"账户集中反映全年实现的利润和亏损情况。

由此可见，采用"表结法"结算利润，平时可以不设"本年利润"账户，只有在年末才设置和使用"本年利润"账户。

（三）本年利润的结转

利润的结算无论采用"账结法"还是"表结法"，年度终了时，企业都必须进行本年利润的结转。就是说企业应将本年度实现的净利润或净亏损全数从"本年利润"账户结转至"利润分配——未分配利润"账户，这样，"本年利润"账户就没有余额了。

现以某房地产企业200×年的会计核算资料，举例说明用"表结法"、"账结法"计算、结转利润的方法。

【例11-18】 某房地产企业200×年3月末和4月末各损益类账户的期末余额见表11-1所示，采用"表结法"计算4月份的利润总额以及累计利润。

采用"表结法"的具体做法是：

（1）将各损益类账户的4月期末余额，按照《利润表》的填制要求填入到《利润表》的"本年累计"栏的各个项目中，通过《利润表》计算出至本月末的本年累计利润。

（2）用 4 月的《利润表》"本年累计"栏的各个项目金额减去 3 月《利润表》中"本年累计"栏各对应的金额，填入 4 月《利润表》"本月数"各栏内。

为了清楚的反映这一过程，在下表中将 3 月份《利润表》"本年累计"栏中的数据列入 4 月《利润表》中以便对照。

通过"表结法"计算出：4 月份的利润总额为 24 万元，4 月末本年利润累计总额为 90 万元。

利 润 表　　　　　　　　　　　　　　表 11-1

某房地产企业　　　　　　　　　　200×年 4 月　　　　　　　　金额单位：万元

项　　　目	3 月末累计余额	4 月末累计余额	4 月份发生数
主营业务收入	1 500	2 050	550
减：主营业务成本	1 200	1 640	440
主营业务税金及附加	82.5	112.75	30.25
主营业务利润	217.5	297.25	79.75
加：其他业务利润	20	25	5
减：管理费用	45	62	17
财务费用	50	68	18
营业费用	75	100	25
营业利润	67.5	92.25	24.75
加：营业外收入	1.2	3	1.8
减：营业外支出	2.7	5.25	2.55
利润总额	66	90	24

【例 11-19】　某房地产企业 200×年 1～11 月均采用"表结法"计算利润，年末采用"账结法"计算本年利润。年末各损益类账户的余额见表 11-2：

损益类账户余额表　　　　　　　　　　表 11-2

某房地产企业　　　　　　　　　　200×年 12 月 31　　　　　　　　金额单位：万元

账 户 名 称	借方金额	贷方金额	账 户 名 称	借方金额	贷方金额
1. 主营业务收入		6 000	8. 营业费用	300	
2. 主营业务成本	4 000		10. 投资收益		30
3. 主营业务税金及附加	330		11. 营业外收入		12
4. 其他业务收入		40	12. 营业外支出	15	
5. 其他业务支出	34		13. 所得税	420	
6. 管理费用	200		合　　计	5 359	6 082
7. 财务费用	60				

年末根据上述资料，作如下账务处理：

（1）将收入类账户结转至"本年利润"账户的贷方：

借：主营业务收入　　　　　　　　　　60 000 000

　　其他业务收入　　　　　　　　　　　400 000

　　投资收益　　　　　　　　　　　　　300 000

　　营业外收入　　　　　　　　　　　　120 000

　　贷：本年利润　　　　　　　　　　　　　60 820 000

（2）将支出费用类账户结转至"本年利润"账户的借方：

借：本年利润   53 590 000

  贷：主营业务成本   40 000 000

    主营业务税金及附加   3 300 000

    其他业务支出   340 000

    管理费用   2 000 000

    财务费用   600 000

    营业费用   3 000 000

    营业外支出   150 000

    所得税   4 200 000

通过上述账务处理后，在"本年利润"账户中可以得到：

本期借方发生额为 5 359 万元，贷方发生额 6 082 万元，余额在贷方金额为 723 万元。也就是说，该公司本年实现净利润 723 万元，利润总额为 1 143 万元。年度终了，应将企业实现的净利润从"本年利润"账户结转至"利润分配——未分配利润"账户，结转后"本年利润"账户无余额。

年末结转"本年利润"的账务处理为：

借：本年利润   7 230 000

  贷：利润分配——未分配利润 7 230 000

第四节　所得税核算

所得税是指企业应计入当期损益的所得税费用，所得税费用核算的正确与否，不仅影响企业的当期损益、股东的利益，而且还会影响国家的税收。因此，所得税的核算尤为重要。

一、会计利润与应纳税所得额的差异

所得税核算的关键是确定应纳税所得额。由于财务会计与税收所遵循的原则不同、服务的目的不一致。因此，按照财务会计方法计算的税前会计利润与按照税法规定计算的应纳税所得额之间存在差异。这种差异主要表现在对企业损益的确认和计算上，其产生的原因主要是会计与税法两者之间计算的口径和时间不同，所以将差异分为永久性差异和时间性差异。

（一）永久性差异

永久性差异是指某一会计期间，由于会计制度与税法在计算收益、费用或损失时的口径不同，所产生的税前会计利润与应税所得之间存在的差异。这种差异在本期发生，不会在以后各期转回。永久性差异有以下几种类型：

1. 按会计制度规定核算时应作为收益计入会计利润，在计算纳税所得额时不确认为收益。如企业购买的国债产生的利息收入，会计制度规定计入当期利润，税法规定国债利息收入不缴纳企业所得税、不确认为企业的收益。

2. 按会计制度规定核算时应不作为收益计入会计利润，在计算应纳税所得额时作为收益，需要缴纳企业所得税。如企业将自产的产品用于固定资产工程，会计制度规定按成本结转，不产生收入；而税法规定按该产品的售价与成本的差异计入应纳税所得额，缴纳企业所得税。

3. 按会计制度规定核算时确认费用或损失作为会计利润的减项，在计算应纳税所得额时则不允许扣减。如赞助费、税收罚款、超标准的业务招待费、超过计税工资的工资费用等，按照会计制度规定这些费用或损失应计入当期减少利润，而税法规定在计算应纳税所得额时不得扣减。

4. 按会计制度规定核算时不确认费用或损失，在计算应纳税所得额时则允许扣减。

如果仅存在永久性差异的情况下，按照税前会计利润加减永久性差异调整为应纳税所得额，再根据现行所得税税率即可计算出计入本期的所得税费用。房地产企业普遍存在永久性差异，在实际工作中一般在年末进行所得税汇算时，才调整永久性差异，纳入应税所得。因此，正常情况下税前会计利润与应纳税所得额是不相等的。

（二）时间性差异

时间性差异是指会计制度与税法在确认收益、费用或损失时的时间不同而产生的税前会计利润与应纳税所得额之间的差异。时间性差异与永久性差异不同，它发生于某一会计期间，但在以后一期或若干期内能够转回。时间性差异主要有以下几种类型：

1. 企业获得的某项收益，按照会计制度规定，确认为当期收益计入会计利润，但按照税法规定需待以后会计期间确认为应纳税所得额，从而产生未来应增加应税所得额的时间性差异。

2. 企业发生的某些费用或损失，按照会计制度规定，确认为当期费用或损失，作为会计利润的减项，但按照税法规定待以后会计期间从应纳税所得额中扣减，从而产生未来可以从应税所得额中扣除的时间性差异。

3. 企业获得的某项收益，按照会计制度规定，应确认为以后会计期间的收益，但按照税法规定需计入当期应纳税所得额，从而产生可抵减的时间性差异。

4. 企业发生的某些费用或损失，按照会计制度规定，确认为以后会计期间的费用或损失，但按照税法规定可以从当期应纳税所得额中扣减，从而产生未来应增加应税所得额的时间性差异。

由此可见，时间性差异的基本特征是：某些收益、费用或损失均可计入税前会计利润和应纳税所得额，但计入税前会计利润和应纳税所得额的时间不同。也就是说，时间性差异影响的仅仅是交税的时间，从长远看并不影响应纳税所得额。正因为只影响时间，而资金的时间价值是不一致的，所以如何递延交税时间对企业更为有利，是值得研究的。

二、所得税的会计处理

所得税的会计处理可以采用两种方法，即应付税款法和纳税影响会计法。现分别说明两种会计处理方法：

（一）应付税款法

1. 应付税款法的基本内容

应付税款法是指将本期税前会计利润与应纳税所得额之间的差异均在当期确认所得税费用的会计处理方法。其特点是不确定时间性差异对所得税的影响额，本期的所得税费用等于按照本期应纳税所得额与适用的所得税税率计算的应缴所得税，即本期的所得税费用等于本期的应缴所得税负债。用公式表示为：

$$本期应缴所得税＝应纳税所得额×所得税税率$$

其中，应纳税所得额是在税前会计利润的基础上，按照税法规定进行调整后的金额。

2. 应付税款法的会计处理

企业设置"所得税"账户，核算从当期损益中扣除的所得税费用。借方记录按照税法规定计算的所得税费用，贷方记录期末转入"本年利润"的金额，本账户期末应无余额。

【例 11-20】 某房地产企业 200×年度税前会计利润为 1 200 万元，所得税税率为 33％。该企业本年度尚有如下纳税调整事项：

（1）实际工资总额 100 万元，全年计税工资 120 万元；

（2）业务招待费支出 26 万元，税法规定的扣除限额为 21 万元；

（3）广告费超过 8％的标准，尚有 30 万元结转以后年度抵扣；

（4）本期获得国债利息收入 5 万元。

（5）企业提取折旧费 20 万元，按照税法规定只能提取 18 万元。

该企业本期所得税费用计算和账务处理如下：

（1）计算所得税费用如下：

税前会计利润　　　　　1 200 万元

加：永久性差异　　　　1 250 万元　　［1 200＋20＋5＋30－5＝1 250（万元）］

减：时间性差异　　　　2 万元　　　　［20－18＝2（万元）］

应纳税所得额　　　　　1 248 万元

所得税税率　　　　　　33％

所得税费用　　　　　　411.84 万元

（2）确认所得税费用时：

借：所得税　　　　　　　　　　　　　　4 118 400

　　贷：应交税金——所得税　　　　　　　　4 118 400

1）实际上交所得税时

借：应交税金——所得税　　　　　　　　4 118 400

　　贷：银行存款　　　　　　　　　　　　4 118 400

2）结转所得税费用

借：本年利润——所得税　　　　　　　　4 118 400

　　贷：所得税　　　　　　　　　　　　　4 118 400

（二）纳税影响会计法

1. 纳税影响会计法的基本内容

纳税影响会计法是指将本期时间性差异对所得的影响额，递延和分配到以后各期的会计处理方法。采用纳税影响会计法，所得税被视为企业在获得收益时发生的一些费用，应随同有关的收入计入同一会计期间内。时间性差异对所得税的影响额，包括在利润表中的所得税费用项目内，以及资产负债表中的"递延税款"的余额中，并且要递延和分配到以后各期。

纳税影响会计法与应付税款法，虽然是两种不同的方法，但二者之间是有联系和区别的。联系是：二者对于产生的永久性差异处理方法是一致的，即均在产生的当期确认为所得税费用或抵减所得税费用。区别为：应付税款法不单独核算时间性差异对未来所得税的影响金额，将时间性差异的所得税影响金额计入本期的所得税费用或抵减本期的所得税费用；纳税影响会计法确认时间性差异对所得税的影响，并将确认的时间性差异的所得税金额记入"递延税款"账户的借方或贷方，同时确认所得税费用或抵减所得税费用。

在具体运用纳税影响会计法核算时，有两种可供选择的方法，即递延法和债务法。在所得税税率不变的情况下，无论是采用递延法还是债务法核算，其结果都是相同的。在所得税税率变动的情况下，两种处理方法的结果不完全相同。

（1）递延法：

递延法是指将本期由于时间性差异产生的影响所得税的金额，递延和分配到以后各期，并同时转回原已确认的时间性差异对本期所得税的影响金额。

递延法的特点：①本期发生的时间性差异影响的所得税金额，用现行税率计算；以前发生的而在本期转回的各项时间性差异影响的所得税金额，一般用当初的原有税率计算。②在资产负债表中反映的递延税款的余额，并不代表收款的权利或付款的义务，不能将其视为资产负债表中的资产或负债，只能视其为资产负债表中的借项或贷项。

采用递延法时，一定时期的所得税费用包括：一是本期应交的所得税，二是本期发生或转回的时间性差异所产生的递延税款的借项或贷项。

（2）债务法：

债务法是指本期由于时间性差异产生的影响所得税的金额，递延和分配到以后各期，并同时转回已确认的时间性差异的所得税影响的金额，在税率变动或开征新税时，需要调整"递延税款"账户的账面余额。

债务法的特点：①本期发生或转回的时间性差异的影响的所得税的金额，均用现行税率计算；在税率发生变动或开征新税时，需对"递延税款"的账面余额作相应的调整。②"递延税款"的账面余额在资产负债表中作为未来应付税款的债务，或者代表预付未来税款的资产。

采用债务法时，一定时期的所得税费用包括：一是本期应交的所得税；二是本期发生或转回的时间性差异所产生的递延所得税负债或递延所得税资产；三是由于税率变动或开征新税，对以前各期确认的递延所得税负债或递延所得税资产账面余额的调整数。

2. 纳税影响会计法的账务处理

纳税影响会计法下，企业应设置"递延税款"账户，核算企业由于时间性差异对所得税的影响额。借方记录本期税前会计利润小于应纳税所得额所产生的时间性差异对所得税的影响额，以及本期转销已确认的时间性差异对所得税影响的贷方数额；贷方记录本期税前会计利润大于应纳税所得额所产生的时间性差异对所得税的影响额，以及本期转销已确认的时间性差异对所得税影响的借方数额；期末余额（借方或贷方）反映尚未转回的时间性差异影响所得税的金额。

采用债务法核算时，"递延税款"账户的借方或贷方发生额还反映税率变动或开征新税调整的"递延税款"的金额。

【例11-21】 某房地产企业前两年的所得税税率为33%，到第三年税率变动为30%，每年税前会计利润均为1 200万元。该企业在第一年、第二年分别预收售房款100万元和

200万元，第三年商品房竣工验收，实现收入500万元，余款已经结清。由于第一年、第二年预收的售房款，按照会计制度规定不能确认为收入，不计入会计利润。但按照税法的规定应作为应纳税所得额处理，因此预收房款是一项时间性差异的。

现将"递延法"下的有关计算列入表11-3中：

"递延法"下所得税费用计算表

表 11-3

金额单位：万元

序 号	项 目	第 一 年	第 二 年	第 三 年	合 计
1	会计确认收入	0	0	500	500
2	税法确认收入	100	200	200	500
3	时间性差异的	100	200	−300	0
4	税前会计利润	1 200	1 200	1 200	3 600
5	应纳税所得额	1 300	1 400	900	3 600
6	所得税税率	33%	33%	30%	0.96
7	应缴所得税	429	462	270	1 161
8	递延税款	33	66	−90	9
9	所得税费用	396	396	360	1 152

根据表11-3计算的数据，作如下所得税账务处理：

（1）第一年确认所得税费用时：

借：所得税   3 960 000

    递延税款   330 000

      贷：应交税金   4 290 000

同时：

借：本年利润   3 960 000

      贷：所得税   3 960 000

（2）第二年确认所得税费用时，其账务处理与第一年相同：

（3）第三年确认所得税费用时：

借：所得税   3 600 000

      贷：递延税款   900 000

        应交税金   2 700 000

同时：

借：本年利润   3 600 000

      贷：所得税   3 600 000

在债务法下，第一年、第二年的会计处理与"递延法"相同。

在递延法下，第三年的账务处理如下：

（1）由于第三年税率变动，先调整"递延税款"账面余额：

$$(100+200)\times(30\%-33\%) = -9（万元）$$

借：所得税   90 000

      贷：递延税款   90 000

（2）按第三年确定的实际金额，进行账务处理：

借：所得税   3 600 000

  递延税款   330 000

  贷：应交税金   3 930 000

同时：

借：本年利润   3 600 000

  贷：所得税   3 600 000

3. 房地产企业采用纳税影响会计法核算所得税时，还应注意以下问题：

（1）纳税影响会计法的应用有一定的局限性，主要表现在：将可抵减时间性差异的发生时确认为递延税款借方金额，在以后转回可抵减时间性差异的期间内（一般为 3 年），必须有足够的应税所得予以抵减。否则，不能确认为一项递延税款借项和递延税款资产，只能将该项可抵减时间性差异视同永久性差异核算。

（2）企业发生经营性亏损，可在以后 5 年内用税前利润进行弥补，从本质上讲产生了可抵减时间性差异，但出于谨慎性原则，我国目前不将其记入递延税款借方。

（3）具有影响当期利润总额的时间性差异才影响应缴所得税，不影响当期利润总额的时间性差异不能确认为递延税款的借方或贷方。如计入开发成本的折旧费用，如果会计和税法存在差异，只有当所开发的产品出售后，才影响利润总额和应税所得。因此，当期发生的时间性差异，应按实现销售的比例，确认为递延税款的借方或贷方。

（4）计提固定资产减值准备的当初形成可抵减时间性差异，以后各期按固定资产可收回金额计提的折旧额少于不考虑减值因素的折旧额，又会形成应纳税时间性差异；固定资产减值因素消失，转回减值准备的当期，存在应纳税时间性差异发生和可抵减时间性差异转回两种时间性差异；固定资产处置时，固定资产减值的差异全部转回。

第五节　利润分配核算

一、利润分配的一般程序

利润分配，是指企业按照国家有关规定，对当年实现的净利润和以前年度未分配的利润所进行的分配。房地产企业当期实现的净利润，加上年初未分配利润（或者减去年初的未弥补亏损）和其他转入后的余额，为可供分配利润。

根据我国《税法》规定，企业作为纳税人，如果发生年度亏损，可用下一纳税年度的所得弥补，即用所得税前的利润弥补亏损；下一纳税年度的所得不足弥补的，可用逐年延续弥补，但是延续弥补最长不得超过 5 年。

企业可供分配利润应按以下顺序分配：

（1）提取法定盈余公积；

（2）提取法定公益金。

外商投资企业应当按照法律、行政法规的规定按净利润提取储备基金、企业发展基金、职工奖励及福利基金等。

中外合作经营企业按规定在合作期内以利润归还投资者的投资，以及国有工业企业按规定以利润补充的流动资本，也从可供分配的利润中扣除。

可供分配的利润减去提取的法定盈余公积、法定公益金等后，为可供投资者分配的利润。可供投资者分配的利润，按下列顺序分配：

（1）应付优先股股利，是指企业按照利润分配方案分配给优先股股东的现金股利。

（2）提取任意盈余公积，是指企业按规定提取的任意盈余公积。

（3）应付普通股股利，是指企业按照利润分配方案分配给普通股股东的现金股利。企业分配给投资者的利润，也在本项目核算。

（4）转作资本（或股本）的普通股股利，是指企业按照利润分配方案以分派股票股利的形式转作的资本（或股本）。企业以利润转增的资本，也在本项目核算。

可供投资者分配的利润，经过上述分配后，为未分配利润（或未弥补亏损）。未分配利润可留待以后年度进行分配。企业如发生亏损，可以按规定由以后年度利润进行弥补。

企业未分配的利润（或未弥补的亏损）应当在资产负债表的所有者权益项目中单独反映。

二、利润分配的核算

（一）账户的设置

企业应设置"利润分配"账户，核算利润的分配（或者亏损的弥补）和历年分配（或弥补）后的积存余额。借方记录提取的盈余公积、应付投资者的现金股利或利润以及年度决算时自"本年利润"账户转入的全年的净亏损；贷方记录用盈余公积弥补亏损数以及年度决算时自"本年利润"账户转入的全年实现的净利润。年末余额反映企业历年积存的未分配利润（或未弥补亏损）。

本账户按照利润分配的项目设置明细账，进行明细核算。设置的主要明细项目有：其他转入、提取法定盈余公积金、提取法定公益金、提取储备基金、提取企业发展基金、提取职工奖励基金及福利基金、利润归还投资、应付优先股股利、提取任意盈余公积、应付普通股股利、转作资本（或股本）的普通股利、未分配利润等。

其中，"提取储备基金"、"提取企业发展基金"、"提取职工奖励基金及福利基金"明细项目，是用来核算外商投资企业按照法律法规从净利润中提取的储备基金、企业发展基金、职工奖励基金及福利基金。"利润归还投资"明细项目用来核算中外合作经营企业按照规定在合作期内以利润归还投资者的投资。

（二）利润分配的账务处理

企业董事会（或类似机构）决议提请股东大会（或类似机构）批准的年度利润分配方案（除股票股利分配方案外），在股东大会（或类似机构）召开会议前，应将其列入报告年度的利润分配表。股东大会（或类似机构）批准的年度利润分配方案，与董事会（或类似机构）提请批准的年度利润分配方案不一致时，其差额应当调整报告年度会计报表的有关项目的年初数。

为了反映企业每年利润分配或亏损的弥补情况、每年的未分配利润或未弥补亏损的金额，以及历年积存的未分配利润或未弥补亏损情况，企业的利润分配账务处理内容应包括利润分配及利润分配的年终结转两部分。

1. 利润分配

企业按规定从净利润中提取法定盈余公积、法定公益金、任意盈余公积时，应借记"利润分配"账户及其所属的明细账，贷记"盈余公积——法定盈余公积、法定公益金、任意盈余公积"账户。

企业按规定分配股东的现金股利或利润时，借记"利润分配——应付优先股股利、应付普通股股利"账户，贷记"应付股利"账户。

企业按股东大会（或类似机构）批准的应付股票股利或转增的资本金额，在办理增资手续后，借记"利润分配——转作资本和股本普通股股利"账户，贷记"实收资本"或"股本"账户。

企业用盈余公积弥补亏损时，应借记"盈余公积"账户，贷记"利润分配——其他转入"账户。

至于外商投资企业、中外合作经营企业利润分配的业务，由于使用较少，就不再赘述。

2. 利润分配的年终结转

年度终了，企业除了要将全年实现的净利润从"本年利润"账户转入"利润分配——未分配利润"明细账户；同时，将"利润分配"账户所属的其他明细账户的余额转入"利润分配——未分配利润"明细账户。结转后，除"未分配利润"明细账户外，"利润分配"的其他明细账户均应无余额。

年度结转完毕，"利润分配——未分配利润"账户如果有贷方余额，则表示历年积存的未分配利润；如果有借方余额，则表示历年积存的未弥补亏损。

【例 11-22】 某房地产企业 200×年全年实现的净利润为 1 000 万元，按照现行会计制度及《公司章程》的规定，可提取 10% 的法定盈余公积、5% 的法定公益金，同时按可供分配的利润的 30% 分配普通股股东现金股利。

（1）计算利润分配的具体金额：

1）提取法定盈余公积＝1 000×10%＝100（万元）

2）提取法定公益金＝1 000×5%＝50（万元）

3）可供分配利润＝1 000－100－50＝850（万元）

4）应付投资者现金股利＝850×30%＝255（万元）

（2）进行利润分配的账务处理：

借：利润分配——提取法定盈余公积	1 000 000
——提取法定公益金	500 000
贷：盈余公积——法定盈余公积	1 000 000
法定公益金	500 000
借：利润分配——应付普通股股利	2 550 000
贷：应付股利——普通股股利	2 550 000

3. 利润分配年终结转的账务处理

借：利润分配——未分配利润	4 050 000
贷：利润分配——提取法定盈余公积	1 000 000
——提取法定公益金	500 000
——应付普通股股利	2 550 000

思 考 题 与 习 题

思考题

1. 什么是收入？房地产企业的收入如何分类？

2. 简述房地产销售收入的确认原则。

3. 主营业务收入核算的内容有哪些？核算主营业务收入应设置的账户有哪些？

4. 其他业务收入核算的内容有哪些？核算其他业务收入应设置的账户有哪些？

5. 什么是利润？房地产企业的利润由哪些内容组成？

6. 简述营业外收入、营业外支出核算的内容。

7. 简述会计利润与应纳税所得额的差异。何为永久性差异与时间性差异？

8. 简述应付税款法、纳税影响会计法。

9. 简述利润分配的一般程序。

习题一

一、目的：练习主营业务收入的核算

二、资料：某房地产企业是一个股份有限公司，企业适用的税率为：企业所得税33%、销售转让不动产、无形资产营业税率5%、城建税率7%、教育费附加3%。本期发生的经济业务如下：

1. 本期房屋实现销售收入5 000万元，其中回收现款4 000万元（按揭回款250万元，现金回款150万元）均存入银行，尚有1 000万元应收账款未收回。本期应结转开发成本4 200万元。

2. 采用分期收款方式销售商品房，根据合同规定本期应收价款600万元，已存入银行。本期应结转开发成本420万元。

3. 转让已开发完成的商品性建设场地，价款900万元，款项尚未收到。该项目的实际开发成本为650万元。

4. 计算上述三项经济业务的销售营业税金及附加，并作账务处理。

5. 计算本期应缴土地增值税220万元。

6. 期末，将各损益类账户的余额结转至"本年利润"账户。

要求：

1. 根据上述资料，作出会计分录；

2. 计算出本期的主营业务利润。

习题二

一、目的：练习利润形成和分配的账务处理。

二、资料：某房地产企业200×年12月的相关账务资料为：

1. 损益类账户的余额为：

损益类账户余额表　　　　　　　　　　　　　　　表 11-4

某房地产企业　　　　　　　200×年12月31日　　　　　　金额单位：万元

账 户 名 称	借方金额	贷方金额	账 户 名 称	借方金额	贷方金额
1. 主营业务收入		6 500	5. 其他业务支出	36	
2. 主营业务成本	4 200		6. 管理费用	190	
3. 主营业务税金及附加	358		7. 财务费用	60	
4. 其他业务收入		40	8. 营业费用	320	

账 户 名 称	借方金额	贷方金额	账 户 名 称	借方金额	贷方金额
9. 投资收益		30	12. 所得税		
10. 营业外收入		12			
11. 营业外支出	18		合　　计	5 182	6 582

2. 资料 1 显示，税前利润总额为 1 400 万元。该企业采用应付税款法计算所得税，所得税税率为 33%。税前会计利润与应纳税所得额之间只有永久性差异，没有时间性差异。该企业的永久性差异有：实际工资总额为 180 万元，按照税法计算的计税工资总额为 160 万元；实际开支业务招待费超过规定限额 10 万元；实际开支广告费超过规定限额 20 万元；投资收益中的国债利息收入为 10 万元。

3. 根据资料 1、2 可计算出本年可供分配的净利润，按照净利润的 10% 提取法定盈余公积，按照净利润的 5% 提取法定公益金，同时按照净利润的 30% 分配给普通股股东现金股利。（假定，年初没有未分配利润）

三、要求：

1. 根据资料 1，作出年末结转"本年利润"的会计分录，并计算税前利润总额。

2. 根据资料 2，计算出本年应纳税所得额以及所得税金额，并作出会计分录。

3. 根据资料 3，按照利润分配的一般程序，计算提取的法定盈余公积金、法定公益金以及现金股利，并作出利润分配、利润分配年末结转的会计分录。

第十二章 企业财务会计报告

第一节 财务会计报告概述

财务会计报告是指企业对外提供的反映企业某一特定日期财务状况和某一会计期间经营成果、现金流量情况的书面文件。企业通过编制财务会计报告，可以提供全面、系统的会计信息，作为分析和评价企业经营活动的重要依据。因此，正确编制财务会计报告是房地产企业会计工作的一项重要内容。

一、财务会计报告的目的

编制财务会计报告的目的不是一成不变的，它受诸多因素的影响，如所处的经济、法律、政治和社会环境的影响，受财务会计报告所能提供信息的特性和局限性影响等。在我国市场经济条件下，编制财务会计报告的目的主要有以下三方面：

1. 为决策者提供有用的财务会计信息

财务会计报告的使用者主要有企业管理者、企业现在和潜在的投资者、债权人以及其他宏观经济管理者和监督者。企业管理者通过对财务会计报告的分析，可以了解和评价企业开发经营活动的成败得失、财务状况的好坏，从而制定进一步改善经营管理、财务状况的措施，促进企业在不断扩大再生产的过程中实现资金的良性循环和效益的不断提高；投资者和债权人通过对财务会计报告的分析，可以评价企业目前的经营状况，并进而预测企业未来发展前景，对是否向该企业投资或追加投资作出决策。

2. 为企业内部管理部门提供财务会计信息

企业内部各职能管理部门，都应以提高经济效益为中心。企业的开发管理、生产管理、材料设备管理、市场营销管理等管理部门的绩效，都会集中体现在财务会计信息上。各职能管理部门通过对财务会计信息的分析，可以总结经验教训，提出改进工作的措施，全面提高企业的管理水平。

3. 为国家宏观经济管理部门提供财务会计信息

国家为了维持正常的市场经济秩序，实现可持续发展战略，保证中央、地方财政收入的稳定增长，也需要了解企业的财务状况和经营状况。同时，企业的财务会计信息通过综合汇总后，可以提供分析、评价国民经济状况的资料，满足国家宏观经济调控的需要。国家的财政、税务、审计、人民银行、证券监管等经济管理部门，通过对企业财务会计报告的分析，监督企业遵守有关法律法规和制度的执行情况，保障宏观经济的正常运行。

二、财务会计报告的构成

根据国务院颁发的《企业财务会计报告条例》的规定，财务会计报告由会计报表、会计报表附注和财务情况说明书组成。

（一）会计报表

会计报表是财务会计报告的主体和核心，它是企业根据日常的会计核算资料归集、加工和汇总后形成的，是总括反映企业在一定时期的财务状况和开发经营成果的指标体系。主要包括资产负债表、利润表、现金流量表。

会计报表可以按照不同的标准进行分类。

1. 按其反映的内容分类

按会计报表反映的内容不同，可将其分为静态报表和动态报表。静态报表是指综合反映企业某一特定日期资产、负债和所有者权益状况的报表，如资产负债表；动态报表是指综合反映企业一定期间的开发经营成果和现金流动情况的报表，如利润表和现金流量表。

2. 按其编制的时间分类

按会计报表编制的时间不同，可将其分为月报、季报、半年报和年报。月报要求简明扼要、反映及时；年报要求揭示完整、反映全面；季报和半年报在会计信息的详细程度方面，则介于月报和年报之间。

3. 按其编制的单位分类

按编制的单位不同，可将其分为单位报表和汇总报表。单位报表是指反映独立核算单位的财务状况、经营成果和现金流量情况的会计报表；汇总报表是由主管部门根据所属单位的会计报表连同本单位会计报表，简单汇总编制的会计报表。

4. 按其报表项目反映的数字内容分类

按照会计报表项目所反映的数字内容不同，可将其分为个别报表和合并报表。个别报表是由个别编制的用来反映个别企业财务状况、经营成果和现金流量情况的会计报表；合并报表是由母公司在个别会计报表基础上，对内部交易抵消后编制的，反映企业集团财务状况、经营成果和现金流量情况的会计报表。

（二）会计报表附注

对外提供的会计报表是按照会计制度规定的要求编制的，并且提供的是数字形式的定量化会计信息。为了给报表的使用者提供更多决策所需要的会计信息，帮助使用者更好地理解会计报表的内容，就需要对会计报表中定量化的信息资料作进一步的补充说明。会计报表附注就是对会计报表的某些信息所作的进一步的补充说明。

（三）财务情况说明书

财务情况说明书是对企业一定会计期间的生产经营、资金周转和利润实现及分配情况进行分析和总结后作出的综合性书面说明。

三、财务会计报告的编制要求

为了使财务会计报告能够最大限度的满足有关方面的需要，实现编制会计报告的目的，充分发挥财务会计报告的作用，企业应按以下要求编制财务会计报告。

1. 真实可靠

企业所提供的财务会计信息必须能够如实反映企业的财务状况、经营成果和现金流量情况，即要求企业必须根据审核无误的账簿及相关资料编制财务会计报告，不得以任何方式弄虚作假。如果财务会计报告所提供的资料不真实或者可靠性差，则不仅不能发挥其应有的作用，而且还会因为不正确的信息导致会计报表的使用者对企业的财务状况、经营成果和现金流量情况，作出错误的评价与判断，致使报表使用者作出错误的决策。因此，财务会计报告的真实可靠是编制会计报告的基本要求。

2. 相关可比

财务会计报告所提供的会计信息必须与报表使用者的决策需要相关，并且便于报表使用者在不同企业之间及同一企业前后各期之间进行比较。企业只有提供相关可比的会计信息，才能使报表的使用者正确分析在整个社会特别是同行业中的地位，了解、判断企业的过去、现在的情况，预测企业未来的发展趋势，从而有助于报表使用者作出正确地决策。

3. 全面完整

企业财务会计报告应当全面地披露企业的财务状况、经营成果和现金流量情况，完整地反映企业财务活动的过程和结果，以满足各有关方面对财务会计信息资料的需要。因此，企业必须按照统一规定的报表种类、格式和内容编制财务会计报告。财务会计报告应编制齐全，包括各种会计报表、附注和财务情况说明书，不得漏编漏报。

4. 编报及时

由于财务会计报告所提供的信息资料具有较强的时效性，所以只有及时地编制和报送财务会计报告，才能为使用者提供决策所需要的信息资料。否则，即使编制的财务会计报告真实可靠、全面完整且具有可比性，但由于编报不及时，也可能失去其应有的价值。因此，编报及时也是财务会计报告编制的基本要求。

第二节　资产负债表

一、资产负债表的内容和结构

资产负债表是总括反映企业在某一特定日期（期末）资产、负债和所有者权益情况的静态报表。它是依据"资产＝负债＋所有者权益"这一会计方程式，按照一定的分类标准和顺序，将企业在一定日期的全部资产、负债、所有者权益项目进行分类、汇总、排列后编制而成的。

房地产企业通过编制和分析资产负债表，可以提供某一日期的资产、负债和所有者权益的全貌，了解企业全部经济资源的分布形态和构成情况，了解企业负债总额及其构成情况，了解企业所有者权益总额及其构成情况；通过计算流动比率、速动比率、资产负债比率、资产利润率、净资产利润率、资本利润率、存货周转率、应收账款周转率等指标，可以分析、评价企业的偿债能力、获利能力、营运能力，并预测企业财务状况变动的趋势。

根据《企业会计制度》规定，我国企业的资产负债表采用账户式结构。账户式的资产负债表固定地把表分为左右两方。左方列示资产各项目，右方列示负债和所有者权益各项目。左方按资产的流动性大小排列，流动性大的排列在前，流动性小的排列在后。右方按照负债和所有者权益的偿还期长短排列，偿还期短的排列在前，偿还期长的排列在后。在持续经营前提下，所有者权益无需偿还，排列在最后。资产负债表的基本格式和具体内容见表12-1所示。

资 产 负 债 表　　　　　　　　　　　　　　　　　表 12-1

编制单位：某房地产公司　　　　　　　　200×-12-31　　　　　　　　单位：万元

资　产	行次	年初数	期末数	负债和所有者权益	行次	年初数	期末数
流动资产：				流动负债：			
货币资金	1	1 210.00	3 775.80	短期借款	68	200.00	50.00
应收票据	3	50.00	0.00	应付账款	70	202.00	202.00
短期投资	4	100.00	90.00	预收账款	71	1 100.00	1 100.00
应收利息	5			应付票据	72		2 000.00
应收账款	6	796.00	2 169.10	应付福利费	73	260.00	316.00
其他应收款	7	45.00	45.00	应付股利	74		100.00
预付账款	8	400.00	400.00	应交税金	75	160.00	160.00
应收补贴款	9			其他应交款	80	30.00	30.00
存货	10	6 040.00	4 950.12	其他应付款	81	225.00	239.00
待摊费用	11	12.00	6.00	预提费用	82	9.00	0.00
其他流动资产	24			一年内到期的长期负债	86		
流动资产合计	31	8 653.00	11 436.02	其他流动负债	90		0.00
长期投资：				流动负债合计	100	2 186.00	4 197.00
长期股权投资	32	200.00	200.00	长期负债：			
长期债权投资	34			长期借款	101	1 000.00	1 000.00
长期投资合计	38	200.00	200.00	应付债券	102		
固定资产				长期应付款	103		
固定资产原价	39	1 200.00	1 490.00	专项应付款	106		
减：累计折旧	40	400.00	374.00	其他长期负债	108		
固定资产净值	41	800.00	1 116.00	长期负债合计	110	1 000.00	1 000.00
减：固定资产减值准备	42			递延税项：			
固定资产净额	43	800.00	1 116.00	负债合计	114	3 186.00	5 197.00
在建工程	45	400.00	102.28				
固定资产清理	46			所有者权益：			
固定资产合计	50	1 200.00	1 218.28	实收资本	115	5 000.00	5 000.00
无形资产及其他资产：				资本公积	116		
无形资产	51	23.00	15.00	盈余公积	118	1 240.00	1 372.30
其他长期资产	53			其中：法定公益金	119		
无形资产及其他资产合计	60	23.00	15.00	未分配利润	121	650.00	1 300.00
递延税项				所有者权益合计	122	6 890.00	7 672.30
递延税款借项	61						
资产总计	67	10 076.00	12 869.30	负债及所有者权益总计	135	10 076.00	12 869.30

二、资产负债表的编制方法

（一）资产负债表的主要填列方法

根据现行会计制度规定，房地产企业应编制比较资产负债表，分别列示各项指标的年初数和期末数。其中"年初数"各项数字，应根据上年末资产负债表"期末数"栏内所列数字填列。如果本年资产负债表的各个项目名称和内容同上年度不一致，应对上年末各项目的名称和数字按照本年度的规定进行调整，填入"年初数"栏内。其中"期末数"各栏数字，应根据有关总账和明细账的期末余额填列，其填列方法主要有以下几种类型：

1. 根据总账余额直接填列。如"短期借款"、"固定资产原值"、"累计折旧"、"固定资产减值准备"、"应收票据"、"应付票据"等项目，可根据总账余额直接填列。

2. 根据总账余额计算填列。如"货币资金"项目，应根据"现金"、"银行存款"和"其他货币资金"账户期末余额的合计数填列；"存货"项目，应根据"物资采购"、"采购保管费"、"库存材料"、"库存设备"、"开发产品"、"出租开发产品"、"周转房"、"开发成本"、"材料成本差异"、"存货跌价准备"等账户期末借、贷余额相抵后的差额填列；"短期投资"项目、"长期股权投资"项目、"长期债权投资"项目、"无形资产"项目等，应分别根据"短期投资"、"长期股权投资"、"长期债权投资"、"无形资产"等账户余额和相应减值准备账户余额之差填列。

3. 根据明细账余额计算填列。如"应收账款"项目，应根据"应收账款"、"预收账款"账户所属明细账的期末借方余额计算填列；"应付账款"项目，应根据"应付账款"、"预付账款"账户所属明细账的贷方余额计算填列。应收账款计提有坏账准备的，还应按减去"坏账准备"账户余额后填列。

4. 根据总账和明细账余额分析计算填列。如"长期债权投资"项目，应根据"长期债权投资"总账余额扣除明细账中反映的1年内到期的长期债权投资部分分析计算填列；"长期借款"项目，应根据"长期借款"总账余额扣除明细账中反映的一年内到期的长期借款部分分析计算填列。

5. 根据报表相关项目数字相抵计算填列。如"固定资产净值"项目，应根据"固定资产原值"项目减去"累计折旧"项目后的差额填列；"固定资产净额"项目，应根据"固定资产净值"项目减去"固定资产减值准备"项目后的差额填列。

（二）资产负债表填列方法的具体说明

现将资产负债表各项目的"期末数"填列方法具体说明如下：

1. "货币资金"项目，反映企业库存现金、银行结算户存款、外埠存款、银行汇票存款、银行本票存款、信用卡存款、信用证保证金存款等的合计数。本项目应根据"现金"、"银行存款"、"其他货币资金"科目的期末余额合计填列。

2. "短期投资"项目，反映企业购入的各种能随时变现、并准备随时变现的、持有时间不超过1年（含1年）的股票、债券和基金，以及不超过1年（含1年）的其他投资，减去已提跌价准备后的净额。本项目应根据"短期投资"科目的期末余额，减去"短期投资跌价准备"科目的期末余额后的金额填列。

企业1年内到期的委托贷款，其本金和利息减去已计提的减值准备后的净额，也在本项目反映。

3. "应收票据"项目，反映企业收到的未到期收款也未向银行贴现的应收票据，包括商业承兑汇票和银行承兑汇票。本项目应根据"应收票据"科目的期末余额填列。已向银行贴现和已背书转让的应收票据不包括在本项目内，其中已贴现的商业承兑汇票应在会计报表附注中单独披露。

4. "应收股利"项目，反映企业因股权投资而应收取的现金股利，企业应收其他单位的利润，也包括在本项目内。本项目应根据"应收股利"科目的期末余额填列。

5. "应收利息"项目，反映企业因债权投资而应收取的利息。企业购入到期还本付息债券应收的利息，不包括在本项目内。本项目应根据"应收利息"科目的期末余额填列。

6. "应收账款"项目，反映企业因销售商品、产品和提供劳务等经营活动应向购买单位收取的各种款项，减去已计提的坏账准备后的净额。本项目应根据"应收账款"科目所属各明细科目的期末借方余额合计，减去"坏账准备"科目中有关应收账款计提的坏账准备期末余额后的金额填列。

如"应收账款"科目所属明细科目期末有贷方余额，应在本表"预收账款"项目内填列。

7. "其他应收款"项目，反映企业对其他单位和个人的应收和暂付的款项，减去已计提的坏账准备后的净额。本项目应根据"其他应收款"科目的期末余额，减去"坏账准备"科目中有关其他应收款计提的坏账准备期末余额后的金额填列。

8. "预付账款"项目，反映企业预付给承包单位和供应单位的款项。本项目应根据"预付账款"科目所属各明细科目的期末借方余额合计填列。如"预付账款"科目所属有关明细科目期末有贷方余额的，应在本表"应付账款"项目内填列。如"应付账款"科目所属明细科目有借方金额的，也应包括在本项目内。

9. "应收补贴款"项目，反映企业按规定应收的各种补贴款。本项目应根据"应收补贴款"科目的期末余额填列。

10. "存货"项目，反映企业期末在库、在途和在加工中的各项存货的可变现净值，包括各种材料、低值易耗品、分期收款发出商品、开发产品、周转房、开发成本等。本项目应根据"物资采购"、"原材料"、"低值易耗品"、"库存设备"、"开发产品"、"出租开发产品"、"分期收款开发产品"、"周转房"、"采购保管费"、"开发成本"等科目的期末余额合计，减去"存货跌价准备"科目期末余额后的金额填列。材料采用计划成本核算，还应按加或减材料成本差异后的金额填列。

11. "待摊费用"项目，反映企业已经支出但应由以后各期分期摊销的费用。企业租入固定资产改良支出、大修理支出以及摊销期限在1年以上（不含1年）的其他待摊费用，应在本表"长期待摊费用"项目反映，不包括在本项目内。本项目应根据"待摊费用"科目的期末余额填列。"预提费用"科目期末如有借方余额，以及"长期待摊费用"科目中将于1年内到期的部分，也在本项目内反映。

12. "其他流动资产"项目，反映企业除以上流动资产项目外的其他流动资产，本项目应根据有关科目的期末余额填列。如其他流动资产价值较大的，应在会计报表附注中披露其内容和金额。

13. "长期股权投资"项目，反映企业不准备在1年内（含1年）变现的各种股权性质的投资的可收回金额。本项目应根据"长期股权投资"科目的期末余额，减去"长期投资减值准备"科目中有关股权投资减值准备期末余额后的金额填列。

14. "长期债权投资"项目，反映企业不准备在1年内（含1年）变现的各种债权性质的投资的可收回金额。长期债权投资中，将于3年内到期的长期债权投资，应在流动资产类下"1年内到期的长期债权投资"项目单独反映。本项目应根据"长期债权投资"科目的期末余额，减去"长期投资减值准备"科目中有关债权投资减值准备期末余额和1年内到期的长期债权投资后的金额填列。

企业超过1年到期的委托贷款，其本金和利息减去已计提的减值准备后的净额，也在本项目反映。

15. "固定资产原价"和"累计折旧"项目，反映企业的各种固定资产原价及累计折旧。融资租入的固定资产，其原价及已提折旧也包括在内。融资租入固定资产原价应在会计报表附注中另行反映。这两个项目应根据"固定资产"科目和"累计折旧"科目的期末余额填列。

16. "固定资产减值准备"项目，反映企业计提的固定资产减值准备。本项目应根据"固定资产减值准备"科目的期末余额填列。

17. "工程物资"项目，反映企业各项工程尚未使用的工程物资的实际成本。本项目应根据"工程物资"科目的期末余额填列。

18. "在建工程"项目，反映企业期末各项未完工程的实际支出，包括交付安装的设备价值，未完建筑安装工程已经耗用的材料、工资和费用支出、预付出包工程的价款、已经建筑安装完毕但尚未交付使用的工程等的可收回金额。本项目应根据"在建工程"科目的期末余额，减去"在建工程减值准备"科目期末余额后的金额填列。

19. "固定资产清理"项目，反映企业因出售、毁损、报废等原因转入清理但尚未清理完毕的固定资产的账面价值，以及固定资产清理过程中所发生的清理费用和变价收入等各项金额的差额。本项目应根据"固定资产清理"科目的期末借方余额填列；如"固定资产清理"科目期末为贷方余额，以"－"号填列。

20. "无形资产"项目，反映企业各项无形资产的期末可收回金额。本项目应根据"无形资产"科目的期末余额，减去"无形资产减值准备"科目期末余额后的金额填列。

21. "长期待摊费用"项目，反映企业尚未摊销的摊销期限在1年以上（不含5年）的各种费用，如租入固定资产改良支出、大修理支出以及摊销期限在1年以上（不含1年）的其他待摊费用。长期待摊费用中在3年内（含1年）摊销的部分，应在本表"待摊费用"项目填列。本项目应根据"长期待摊费用"科目的期末余额减去1年内（含1年）摊销的数额后的金额填列。

22. "其他长期资产"项目，反映企业除以上资产以外的其他长期资产。本项目应根据有关科目的期末余额填列。如其他长期资产价值较大的，应在会计报表附注中披露其内容和金额。

23. "递延税款借项"项目，反映企业期末尚未转销的递延税款的借方余额。本项目应根据"递延税款"科目的期末借方余额填列。

24. "短期借款"项目，反映企业借入尚未归还的1年期以下（含1年）的借款。本项目应根据"短期借款"科目的期末余额填列。

25. "应付票据"项目，反映企业为了抵付货款等而开出、承兑的尚未到期付款的应付票据，包括银行承兑汇票和商业承兑汇票。本项目应根据"应付票据"科目的期末余额填列。

26. "应付账款"项目，反映企业购买库存材料、商品和接受劳务供应等而应付给供应单位的款项。本项目应根据"应付账款"科目所属各有关明细科目的期末贷方余额合计填列；如"应付账款"科目所属各明细科目期末有借方余额，应在本表"预付账款"项目内填列。

27．"预收账款"项目，反映企业预收购买单位的账款。本项目应根据"预收账款"科目所属各有关明细科目的期末贷方余额合计填列。如"预收账款"科目所属有关明细科目有借方余额的，应在本表"应收账款"项目内填列；如"应收账款"科目所属明细科目有贷方余额的，也应包括在本项目内。

28．"应付工资"项目，反映企业应付、未付的职工工资。本项目应根据"应付工资"科目期末贷方余额填列。如"应付工资"科目期末为借方余额，以"－"号填列。

29．"应付福利费"项目，反映企业提取的福利费的期末余额，以及外商投资企业按净利润提取的职工奖励及福利基金的期末余额。本项目应根据"应付福利费"科目的期末余额填列。

30．"应付股利"项目，反映企业尚未支付的现金股利。本项目应根据"应付股利"科目的期末余额填列。

31．"应交税金"项目，反映企业期末未交、多交或未抵扣的各种税金。本项目应根据"应交税金"科目的期末贷方余额填列；如"应交税金"科目期末为借方余额，以"－"号填列。

32．"其他应交款"项目，反映企业应交未交的除税金、应付股利等以外的各种款项。本项目应根据"其他应交款"科目的期末贷方余额填列；如"其他应交款"科目期末为借方余额，以"－"号填列。

33．"其他应付款"项目，反映企业所有应付和暂收其他单位和个人的款项。本项目应根据"其他应付款"科目的期末余额填列。

34．"预提费用"项目，反映企业所有已经预提计入成本费用而尚未支付的各项费用。本项目应根据"预提费用"科目的期末贷方余额填列。如"预提费用"科目期末为借方余额，应合并在"待摊费用"项目内反映，不包括在本项目内。

35．"预计负债"项目，反映企业预计负债的期末余额。本项目应根据"预计负债"科目的期末余额填列。

36．"其他流动负债"项目，反映企业除以上流动负债以外的其他流动负债。本项目应根据有关科目的期末余额填列，如"待转资产价值"科目的期末余额可在本项目内反映。如其他流动负债价值较大的，应在会计报表附注中披露其内容及金额。

37．"长期借款"项目，反映企业借入尚未归还的1年期以上（不含1年）的借款本息。本项目应根据"长期借款"科目的期末余额填列。

38．"应付债券"项目，反映企业发行的尚未偿还的各种长期债券的本息。本项目应根据"应付债券"科目的期末余额填列。

39．"长期应付款"项目，反映企业除长期借款和应付债券以外的其他各种长期应付款。本项目应根据"长期应付款"科目的期末余额，减去"未确认融资费用"科目期末余额后的金额填列。

40．"专项应付款"项目，反映企业各种专项应付款的期末余额。本项目应根据"专项应付款"科目的期末余额填列。

41. "其他长期负债"项目，反映企业除以上长期负债项目以外的其他长期负债。本项目应根据有关科目的期末余额填列。如其他长期负债价值较大的，应在会计报表附注中披露其内容和金额。

上述长期负债各项目中将于1年内（含1年）到期的长期负债，应在"1年内到期的长期负债"项目内单独反映。上述长期负债各项目均应根据有关科目期末余额减去将于1年内（含1年）到期的长期负债后的金额填列。

42. "递延税款贷项"项目，反映企业期末尚未转销的递延税款的贷方余额。本项目应根据"递延税款"科目的期末贷方余额填列。

43. "实收资本（或股本）"项目，反映企业各投资者实际投入的资本（或股本）总额。本项目应根据"实收资本"（或"股本"）科目的期末余额填列。

44. "已归还投资"项目，反映中外合作经营企业按合同规定在合作期间归还投资者的投资。本项目应根据"已归还投资"科目的期末借方余额填列。

45. "资本公积"项目，反映企业资本公积的期末余额。本项目应根据"资本公积"科目的期末余额填列。

46. "盈余公积"项目，反映企业盈余公积的期末余额。本项目应根据"盈余公积"科目的期末余额填列。其中，法定公益金期末余额，应根据"盈余公积"科目所属的"法定公益金"明细科目的期末余额填列。

47. "未分配利润"项目，反映企业尚未分配的利润。本项目应根据"本年利润"科目和"利润分配"科目的余额计算填列。未弥补的亏损，在本项目内以"－"号填列。

三、资产负债表编制举例

（一）资料

1. 某房地产企业是一个股份有限公司，企业适用的税率为：企业所得税33%、转让无形资产和销售不动产营业税率5%、城建税率7%、教育费附加3%。

200×年1月1日资产负债表各项目"年初数"资料见资产负债表中的相应栏目。

2. 该企业200×年发生如下经济业务：

1）用银行存款支付电梯款800 000元，该设备已验收入库。

2）用银行存款支付施工单位工程预付款6 000 000元。

3）从银行借入3年期的固定资产贷款1 200 000，存入银行。

4）购入不需要安装的固定资产一批，价值300 000元，用银行存款支付，固定资产已验收入库。

5）本期实现销售收入60 000 000元，其中回收现款50 000 000元（按揭回款35 000 000元，现金回款1 500 000）均存入银行，尚有10 000 000元应收账款未收回。应结转开发成本45 000 000元。

6）采用分期收款方式销售商品房，根据合同本期应收价款6 000 000元，已存入银行。本期应结转开发成本3 600 000元。

7）报废固定资产一批，原值400 000元，已提折旧360 000元，支付清理费用5 000元，收回残料收入10 000元，均通过银行办理转账业务。该固定资产已清理完毕。

8）企业将持有的成本为 100 000 元的短期投资出售，实际收回 110 000 元，已存入银行。

9）该企业用银行存款归还短期借款 1 500 000 元（其中，利息 90 000 元已预提）。

10）收回应收票据 500 000 元、应收账款 200 000 元，存入银行。

11）用银行存款购入自营开发项目所需库存材料一批，价值 400 000 元，已验收入库。

12）企业购建的固定资产已全部竣工，并办理竣工手续交付使用。结转购建的实际成本 3 000 000 元。

13）自营开发项目领用库存材料一批，实际成本 500 000 元。

14）自营开发项目领用电梯，金额为 800 000 元。

15）通过银行支付职工工资 4 000 000 元。

16）摊销应由本期负担的无形资产使用费 80 000 元，摊销自营开发项目固定资产的大修理费用 60 000 元。

17）本期应付工资 4 000 000 元，其中：自营开发项目生产工人工资 1 200 000 元，开发项目管理人员工资 1 780 000 元，行政管理人员工资 480 000 元，销售人员工资 520 000 元，购建固定资产人员工资 20 000 元。

18）按第 17）的经济业务的工资总额，计提职工福利费、工会经费、职工教育经费。

19）收到承包单位转来的"工程价款结算账单"，本月应付工程款 40 000 000 元，扣除已预付的工程款 6 000 000 元后，用银行存款支付 14 000 000 元、银行承兑汇票支付 20 000 000 元。

20）用银行存款支付春季房交会的展位费 30 000 元、广告费 100 000 元。

21）用银行存款支付由于企业负担的职工养老保险金 50 000 元、医疗保险费 20 000 元。

22）现金支付各项报销费用：①企业管理人员开支的：办公费 12 000 元、差旅费 20 000 元；②开发项目部开支的办公费 8 000 元、差旅费 6 000 元；③售楼部开支的办公费 10 000 元（含通信费）、差旅费 12 000 元。

23）计提固定资产折旧费 100 000 元，其中：公司行政管理负担 60 000 元，开发项目部负担 30 000 元，售楼部负担 10 000 元。

24）企业收到长期股权投资的现金股利 150 000 元（成本法核算），存入银行（被投资企业与本企业的所得税税率均为 33％）。

25）按应收账款的 0.5％计提并计算本期的坏账准备金。

26）计算本期应交的土地增值税 1 200 000 元。

27）计算本期应交的营业税、城建税、教育费附加。

28）用银行存款缴纳土地增值税、营业税、城建税以及教育费附加。

29）转让已开发的完成的商品性建设场地，价款 10 000 000 元，款项尚未收到。各项目的实际开发成本为 7 000 000 元。

30）收到应收的商品性建设场地款 6 000 000 元，存入银行。

31）用银行存款支付已开支的业务招待费 150 000 元（超过限额）。

32）结转本期开发间接费用进入开发成本。

33）结转本期已完工的开发产品实际成本 3 600 万元。

34）将损益类账户的余额结转至"本年利润"。

35）计算并结转应交企业所得税。

36）结转"所得税"账户至"本年利润"。

37）按净利润的 10% 提取法定盈余公积、5% 提取法定公益金。并向投资者分配现金股利 1 000 000 万元。

38）将"本年利润"和"利润分配"账户的各明细账户余额，结转至"利润分配——未分配利润"账户。

39）用银行存款缴纳企业所得税。

40）用银行存款偿还长期借款 1 200 000 元。

（二）根据上述经济业务进行账务处理和编制 200×年 12 月 31 日的资产负债表。

1. 作如下账务处理：

（1）借：库存设备　　　　　　　　　　　800 000
　　　　贷：银行存款　　　　　　　　　　　　800 000

（2）借：预付账款　　　　　　　　　　6 000 000
　　　　贷：银行存款　　　　　　　　　　　6 000 000

（3）借：银行存款　　　　　　　　　　1 200 000
　　　　贷：长期借款　　　　　　　　　　　1 200 000

（4）借：固定资产　　　　　　　　　　　300 000
　　　　贷：银行存款　　　　　　　　　　　　300 000

（5）借：银行存款　　　　　　　　　　50 000 000
　　　应收账款　　　　　　　　　　10 000 000
　　　　贷：主营业务收入　　　　　　　　　60 000 000
　　同时　借：主营业务成本　　　　　45 000 000
　　　　　　　贷：开发产品　　　　　　　　45 000 000

（6）借：银行存款　　　　　　　　　　6 000 000
　　　　贷：主营业务收入　　　　　　　　　6 000 000
　　同时　借：主营业务成本　　　　　3 600 000
　　　　　　　贷：分期收款开发产品　　　　3 600 000

（7）1）结转固定资产账面价值
　　借：固定资产清理　　　　　　　　　40 000
　　　累计折旧　　　　　　　　　　　360 000
　　　　贷：固定资产　　　　　　　　　　　400 000

　　2）支付清理费用
　　借：固定资产清理　　　　　　　　　5 000
　　　　贷：银行存款　　　　　　　　　　　5 000

　　3）残料回收存入银行
　　借：银行存款　　　　　　　　　　10 000
　　　　贷：固定资产清理　　　　　　　　10 000

4）结转固定资产清理净损失

借：营业外支出   35 000

    贷：固定资产清理   35 000

（8）借：银行存款   110 000

    贷：短期投资   100 000

        投资收益   10 000

（9）借：短期借款   1 500 000

      预提费用   90 000

    贷：银行存款   1 590 000

（10）借：银行存款   700 000

    贷：应收票据   500 000

        应收账款   200 000

（11）借：原材料   400 000

    贷：银行存款   400 000

（12）借：固定资产   3 000 000

    贷：在建工程   3 000 000

（13）借：开发成本   500 000

    贷：原材料   500 000

（14）借：开发成本   800 000

    贷：库存设备   800 000

（15）借：应付工资   4 000 000

    贷：银行存款   4 000 000

（16）借：管理费用   80 000

    贷：无形资产   80 000

借：开发成本   60 000

    贷：待摊费用   60 000

（17）借：开发成本   1 200 000

开发间接费用   1 780 000

管理费用   480 000

营业费用   520 000

在建工程   20 000

    贷：应付工资   4 000 000

（18）1）计提福利费时

借：开发成本   168 000

开发间接费用   249 200

管理费用   67 200

营业费用   72 800

在建工程   2 800

    贷：应付福利费   560 000

2）计提工会经费时

　　借：管理费用　　　　　　　　　　　80 000

　　　　贷：其他应付款　　　　　　　　　　80 000

　3）计提职工教育经费时

　　借：管理费用　　　　　　　　　　　60 000

　　　　贷：其他应付款　　　　　　　　　　60 000

（19）借：开发成本　　　　　　　40 000 000

　　　　贷：预付账款　　　　　　　　　6 000 000

　　　　　　应付票据　　　　　　　　20 000 000

　　　　　　银行存款　　　　　　　　14 000 000

（20）借：营业费用　　　　　　　　　130 000

　　　　贷：银行存款　　　　　　　　　　130 000

（21）借：管理费用　　　　　　　　　　70 000

　　　　贷：银行存款　　　　　　　　　　　70 000

（22）借：管理费用　　　　　　　　　　32 000

　　　　开发间接费用　　　　　　　　14 000

　　　　营业费用　　　　　　　　　　22 000

　　　　贷：现金　　　　　　　　　　　　68 000

（23）借：管理费用　　　　　　　　　　60 000

　　　　开发间接费用　　　　　　　　30 000

　　　　营业费用　　　　　　　　　　10 000

　　　　贷：累计折旧　　　　　　　　　100 000

（24）借：银行存款　　　　　　　　　150 000

　　　　贷：投资收益　　　　　　　　　　150 000

（25）借：管理费用　　　　　　　　　380 000

　　　　贷：坏账准备　　　　　　　　　　380 000

（26）借：主营业务税金及附加　　1 200 000

　　　　贷：应交税金　　　　　　　　　1 200 000

（27）借：主营业务税金及附加　　4 180 000

　　　　贷：应交税金——营业税　　　3 800 000

　　　　　　应交税金——城建税　　　　266 000

　　　　　　其他应交款　　　　　　　　114 000

（28）借：应交税金——营业税　　3 800 000

　　　　应交税金——土地增值税　1 200 000

　　　　应交税金——城建税　　　　266 000

　　　　其他应交款　　　　　　　　114 000

　　　　贷：银行存款　　　　　　　　　5 380 000

（29）借：应收账款　　　　　　　10 000 000

　　　　贷：主营业务收入　　　　　　10 000 000

同时，借：主营业务成本   7 000 000

    贷：开发产品   7 000 000

（30）借：银行存款   6 000 000

    贷：应收账款   6 000 000

（31）借：管理费用   150 000

    贷：银行存款   150 000

（32）借：开发成本——间接费用   2 073 200

    贷：开发间接费用   2 073 200

（33）借：开发产品   36 000 000

    贷：开发成本   36 000 000

（34）借：主营业务收入   76 000 000

    投资收益   160 000

    贷：主营业务成本   55 600 000

     主营业务税金及附加   5 380 000

     管理费用   1 148 200

     营业外支出   35 000

     营业费用   754 800

     本年利润   13 242 000

（35）借：所得税   4 419 000

    贷：应交税金   4 419 000

（36）借：本年利润   4 419 000

    贷：所得税   4 419 000

（37）借：利润分配——提取法定盈余公积 882 000

     ——提取法定公益金 441 000

     ——应付投资者利润 1 000 000

    贷：盈余公积——法定盈余公积 882 000

     ——法定公益金 441 000

     应付股利   1 000 000

（38）借：利润分配——未分配利润   2 323 000

    贷：利润分配——提取法定盈余公积 882 000

     ——提取法定公益金 441 000

     ——应付投资者利润 1 000 000

    借：本年利润   8 823 000

    贷：利润分配——未分配利润 8 823 000

（39）借：应交税金   4 419 000

    贷：银行存款   4 419 000

（40）借：长期借款   1 200 000

    贷：银行存款   1 200 000

2. 根据上述资料，编制该企业 200× 年 12 月 31 日的资产负债表。

四、资产负债表的附表

根据《企业会计制度》的规定，资产负债表的附表主要有：资产减值准备明细表，应交增值税明细表。由于房地产企业基本不涉及销售商品、劳务的增值税，因此，现仅就资产减值准备明细表的编制作简要介绍。

资产减值准备明细表是反映企业在一定期间各项资产减值准备增减变动情况的报表，它包括在年度会计报表中，是资产负债表的附表，补充说明资产减值准备的增减变动明细情况。

《企业会计制度》规定，企业应当定期或者至少于每年年度终了，对各项资产进行全面检查，并根据谨慎性原则的要求，合理地预计各项资产可能发生的损失，对可能发生的各项资产损失计提减值准备。在资产负债表中，企业的各项资产是以其账面价值列示的，即扣除了减值部分。为了全面反映企业各项资产的减值情况，给会计信息使用者提供决策有用的信息，便于深入分析资产减值情况，对企业的未来发展前景作出预测，要求企业编制资产减值准备明细表。

资产减值准备明细表包括表首、正表两部分。其中，表首说明报表名称、编制单位、编制日期、报表编号、货币名称、计量单位等；正表是资产减值准备明细表的主体，具体说明资产减值准备明细表的各项内容，包括坏账准备、短期投资跌价准备、存货跌价准备、长期投资减值准备、固定资产减值准备、无形资产减值准备、在建工程减值准备、委托贷款减值准备等内容。每个项目中，又分为"年初余额"、"本年增加数"、"本年转回数"、"年末余额"四栏，分别列示年度变化过程或结果。

资产减值准备明细表各项目应根据"短期投资跌价准备"、"坏账准备"、"存货跌价准备"、"长期投资减值准备"、"固定资产减值准备"、"无形资产减值准备"、"在建工程减值准备"、"委托贷款减值准备"等账户的记录分析填列。

资产减值准备明细表的格式见表 12-2。

资产减值准备明细表　　　　　　　　　　　　　　　　表 12-2

编制单位：　　　　　　　　　　　　200×年度

项　目	年初余额	本年增加数	本年转回数	年末余额
一、坏账准备合计				
其中：应收账款				
其他应收款				
二、短期投资跌价准备合计				
其中：股票投资				
债券投资				
三、存货跌价准备合计				
其中：库存商品				
库存材料				

项　　目	年初余额	本年增加数	本年转回数	年末余额
四、长期投资跌价准备合计				
其中：长期股权投资				
长期债券投资				
五、固定资产减值准备合计				
其中：房屋建筑物				
机器设备				
六、无形资产减值准备合计				
其中：专利权				
商标权				
七、购建支出固定资产减值准备				
八、委托贷款减值准备				

第三节　利润表和利润分配表

一、利润表

1. 利润表概述

利润表也称损益表，是反映企业在一定时期内（月度、季度、半年、年度）开发经营成果的动态会计报表。房地产企业通过编制利润表，可以提供企业在一定会计期间的开发经营收入、成本费用及净利润（或净亏损）的实际构成情况。通过利润表提供的不同时期的比较数字，可以分析企业的获利能力及利润的发展趋势，了解投资者投入资本的保值增值情况。

我国采用多步式利润表格式。多步式利润表通过多步计算求得净利润。

第一步，从主营业务收入出发，减主营业务成本、主营业务税金及附加，计算出主营业务利润。

第二步，在主营业务利润基础上，加其他业务利润，减营业费用、管理费用、财务费用，计算出营业利润。

第三步，在营业利润基础上，加投资收益、补贴收入和营业外收入，减营业外支出，计算出本期实现的利润总额（或亏损总额）。

第四步，从利润总额中减去所得税费用，计算出本期实现的净利润（或净亏损）。

利润表的基本格式和具体内容见表12-3。

2. 利润表的编制方法

本表"本月数"栏反映各项目的本月实际发生数；在编报中期财务会计报告时，填列上年同期累计实际发生数；在编报年度财务会计报告时，填列上年全年累计实际发生数。如果上年度利润表与本年度利润表的项目名称和内容不相一致，应对上年度利润表项目的名称和数字按本年度的规定进行调整，填入本表"上年数"栏。在编报中期和年度财务会计报告时，应将"本月数"栏改成"上年数"栏。

本表"本年累计数"栏反映各项目自年初起至报告期末止的累计实际发生数。

下面介绍利润表各项目的内容及其填列方法：

（1）"主营业务收入"项目，反映企业经营主要业务（销售、转让、结算和出租开发产品等）所取得的收入总额。本项目应根据"主营业务收入"科目的发生额分析填列。

（2）"主营业务成本"项目，反映企业经营主要业务（销售、转让、结算和出租开发产品等）发生的实际成本。本项目应根据"主营业务成本"科目的发生额分析填列。

（3）"主营业务税金及附加"项目，反映企业经营主要业务应负担的营业税、城市维护建设税、土地增值税和教育费附加等。本项目应根据"主营业务税金及附加"科目的发生额分析填列。

（4）"其他业务利润"项目，反映企业除主营业务（销售、转让、结算和出租开发产品等）以外取得的收入，减去所发生的相关成本、费用，以及相关税金及附加等的支出后的净额。本项目应根据"其他业务收入"、"其他业务支出"科目的发生额分析填列。

（5）"营业费用"项目，反映企业在销售商品房、开发产品等经营过程中发生的各项销售费用。本项目应根据"营业费用"科目的发生额分析填列。

（6）"管理费用"项目，反映企业发生的管理费用。本项目应根据"管理费用"科目的发生额分析填列。

（7）"财务费用"项目，反映企业发生的财务费用。本项目应根据"财务费用"科目的发生额分析填列。

（8）"投资收益"项目，反映企业以各种方式对外投资所取得的收益。本项目应根据"投资收益"科目的发生额分析填列；如为投资损失，以"—"号填列。

（9）"补贴收入"项目，反映企业取得的各种补贴收入以及退回的增值税等。本项目应根据"补贴收入"科目的发生额分析填列。

（10）"营业外收入"项目和"营业外支出"项目，反映企业发生的与其生产经营无直接关系的各项收入和支出。这两个项目应分别根据"营业外收入"科目和"营业外支出"科目的发生额分析填列。

（11）"利润总额"项目，反映企业实现的利润总额。如为亏损总额，以"—"号填列。

（12）"所得税"项目，反映企业按规定从本期损益中减去的所得税。本项目应根据"所得税"科目的发生额分析填列。

（13）"净利润"项目，反映企业实现的净利润。如为净亏损，以"—"号填列。

3. 利润表编制举例

根据本章资产负债表举例的资料，编制的利润表见表 12-3。

利　润　表　　　　　　　　　　　　表 12-3

编制单位：某房地产公司　　　　　　200×年　　　　　　　　　金额单位：万元

项　　　目	行　次	本季数	本年累计数
一、主营业务收入	1		7 600.00
减：主营业务成本	4		5 560.00
主营业务税金及附加	5		538.00

项　目	行　次	本季数	本年累计数
二、主营业务利润	10		1 502.00
加：其他业务利润	11		
减：营业费用	14		75.48
管理费用	15		114.82
财务费用	16		
三、营业利润	18	0.00	1 311.70
加：投资收益	19		16.00
补贴收入	22		
营业外收入	23		
减：营业外支出	25		3.50
四、利润总额	27	0.00	1 324.20
减：所得税	28		441.90
五、净利润	30	0.00	882.30

二、利润分配表

1. 利润分配表概述

利润分配表，是反映企业在一定会计期间对实现净利润以及以前年度未分配利润的分配或者亏损弥补的报表。利润分配表包括在年度会计报表中，是利润表的附表，补充说明利润分配或亏损弥补情况。

利润分配表一般采用多步式结构，其具体步骤为：

第一步，以净利润为基础，加上年初未分配利润以及按规定用盈余公积补亏转入的数额，计算出可供分配利润。

第二步，以可供分配利润为基础，减去提取的盈余公积，计算出可供投资者分配利润。

第三步，以可供投资者分配利润为基础，减去应付普通股股利等项目，计算出企业年末未分配利润。

利润分配表一般有表首、正表两部分。其中，表首说明报表名称、编制单位、编制日期、报表编号、货币名称、计量单位等；正表是利润分配表的主体，具体说明利润分配表的各项内容，每项内容通常还分为"本年实际"和"上年实际"两栏分别填列。

2. 利润分配表的编制方法

在我国，利润分配表的"本年实际"栏，根据本年"本年利润"及"利润分配"账户及其所属明细账户分析填列；"上年实际"栏根据上年"利润分配表"填列。如果上年度利润分配表与本年利润分配表的项目名称和内容不一致，则按编报当年的口径对上年度报表项目的名称和数字进行调整，填入本表的"上年实际"栏内。

现将利润分配表各项目的内容及填列方法说明如下：

（1）"净利润"项目，反映企业实现的净利润。如为净亏损，以"一"号填列。本项目的数字应与"利润表""本年累计数"栏的"净利润"项目一致。

（2）"年初未分配利润"项目，反映企业年初未分配的利润，如为未弥补的亏损，以"一"号填列。

（3）"其他转入"项目，反映企业按规定用盈余公积弥补亏损等转入的数额。

（4）"提取法定盈余公积"项目和"提取法定公益金"项目，分别反映企业按照规定提取的法定盈余公积和法定公益金。

（5）"提取职工奖励及福利基金"项目，反映外商投资企业按规定提取的职工奖励及福利基金。

（6）"提取储备基金"项目和"提取企业发展基金"项目，分别反映外商投资企业按照规定提取的储备基金和企业发展基金。

（7）"利润归还投资"项目，反映中外合作经营企业按规定在合作期间以利润归还投资者的投资。

（8）"应付优先股股利"项目，反映企业应分配给优先股股东的现金股利。

（9）"提取任意盈余公积"项目，反映企业提取的任意盈余公积。

（10）"应付普通股股利"项目，反映企业应分配给普通股股东的现金股利。企业分配给投资者的利润，也在本项目反映。

（11）"转作资本（或股本）的普通股股利"项目，反映企业分配给普通股股东的股票股利。企业以利润转增的资本，也在本项目反映。

（12）"未分配利润"项目，反映企业年末尚未分配的利润。如为未弥补的亏损以"一"号填列。

企业如因以收购本企业股票方式减少注册资本而相应减少的未分配利润，可在本表"年初未分配利润"项目下增设"减：减少注册资本减少的未分配利润"项目反映。国有工业企业按规定补充的流动资本，可在本表"利润归还投资"项目下增设"补充流动资本"项目反映。企业按规定以利润归还借款、单项留用的利润等，可在"补充流动资本"项目下单列项目反映。

3. 利润分配表的编制举例

根据本章编制资产负债表的资料，编制的利润分配表见表12-4。

利 润 分 配 表
表 12-4

编制单位：某房地产公司　　　　　　200×年度　　　　　　金额单位：万元

项 目	行 次	本年实际	上年实际
一、净利润		882.3	
加：年初未分配利润		650	
盈余公积转入			
二、可供分配利润		1 532.3	
减：提取法定盈余公积		88.2	
提取法定公益金		44.1	

项　目	行　次	本年实际	上年实际
三、可供投资者分配利润		1 400	
减：应付优先股股利			
提取任意盈余公积			
应付普通股股利		100	
转作资本的普通股股利			
四、未分配利润		1 300	

第四节　现金流量表

一、现金流量表概述

（一）现金流量表的定义和作用

现金流量表是反映企业在一定会计期间内现金和现金等价物流入和流出信息的会计报表，它是动态报表。

在市场经济条件下，企业的现金流转在很大程度上影响企业的生存和发展。"现金为王"、"现金至尊"的观念也被广大经济界人士所接受，反映企业现金流量的现金流量表，越来越受到报表使用者的高度重视和关注。现金流量表的作用主要有：

1. 现金流量有助于评价企业的支付能力、偿债能力和周转能力

通过现金流量表，并配合资产负债表和利润表，将现金与流动负债比较，计算出现金比率；将现金流量净额与发行在外的普通股加权平均股数进行比较，计算出每股现金流量；将经营活动现金流量净额与净利润比较，计算出盈利现金比率。这样，可以了解企业的现金能否偿还到期债务、支付股利和进行必要的固定资产投资，了解企业现金流转效率和效果。从而便于投资者作出投资决策、债权人作出信贷决策。

2. 现金流量表有助于企业预测未来现金流量

评价过去是为了预测未来。通过现金流量表所反映的企业过去一定期间的现金流量以及其他生产经营指标，可以了解企业现金的来源和用途是否合理，了解经营活动产生的现金流量有多少，企业在多大程度上依赖外部资金，就可以据以预测企业未来现金流量，从而为企业编制现金流量计划、组织现金调度、合理节约地使用现金创造条件，为投资者和债权人评价企业的未来现金流量，作出投资和信贷决策提供必要信息。

3. 现金流量表有助于分析企业收益质量及影响现金净流量的因素

利润表中列示的净利润指标，反映了一个企业的经营成果，这是体现企业经营业绩的最重要的一个指标。但是，利润表是按权责发生制原则编制的，它不能反映企业经营活动产生了多少现金，并且没有反映投资活动和筹资活动对企业财务状况的影响。通过编制现金流量表可以掌握企业经营活动、投资活动、筹资活动的现金流量，将经营活动产生的现金流量与净利润相比较，就可以从现金流量角度了解净利润的质量。并进一步判断，是哪些因素影响现金流入，从而为分析和判断企业的财务前景提供信息。

（二）现金流量表的编制基础

现金流量表是以现金为基础编制的，这里的现金是广义的概念，包括库存现金、可以随时用于支付的银行存款、其他货币资金以及现金等价物。具体包括以下内容：

1. 库存现金

库存现金是指企业持有的、可随时用于支付的现金限额，也就是现金账户核算的现金。

2. 银行存款

银行存款是指企业存在金融机构、随时可以用于支付的存款，它与银行存款账户核算的银行存款基本一致，主要的区别是编制现金流量表所指的银行存款是可以随时用于支付的银行存款，如结算户存款、通知存款等。

3. 其他货币资金

其他货币资金是指企业存在金融机构有特定用途的资金，也就是其他货币资金核算的内容。如外埠存款、银行汇票存款、银行本票存款、信用证保证存款、在途货币资金等。

4. 现金等价物

现金等价物是指企业持有的期限短、流动性强、易于转换为已知金额的现金、价值变动风险很小的投资。现金等价物的支付能力相当于现金，能够满足企业即期支付的需要。现金等价物的定义本身，包含了判断一项投资是否属于现金等价物的四个条件：（1）期限短；（2）流动性强；（3）易于转换为已知金额的现金；（4）价值变动风险很小。其中，期限短、流动性强，强调了变现能力；易于转换为已知金额的现金、价值变动风险很小，则强调了支付能力的大小。

（三）现金流量的分类

现金流量是指一定会计期间企业现金的流入和流出。根据《企业会计准则——现金流量表》的规定，现金流量划分为三大类：

1. 经营活动产生的现金流量

经营活动是指企业投资活动和筹资活动以外的所有交易和事项，包括销售商品、提供劳务、经营租赁、购买货物、接受劳务、支付税费等。通过经营活动的现金流量，可以反映企业经营活动对现金流入和流出净额的影响程度。

2. 投资活动产生的现金流量

投资活动是指企业固定资产、无形资产和其他长期资产的购建和处置，以及不包括在现金等价物范围内的投资及其处置活动，包括取得或收回投资，购建和处置固定资产、无形资产和其他长期资产等。通过投资活动的现金流量，可以反映企业投资活动获取的现金能力，以及投资活动现金流量对企业现金流量净额的影响程度。

3. 筹资活动产生的现金流量

筹资活动是指导致企业资本及债务规模和构成发生变化的活动，包括吸收投资、发行股票、分配利润、发行债券、向金融机构借入款项及偿还债务本息等。通过筹资活动的现金流量，可以反映企业筹资能力、偿债能力以及筹资活动现金流量对企业现金流量净额的影响程度。

二、现金流量表的内容和结构

根据《企业会计准则——现金流量表》的规定，现金流量表分为两部分，第一部分为正表，第二部分为补充资料。

正表是现金流量表的主体和核心，企业一定会计期间的现金流量信息主要由正表提供。正表采用报告式结构，按照现金流量的性质依次分类反映五个方面的内容：一是经营活动产生的的现金流量；二是投资活动产生的的现金流量；三是筹资活动产生的的现金流量；四是汇率变动对现金流量的影响；五是现金及现金等价物净增加额。其中，经营活动产生的现金流量，是按直接法编制的。

补充资料有三项内容：一是将净利润调节为经营活动产生的现金流量，即是说要在补充资料中采用间接法报告经营活动产生的现金流量信息；二是不涉及现金收支的投资活动和筹资活动；三是现金及现金等价物净增加情况。

正表第一项经营活动产生的现金流量净额，与补充资料第一项经营活动产生的现金流量净额，应当核对相符。正表中的第五项，与补充资料的第三项，存在勾稽关系，即金额应当一致。正表中的数字是流入与流出的差额，补充资料中的数字是期末数与期初数的差额，计算依据不同，但结果应当一致，两者应当核对相符。

三、现金流量表各项目的内容及填列方法

（一）经营活动产生的现金流量

经营活动产生的现金流量有直接法和间接法两种填列方法。

直接法是通过现金收入和现金支出的主要类别直接反映来自企业经营活动的现金流量的方法。在我国，现金流量表正表中的经营活动产生的现金流量就是采用直接法填入的，补充资料中应按照间接法反映经营活动现金流量。下面分别就现金流量表正表中经营活动产生的现金流入和现金流出的主要项目及其填列方法进行说明。

1."销售商品、提供劳务收到的现金"项目，反映企业销售商品、提供劳务实际收到的现金（含销售收入和应向购买者收取的增值税额），包括本期销售商品、提供劳务收到的现金，以及前期销售和前期提供劳务本期收到的现金和本期预收的账款，减去本期退回本期销售的商品和前期销售本期退回的商品支付的现金。企业销售材料和代购代销业务收到的现金，也在本项目反映。本项目可以根据"现金"、"银行存款"、"应收账款"、"应收票据"、"预收账款"、"主营业务收入"、"其他业务收入"等科目的记录分析填列。

2."收到的税费返还"项目，反映企业收到返还的各种税费，如收到的增值税、消费税、营业税、所得税、教育费附加返还等。本项目可以根据"现金"、"银行存款"、"主营业务税金及附加"、"补贴收入"、"应收补贴款"等科目的记录分析填列。

3."收到的其他与经营活动有关的现金"项目，反映企业除了上述各项目外，收到的其他与经营活动有关的现金流入，如罚款收入、流动资产损失中由个人赔偿的现金收入等。其他现金流入如价值较大的，应单列项目反映。本项目可以根据"现金"、"银行存款"、"营业外收入"等科目的记录分析填列。

4."购买商品、接受劳务支付的现金"项目，反映企业购买材料、商品、接受劳务实际支付的现金，包括本期购入材料、商品、接受劳务支付的现金（包括增值税进项税额），以及本期支付前期购入商品、接受劳务的未付款项和本期预付款项。本期发生的购货退回收到的现金应从本项目内减去。本项目可以根据"现金"、"银行存款"、"应付账款"、"应付票据"、"主营业务成本"等科目的记录分析填列。

5. "支付给职工以及为职工支付的现金"项目，反映企业实际支付给职工，以及为职工支付的现金，包括本期实际支付给职工的工资、奖金、各种津贴和补贴等，以及为职工支付的其他费用。不包括支付的离退休人员的各项费用和支付给在建工程人员的工资等。企业支付给离退休人员的各项费用，包括支付的统筹退休金以及未参加统筹的退休人员的费用，在"支付的其他与经营活动有关的现货"项目中反映；支付的在建工程人员的工资，在"购建固定资产、无形资产和其他长期资产所支付的现金"项目反映。本项目可以根据"应付工资"、"现金"、"银行存款"等科目的记录分析填列。

企业为职工支付的养老、失业等社会保险基金、补充养老保险、住房公积金、支付给职工的住房困难补助，以及企业支付给职工或为职工支付的其他福利费用等，应按职工的工作性质和服务对象，分别在本项目和在"购建固定资产、无形资产和其他长期资产所支付的现金"项目反映。

6. "支付的各项税费"项目，反映企业按规定支付的各种税费，包括本期发生并支付的税费，以及本期支付以前各期发生的税费和预交的、税金。如支付的教育费附加、矿产资源补偿费、印花税、房产税、土地增值税、车船使用税、预交的营业税等。不包括计入固定资产价值、实际支付的耕地占用税等。也不包括本期退回的增值税、所得税，本期退回的增值税、所得税在"收到的税费返还"项目反映。本项目可以根据"应交税金"、"现金"、"银行存款"等科目的记录分析填列。

7. "支付的其他与经营活动有关的现金"项目，反映企业除上述各项目外，支付的其他与经营活动有关的现金流出，如罚款支出、支付的差旅费、业务招待费现金支出、支付的保险费等，其他现金流出如价值较大的，应单列项目反映。本项目可以根据有关科目的记录分析填列。

（二）投资活动产生的现金流量

1. "收回投资所收到的现金"项目，反映企业出售、转让或到期收回除现金等价物以外的短期投资、长期股权投资而收到的现金，以及收回长期债权投资本金而收到的现金。不包括长期债权投资收回的利息，以及收回的非现金资产。本项目可以根据"短期投资"、"长期股权投资"、"现金"、"银行存款"等科目的记录分析填列。

2. "取得投资收益所收到的现金"项目，反映企业因股权性投资和债权性投资而取得的现金股利、利息，以及从子公司、联营企业和合营企业分回利润收到的现金。不包括股票股利。本项目可以根据"现金"、"银行存款"、"投资收益"等科目的记录分析填列。

3. "处置固定资产、无形资产和其他长期资产所收回的现金净额"项目，反映企业处置固定资产、无形资产和其他长期资产所取得的现金，减去为处置这些资产而支付的有关费用后的净额。由于自然灾害所造成的固定资产等长期资产损失而收到的保险赔偿收入，也在本项目反映。本项目可以根据"固定资产清理"、"现金"、"银行存款"等科目的记录分析填列。

4. "收到的其他与投资活动有关的现金"项目，反映企业除了上述各项以外，收到的其他与投资活动有关的现金流入。其他现金流入如价值较大的，应单列项目反映。本项目可以根据有关科目的记录分析填列。

5. "购建固定资产、无形资产和其他长期资产所支付的现金"项目，反映企业购买、建造固定资产，取得无形资产和其他长期资产所支付的现金，不包括为购建固定资产而发生的借款利息资本化的部分，以及融资租入固定资产支付的租赁费，借款利息和融资租入固定资产支付的租赁费，在筹资活动产生的现金流量中反映。本项目可以根据"固定资产"、"在建工程"、"无形资产"、"现金"、"银行存款"等科目的记录分析填列。

6. "投资所支付的现金"项目，反映企业进行权益性投资和债权性投资支付的现金，包括企业取得的除现金等价物以外的短期股票投资、短期债券投资、长期股权投资、长期债权投资支付的现金、以及支付的佣金、手续费等附加费用。本项目可以根据"长期股权投资"、"长期债权投资"、"短期投资"、"现金"、"银行存款"等科目的记录分析填列。

企业购买股票和债券时，实际支付的价款中包含的已宣告但尚未领取的现金股利或已到付息期但尚未领取的债券的利息，应在投资活动的"支付的其他与投资活动有关的现金"项目反映；收回购买股票和债券时支付的已宣告但尚未领取的现金股利或已到付息期但尚未领取的债券的利息，在投资活动的"收到的其他与投资活动有关的现金"项目反映。

7. "支付的其他与投资活动有关的现金"项目，反映企业除了上述各项以外，支付的其他与投资活动有关的现金流出。其他现金流出如价值较大的，应单列项目反映。本项目可以根据有关科目的记录分析填列。

（三）筹资活动产生的现金流量

1. "吸收投资所收到的现金"项目，反映企业收到的投资者投入的现金，包括以发行股票、债券等方式筹集的资金实际收到款项净额（发行收入减去支付的佣金等发行费用后的净额）。以发行股票、债券等方式筹集资金而由企业直接支付的审计、咨询等费用，在"支付的其他与筹资活动有关的现金"项目反映，不从本项目内减去。本项目可以根据"实收资本（或股本）"、"现金"、"银行存款"等科目的记录分析填列。

2. "借款所收到的现金"项目，反映企业举借各种短期、长期借款所收到的现金。本项目可以根据"短期借款"、"长期借款"、"现金"、"银行存款"等科目的记录分析填列。

3. "收到的其他与筹资活动有关的现金"项目，反映企业除上述各项目外，收到的其他与筹资活动有关的现金流入，如接受现金捐赠等。其他现金流入如价值较大的，应单列项目反映。本项目可以根据有关科目的记录分析填列。

4. "偿还债务所支付的现金"项目，反映企业以现金偿还债务的本金，包括偿还金融企业的借款本金、偿还债券本金等。企业偿还的借款利息、债券利息，在"分配股利、利润或偿付利息所支付的现金"项目反映，不包括在本项目内。本项目可以根据"短期借款"、"长期借款"、"现金"、"银行存款"等科目的记录分析填列。

5. "分配股利、利润或偿付利息所支付的现金"项目，反映企业实际支付的现金股利，支付给其他投资单位的利润以及支付的借款利息、债券利息等。本项目可以根据"应付股利"、"财务费用"、"长期借款"、"现金"、"银行存款"等科目的记录分析填列。

6. "支付的其他与筹资活动有关的现金"项目，反映企业除了上述各项外，支付的其他与筹资活动有关的现金流出，如捐赠现金支出、融资租入固定资产支付的租赁费等。其他现金流出如价值较大的，应单列项目反映。本项目可以根据有关科目的记录分析填列。

（四）"汇率变动对现金的影响"项目

该项目反映企业外币现金流量及境外子公司的现金流量折算为人民币时，所采用的现金流量发生日的汇率或平均汇率折算的人民币金额与"现金及现金等价物净增加额"中外币现金净增加额按期末汇率折算的人民币金额之间的差额。

（五）补充资料各项目

1. "将净利润调节为经营活动的现金流量"各项目

根据《企业会计制度》的要求，企业按直接法编制经营活动现金流量的同时，还应在补充资料中按间接法将利润调节为经营活动的现金流量。间接法是以本期的净利润为基础，调整不涉及现金的收入、费用、营业外收支以及应收应付等项目的增减变动，据此计算并列示经营活动的现金流量。按间接法计算经营活动的现金流量，有助于分析影响现金流量的原因以及从现金流量角度分析企业净利润的质量。

利润表中反映的净利润是按照权责发生制原则确认和计量的，而经营活动的现金流量净额是按照收付实现制确认和计量的。并且当期实现的净利润既包括经营活动净收益，又包括投资活动和筹资活动的净收益。因此，采用间接法将净利润调节为经营活动的现金流量净额时，主要应调整四大类项目：一是没有收到的现金收益；二是实际没有支付现金的费用；三是经营性应收应付项目的增减变动；四是不属于经营活动的损益。其具体内容如下：

（1）"计提的资产减值准备"项目，反映企业计提的各项资产的减值准备。本项目可以根据"管理费用"、"投资收益"、"营业外支出"等科目的记录分析填列。

（2）"固定资产折旧"项目，反映企业本期累计提取的折旧。本项目可以根据"累计折旧"科目的贷方发生额分析填列。

（3）"无形资产摊销"和"长期待摊费用摊销"两个项目，分别反映企业本期累计摊入成本费用的无形资产的价值及长期待摊费用。这两个项目可以根据"无形资产"、"长期待摊费用"科目的贷方发生额分析填列。

（4）"待摊费用减少（减：增加）"项目，反映企业本期待摊费用的减少。本项目可以根据资产负债表"待摊费用"项目的期初、期末余额的差额填列；期末数大于期初数的差额，以"－"号填列。

（5）"预提费用增加（减：减少）"项目，反映企业本期预提费用的增加。本项目可以根据资产负债表"预提费用"项目的期初、期末余额的差额填列；期末数小于期初数的差额，以"－"号填列。

（6）"处置固定资产；无形资产和其他长期资产的损失（减：收益）"，反映企业本期由于处置固定资产、无形资产和其他长期资产而发生的净损失。本项目可以根据"营业外收入"、"营业外支出"、"其他业务收入"、"其他业务支出"科目所属有关明细科目的记录分析填列；如为净收益，以"－"号填列。

（7）"固定资产报废损失"项目，反映企业本期固定资产盘亏（减盘盈）后的净损失。本项目可以根据"营业外支出"、"营业外收入"科目所属有关明细科目中固定资产盘亏损失减去固定资产盘盈收益后的差额填列。

（8）"财务费用"项目，反映企业本期发生的应属于投资活动或筹资活动的财务费用。本项目可以根据"财务费用"科目的本期借方发生额分析填列；如为收益，以"－"号填列。

（9）"投资损失（减：收益）"项目，反映企业本期投资所发生的损失减去收益后的净损失。本项目可以根据利润表"投资收益"项目的数字填列；如为投资收益，以"－"号填列。

(10)"递延税款贷项（减：借项）"项目，反映企业本期递延税款的净增加或净减少。本项目可以根据资产负债表"递延税款借项"、"递延税款贷项"项目的期初、期末余额的差额填列。"递延税款借项"的期末数小于期初数的差额，以及"递延税款贷项"的期末数大于期初数的差额，以正数填列；"递延税款借项"的期末数大于期初数的差额，以及"递延税款贷项"的期末数小于期初数的差额，以"—"号填列。

(11)"存货的减少（减：增加）"项目，反映企业本期存货的减少（减：增加）。本项目可以根据资产负债表"存货"项目的期初、期末余额的差额填列；期末数大于期初数的差额，以"—"号填列。

(12)"经营性应收项目的减少（减：增加）"项目，反映企业本期经营性应收项目（包括应收账款、应收票据和其他应收款中与经营活动有关的部分及应收的增值税销项税额等）的减少（减：增加）。

(13)"经营性应付项目的增加（减：减少）"项目，反映企业本期经营性应付项目（包括应付账款、应付票据、应付福利费、应交税金、其他应付款中与经营活动有关的部分以及应付的增值税进项税额等）的增加（减：减少）。

2."不涉及现金收支的投资和筹资活动"项目

反映企业一定期间内影响资产或负债但不形成该期现金收支的所有投资和筹资活动的信息。不涉及现金收支的投资和筹资活动各项目的填列方法如下：

(1)"债务转为资本"项目，反映企业本期转为资本的债务金额。

(2)"一年内到期的可转换公司债券"项目，反映企业一年内到期的可转换公司债券的本息。

(3)"融资租入固定资产"项目，反映企业本期融资租入固定资产计入"长期应付款"科目的金额。

3."现金及现金等价物净增加额"项目

反映企业一定会计期间现金及现金等价物的期末余额减去期初余额后的净增加额（或净减少额），是对现金流量表正表中的"现金及现金等价物"项目的补充说明。该项目的金额应与正表中最后一项"现金及现金等价物净增加额"项目的金额核对相符。

四、现金流量表的编制方法

现金流量表的编制方法，在会计实务中一般采用工作底稿法、T形账户法和分析填列法。

1. 工作底稿法

采用工作底稿法编制现金流量表，就是以工作底稿为手段，以资产负债表和利润表为基础，结合有关账户记录，对现金流量表中的每一项目进行分析并编制调整分录，从而编制出现金流量表的一种方法。

采用工作底稿法编制现金流量表的具体步骤为：

第一步，开设工作底稿，并将资产负债表各项目的期初数和期末数过入工作底稿的期初数栏和期末数栏，将利润表各项目的本期数过入本期数栏中。

第二步，对当期经济业务进行分析并编制调整分录。调整分录大体分为以下几类：

（1）涉及利润表中的收入、成本和费用项目以及资产负债表中的资产、负债及所有者权益项目，通过调整，将权责发生制下的收入费用转换为现金基础；

（2）涉及资产负债表和现金流量表中的投资筹资项目，反映投资活动和筹资活动的现金流量；

（3）涉及利润表和现金流量表中的投资和筹资项目，目的是将利润表中有关投资和筹资方面的收入和费用列入到现金流量表中投资、筹资现金流量中去。此外，还有一些调整分录并不涉及现金收支，只是为了核对资产负债表项目的期末数变动。

在调整分录中，有关现金和现金等价物的事项，并不直接借记或贷记现金，而是分别记入"经营活动产生的现金流量"、"投资活动产生的现金流量"、"筹资活动产生的现金流量"有关项目，借记表明现金流入，贷记表明现金流出。

第三步，将调整分录过入工作底稿中的相应部分。

第四步，核对调整分录，借贷合计应当相等，资产负债表项目期初数加减调整分录中的借贷金额以后，应当等于期末数。

第五步，根据工作底稿中的现金流量表项目部分编制正式的现金流量表。

2. T形账户法

T形账户法是以T形账户为手段，以利润表和资产负债表数据为基础，对每一项目进行分析并编制调整分录，从而编制出现金流量表。采用T形账户法编制现金流量表的程序为：

第一步，为所有非现金项目（包括资产负债表项目和利润表项目）分别开设T形账户，并将各自的期末期初变动数过入各该科目。

第二步，开设一个大的"现金及现金等价物"T形账户，每边分为经营活动、投资活动和筹资活动三个部分，左边记现金流入，右边记现金流出。与其他账户一样，过入期末期初变动数。

第三步，以利润表项目为基础，结合资产负债表分析每一个非现金项目的增减变动，并据此编制调整分录。

第四步，将调整分录过入各T形账户，并进行核对，该账户借贷相抵后的余额与原先过入的期末期初变动数应当一致。

第五步，根据大的"现金及现金等价物"T形账户编制正式的现金流量表。

根据本章编制资产负债表的资料，现举例说明采用工作底稿法编制现金流量表的方法如下：

第一步，将资产负债表的期初数和期末数过入工作底稿的期初数栏和期末数栏；

第二步，对当期业务进行分析，并编制调整分录。编制部分分录时，要以利润表项目为基础，从"主营业务收入"开始，结合资产负债表逐一进行分析。其调整分录如下：

（1）分析调整主营业务收入：

　　借：经营活动现金流量——销售商品收到的现金　　　　　62 700 000
　　　　应收账款　　　　　　　　　　　　　　　　　　　　13 800 000
　　　　贷：主营业务收入　　　　　　　　　　　　　　　　　　　76 000 000
　　　　　　应收票据　　　　　　　　　　　　　　　　　　　　　5 000 000

（2）分析调整主营业务成本：

借：主营业务成本 55 600 000

    贷：经营活动现金流量

        ——购买商品接受劳务支付的现金 44 701 200

        存货 10 898 800

（3）计算营业费用付现：

借：营业费用 754 800

    贷：经营活动现金流量

        ——支付的其他与经营活动有关的现金 754 800

（4）调整本年主营业务税金及附加：

借：主营业务税金及附加 5 380 000

    贷：经营活动现金流量——支付的各项税费 5 380 000

（5）调整管理费用：

借：管理费用 1 148 200

    贷：经营活动现金流量

        ——支付的其他与经营活动有关的现金 1 148 200

（6）分析调整投资收益：

借：投资活动现金流量——取得投资收益收到的现金 150 000

    投资活动现金流量——收回投资所收到的现金 110 000

    贷：投资收益 160 000

        短期投资 100 000

（7）分析调整所得税：

借：所得税 4 419 000

    贷：应交税金 4 419 000

（8）分析调整营业外支出：

借：营业外支出 35 000

    投资活动现金流量——处置固定资产收到的现金 5 000

    累计折旧 360 000

    贷：固定资产 400 000

（9）分析调整坏账准备：

借：经营活动现金流量

    ——支付的其他与经营活动有关的现金 69 000

    贷：坏账准备 69 000

（10）分析调整待摊费用：

借：经营活动现金流量——购买商品接受劳务支付的现金 60 000

    贷：待摊费用 60 000

（11）分析调整固定资产：

借：固定资产 3 300 000

    贷：投资活动现金流量——购建固定资产支付的现金 300 000

        在建工程 3 000 000

（12）分析调整累计折旧：

借：经营活动现金流量——购买商品接受劳务支付的现金　　　　100 000
　　贷：累计折旧　　　　　　　　　　　　　　　　　　　　　　　　100 000

（13）分析调整固定资产购建支出：

借：在建工程　　　　　　　　　　　　　　　　　　　　　　　22 800
　　贷：投资活动现金流量——购建固定资产支付的现金　　　　　　20 000
　　　　应付福利费　　　　　　　　　　　　　　　　　　　　　　　2 800

（14）分析调整无形资产：

借：经营活动现金流量——支付的其他与经营活动有关的现金　　80 000
　　贷：无形资产　　　　　　　　　　　　　　　　　　　　　　　　80 000

（15）分析调整短期借款：

借：短期借款　　　　　　　　　　　　　　　　　　　　　　1 500 000
　　贷：筹资活动现金流量——偿还债务支付的现金　　　　　　1 500 000

（16）分析调整应付工资：

借：应付工资　　　　　　　　　　　　　　　　　　　　　　3 980 000
　　贷：经营活动现金流量
　　　　——支付给职工的以及为职工支付的现金　　　　　　　3 980 000

借：经营活动现金流量——购买商品接受劳务支付的现金　　2 980 000
　　　　　　　　　　——支付的其他与经营活动有关的现金　1 000 000
　　贷：应付工资　　　　　　　　　　　　　　　　　　　　3 980 000

（17）分析调整应付福利费：

借：经营活动现金流量——购买商品接受劳务支付的现金　　　417 200
　　　　　　　　　　——支付的其他与经营活动有关的现金　　140 000
　　贷：应付福利费　　　　　　　　　　　　　　　　　　　　557 200

（18）分析调整应交税金：

借：应交税金　　　　　　　　　　　　　　　　　　　　　　5 380 000
　　贷：经营活动现金流量——支付的各项税费　　　　　　　5 380 000

（19）分析调整预提费用：

借：预提费用　　　　　　　　　　　　　　　　　　　　　　　90 000
　　贷：筹资活动现金流量——偿还利息所支付的现金　　　　　　90 000

（20）分析调整长期借款：

借：筹资活动现金流量——借款所收到的现金　　　　　　　1 200 000
　　贷：长期借款　　　　　　　　　　　　　　　　　　　　1 200 000

借：长期借款　　　　　　　　　　　　　　　　　　　　　1 200 000
　　贷：筹资活动现金流量——偿还债务所支付的现金　　　　1 200 000

（21）结转净利润：

借：净利润　　　　　　　　　　　　　　　　　　　　　　　882 300
　　贷：未分配利润　　　　　　　　　　　　　　　　　　　　882 300

（22）提取盈余公积及分配股利：

借：未分配利润　　　　　　　　　　　　　　　　　　2 323 000
　　　贷：盈余公积　　　　　　　　　　　　　　　　　　1 323 000
　　　　　应付股利　　　　　　　　　　　　　　　　　　1 000 000
（23）最后调整现金净变化额：
借：现金
　　　贷：现金净减少额
第三步，将调整分录过入工作底稿中的相应部分；
第四步，核对调整分录的借方金额和贷方金额；
第五步，根据工作底稿中的现金流量表项目部分，经核实无误后，编制正式的现金流量表（表12-5、表12-6）。

现金流量表工作底稿　　　　　　　　　　　表 12-5

金额单位：万元

| 项　目 | 期初数 | 调整分录 | | 期末数 |
		借　方	贷　方	
资产负债项目				
借方项目				
货币资金	1 210	2 565.8		3 775.8
短期投资	100		10	90
应收票据	50		50	0
应收账款	800	1 380		2 180
预付账款	400			400
存货	6 040		1 089.88	4 950.12
待摊费用	12		6	6
其他应收款	45			45
长期股权投资	200			200
固定资产原值	1 200	290		1 490
固定资产购建支出	400		297.72	102.28
无形资产	23		8	15
借方项目合计	10 480	4 235.8	1 461.6	13 254.2
贷方项目				
坏账准备	4		6.9	10.9
累计折旧	400	26		374
短期借款	200	150		50
应付票据			2 000	2 000
应付账款	202			202
预收账款	1 100			1 100
应付工资				0
应付福利费	260		56	316

项　　目	期初数	调整分录		期末数
		借　方	贷　方	
应付股利			100	100
应交税金	160			160
其他应交款	30			30
其他应付款	225		14	239
预提费用	9	9		0
长期借款	1 000			1 000
实收资本	5 000			5 000
盈余公积	1 240		132.3	1 372.3
未分配利润	650		650	1 300
贷方项目合计	10 480	185	2 959.2	13 254.2
利润表项目				
主营业务收入			7 600	7 600
主营业务成本		5 560		5 560
主营业务税金及附加		538		538
营业费用		75.48		75.48
管理费用		114.82		114.82
投资收益			16	16
营业外支出		3.5		3.5
所得税		411.9		441.9
净利润			882.3	882.3
现金流量表项目				
（一）经营活动现金流量				
销售商品、提供劳务收到的现金		6 270		6 270
现金收入小计		6 270		6 270
购买商品、接受劳务支付的现金			4 120.4	4 120.4
支付给职工以及为职工支付的现金			398	398
支付的各项税费			538	538
支付的其他与经营活动有关的现金			55.4	55.4
现金支付小计			5 111.8	5 111.8
经营活动产生现金流量净额				1 158.2
（二）投资活动产生的现金流量				
收回投资所收到的现金		11		11
取得投资收益所收到的现金		15		15
取得投资收益所收到的现金				
处置固定资产收到的现金净额		0.5		0.5
现金收入小计		26.5		26.5

项　目	期初数	调整分录		期末数
		借　方	贷　方	
购建固定资产支付的现金			30	30
现金支付小计			30	30
投资活动产生的现金流量净额				−3.5
（三）筹资活动产生的现金流量				
借款所收到的现金		120		120
现金收入小计		120		120
偿还债务所支付的现金			270	270
偿还利息所支付的现金				
现金支付小计			270	270
筹资活动产生的现金流量净额				−150
（四）现金及现金等价物净减少额				
调整分录的借贷合计				

现　金　流　量　表

表 12-6

编制单位：　　　　　　　　　　　　　　_____年度　　　　　　　　　金额单位：万元

项　目	行次	金　额
一、经营活动产生的现金流量		
销售商品、提供劳务收到的现金	1	6 270.00
收到的税费返还	3	
收到的其他与经营活动有关的现金	8	
现金流入小计	9	6 270.00
购买的商品、接受劳务支付的现金	10	4 120.40
支付给职工以及为职工支付的现金	12	398.00
支付的各种税费	13	538.00
支付的其他与经营活动有关的现金	18	55.40
现金流出小计	20	5 111.80
经营活动产生的现金流量净额	21	1 158.20
二、投资活动产生的现金流量：		
收回投资所产生的现金	22	11.00
取得投资收益所收到的现金	23	15.00
处置固定资产、无形资产和其他长期资产所收回的现金净额	25	0.50
收到的其他与投资活动有关的现金	28	
现金流入小计	29	26.50
购建固定资产、无形资产和其他长期资产所支付的现金	30	32.00
投资所支付的现金	31	

项 目	行次	金 额
支付的与其他投资活动有关的现金	35	
现金流出小计	36	32.00
投资活动所产生的现金流量净额	37	−5.50
三、筹资活动产生的现金流量:		
吸收投资所收到的现金	38	
借款所收到的现金	40	120.00
收到的其他与筹资活动有关的现金	43	
现金流入小计	44	120.00
偿还债务所支付的现金	45	270.00
分配股利、利润或偿付利息所支付的现金	46	9.00
支付的其他与筹资活动有关的现金	52	
现金流出小计	53	279.00
筹资活动所产生的现金流量净额	54	−159.00
四、汇率变动对现金的影响	55	
五、现金及现金等价物净增加额	56	993.70
补 充 资 料	行次	金 额
1. 将净利润调节为经营活动现金流量		
净利润	57	882.30
加:计提的资产减值准备	58	0.00
固定资产折旧	59	10.00
无形资产摊销	60	8.00
长期待摊费用摊销	61	
待摊费用减少（减:增加）	64	6.00
预提费用增加（减:减少）	65	−9.00
处置固定资产、无形资产和其他长期资产的损失（减:收益）	66	3.50
固定资产报废损失	67	
财务费用	68	
投资损失（减:收益）	69	−16.00
递延税款贷项（减:借项）	70	
存货的减少（减:增加）	71	1 089.88
经营性应收项目的减少（减:增加）	72	−1 323.10
经营性应付项目的增加（减:减少）	73	2 170.00
其他	74	
经营活动产生的现金流量净额	75	2 821.58

项　　　目	行次	金　　额
2. 不涉及现金收支的投资活动和筹资活动		
以实物投资	76	
收到的实物投资	77	
融资租入固定资产	78	
3. 现金及现金等价物净增加情况		
现金的期末余额	79	3 775.80
减：现金的期初余额	80	1 210.00
加：现金等价物的期末余额	81	
减：现金等价物的期末余额	82	
现金及现金等价物净增加额	83	2 565.80

第五节　会计报表附注和财务情况说明书

一、会计报表附注

会计报表附注是为了方便会计报表使用者理解会计报表的内容，而对会计报表的编制基础、编制依据、编制原则和方法及主要项目等所作的解释。它是对会计报表的补充说明，是财务会计报告的重要组成部分。

会计报表中所规定的内容具有一定的固定性和规定性，它只能提供定量的会计信息，而定量反映的会计信息是有一定局限性的，没有定性的分析和说明。因此，会计报表附注可以针对会计报表不能包括的内容，或者披露不详尽的内容作进一步的解释和说明，有助于会计报表使用者更好地理解和使用会计报表。

（一）会计报表附注的作用

会计报表附注的作用主要有以下三个方面：

1. 有助于报表使用者正确理解会计报表项目采用的会计原则和会计处理方法。对于同一项经济业务可能有不同的会计原则和会计处理方法以供企业选择，如果不说明会计报表中有关项目采用的会计原则和会计处理方法，就会给会计报表使用者正确理解会计报表带来不便。所以，在会计报表附注中加以说明，有助于会计报表使用者正确理解会计报表内容。

2. 有助于报表使用者掌握会计政策的变化。一致性原则要求前后各期采用的会计政策应当保持一致，不得随意变更。但是有时会计法规发生变化，或者为了更公允地反映企业的实际情况，企业有可能改变会计报表中某些项目的会计政策，将会出现不同期间的会计报表中对同一项目采用了不同的会计政策，从而影响了不同会计期间会计报表的可比性。所以，在会计报表附注中对这一情况加以说明，有助于报表使用者掌握会计政策的变化。

3. 助于报表使用者进一步了解各项目详细情况。会计报表附注可以对会计报表中披露不详的内容作进一步的解释和说明。会计报表由于受其形式的限制，只能按大类设置项目，反映总括情况，至于各项目内部的情况以及项目背景的情况往往难以在表内反映。所以，会计报表附注有助于报表使用者进一步了解各项目详细情况。

（二）会计报表附注的内容

按照《企业财务会计报告条例》的规定，会计报表附注至少应当包括下列内容：

1. 不符合基本会计假设的说明

基本会计假设包括会计主体假设、持续经营假设、会计期间假设和货币计量假设。企业编制报表时如果应用了不符合上述四个基本假设的编制基础或方法，就应该在会计报表附注中进行说明。比如企业编制合并报表的范围发生变化，以前年度未纳入合并范围的企业纳入了合并范围，就会造成会计主体假设发生变化；又如企业因生产的产品不符合国家产业政策，或经营出现严重亏损即将关停并转，使得持续经营的假设不复存在；再如在通货膨胀条件下应用物价变动会计调整了资产的账面价值，不符合货币计量的假设等。以上类似情况均应在会计报表附注中予以说明。

2. 重要会计政策和会计估计及其变更的说明，以及重大会计差错更正的说明。企业应披露如下内容

（1）会计政策变更的内容和理由，包括对会计政策变更的简要阐述、变更的日期、变更前采用的会计政策和变更后所采用的新会计政策及会计政策变更的原因。

（2）会计政策变更的影响数，包括采用追溯调整法时，计算出的会计政策变更的累积影响数；会计政策变更的对本期以及比较会计报表所列其他各期净损益的影响金额；比较会计报表最早期间期初留存收益的调整金额。

（3）累积影响数不能合理确定的理由，包括在会计报表附注中披露的累积影响数不能合理确定的理由以及由于会计政策变更对当期经营成果的影响金额。

（4）会计估计变更的内容和理由，包括会计估计变更的内容、变更的日期以及为什么要对会计估计进行变更。

（5）会计估计变更的影响数，包括会计估计变更对当期损益的影响数，以及对其他各项的影响金额。

（6）会计估计变更数不能合理确定的理由。

（7）重大会计差错的内容，包括重大会计差错事项陈述和原因以及更正方法。

（8）重大会计差错的更正金额，包括重大会计差错对净损益的影响金额以及对其他项目的影响金额。

3. 或有事项的说明

对此，企业需要披露或有负债的类型及其影响：已贴现商业承兑汇票形成的或有负债；未决诉讼、仲裁形成的或有负债；为其他单位提供债务担保形成的或有负债；其他或有负债（不包括极小可能导致经济利益流出企业的或有负债）。

对于或有负债而言，企业应披露以下内容：或有负债形成的原因；或有负债预计产生的财务影响（如无法预计，应说明理由）；或有负债获得补偿的可能性。如果或有资产很可能会给企业带来经济利益时，则应说明其形成的原因及其产生的财务影响。

4. 资产负债表日后事项的说明

对此，企业应说明股票和债券的发行、对一个企业的巨额投资、自然灾害导致的资产损失以及汇率发生较大变动等非调整事项的内容，估计对财务状况、经营成果的影响；如无法作出估计，应说明其原因。

5. 债务重组的说明

对此，企业需要分别按债务人和债权人分别披露以下内容：

对债务人而言，需要披露以下内容：

（1）债务重组方式。包括以低于债务账面价值的现金清偿债务、以非现金资产清偿债务、债务转为资本、修改其他债务条件以及混合重组方式等。债务人需要披露债务重组是以哪一种方式进行的。

（2）因债务重组而确认的资本公积总额。债务人可能发生多项债务重组，并确认多项资本公积。企业会计制度仅要求披露确认的资本金总额，不要求分别披露每项债务重组确认的资本公积。需要说明的是，并不是每项债务重组交易都会确认资本公积，有些债务重组交易可能要确认债务重组损失。

（3）将债务转为资本所导致的股本（实收资本）增加额。债务人可能有多项债务重组涉及债务转为资本，企业会计制度仅要求披露债务转为资本所导致的股本（实收资本）总增加额，不要求分别披露每项债务重组所导致的股本（实收资本）增加额。

（4）或有支出。债务人可能有多项债务重组涉及或有支出，企业会计制度仅要求汇总披露或有支出金额，不要求分别披露每项或有支出金额。

对于债权人而言，需要披露以下内容：

（1）债务重组方式。与债务人的披露相同。

（2）债务重组损失总额。在某些债务重组交易中，债权人可能发生债务重组损失。企业会计制度仅要求披露产生债务重组损失总额，不要求分别披露每项债务重组的损失金额。

（3）债权转为股权所导致的长期投资增加额及其长期投资占债务人股权的比例。

（4）或有收益。债权人可能有多项债务重组涉及或有收益，企业会计制度仅要求汇总披露或有收益金额，不要求分别披露每项或有收益金额。

6. 非货币性交易的说明

对此，企业需要披露以下内容：

（1）非货币性交易中换入、换出资产的类别，即企业在非货币性交易中，以什么资产与什么资产相交换。

（2）非货币性交易中换入、换出资产的金额，即非货币性交易中换入换出资产的公允价值、补价、应确认的收益以及换出资产的账面价值。

7. 关联方关系及其交易的说明

对此，企业应分别按以下情况分别作出说明：

（1）在存在控制关系情况下，关联方如为企业时，不论他们之间有无交易，都应说明如下事项：企业经济性质或类型、名称、法定代表人、注册地、注册资本及其变化；企业的主营业务；所持股份或权益及其变化。

（2）在企业与关联方发生交易的情况下，企业应说明关联方关系的性质、交易类型及其交易要素：交易的金额或相应比例；未结算项目的金额或相应比例；定价政策（包括没有金额或只有象征性金额的交易）。

（3）关联方交易应分别关联方以及交易类型予以说明，类型相同的关联方交易，在不影响会计报表使用者正确理解的情况下可以合并说明。

（4）对于关联方交易价格的确定如果高于或低于一般交易价格，应说明其价格的公允性。

8. 重要资产转让及其出售情况的说明

资产是企业从事生产经营活动的物资基础。如果企业转让出售重要资产，势必会影响企业今后的发展及盈利能力，为使投资者、债权人及时了解企业资产的变动情况，客观上要求企业应在会计报表附注中披露资产转让及出售的原因，由此引起的对财务状况和经营成果的影响。

9. 企业合并、分立情况的说明

合并、分立是企业的重大事项，涉及企业的未来发展和盈利，在会计报表附注中应充分披露合并、分立的原因，所采用的会计假设、会计程序和会计方法，合并时和合并后编制合并会计报表的编制基础，合并或分立后对企业财务状况和经营成果的影响。

10. 重大投资、融资活动情况的说明

应披露投资或融资的原因、方式和金额；被投资方的情况简介；投资后对企业财务状况和经营成果的影响；融资所得资金的用途；债务融资未来各期的现金流出预计。

11. 会计报表中重要项目的说明

所谓重要项目，是指该项目的变动会引起会计报表数字的较大变动。通常情况下，会计报表附注应对如下重要项目进行披露：①资产负债表中应收、应付、存货、长期投资、固定资产、在建工程、借款、应交税金及递延税款等项目，一般应分别披露其计价方法、划分标准、分项结构、年初、年末余额及本年增减变动情况；②利润表和利润分配表中收入、成本费用以及公司当年利润分配等项目，一般应从公司经营背景角度，比较若干年的变动情况，说明增减变动的原因；③公司资金周转情况。通过对存货周转率、应收账款周转率以及总资产周转率等指标的分析，说明公司流动资金和长期资金的周转状况及变化的原因。

12. 有助于理解和分析会计报表需要说明的其他事项

如公司简介，税费项目，少见或异常的报表项目，对会计报表中某项目未来收益和风险的预计，表外项目如公司承诺事项、分行业资料等。

二、财务情况说明书

（一）财务情况说明书的作用

财务情况说明书是对企业一定会计期间内生产经营、资金周转和实现利润以及分配等情况的综合性的书面说明，是财务会计报告的组成部分。

财务情况说明书全面扼要地提供企业的生产经营、财务活动情况，分析总结经营业绩和存在的不足，是财务会计报告使用者了解和考核企业生产经营和业务活动情况的重要资料。

（二）财务情况说明书的内容

根据《企业财务会计报告条例》的规定，财务情况说明书应至少对以下情况作出说明。

1. 企业生产经营基本情况。主要包括：企业主营业务范围及经营情况；企业员工的数量和专业素质情况；经营中出现的问题、困难与解决的方案；经营环境的变化；开发、在建项目的预期进展；国家宏观政策对企业的影响；需要披露的其他业务情况与事项。

2. 利润实现和分配情况。主要是指：企业在本年度实现的净利润及其分配情况；在利润分配中，提取法定盈余公积和法定公益金的数额；累积可供分配的利润；资本公积转增实收资本的情况等。如果在本年度内没有发生分配利润或资本公积转增实收资本的情况，则需要在财务情况说明书中明确说明。企业利润的实现和分配情况，对于判断企业未来发展前景至关重要，所以，需要企业披露有关利润实现和分配情况方面的信息。

3. 资金增减和周转情况。主要反映年度内企业各项资产、负债、所有者权益、利润构成项目的增减情况及其原因等，这对于财务会计报告使用者了解企业的增减变动情况具有非常重要的意义。

4. 对企业财务状况、经营成果和现金流量有重大影响的其他事项。如：金额较大的对外投资、对外担保、未决诉讼、资产重组等。

思 考 题 与 习 题

思考题

1. 什么是财务报告？企业编制财务会计报告的目的有哪些？

2. 财务报告由哪几部分构成？

3. 财务会计报表如何分类？

4. 什么是资产负债表？资产负债表的主要内容有哪些？

5. 简述资产负债表的编制方法。

6. 什么是利润表？利润表反映的主要内容有哪些？

7. 简述利润表的编制方法。

8. 什么是现金流量表？现金流量表的编制基础是什么？简要说明现金流量的种类。

9. 简述现金流量表中"经营活动产生的现金流量"的两种编制方法的区别。

10. 什么是工作底稿法？什么是T形账户法？简要说明这两种方法的主要区别。

11. 会计报表附注有哪些作用？会计报表附注有哪些主要内容？

习题

一、目的：练习房地产企业资产负债表、利润表和现金流量表的编制。

二、资料：

1. 某房地产企业200×年1月1日资产负债表的年初数见表12-7。

某房地产企业200×年1月1日资产负债表的年初数　　　　　　　　表12-7

资　　产	期初余额（元）	负债及所有者权益	期初余额（元）
货币资金	1 301 500	短期借款	500 000
短期投资	15 000	应付账款	1 803 000
应收票据	480 000	预收账款	340 000
应收账款	200 000	应付工资	48 000

资 产	期初余额（元）	负债及所有者权益	期初余额（元）
坏帐准备	−2 000	应付福利费	23 000
预付账款	73 000	应交税金	49 800
存 货	6 099 300	一年内到期的长期负债	1 000 000
固定资产原值	1 780 000	长期借款	1 048 000
累计折旧	−230 000	实收资本	5 000 000
固定资产购建支出	320 000	资本公积	260 000
无形资产	265 000	盈余公积	220 000
		未分配利润	50 000
合 计	10 301 800	合 计	10 341 800

该企业的所得税税率为 33%，营业税税率为 5%。

2. 该企业 200× 年度发生的经济业务如下：

（1）向银行借入三年期的房地产开发项目贷款 10 000 000，存入银行。

（2）用银行存款支付应付施工单位工程款 1 200 000。

（3）用银行存款支付自营工程材料价款 250 000，材料已验收入库。

（4）用银行存款支付购入的不需要安装的固定资产价款 350 000。

（5）出售企业持有的短期投资，取得价款收入 55 000 元存入银行。短期投资实际成本为 50 000 元。

（6）用银行存款支付广告费 80 000 元。

（7）用银行存款支付应由企业负担的职工基本养老保险金 10 000 元、基本医疗保险费 4 000 元。

（8）用银行存款支付职工工资 500 000 元。

（9）分配本期工资 500 000 元：开发项目管理人员 350 000 元、企业管理人员工资 100 000 元、销售人员工资 40 000 元、购建固定资产应负担的工资 10 000 元。

（10）根据上述工资总额，计提职工福利费 70 000 元，按照分配工资的口径计入相关成本费用。

（11）根据上述工资总额，计提工会经费 10 000 元、职工教育经费 7 500 元。

（12）计提本期固定资产折旧费 100 000 元，其中：管理费用负担 40 000 元，开发间接费用负担 60 000 元。

（13）本期实现销售住宅收入 8 000 000，取得首付款、按揭款 6 000 000 存入银行，尚有 2 000 000 销售款未收回。该项目的开发成本为 6 600 000。

（14）按照规定计算本期应缴销售营业税金及附加 440 000。

（15）按照规定计算本期应缴纳的土地增值税 500 000。

（16）结转本期的开发间接费用至"开发成本"账户。

（17）按照 0.5% 计提本期的坏账准备金。

（18）出售已使用的固定资产一台，原值 100 000，已提折旧 80 000 元，收回出售价款 30 000 存入银行。

（19）用银行存款支付本期开发项目应负担的利息 100 000 元。

（20）结转本期的各损益类账户的余额至"本年利润"。

（21）计算并结转应缴的企业所得税。

（22）按照净利润的 10% 和 5% 分别计提法定的盈余公积金、法定的公益金。

（23）用银行存款支付本期应缴纳销售营业税金及附加、土地增值税以及企业所得税。

（24）年末将"本年利润"账户的金额和"利润分配"其他明细账的金额转入"利润分配——未分配利润"明细账户。

三、要求：

1. 根据上述资料，作出会计分录。

2. 编制该企业 200×年 12 月 31 日的资产负债表。

3. 编制该企业 200×年度的利润表。

4. 编制该企业 200×年度的现金流量表。

房地产开发企业会计综合习题

一、目的

为了加强实践性教学环节，充分体现中专学生动手能力强这一特色，学生学完《房地产开发企业会计》课程后，运用各章所学会计核算知识，独立完成《房地产开发企业会计大作业》，使之能将房地产开发企业会计核算的各业务环节融会贯通，系统掌握全部核算过程，以巩固学习成效，为毕业后从事房地产开发企业会计工作打下良好基础。

二、指导思想

1. 某一中型房地产企业 20×1 年 12 月份的经济业务，该企业定名为华盛房地产公司，实行公司及所属基层单位实行一级核算，两级管理。该公司设有行政部、财务部、开发经营部、工程部、销售部、客户服务部等部门。现有一个项目经理部，该项目经理部有三个项目正在开发，详情见表四。

注意：本企业开发房屋，其建筑安装工程施工采用出包方式。

2. 房地产公司的房屋开发工程成本采取按月结账，竣工后及时结转成本的方法，与施工企业工程价款的结算均采用按月结算方式。

3. 采用正规格式的凭证、账页和报表，通过作业，起到模拟练习的作用。

三、要求

1. 根据华盛房地产公司 20×1 年 11 月末各有关总账和明细账资料，建立相应的总账和明细账。

2. 根据华盛房地产公司 20×1 年 12 月发生的各项经济业务，采用借贷记账法填制记账凭证。有计算表者，应附在该记账凭证后面。

应注意的是，材料、低值易耗品一律按计划成本计价核算。收入材料的材料成本差异及时结转，发出材料按月初材料成本差异率及时分配。

3. 按经济业务发生时间，每一旬编制一次记账凭证汇总表（汇总后连同记账凭证装订成册），据以登记总账。并同时根据记账凭证或所附计算表登记明细账。材料采购可只登主要材料的明细账，房屋开发应按成本核算对象登记明细账，其余明细账有资料的应登记完整。

4. 全部账目登记完毕，结出各总账和明细账的发生额和期末余额，并进行试算平衡。

5. 整理记账资料和其他有关资料，编制年度资产负债表、利润表、利润分配表、现金流量表、在建开发产品成本表和已完开发产品成本表、财务情况说明书。

四、作业资料

（一）总分类账户及部分明细账户年初余额、1～11 月发生额、11 月末余额，房屋开发明细资料分别见表一～表四。

总分类账账户资料表

单位：元

账户名称	年初余额		1～11月发生额		11月末余额	
	借 方	贷 方	借 方	贷 方	借 方	贷 方
现金	15 000		6 500 000	6 490 000	25 000	
银行存款	30 384 460		38 235 000	16 520 000	52 099 460	
其他货币资金	35 000		78 000	63 000	50 000	
短期投资	25 000		100 000	120 000	5 000	
应收票据	100 000		250 000	100 000	250 000	
应收账款	743 140		24 399 060	17 000 000	8 142 200	
坏账准备		120 000		40 300		160 300
预付账款	400 000		200 000	550 000	50 000	
备用金						
其他应收款	270 000		540 000	630 000	180 000	
物资采购	150 000		100 000	200 000	50 000	
采购保管费	34 000		2 865 000	2 853 000	46 000	
原材料	400 000		10 600 000	8 370 000	2 630 000	
低值易耗品	100 000		300 000	200 000	200 000	
材料成本差异	3 000		10 170	10 340	2 830	
库存设备	237 000		730 000	481 500	485 500	
委托加工物资	56 000		178 000	143 000	91 000	
库存商品	60 000		560 000	60 000	560 000	
待摊费用	30 000		40 000	60 000	10 000	
长期股权投资	300 000		1 600 000	100 000	1 800 000	
长期债权投资	200 000		1 000 000	100 000	1 100 000	
固定资产	15 380 000				15 380 000	
累计折旧		3 761 900		784 718		4 546 618
固定资产清理			70 000	70 000		
无形资产	600 000			210 000	390 000	
长期待摊费用	87 000		36 000	38 000	85 000	
待处理财产损益	24 000		52 000	34 000	42 000	
短期借款		3 500 000	2 800 000	400 000		1 100 000
应付票据		1 800 000	1 780 000	680 000		700 000
应付账款		2 000 000	120 000	500 000		2 380 000
预收账款		4 000 000	13 056 060	168 308 715		159 252 655

账户名称	年初余额		1~11月发生额		11月末余额	
	借 方	贷 方	借 方	贷 方	借 方	贷 方
其他应付款		235 000	108 701	201 750		328 049
应付工资		500 000	2 900 000	2 640 000		240 000
应付福利费		500 000	30 000	315 000		785 000
应交税金		300 000	5 517 530	5 258 580		41 050
应付利润		150 000	160 000	160 000		150 000
其他应交款		800	5 500	5 851		1 151
预提费用		60 000	270 000	380 000		170 000
长期借款		20 000 000	5 000 000	81 850 000		96 850 000
应付债券				94 865 000		94 865 000
长期应付款				62 400 000		62 400 000
实收资本		255 000 000				255 000 000
资本公积		300 000				300 000
盈余公积		700 000		152 100		852 100
本年利润			2 143 490	2 143 490		
利润分配		1 356 400	152 100	1 737 322		2 941 622
生产成本	244 650 500		409 478 110	54 739 055	599 389 555	
主营业务收入			78 198 650	78 198 650		
主营业务成本			54 739 055	54 739 055		
主营业务税金及附加			473 102	473 102		
其他业务收入			180 000	180 000		
其他业务支出			150 260	150 260		
管理费用			2 697 050	2 697 050		
财务费用			1 800 000	1 800 000		
营业费用			3 540 000	3 540 000		
投资收益			150 000	150 000		
营业外收入			70 000	70 000		
营业外支出			20 000	20 000		
所得税			4 910 130	4 910 130		
合 计	294 284 100	294 284 100	678 892 968	678 892 968	683 063 545	683 063 545

利润分配明细资料　　　　　　　　　　　　　表二

单位：元

项 目	11月末余额	
	借 方	贷 方
提取盈余公积金	152 100	
应付利润	150 000	
未分配利润		3 243 722
利润分配总账余额		2 941 622

部分账户明细分类资料

单位：元

总分数账户	明细分类账户	借方余额	贷方余额
其他货币资金	信用卡存款 外埠存款	30 000 20 000	
委托加工物资	市木材加工厂 市构件厂	20 000 71 000	
待摊费用	汽车保险费、养路费	10 000	
长期待摊费用	租入固定资产改良支出 固定资产大修理支出	55 000 30 000	
应收账款	光华公司 星辉公司 齐维公司	988 460 810 740 6 343 000	
待处理财产损溢	待处理流动资产损溢 待处理固定资产损溢	7 000 35 000	
应付账款	市建材公司 三丰水泥厂 长城钢铁厂 顺达建筑公司		500 000 200 000 150 000 1 530 000
短期借款	流动资金借款		1 100 000
预提费用	流动资金借款利息 A工程配套设施费		11 000 159 000
应交税金	营业税 城市维护建设税		38 365 2 685
其他应交款	教育费附加		1 151
长期股权投资	丰都水泥厂 重光钢铁厂	800 000 1 000 000	
长期债权投资	海兴石化公司 扬天科技公司	600 000 500 000	
无形资产	专有技术权 土地使有权	90 000 300 000	
短期投资	国库券	5 000	
应付利润	国家 企业职工	100 000 50 000	

房屋开发明细资料

20×1年

单位：元

序号	开发项目	A高层公寓	B多层商住楼	C大型商厦	合　计
1	开工日期	2004.06	2005.04	2005.02	
2	计划完工日期	2005.12	2006.06	2006.09	
3	计划开发面积（m²）	29 090	8 450	73 000	

続表

序号	开发项目	A高层公寓	B多层商住楼	C大型商厦	合　计
4	计划开发总成本	160 115 520	40 970 000	482 375 000	
5	年初开发成本				
5.1	土地征用及拆迁补偿费	72 051 984			
5.2	前期工程费	3 513 424			
5.3	基础设施费	2 305 663			
5.4	建筑安装工程费				
5.5	公共配套设施费				
5.6	开发间接费				
	小　计	77 871 071			77 871 071
6	1～11月开发成本				
6.1	土地征用及拆迁补偿费		18 436 500	394 740 000	413 176 500
6.2	前期工程费		596 181	8 434 250	9 030 431
6.3	基础设施费		491 640	5 263 200	5 754 840
6.4	建筑安装工程费	41 021 082	4 209 450	37 026 500	82 257 032
6.5	公共配套设施费	547 595	122 910	1 754 400	2 424 905
6.6	开发间接费	2 209 594	612 502	6 052 680	8 874 776
	小　计	43 778 271	24 469 183	453 271 030	521 518 484
7	11月末累计开发成本	121 649 342	24 469 183	453 271 030	599 389 555

（二）20×1年12月份经济业务

（1）12月1日，开发经营部采购员交来采购材料发票，向长城商贸公司购入钢材共20t，每吨发票价格计4 100元，运杂费2 000元，款项尚未支付。材料运达并验收入库。该批材料计划成本85 000元。

（2）12月1日，以银行存款向市土地拍卖中心支付竞买保证金1 000 000元，欲竞买三号宗地。

（3）12月2日，收到购房客户交纳的A公寓购房款6 840 000元，存入银行。

（4）12月3日，开发经营部采购员交来采购设备发票，发票价格计560 000元，运杂费3 000元，开出商业承兑汇票563 000元承付。

（5）12月3日，收到购房单位邮电公司预付的B商住楼购房定金5 000 000元，存入银行。

（6）12月4日，三号宗地竞买成功，其面积为25亩，每亩3 000 000，总价款按规定在6个月内付清，银行存款支付其1/3的土地价款25 000 000元。

（7）12月4日，拨付承包单位市建二公司抵作备料款的B工程用材料和设备一批，结算价格为315 708元。材料的结算价格和计划成本分别为105 235元和106 000元，设备的实际成本为210 473元。

（8）12月5日，按照合同规定，用银行存款预付A公寓工程承建单位市建一公司工

342

程款 911 580 元。

（9）12 月 5 日，按照合同规定，拨付承建 C 商厦工程的施工企业市建三公司建筑材料一批，结算价格为 380 844 元，计划成本 380 000 元。用银行存款预付承建 C 工程的市建三公司工程款 253 896 元。

（10）12 月 5 日，从银行提取现金 50 000 元，备用。

（11）12 月 6 日，购入 A 公寓需用的设备一台，价值 120 000 元，货款已用银行存款支付，但设备尚未到达。

（12）12 月 6 日，用银行存款向长城商贸公司支付材料款 84 000 元。

（13）12 月 7 日，收到购房客户交纳的 A 公寓购房款 9 418 560 元，存入银行。

（14）12 月 7 日，三号宗地准备开发商品房 D，用银行存款向讯达工程咨询公司支付 D 工程的可行性研究费 412 087.5 元。

（15）12 月 8 日，上述 A 公寓需用的设备到达并办完验收入库手续。

（16）12 月 8 日，收到上年采购成本为 170 000 元的在途材料并验收入库，该批材料计划成本为 175 000 元。

（17）12 月 9 日，按照合同规定，拨付承建 A 公寓工程的施工企业市建一公司建筑设备一批，实际成本为 3 646 318 元。

（18）12 月 9 日，用银行存款交纳上月的营业税 38 365 元，城市维护建设税 2 685 元，教育费附加 1 151 元。

（19）12 月 10 日，应付职工工资 240 000 元，其中：企业行政管理部门人员工资 120 000 元，项目经理部人员工资 100 000 元，商品房销售部人员工资 20 000 元。从银行提取现金，支付工资。

（20）12 月 10 日，按工资总额的 14% 提取职工福利费，按工资总额的 2% 提取工会经费，按工资总额的 1.5% 提取职工教育经费。

（21）12 月 11 日，项目经理部购入办公设备一套，买价 147 000 元，运杂费 3 000 元，均以银行存款支付。

（22）12 月 11 日，用银行存款支付 C 商厦工程公共配套设施费 105 264 元。

（23）12 月 12 日，收到购房单位邮电公司预付的 B 商住楼购房定金 5 000 000 元，存入银行。

（24）12 月 12 日，用银行存款支付 B 工程前期报规报建费用 28 000 元。

（25）12 月 13 日，以现金支付罚款支出 2 500 元。

（26）12 月 13 日，以现金支付业务招待费 8 000 元。

（27）12 月 14 日，用银行存款支付 B 工程基础设施费 122 910 元。

（28）12 月 14 日，向市勘察设计院支付 D 工程地质勘察费和测绘费 137 362.50 元。

（29）12 月 15 日，企业行政管理部门领用低值易耗品（办公用品）一批，计划成本 20 000 元，项目经理部领用低值易耗品一批，计划成本 12 000 元，均采用一次摊销法摊销。

（30）12 月 15 日，计算并结转领用低值易耗品应分摊的材料成本差异。（差异率均按月初材料成本差异率 1% 计算）

（31）12 月 16 日，收到出租房屋租金收入 100 000 元，存入银行。

（32）12 月 16 日，与海商集团签订售房合同，海商集团整体购买 C 商厦。按合同规定，总价款 567 500 000 元，分三期付清。首付 30％，工程主体完工付 50％，工程全部完工移交后付 20％。收到首付款，存入银行。

（33）12 月 17 日，用银行存款支付广告费用 1 200 000 元。

（34）12 月 17 日，开发经营部王成准备出差，预借差旅费 8 000 元，以现金支付。

（35）12 月 18 日，摊销企业行政管理部门租入固定资产改良支出 20 000 元，行政管理部门用固定资产大修理支出 10 000 元。

（36）12 月 18 日，用银行存款支付应付统筹退休金 800 000 元。

（37）12 月 19 日，用银行存款支付 B 工程配套设施工程费 40 970 元。

（38）12 月 19 日，收到商品房售后服务收入 80 000 元，存入银行。

（39）12 月 20 日，收到应收售房款 14 388 000 元，存入银行。

（40）12 月 20 日，收到购房单位邮电公司预付的 B 商住楼购房定金 5 000 000 元，存入银行。

（41）12 月 21 日，收到银行存款利息 2 000 元。

（42）12 月 21 日，归还到期短期借款本金 8 207 000 元，利息 33 000 元。

（43）12 月 22 日，用银行存款支付长期借款（工程借款）利息 520 000 元。

（44）12 月 22 日，A 公寓配套设施完工，本月实际支出 28 810 元，冲减有关费用（预提费用）。

（45）12 月 23 日，盘亏固定资产一项，原值 60 000 元，累计折旧 15 000 元。经批准，该项固定资产损失连同上年尚未处理的固定资产损失一并转销。

（46）12 月 23 日，报废固定资产一项，原价 50 000 元，累计折旧 45 000 元，用现金支付清理费 800 元，残料作价出售收入现金 1 000 元。

（47）12 月 24 日，应付票据 40 000 元到期，以银行存款支付本息共计 41 200 元。

（48）12 月 24 日，收到 A 公寓工程承包单位提出的"工程价款结算账单"，结算工程价款为 4 557 898 元，该工程预付工程款为 1 367 370 元。

（49）12 月 25 日，将上年购进的实付金额为 301 000 元的股票全部售出，实收金额 384 000 元，存入银行。

（50）12 月 25 日，向职工发放冬季保暖费 50 000 元。其中企业行政管理部门 25 000 元，项目经理部 17 000 元，销售部 8 000 元。

（51）12 月 26 日，以现金支付办公设备的修理费 420 元，其中：行政管理部门 300 元，项目经理部 120 元。

（52）12 月 26 日，用银行存款支付 C 工程公共配套设施费 105 264 元。

（53）12 月 27 日，用银行存款支付 D 工程"通水、通电、通路"工程费 686 812.5 元。

（54）12 月 27 日，摊销公司汽车的保险费和养路费 5 000 元。其中行政管理部门 3 000 元，项目经理部 2 000 元。

（55）12 月 28 日，收到出租房屋的租金收入 900 000 元，存入银行。

（56）12 月 28 日，向市建筑设计院支付 D 工程的规划设计费 824 175 元。

（57）12 月 29 日，承建 B 工程的施工单位转来本月的"工程价款结算账单"，结算工程价款为 1 052 363 元，该工程预付工程款为 315 708 元。

（58）12 月 29 日，开发经营部王成出差归来，报销差旅费 7 800 元，余款现金退回。

（59）12 月 30 日，承建 C 工程的施工单位转来本月的"工程价款结算账单"，结算工程价款为 2 115 800 元，该工程预付工程款为 634 740 元。

（60）12 月 30 日，公司董事会报销会务费 1 560 元，以现金支付。

（61）12 月 31 日，以银行存款支付本月水电费 52 840 元。其中公司行政管理部门 20 000 元，项目经理部 26 840 元，销售部 6 000 元。

（62）12 月 31 日，收到应收股利 20 000 元，存入银行。

（63）12 月 31 日，计提无形资产的摊销 36 000 元。

（64）12 月 31 日，上年发行的 5 000 000 元短期融资债券到期，用银行存款支付本息共计 5 200 000 元。

（65）12 月 31 日，用银行存款支付 D 工程的场地平整费 832 500 元。

（66）12 月 31 日，计提固定资产折旧 310 000 元，其中：企业行政管理部门 140 000 元，项目经理部 120 000 元，出租房屋 50 000 元。

（67）12 月 31 日，按各开发项目实际直接费用的比例进行分配结转开发间接费用。

（68）12 月 31 日，A 公寓工程已竣工验收，结转其实际成本。结转完成开发并已验收合格的房屋实际成本 126 339 262.2 元。

（69）12 月 31 日，按照购销合同规定，将 A 公寓工程全部移交给购买方，已办妥移交手续。确认 A 公寓工程的销售收入 188 371 200 元，在此前为预售房款，将"预收账款——预售房款"结转至"主营业务收入"。

（70）12 月 31 日，三号宗地建设场地准备开发商品房 D 工程已开发完成，并竣工验收，拟于近期投入使用，结转其实际成本。

（71）12 月 31 日，以银行存款支付商品房售后服务支出 68 000 元。

（72）12 月 31 日，"长期投资"账户中有 300 000 元债券投资到期，收回本息 320 000 元。

（73）12 月 31 日，用银行存款支付应付投资者利润 1 600 000 元。

（74）12 月 31 日，计算并结转经营税金及附加，营业税按房屋销售收入或其他业务收入的 5% 计算，城市维护建设税和教育费附加分别按营业税的 7% 和 3% 计算。

（75）12 月 31 日，向"希望工程"捐赠 1 000 000，以银行存款支付。

（76）12 月 31 日，结转本年利润。

（77）12 月 31 日，计算并结转应交所得税，税率为 33%（假定本年应税所得与会计利润相同）。

（78）12 月 31 日，按税后利润的 10% 提取法定盈余公积金，按税后利润的 5% 提取法定公益金。

（79）12 月 31 日，应付投资者利润 5 000 000 元。

（80）12 月 31 日，结出"利润分配——未分配利润"账户的余额。

参 考 文 献

[1] 中华人民共和国会计法，1999.

[2] 财政部会计司 企业会计制度讲解．北京：中国财政经济出版社，2001.

[3] 会计准则研究组，具体会计准则讲解与操作．大连：东北财经大学出版社，2002.

[4] 郝建国．房地产开发企业会计实务．北京：中国物价出版社，2003.

[5] 王玉红．房地产开发企业会计．大连：东北财经大学出版社，2000.

[6] 方芳．房地产开发企业会计．上海：上海财经大学出版社，2004.

[7] 俞文青．房地产开发企业会计．上海：立信会计出版社，2004.

[8] 中华人民共和国财政部．会计基础工作规范．1996.

[9] 李明．《内部会计控制制度》学习读本．北京：中国物价出版社，2001.